敦煌文獻合集

張涌泉 主編 審訂

敦煌經部文獻合集

第三册

羣經類左傳之屬
羣經類穀梁傳之屬

許建平 撰

中華書局

羣經類左傳之屬

春秋左氏經傳集解

杜　預

春秋左氏經傳集解（一）（桓公二年）

俄敦一三六七

【題解】

底卷編號爲俄敦一三六七，起《桓公二年》『昭其數也』，至『百官於是乎戒懼』之『百』，殘存五整行，傳文單行大字，集解雙行小字，行有界欄。《孟目》定名『左傳·桓公二年，杜預注』，《俄藏》據以定作《春秋左傳杜注（桓公二年）》。杜預注《春秋左傳》，《隋書·經籍志》稱爲《春秋左氏經傳集解》，兹據以擬名。《孟目》定此爲九至十一世紀寫本。然據其整飭的行款，優美的字體，似不應遲至晚唐以後，疑是較早時期的寫本，最遲亦不應遲於盛唐時期。

李索《敦煌寫卷〈春秋經傳集解〉校證》（中國社會科學出版社二〇〇五，簡稱『李索』）有校記。

今據《俄藏》録文，以中華書局影印阮元刻《十三經注疏·春秋左傳正義》爲對校本（簡稱『刊本』），校録於後。

（前缺）

昭其數也。尊卑各有數也〔一〕。火龍黼黻〔二〕，火，畫火〔三〕。龍，畫龍也。白与〔四〕黑謂之黼，形若斧。黑与青謂之黻，兩己相戾也〔五〕。昭其文也。以文章明貴賤。五色〔六〕比象，昭其物也。車服器械之有五色，皆以比象天下〔七〕四方，以示器物不虛設也〔八〕。鍚鸞和鈴，昭其聲也。鍚，在馬額；鸞，在鑣；和，在衡；鈴，在旂〔九〕。動皆有鳴聲。三辰旂旗，昭其明〔一〇〕也。三辰，日、月、星也。畫於旂旗〔一一〕，象天之明也〔一二〕。夫德，儉而有度，登降而〔一三〕有數。登降，謂上下尊卑也〔一四〕。文物以紀之，聲明以發之，以臨照百[官]。百〔一五〕

（後缺）

【校記】

〔一〕也，刊本無。

〔二〕黼黻，刊本作『黼黻』。案『黼黻』俗寫作『黼黻』，見《干禄字書》。『黼』從艹者，當是俗所添也，古有加『艹』頭而成爲繁化俗字者，説參張涌泉《漢語俗字叢考》一二三三頁『黼』字條。注中『黼』、『黻』同。

〔三〕『畫火』下刊本有『也』字。

〔四〕与，刊本作『與』。案二字古混用無别，敦煌寫本多用『与』字，後世刊本多改作『與』。下凡刊本作『與』者均不復出。

〔五〕也，刊本無。

〔六〕色，底卷原作『包』，形誤字，兹據刊本改正。

〔七〕天下，刊本作『天地』。李索云：『阮本、叢刊本皆作「天地」，當是。』案孔穎達《春秋左傳正義》曰：『《考工記》云：畫繢之事雜五色，東青、南赤、西白、北黑、天玄、地黄，是其比象天地四方也。比象有六而言五者，玄在赤黑之間，非别色也。』是作『天地』爲是。

〔八〕也，刊本無。

〔九〕旂，底卷原作『祈』，應是『旂』之形誤，俗書方旁、礻旁常混淆，兹據刊本録正。

〔一〇〕明，刊本作『明』。『明』『明』異體。下『明』字同此。

〔一一〕旗，底卷原作『旗』，當是形誤，兹據刊本録正。

〔一二〕也，刊本無。

〔一三〕而，刊本無。案『儉而有度，登降有數』八字承上而言。『清廟茅屋，大路越席，大羹不致，粢食不鑿，昭其儉也』，此指『儉』也；『衮冕黻珽，帶裳幅舄，衡紞紘綖，昭其度也』，此指『度』也；『藻率鞞鞛，鞶厲游纓，昭其數也』，此指『數』也。傳文言儉、度、數，三者並列。若『登降』與『有數』間插入一『而』字，則『登降』亦與儉、度、數並列矣。然臧哀伯僅言儉、度、數之所指，而未言『登降』所指之物。『登降』乃因數而言，王引之《經義述聞》云：『登謂增其數，降謂減其數也。』『而』字當是涉上『儉而有度』之『而』字而衍。

〔一四〕也，刊本無。

〔一五〕百官百，底卷原作『百〻』，以下殘缺。案此爲『以臨照百官百官於是乎戒懼』句中文，依敦煌寫卷抄寫體例，此句原當是抄作『以臨照百〻官〻於是乎戒懼』，現『官』字以下殘缺，遂成此狀。兹據以擬補『官』字。

春秋左氏經傳集解（二）（桓公十二年）

斯五七四三

【題解】

底卷編號爲斯五七四三，起《桓公十二年》傳『公及宋公盟于句瀆之丘』集解『句瀆之丘』，至傳文『使伯嘉諜之』，共十二行，末兩行上截殘損。傳文單行大字，集解雙行小字，行有界欄。《翟目》首先定名爲杜預注《左傳》，諸家皆然。兹依例擬名爲《春秋左氏經傳集解（桓公十二年）》。

寫卷字體優美，未見諱字，《翟目》定爲七世紀寫本。

李索《敦煌寫卷〈春秋經傳集解〉校證》（中國社會科學出版社二〇〇五）有校記，然無可取者。

今據《英藏》録文，以中華書局影印阮元刻《十三經注疏·春秋左傳正義》爲對校本（簡稱『刊本』），校録於後。

（前缺）

句瀆之丘，即穀丘也。宋以立厲公故，多責賂於鄭。鄭人不堪，故不平也〔一〕。宋成未可知也，故又會于虚。冬，又會于龜。宋公辭〔二〕平，故與鄭伯盟〔三〕于武父，宋公貪鄭賂，故與公三會，而卒辭不與鄭平。遂［帥］〔四〕師而伐宋，戰焉，宋無信也。

君子曰：『苟信不繼，盟無益也。《詩》曰〔五〕：「君子屢盟，亂是用長。」無信也。』《詩·小雅》。言無信故數盟，數盟則情疏，情疏而感〔六〕結，故云長亂也〔七〕。

楚伐絞，軍其南門。莫敖屈瑕曰：『絞小而輕，［輕則寡謀］〔八〕，請無扞采樵者以誘之。』扞，衞〔九〕也。樵，薪也。從之。絞人獲卅〔一〇〕人。獲楚人也。明〔一一〕日，絞人爭出，驅楚役徒於山中。楚人坐其北門，而覆諸山下，坐猶守也。覆，設伏〔一二〕而待之。大敗之，爲▨（城）□〔一三〕伐絞之役，楚師分□▨▨▨▨▨▨▨▨（伐之使伯嘉諜之）〔一四〕。

（後缺）

【校記】

〔一〕也，刊本無。

〔二〕辤，刊本作『辭』，『辤』爲正字，『辭』爲借字。注中『辤』字同。

〔三〕盟，刊本作『盟』。『明』『明』異體。下凡『盟』字同此。

〔四〕帥，底卷原脱，玆據刊本補。

〔五〕曰，刊本作『云』。

〔六〕感，刊本作『憾』。臧琳《經義雜記》卷七『感古憾字』條云：『《説文·心部》云：「感，動人心也。从心，咸聲。」訓爲動人心，則感動、感恨兩義皆備。今於感恨之感更加立心，乃俗字，《説文》所無。』

〔七〕也，刊本無。

〔八〕輕則寡謀，底卷原脱，玆據刊本補。

〔九〕衞，刊本作『衞』。案字書無『衞』字。《隸釋》卷九《廣漢屬國侯李翊碑》：『衞侮鎮戎，經爲大儒。』洪适釋：『衞，即禦字。』『衞』、『衞』形近，皆當爲『禦』字訛變。洪亮吉《春秋左傳詁》云：『高誘《戰國策注》：「捍，禦也。」』劉文淇《春秋左氏傳舊注疏證》云：『《説文》：「扞，忮也。」《周策》「而設爲王扞秦」高注：「扞，禦也。」《漢書·刑法志》「若手足之扞頭目」注：「扞，禦難也。」』《説文·手部》『扞，忮也』段注：『《攴部》「敔」下云：止也。「扞」義當略同。「忮」訓很，非其義。』《説文·攴部》：『敔，止也。』徐灝《説文解字注箋》曰：『凡扞格、扞止之類，皆「干」之引申。干、扞實古今字。而「𢧀」其别體耳。』《玉篇·手部》：『扞，衛也。捍，同上。』雷浚《説文外編》曰：『捍，其正字當作𢧀。』是『扞』、『捍』、『𢧀』皆同也。洪亮吉、劉文淇皆釋『扞』爲禦，正與此卷作『禦』合。

〔一〇〕卅，刊本作『三十』。『卅』爲『三十』之合文。

〔一一〕明，刊本作『明』。説詳校記〔三〕。

〔一二〕『伏』下刊本有『兵』字。

〔一三〕城，底卷殘存右上角。『城』下底卷殘泐，刊本作『下之盟而還城下盟諸侯所深恥』。

〔一四〕『伐之使伯嘉諜之』七字底卷均存右邊殘畫，其前底卷殘泐，刊本作『涉於彭彭水在新城昌魏縣羅人欲』。

春秋左氏經傳集解（三）（僖公五—十五年）

伯四六三六（底一）　伯二五六二（底二）

【題解】

底一編號爲伯四六三六。此號共有五個斷片，其中第四片六行，殘存上半截，起《僖公五年》傳「會于首止，會王大子鄭，謀寧周也」集解「故齊桓帥諸侯會王大子，以定其位」之「帥」，至「申侯由是得罪」集解「爲七年鄭殺申侯傳」之「申」，傳文單行大字，集解雙行小字。《索引》定爲《左僖五年傳》，《索引新編》因之；《寶藏》未定名；《法目》（五）定爲「春秋經傳集解，杜預注」，較《索引》爲優。

底二編號爲伯二五六二，起《僖公五年》傳「王使周公召鄭伯」集解「王恨齊桓定大子之位」之「恨」，至《僖公十五年》經「獲晉侯」集解「愎諫違卜」之「違」，共三百二十二行，首行與末行殘損極甚，經傳單行大字，集解雙行小字，行有界欄。經、傳二字提行書於欄外，多用起止符「┓」分段。羅振玉《敦煌本春秋經傳集解殘卷跋》（《鳴沙石室古籍叢殘》，一九一七）定名爲《春秋經傳集解》，諸家皆然。羅振玉據「世」字缺筆，定爲初唐寫本；姜亮夫《莫高窟年表》認爲是太宗時寫本（二二二頁，上海古籍出版社一九八五）。此卷「世」字及從「世」之字如「棄」、「泄」均缺筆，「虎」亦缺筆。然不諱「丙」字；「民」或不諱，或改作「人」。這種避諱方式較混亂的寫本，可能非初唐時所寫。

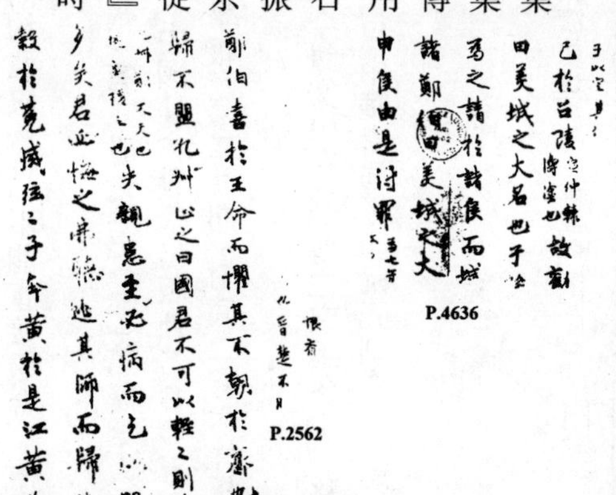

底一與底二綴合圖（局部）

底二與底一之行款及書法相同，應來自同一抄卷，只是兩者之間約殘脱一行，不能直接綴合。兩者合共三百二十八行，兹擬名爲《春秋左氏經傳集解(僖公五年—十五年)》。

饒宗頤《春秋左傳僖公五年至十五年》提要(《法藏敦煌書苑精華》第三册《經史(二)》，廣東人民出版社一九九三。簡稱『饒宗頤』)、李索《敦煌寫卷〈春秋經傳集解〉校證》(中國社會科學出版社二〇〇五，簡稱『李索』)曾對底二作過校勘。陳鐵凡《敦煌本禮記、左、穀考略》(《孔孟學報》第二一期)對底二有六條校記，唯僅録異文，無考證，今不取。

底卷每年之經、傳文均提行抄寫，而經、傳二字皆高出一格書寫，今録文中在經、傳二字下各空一格以别之。

底一據縮微膠卷録文，底二據《寶藏》一三九册之《欣賞篇》録文，以中華書局影印阮元刻《十三經注疏·春秋左傳正義》爲對校本(簡稱『刊本』)，校録於後。

(前缺)

▨▨(帥諸)□[一]子，以定其▨(位)□[二]。己於召陵，宣仲，轅濤塗也[三]。故勸□[四]曰：『美城之，大名也。子▨(孫)□[五]爲之請于諸侯而城□[六]諸鄭伯曰：『美城之大□[七]申侯由是得罪。爲七年□(鄭)[八]▨▨(殺申)□[九]

(中殘缺一行)

□恨齊[一〇]□也。晉、楚不▨(服)□[一一]鄭伯喜於王命，而懼其不朝於齊也，故逃歸不盟[一二]。孔叔止之，曰：『國君不可以輕，輕則失親；孔叔，鄭大夫也[一三]。親，黨援之[一四]也。失親，患必至。病而乞盟，所喪多矣[一五]。君必悔之。』弗聽，逃其師而歸。

楚鬭[一六]穀於菟滅弦，弦子奔黄。於是江、黄、道、栢[一七]方睦於齊，皆弦姻也。姻，外親也。道國在汝南陽安[一八]縣南。栢，國名也[一九]，汝南西平縣有栢亭也[二〇]。弦子恃之而不事楚，又不設備，故亡。

晉侯復假道於虞以伐虢。宮之奇諫曰：『虢，虞之表也；虢亡，虞必從之。晉不可啓，寇不可翫。翫，習之〔二一〕也。一之謂甚，其可再乎？謂二年假晉道滅下陽之也〔二二〕。諺所謂「輔車相依，脣亡齒寒」者，其虞虢之謂也。』輔，頰輔也〔二三〕。車，牙車也〔二四〕。公曰：『晉，吾宗〔二五〕，豈害我哉？』對曰：『太〔二六〕伯、虞仲，大王之昭也。太伯不從，是以不嗣。太伯、虞仲，皆大王之長子〔二七〕，不從父命，俱讓適吳。仲雍支子別封西吳，虞公其後〔二八〕。穆生昭，昭生穆，以世〔二九〕次計。太伯〔三〇〕、虞仲，於周爲昭之也〔三一〕。虢仲、虢叔，王季之穆也。王季者，太伯、虞仲之母弟也。虢仲、虢叔，王季之子，文王之母弟也。仲、叔，皆虢君字也〔三二〕。爲文王卿士，勳在王室，藏於盟府。盟府，司盟之官。將虢是滅，何愛於虞？且虞能親於桓、莊乎，其愛之也？桓、莊之族何罪，而以爲戮，不唯偪乎？桓叔、莊伯之族，晉獻公之從祖昆弟也〔三三〕，獻公患其偪，盡煞〔三四〕之。事在莊廿五年也〔三五〕。親以寵〔三六〕偪，猶尚害之，況以國乎？』公曰：『吾享祀豐潔〔三七〕，神必據我。』據猶安也。對曰：『臣聞之，鬼神非人實親，惟德是依。故《周書》曰：「皇天無親，惟德是輔。」《周書》，逸《書》。又曰：「黍稷非馨，明德惟馨。」馨，香之遠聞。又曰：「民不易物，惟德繄〔三八〕物。」黍稷牲玉，無德則不見饗，有德則見饗。言物一而異用也〔三九〕。如是，則非德，民不和，神不享矣。神所憑〔四〇〕依，將在德矣。若晉取虞，而明德以薦〔四一〕馨香，神其吐之乎？』弗聽，許晉使。

宮之奇以其族行，行，去之〔四二〕也。曰：『虞不臘〔四三〕矣，臘矣〔四四〕，歲終臘〔四五〕祭衆神之名。在此行也，晉不更舉矣。』不更舉兵。

八月，甲午，晉侯圍上陽。上陽，虢國都，在弘農陝縣東南。問於卜偃曰：『吾其濟乎？』對曰：『克之。』公曰：『何時？』對曰：『童謠云：「丙之晨，龍尾伏辰，龍尾，尾星也，日月之會曰辰。日在尾，故星伏不見也〔四六〕。均服振振，取虢之旂。戎事上下同服。振振，盛皀也〔四七〕。旂，軍之旍旗也〔四八〕。鶉之賁賁，天策焞焞，火中成軍，虢公其奔。』鶉，［鶉］火星〔四九〕。賁賁，鳥星之體也。天策，傅説星。時近日，星微。焞焞，無光耀也。言丙子平旦，鶉火中，軍事有成功也。自此以上〔五〇〕皆童謠言也。童齔之子，未有念慮之感，而會成嬉戲之言，似若有以憑〔五一〕者，其言或中或否。博攬〔五二〕之士，能懼思之人，兼而志之，以爲鑒戒，以爲將來之驗，有益於世教也〔五三〕。其九月、十月之交乎？以星驗推之，知九月、十月之交，謂夏之九月、十月〔五四〕。交，晦朔交會之也〔五五〕。丙子旦，日在尾，月在策，是夜日月合朔於尾，月行疾，故至旦而過在策也〔五六〕。鶉火中，必是時也。』

冬，十二月，丙子，朔，晉滅虢，虢公醜奔京師。不書，不告也。周〔十〕二月〔五七〕，夏之十月也〔五八〕。師還，館〔五九〕于虞，遂襲虞，滅〔六〇〕之。執虞公及其大夫井伯，以媵秦穆姬，秦穆姬，晉獻公女。送女曰媵，以屈辱也〔六一〕。而脩虞祀，且歸其職〔六二〕貢於王。虞所命祀者也〔六三〕。故書曰『晉人執虞公』，罪虞，且〔六四〕言易也。

經　六年，春，王正月。

夏，公會齊侯、宋公、陳侯、衛侯、曹伯伐鄭，圍新城。新城，鄭新密，今滎陽密縣之也〔六五〕。

秋，楚人圍許。楚子不親圍，以圍者告也〔六六〕。諸侯遂救許。皆伐鄭之諸侯，故不復更敘之〔六七〕。

冬，公至自伐鄭。無傳。

傳　六年，春，晉侯使賈華伐屈。夷吾不能守，盟而行。賈華，晉大夫。非不欲校〔六八〕，力不能守，言不如重耳之賢。將奔狄，郄（郤）芮曰：『後出同走，罪也。嫌与重耳同謀而相隨也〔六九〕。不如之梁，梁近秦而幸焉。』乃之梁。以梁爲秦所親幸，秦既大國，且穆姬在焉，故欲因此求入也〔七〇〕。

夏，諸侯伐鄭，以其逃首止之盟故也。首止盟在五年。圍新密，鄭所以不時城也。實新密，而經言新城者，鄭以非時興土功，齊桓聲其罪以告諸侯。

秋，楚子圍許以救鄭。諸侯遂〔七一〕救許。乃還。

冬，蔡穆侯將許僖公以見楚子於武城。楚子退舍武城，猶有忿志，而諸侯各罷兵，故蔡將許君歸楚也〔七二〕。武城，楚地，在南陽宛縣北之也〔七三〕。許男面縛，銜璧，大夫衰絰，士輿櫬。縛手於後，唯見其面也〔七四〕，以璧爲贄。手縛，故銜之。櫬，棺也。將受罪〔七五〕死，故衰絰也〔七六〕。楚子問諸逢伯〔七七〕，逢伯，楚大夫也〔七八〕。對曰：『昔武王克殷，微子啓如是。微子啓，紂庶兄，宋之祖也。武王親釋其縛，受其璧而祓之。祓，除凶之礼也〔七九〕。焚其櫬〔八〇〕，礼而命之，使復其所。』楚子從之。

經　七年，春，齊人伐鄭。

夏，小邾子來朝。無傳。郳犁〔八一〕來始得王命而來朝也。邾之別封，故曰小邾。鄭殺其大夫申侯。申侯，鄭卿也〔八二〕。專利而不厭，故稱名以殺，罪之也。例在文六年也〔八三〕。

秋，七月，公會齊侯、宋公、陳世子款〔八四〕、鄭世子華，盟于甯母。高平方与縣東有泥母亭，音如甯也〔八五〕。

曹伯班卒。無傳。五年同盟于首止。

公子友如齊。無傳。罷盟而聘〔八六〕，而謝不敏〔八七〕。

冬，葬〔八八〕曹昭公。無傳。

傳　七年，春，齊人伐鄭。孔叔言於鄭伯曰：『諺有之曰：「心則不競，何憚於病？」競，強〔八九〕。憚，難〔九〇〕。既不能強〔九一〕，又不能弱，所以斃〔九二〕也。國危矣，請下齊以救國。』公曰：『吾知其所由來矣，姑少待我。』欲以申侯説也〔九三〕。對曰：『朝不及夕，何以待君？』

夏，鄭殺申侯以説于齊，且用陳轅濤塗之譖也。濤塗譖在五年。

初，申侯，申出也，姊妹之子爲出也〔九四〕。有寵於文王〔九五〕。文王將死，與之璧，使行，曰：『唯我知汝〔九六〕。汝專利而不猒〔九七〕，予取予求，不汝疵瑕也。從我取，從我求，我不与〔九八〕汝爲罪釁。後之人將求多於汝，謂嗣君也。求多，以礼義大望也〔九九〕。汝必不免。我死，汝必速行，無適小國，將不汝容焉。』政狹法峻之也〔一〇〇〕。既葬〔一〇一〕，出奔鄭，又有寵於厲公。子文聞其死也，曰：『古人有言曰：「知臣莫若君。」弗可改也已。』

『秋，盟于甯母』，謀鄭故也。管仲言於齊侯曰：『臣聞之：招携〔一〇二〕以礼，懷遠以德。携，離之〔一〇三〕也。德、礼不易，無人不懷。』齊侯脩礼於諸侯，諸侯官受方物。諸侯官司，各於齊受其方面所當貢天子之物也〔一〇四〕。鄭伯使太子華聽命於會，言於齊侯曰：『泄〔一〇五〕氏、孔氏、子人氏三族，實違君命。三族，鄭大夫也〔一〇六〕。君若〔一〇七〕去之以爲成，我以鄭爲內臣，君亦無所不利焉。』以鄭事齊，如邦〔一〇八〕內臣。齊侯將許之。管仲曰：『君以礼與信屬諸侯，而以姦終之，無乃不可乎？子父不奸之謂礼，守命供〔一〇九〕時之謂信，守君命，供時事。違此二者，奸〔一一〇〕莫大焉。』公曰：『諸侯有討於鄭，未捷；今苟有釁，從之，不亦可乎？』子華犯父命，是其釁隙也〔一一一〕。對曰：『君若綏之以德，加之以訓辞〔一一二〕，而帥諸侯以討鄭，鄭將覆亡之不暇，豈敢不懼？若捻〔一一三〕其罪人以臨之，捻，將領也。子華干父命〔一一四〕，即罪人也〔一一五〕。鄭有辞矣，何懼？以大義爲辝也〔一一六〕。且夫合諸侯，以崇德也。會而列奸，何以示後嗣？列奸，用子華也〔一一七〕。夫諸侯之會，其德刑礼義，無國不記。記奸之位，位，會位也。子華爲奸人，而列在會位，將爲諸侯所記之也〔一一八〕。君盟替矣。替，廢〔一一九〕。作而不記，非盛德也。君舉必書，雖復齊史隱諱，亦損德也〔一二〇〕。君其勿許，鄭必受盟。夫子華既爲太子，而求介〔一二一〕於大國，以弱其國，亦必不免。介，因〔一二二〕。鄭有叔詹、睹〔一二三〕叔、師叔三良爲政，未可間也。』齊侯辝焉。子華由是得罪於鄭。

冬，鄭伯使請盟於〔一二四〕齊。以齊侯不聽子華故也〔一二五〕。

閏月，惠王崩。襄王惡太叔帶之難，襄王，惠王太子鄭也。太叔帶，襄王弟，惠后之子也。有寵於惠后，惠后欲立之，未及而卒也〔一二六〕。懼不立，不發喪，而告難于齊。爲八年盟洮傳也〔一二七〕。

經　八年，春，王正月，公會王人、齊侯、宋公、衛侯、許男、曹伯、陳世子欵盟于洮。王人与諸侯盟，不譏者，王室有難故也〔一二八〕。洮，曹地也〔一二九〕。

鄭伯乞盟。新服未与會，故不序列，別言乞盟也〔一三〇〕。

夏，狄伐晉。

秋，七月，禘于太廟〔一三一〕，用致夫人。禘，三年大祭名〔一三二〕。太廟，周公廟也〔一三三〕。致者，致新死之主於廟，而列之昭穆也〔一三四〕。夫人淫而与煞，不薨于寢〔一三五〕，於礼不應致，故僖公疑其礼。歷三禘，今果行之，嫌異於〔一三六〕常，故書之也〔一三七〕。

冬，十有二月，丁未，天王崩。實以前年閏月崩，以今年十二月丁未告也〔一三八〕。

傳　八年，春，盟于洮，謀王室也。鄭伯乞盟，請服也。襄王定位而後發喪。王人會洮，還而後王位定。

晉里克帥師，梁由靡御，虢射爲右，以敗狄于采桑。傳言前年事也。平陽北屈縣西南有采桑津。由靡〔一三九〕曰：『狄無恥。從之，必大克。』不恥走，故可逐之也〔一四〇〕。里克曰：『懼之而已，無速衆狄。』恐怨深而羣黨來報也〔一四一〕。虢射曰：『朞〔一四二〕年狄必至，示之弱矣。』

夏，狄伐晉，報采桑之役也。復朞月。明朞年之言驗。

秋，禘而致哀姜焉，非礼也。凡夫人不薨于寢，不殯于廟，不赴于同，不附〔一四三〕于姑，則弗致也。寢，小寢。同，同盟也〔一四四〕。將葬〔一四五〕，又不以殯過廟也〔一四六〕。據經哀姜薨葬之文，則爲殯廟、赴同、附姑。今當以不薨[于]〔一四七〕寢，不得致也。

冬，王人來告喪。難故也，是以緩。有太叔帶之難。

宋公疾，太子茲父固請曰：『目夷長且仁，君其立之。』茲父，襄公也。目夷，茲父庶兄子魚之〔一四八〕也。公命子魚。子魚辭曰：『能以國讓，仁孰大焉？臣不及也，且又不順。』立庶不順礼也〔一四九〕。遂走而退。

經　九年，春，王三月，丁丑，宋公御説卒。四同盟也〔一五〇〕。

夏，公會宰周公、齊侯、宋子、衛侯、鄭伯、許男、曹伯于葵丘。周公，宰孔也。宰，官；周，菜〔一五一〕地。天子三公不字。宋子，襄公也。傳例曰：在喪公侯曰子。陳留外黄縣東有葵丘也〔一五二〕。

秋，七月，乙酉，伯姬卒。無傳。《公羊》、《穀梁》曰：未適人，故不稱國。已許嫁，則以成人之礼書，不復殤也。婦人許嫁而笄，猶丈夫之冠。

九月，戊辰，諸侯盟于葵丘。夏會葵丘，次伯姬卒，文不相比，故重言諸侯也〔一五三〕。宰孔先歸，不与盟。甲子，晉侯佹諸卒。未同盟而赴以名也〔一五四〕。甲子，九月十一日。戊辰，十五日也。書在盟後〔一五五〕，從赴。

冬，晉里克〔一五六〕煞其君之子奚齊。獻公未葬，奚齊未成君，故稱『君之子也〔一五七〕奚齊』。受命繼位，無罪，故里克稱名也〔一五八〕。

傳　九年，春，宋桓公卒。未葬而襄公會諸侯，故曰子。凡在喪，王曰小童，公侯曰子。在喪，未葬〔一五九〕。小童者，童蒙幼末之稱也〔一六〇〕。子者，繼父之辭。公侯位尊，上連王者，下絶伯子男也〔一六一〕。周康王在喪，稱『予一人釗』。礼稱亦不言小童，或『所』〔一六二〕稱之辭各有所施。此謂王自稱之辭，非諸下所得書，故經無其事，傳通取舊典之文，以事相接之也〔一六三〕。

夏，會于葵丘。尋盟，且脩好，礼也。王使宰孔賜齊侯胙，胙，祭肉。尊之，比二王後也〔一六四〕。曰：『天子有事于文、武，有祭事也。使孔賜伯舅胙。』天子謂異姓諸侯曰伯舅。齊侯將拜〔一六五〕。孔曰：『且有後命。天子使孔曰：「以伯舅耋老，加勞，賜一級，無下拜。」』七十曰耋。級，等也。對曰：『天威不違顏咫尺，言天鑒察不遠，威嚴常在顏面之前。八寸曰咫。小白余敢貪天子之命無下拜，小白，齊侯名也〔一六六〕。余，身〔一六七〕。恐隕越于下，隕越，顛隊〔一六八〕也。據天王居上，故言恐顛墜于下。以遺天子羞。敢不下拜！』下，拜，登，受。拜堂下，受胙於堂上。

秋，齊侯盟諸侯于葵丘，曰：『凡我同盟之人，既盟之後，言歸于好。』義取脩好，故傳顯其盟辭。宰孔先歸，既會，先諸侯去。遇晉侯，曰：『可無會也。晉侯欲來會葵丘也〔一六九〕。齊侯不務德而勤遠略，北伐〔一七〇〕山戎，在莊卅一年也〔一七一〕。南伐楚，在四年也〔一七二〕。西爲此會也。東略之不知，西則否矣。言或向東，必不能復西略也〔一七三〕。其在亂乎？君務靖亂，無勤於行！』在，存也。微戒獻公，言晉將有亂也〔一七四〕。晉侯乃還。不復會齊。

九月，晉獻公卒。里克、丕〔一七五〕鄭欲納文公，故以三公子之徒作亂。丕鄭，晉大夫。三公子，申〔生〕、重耳、夷吾也〔一七六〕。

初，獻公使荀息傅奚齊。公〔疾〕〔一七七〕，召之，曰：『以是藐諸孤，言其幼賤，與諸子懸藐也〔一七八〕。辱在大夫，其若之何？』欲屈辱荀息，使保護也〔一七九〕。稽首而對曰：『臣竭其股肱之力，加之以忠貞。其濟，君之靈也；不濟，則以死繼之。』公曰：『何謂忠貞？』對曰：『公家之利，知無不爲，忠也；送往事居，耦俱無猜，貞也。』往，死者；居，生者。耦，兩也。送死事生，兩無疑恨，所謂正也。及里克將殺奚齊，先告荀息曰：『三怨將作矣〔一八〇〕，三公子之徒也〔一八一〕。秦、晉輔之，子將如何〔一八二〕？』荀息曰：『將死之。』里克曰：『無益也。』荀叔曰：『吾与先君言矣，不可以二〔一八三〕。能欲復言而愛身乎？荀叔，荀息也。復言，言可復之〔一八四〕也。雖無益也，將焉避〔一八五〕之？且人之欲善，誰不如我？我欲無貳，而能謂人已乎？』言不能止里克，使不忠於申生等。

冬，十月，里克煞奚齊于次。次，喪寢也〔一八六〕。書曰『煞其君之子』，未葬也。荀息將死之，人曰：『不如立公子卓〔一八七〕而輔之。』荀息立公子卓以葬。十一月，里克煞公子卓于朝。荀息死之。

君子曰：『《詩》所謂「白珪〔一八八〕之玷，尚可摩〔一八九〕也；斯言之玷，不可爲也。」《詩·大雅》。言此〔言〕之缺〔一九〇〕，難治甚於白珪。荀息有焉。』有此詩人重言之義也〔一九一〕。

齊侯与〔一九二〕諸侯之師伐晉，及高梁而還，討晉亂也。高梁，晉地也〔一九三〕，在平陽縣西南。令不及魯，故不書。前已發不書例，今復重發，嫌霸者異於凡諸侯也〔一九四〕。

晉郤〔一九五〕芮使夷吾重賂秦以求入，郤芮，郤克祖父也〔一九六〕，從夷吾也〔一九七〕。曰：『人實有國，我何愛焉？言國非己有也〔一九八〕，何愛而不以賂秦也〔一九九〕。入而能民，土於何有？』從之。能得人〔二〇〇〕，不患無土也〔二〇一〕。齊隰朋帥師會秦師，納晉惠公。隰朋，齊大夫也〔二〇二〕。惠公，夷吾也〔二〇三〕。秦伯謂郤芮曰：『公子誰恃？』對曰：『臣聞亡人無黨，有黨必有讎。言夷吾無黨，無黨則無讎，易出易入，以微勸秦也〔二〇四〕。夷吾弱不好弄，弄，戲之〔二〇五〕也。能鬪不過，有節制也〔二〇六〕。長亦不改，不識其他。』公謂公孫支〔二〇七〕曰：『夷吾其定乎？』公孫支，秦大夫子桑〔二〇八〕。對曰：『臣聞之，「唯則定國」。《詩》曰：「不識不知，順帝之則。」文王之謂也。《詩·大雅》也〔二〇九〕。帝，天〔二一〇〕。則，法也。言文王闇行自然，合天之法。又曰：「不僭不賊，鮮不爲則。」僭，過差也。賊，傷害人也〔二一一〕。皆忌克也。能不然，則可爲人法則也〔二一二〕。無好無惡，不忌不克之謂也。今其言多忌克，既僭而賊。難哉！』言能自定難也〔二一三〕。公曰：『忌則多怨，又焉能克？是吾利也。』其言雖多忌，適足以自害，不能勝人也。秦伯慮其還害己，故曰是吾利。

宋襄公即位，以公子目夷爲仁，使爲左師以聽政，於是宋治。故魚氏世爲左師。

經　十年，春，王正月，公如齊。無傳。

狄滅温，温子奔衛。蓋中國〔之〕狄威〔二一四〕而居其土地。

晉里克煞其君卓及其大夫荀息。煞卓在前年，而已〔二一五〕今春書者，從赴也。獻公既葬，卓以免喪，故稱君也。

荀息稱名者，雖欲復言，本無遠謀，從君於昏也〔二一六〕。

夏，齊侯、許男伐北戎。無傳。北戎，山戎也〔二一七〕。

晉殺其大夫里克。奚齊者，先君所命，卓子又以在國嗣位，罪未爲無道，而里克親爲三怨之主，累殺〔二一八〕二君，故稱名以罪之也〔二一九〕。

秋，七月。

冬，大雨雪。無傳。平地尺爲大雪也〔二二〇〕。

傳　十年，春，狄滅温，蘇子無信也。蘇子叛王即狄，又不能於狄，狄人伐之，王又〔二二一〕不救，故滅。蘇子奔衛。蘇子，周司寇蘇公之後〔二二二〕。國於温，故曰温[子]〔二二三〕。蘇子〔二二四〕叛王事在莊十九年。

夏，四月，周公忌父、王子黨會齊隰〔二二五〕朋立晉侯。周公忌父，周卿士也〔二二六〕。王子黨，周大夫也〔二二七〕。晉侯殺里克以說。自解說不篡也〔二二八〕。將殺里克，公使謂之曰：『微子，則不及此。雖然，子殺〔二二九〕二君与一大夫，爲子君者，不亦難乎？』對曰：『不有廢也，君何以興？欲加之罪，其無辭乎？言欲加己罪，不患無辭。臣聞命矣。』伏劍而死。於是丕〔二三〇〕鄭聘于秦，且謝緩賂，故不及。丕鄭，里克黨也〔二三一〕，以在秦，故不及里克俱死。

晉侯改葬恭太子〔二三二〕。恭太子，申生也。

秋，狐突適下國，下國，曲沃新城也〔二三三〕。遇太子〔二三四〕。太子使登僕，忽如夢而相見，狐突本爲申生御，故復使登車爲僕也〔二三五〕。而告之曰：『夷吾無礼，余得請於帝矣，請罰〔二三六〕夷吾。將以晉畀〔二三七〕秦，秦將祀余。』對曰：『臣聞之：「神不歆非類，民不祀非族。」君祀無乃殄乎？歆，饗〔二三八〕。殄，絶〔二三九〕。且民何罪？失刑、乏祀，君其圖之。』君曰：『諾。吾將復請。七日，新城西偏〔二四〇〕，將有巫者而見我焉。』新城，曲沃也。將因巫而見。許[之]〔二四一〕，遂不見。狐突許其言，申生之象亦没也〔二四二〕。及期而往，告之曰：『帝許我罰有罪矣，弊〔二四三〕於韓。』弊，敗也。韓，晉地名〔二四四〕。獨弊惠公，故言罰有罪。明不復以晉卑秦也〔二四五〕。夷吾忌克多怨，終於失國，雖改葬加謚，申生猶忿。傳言鬼神所憑〔二四六〕，有時而佀之已也〔二四七〕。丕鄭之如秦也，言於秦伯曰：『呂甥、郤稱、冀芮實爲不從，若重問以召之，三子，晉大夫也〔二四八〕。不從，不与秦賂也〔二四九〕。問，聘問之幣也〔二五〇〕。臣出晉君，君納重耳，蔑不濟矣。』蔑，無〔二五一〕。

冬，秦伯使泠至報、問，且召三子。泠至，秦大夫也〔二五二〕。郤芮曰：『弊〔二五三〕重而言甘，誘我也。』遂煞丕鄭、祁舉，祁舉，晉大夫也〔二五四〕。及七輿大夫：侯伯七命，副車七乘也〔二五五〕。左行共華、右行賈華、叔堅、騅歂、累虎〔二五六〕、特宫、山祁，皆里、丕之黨〔二五七〕。七子，七輿大夫。丕豹奔秦，丕豹，丕鄭之子。言於秦伯曰：『晉侯背大主而忌小怨，民弗與也。伐之，必出。』太（大）主，秦也。小怨，里、丕。公曰：『失衆，焉能煞？謂煞里、丕之黨。違禍，誰能出君？』謂豹避〔二五八〕禍也。爲明年晉煞丕鄭傳也〔二五九〕。

經　十有一年，春，晉煞其大夫丕鄭父。以私怨謀亂國。［書］〔二六〇〕名，罪之也〔二六一〕。書春，從告也〔二六二〕。

夏，公及夫人姜氏會齊侯于陽穀。無傳。婦人送迎不出門，見兄弟不踰閾。与公俱會齊侯，非礼之也〔二六三〕。

秋，八月，大雩。無傳。過時故書。

冬，楚人伐黄。

傳　十一年，春，晉侯使以丕鄭之亂來告。釋經書在今年。

天王使邵〔二六四〕武公、内史過賜晉侯命。天王，周襄王。邵武公，周卿士也〔二六五〕。内史過，周大夫也〔二六六〕。諸侯即位，天子賜之命珪爲瑞之也〔二六七〕。受玉惰。過歸告王曰：『晉侯其無後乎？王賜之命，而惰於受瑞，先自棄〔二六八〕也已，其何繼之有？礼，國之幹也；敬，礼之輿也。不敬則礼不行，礼不行則上下昬，何以長世？』爲惠公不終張本也〔二六九〕。

夏，揚、拒、泉、睪〔二七〇〕、伊、雒之戎，同伐京師，入王城，焚東門。揚、拒、泉、睪皆戎邑，及諸雜戎居伊水、洛水之間也〔二七一〕。今伊闕北有泉亭。王子帶召之也。王子帶，甘昭公也。召戎欲因以簒位。秦、晉伐戎以救周。秋，晉〔二七二〕平戎于王。爲廿四年天王出居鄭傳。

黄人不歸楚貢。

冬，楚人伐黄。黄人恃齊故也〔二七三〕。

經　十有二年，春，王三月，庚午，日有食之。無傳。不書朔，官失之。

夏，楚人滅黄。

秋，七月。

冬，十有二月，丁丑，陳侯杵臼卒。無傳。遣世子与僖公同盟甯母及洮也〔二七四〕。

傳　十二年，春，諸侯城衛楚丘之郛，懼狄難也。楚丘，衛國都也〔二七五〕。郛，郭也。爲明年春狄侵衛傳。

黄人恃諸侯之睦于齊也，不共〔二七六〕楚職，曰：『自郢及我九百里，焉能害我？』夏，楚人滅黄〔二七七〕。郢，楚都也〔二七八〕。

王以戎難故，討〔二七九〕王子帶。子帶前年召戎伐周之也〔二八〇〕。秋，王子帶奔齊。

冬，齊侯使管夷吾平戎于王，使隰朋平戎于晉。平，和也。前年晉救周伐戎，故戎与周、晉不和也〔二八一〕。王以上卿之礼饗管仲，管仲辞曰：『臣，賤有司也。有天子之「二」〔二八二〕守國、高在，國子、高子，天子所命爲齊守臣，皆上卿也。莊廿二年，高傒始見經；僖廿八年，國歸父乃見傳。歸父之父曰懿仲，高奚〔二八三〕之子曰莊子，不知今當誰世也〔二八四〕？若節春秋，來承王命，何以礼焉？節，時之〔二八五〕也。陪臣敢辞。』諸侯之臣曰陪臣也〔二八六〕。王曰：『舅氏，伯舅之使，故曰舅也〔二八七〕。余嘉乃勳。應乃懿德，謂督不忘。往踐乃職，無逆朕命。』功勳美德，可謂正而不可忘〔二八八〕。不言位而言職者，管仲位卑而執齊政，故欲以職尊也〔二八九〕。管仲受下卿之礼而還。管仲不敢以職自高，卒受本位之礼也〔二九〇〕。君子曰：『管氏之世祀也宜哉！讓不忘其上。《詩》曰：「愷悌〔二九一〕君子，神所勞矣。」』《詩·大雅》也〔二九二〕。凱，樂〔二九三〕。弟，易〔二九四〕。言樂易君子，爲神所勞來，故世祀也。管仲之後，於齊没不復見，傳亦舉其無驗也〔二九五〕。

經　十有三年，春，狄侵衛。傳在前年春也〔二九六〕。

夏，四月，葬陳宣公。無傳。

公會齊侯、宋公、陳侯、衛侯、鄭伯、許男、曹伯于鹹。鹹，衛地也〔二九七〕。東郡濮陽縣東南有鹹城也〔二九八〕。

秋，九月，大雩。無傳。書過。

冬，公子友如齊。無傳。

傳　十三年，春，齊侯使仲孫湫聘于周，且言王子帶。前年王子帶奔齊，言欲復之也〔二九九〕。事畢，不与王言。不言子帶事也〔三〇〇〕。歸復命曰：『未可。王怒未怠，其十年乎？不十年，王弗召也。』

夏，會于鹹，淮夷病杞故，且謀王室也。

秋，爲戎難故，諸侯戍周。齊仲孫湫致之。戍，守也。致，諸侯戍卒於周也〔三〇一〕。

冬，晉荐饑。麥、禾皆不孰也〔三〇二〕。使乞糴于秦。秦伯謂子桑曰〔三〇三〕：『与諸乎？』對曰：『重施而報，君將何求；言不損秦。重施而不報，其民必携〔三〇四〕，携而討焉，無衆，必敗。』不義，故民離也〔三〇五〕。謂百里：『與諸乎？』百里，秦大夫也〔三〇六〕。對曰：『天灾〔三〇七〕流行，國家代有。救灾卹〔三〇八〕鄰，道也。行道有福。』丕鄭之子豹在秦，請伐晉。欲爲報父怨也〔三〇九〕。秦伯曰：『其君是惡，其民何罪？』秦於是乎輸粟于晉，自雍及絳相繼，雍，秦國都。絳，晉國都。命之曰『汎舟之役』〔三一〇〕。從渭水運入河、汾也〔三一一〕。

經　十有四年，春，諸侯城緣陵。緣陵，杞邑也〔三一二〕。避〔三一三〕淮夷，遷都於緣陵也〔三一四〕。

夏，六月，季姬及繒〔三一五〕子遇于防，使鄫子來朝。季姬，魯女，繒夫人〔三一六〕。鄫子本無朝志，爲季姬所召而來，故言『使鄫子來朝』也〔三一七〕。鄫國，今瑯耶鄫縣是〔三一八〕。

秋，八月，辛卯，沙鹿崩。沙鹿，山名。陽平元城縣東有［沙］鹿〔三一九〕土山，在晉地。灾害繫［於］〔三二〇〕所灾所害，故不繫國。

狄侵鄭。無傳。

冬，蔡侯肸〔三二一〕卒。無傳。未同盟而赴以名也〔三二二〕。

傳　十四年，春，諸侯城緣陵，而遷杞焉。不書其人，有闕也。闕，謂器用不具，城池未固而去，爲惠〔三二三〕不終也。澶淵之會，既而無歸，大夫不書，而國別稱人，今此摠曰諸侯，君臣之辝也〔三二四〕，不言城杞，杞未遷故〔三二五〕也。

鄫季姬來寧，公怒之〔三二六〕，以鄫子之不朝也。來寧不書，而後年書歸鄫，更嫁之文也。明公絶鄫婚〔三二七〕，既來朝而還之也〔三二八〕。

夏，遇于防，而使來朝。

秋，八月，辛卯，沙鹿崩。晉卜偃曰：『朞〔三二九〕年將有大咎，幾亡國。』國主山川。山崩川竭，亡之徵也〔三三〇〕。

冬，秦飢〔三三一〕，使乞糴于晉，晉人弗與。慶鄭曰：『背施無親，慶鄭，晉大夫也〔三三二〕。幸灾不仁，貪愛不祥，怒隣不義。四德皆失，何以守國？』虢射〔三三三〕曰：『皮之不存，毛將安傅？』虢射，惠公舅也。皮以諭［所］許〔三三四〕秦城，毛以喻糴。言既背秦施，爲怨已〔三三五〕深，雖与之糴，猶無皮而施毛。慶鄭曰：『棄信背鄰，患孰卹之？無信患作，失援必斃〔三三六〕，是則然矣。』虢射曰：『無損於怨，而厚於寇，不如勿予〔三三七〕。』言与秦粟不足解怨，適足使秦強也〔三三八〕。慶鄭曰：『背施幸灾，民所棄也。近猶讎之，況怨敵乎？』弗聽。退曰：『君其悔是哉！』

經　十有五年，春，王正月，公如齊。無傳。諸侯五年再相朝，礼也。例在文十五年。楚人伐徐。

三月，公會齊侯、宋公、陳侯、衛侯、鄭伯、許男、［曹］〔三三九〕伯，盟于牡丘。牡丘，地名，闕。遂次于匡。匡，衛地，在陳留長垣縣西南。公孫敖帥師及諸侯之大夫救徐。公孫敖，慶父之子。諸侯既盟，次匡，皆遣大夫將兵救徐，故不復具列國別也〔三四〇〕。

夏，五月，日有食之。

秋，七月，齊師、曹師伐厲。厲，楚与國也〔三四一〕。義陽隨縣北有厲鄉之也〔三四二〕。

八月，螽。無傳。爲灾。

九月，公至自會。無傳。季姬歸于鄫。無傳。來寧不書，此書者，以明中絶。己卯，晦，震夷伯之廟。夷伯，魯大夫展氏之父祖也〔三四三〕。夷，謚；伯，字。震者，雷電擊之也〔三四四〕。大夫既卒書字。

冬，宋人伐曹。楚人敗徐于婁林。婁林，徐地，下邳僮縣東南有婁亭。

十ナ〔三四五〕一月，壬戌，晉侯及秦伯戰于韓。獲晉侯。例，得大夫曰獲。晉侯背施無親，愎諫違□

（後缺）

【校記】

〔一〕帥諸，底一「帥」字殘存左半，「諸」字殘存左半「言」之上半。以下凡底卷中殘字、缺字補出者，均據刊本，不復一一注明。「諸」下底一殘泐，刊本作「侯會王大」。

〔二〕位，底一殘存左半「亻」。「位」下底一殘泐，刊本作「陳轅宣仲怨鄭申侯之反」。

〔三〕也，刊本無。

〔四〕「勸」下底一殘泐，刊本作「之城其賜邑齊桓所賜虎牢」。

〔五〕孫，底一殘存上半。「孫」下底一殘泐，刊本作「不忘吾助子請乃」。

〔六〕『城』下底一殘泐，刊本作『之美樓櫓之備美設遂譖』。

〔七〕美城之大，刊本作『美城其賜邑』。案『之大』二字當是涉上『美城之大名也』而衍。『大』下底卷殘泐之字，刊本作『其賜邑將以叛也』。

〔八〕鄭，底一殘泐，兹據刊本擬補。

〔九〕殺申，底一皆殘存右上角殘畫。『殺申』以下底一殘泐。底一止於此。

〔一〇〕恨齊，底二起於此。『恨』前底二殘泐，根據行款，約殘缺八个大字的位置。自底一末行『殺申』至此所殘泐之内容，刊本作『侯傳秋諸侯盟王使周公召鄭伯曰吾撫女以從楚輔之以晉可以少安周公宰孔也王』。根據行款，知底一末行殘損下截，底二首行殘損上截，兩者之間殘缺一行。『恨齊』下底二殘泐，刊本作『桓定大子之位故召鄭伯使叛齊』。

〔一一〕服，底二殘存左半『月』。『服』下底二殘泐，刊本作『於齊故以鎮安鄭』。

〔一二〕盟，刊本作『盟』。『盟』爲『盟』之異體。下凡『盟』字同此。

〔一三〕也，刊本無。

〔一四〕之，刊本無。李索云：『疑衍「之」字。』案此應是爲雙行對齊而添。

〔一五〕所喪多矣，底二前有『師』字。饒宗頤云：『比阮刻多一「師」字，佳。』案：周惠王因惠后之故，將廢太子鄭而立王子帶，故齊桓公帥諸侯會王太子，以定其位。周王對此耿耿於懷，故挑撥鄭伯不與結盟。孔叔認爲，作爲國君不可以輕率，否則就會失去黨援，災難就要到了。等到災難來了再去請求結盟，就會失去很多（指齊國會提出很多苛刻條件）。『所喪多矣』指鄭國，非指鄭師，『師』字不應有。『師』字顔色較他字略淡，蓋擦而未盡者。原卷第三十行『晉不更舉矣』句『不』下原有『可』字，八十三行『謀救鄭故也』句『謀』下原有『救』字，『晉不可更舉矣』句之『可』、八十三行『謀救鄭故也』之『救』，顔色亦較淡，與此同，皆誤抄之字而後擦去者。

〔一六〕鬪，刊本作『鬭』。『鬪』爲『鬭』之俗字，説見《玉篇·門部》。下『鬪』字同此，不復出校。

〔一七〕栢，刊本同。阮元《春秋左氏傳校勘記》（以下簡稱『阮校』）云：『岳本、足利本「栢」作「柏」。案《六經正誤》云：「興國本作柏。」』洪亮吉《春秋左傳詁》改作『柏』。案《干禄字書·入聲》云：『栢、柏，上俗下正。』下『栢』字同此。

〔一八〕陽安，刊本作『安陽』。李索云：『「陽安」，當爲「安陽」之倒文。阮本、叢刊本皆作「安陽」。』案：李説誤。洪亮吉《春秋左傳詁》云：『《地理志》汝南郡陽安，應劭曰：「故道國。」按：杜本「陽安」，今作「安陽」，蓋傳寫誤。汝南郡别有安陽縣，應劭曰：「故江國也。」』竹添光鴻《左氏會箋》云：『「安陽」當從《漢志》作「陽安」。』

〔一九〕也，刊本無。

〔二〇〕也，刊本無。

〔二一〕之，刊本無，此應是爲雙行對齊而添。

〔二二〕謂二年假晉道滅下陽之也，刊本『謂』作『爲』，無『之也』二字。阮校：『齊召南云：「爲字訛，當作謂。」』洪亮吉《春秋左傳詁》改作『謂』。『之也』二字當是爲雙行對齊而添。

〔二三〕也，刊本無。

〔二四〕也，刊本無。

〔二五〕『吾宗』下刊本有『也』字。

〔二六〕太，刊本作『大』，『大』『太』古今字。下『太』字同此。

〔二七〕長子，刊本無『長』字。

〔二八〕『其後』下刊本有『也』字。

〔二九〕世，底二原作『丗』，乃避諱缺筆字，兹據刊本改。下凡『世』字皆同，不復出校。

〔三〇〕『太伯』前刊本有『故』字。
〔三一〕之也，刊本無，此當是爲雙行對齊而添。
〔三二〕也，刊本無。
〔三三〕也，刊本無。
〔三四〕煞，刊本作『殺』。《干禄字書·入聲》：『煞、殺，上俗下正。』下凡『煞』字同此，不復出校。
〔三五〕廿五年也，刊本『廿』作『二十』，無『也』字。案『廿』爲『二十』之合文。下凡『廿』字同此，不復出校。
〔三六〕竉，刊本作『寵』。『竉』應是『寵』之俗字，古從宀從穴之字多混，《顔氏家訓·書證》有『寵變成竉』句。
〔三七〕潔，刊本作『絜』。陳樹華《春秋經傳集解考正》云：『絜，淳化本作潔，非。』案《玉篇·冫部》：『潔，俗絜字。』
〔三八〕翳，刊本作『緊』。敦煌寫卷『緊』多寫作『翳』，二字同音通假。
〔三九〕也，刊本無。
〔四〇〕凴，刊本作『馮』。《説文·馬部》：『馮，馬行疾也。』徐鉉注：『本音皮冰切，經典通用爲依馮之馮，今别作凴，非是。』『凴』當爲『馮』之後起增旁字。
〔四一〕眀德以廌，刊本作『明德以薦』。『眀』、『明』異體。下凡『眀』字同此。稱薦之薦，『荐』之借字也。『廌』、『薦』通假，寫卷多有。《説文》『薦』从廌从艸會意，不从廌聲。則『廌』者，『薦』之省形借字也。
〔四二〕之，刊本無，此蓋爲雙行對齊而添。
〔四三〕臈，刊本作『臘』。《干禄字書·入聲》：『臘、蠟，上臘祭，下蜜。俗字從葛，非也。』注中『臈』字皆同。
〔四四〕矣，刊本無，此當是誤衍。
〔四五〕臈，刊本無。
〔四六〕故星伏不見也，刊本作『故尾星伏不見』。

〔四七〕 皀也，刊本「皀」作「貌」，無「也」字。案：「皀」爲「皃」之變體。據《説文》，「皃」爲小篆隸定字，「貌」爲籀文隸定字。
〔四八〕 旍旗也，刊本「旍」作「旌」，無「也」字。案：《説文》有「旌」無「旍」，《五經文字·㫃部》云：「旌，從生，作旍訛。」則「旍」爲後起別體也。
〔四九〕 鶉火星，底二原無「鶉」字，孔穎達《春秋左傳正義》（以下簡稱「正義」）云：「南方七宿皆爲朱鳥之宿，其鳥西首東尾，故未爲鶉首，午爲鶉火，巳爲鶉尾。鶉火星者，謂柳、星、張也。」是鶉爲南方朱雀七宿之星也。而火星者，東方蒼龍七宿之心宿也。「火星」前不可無「鶉」字，蓋脱去重文符號也。兹據刊本補。刊本「星」下有「也」字。
〔五〇〕 自此以上，刊本無「自」字，「以」作「已」。「以」、「已」古多通用。
〔五一〕 以憑，刊本無「以」字，「憑」作「凴」。「憑」爲「凴」之後起增旁字。
〔五二〕 攬，刊本作「覽」。「攬」爲「覽」之借字。
〔五三〕 也，刊本無。
〔五四〕 「十月」下刊本有「也」字。
〔五五〕 之也，刊本無，此蓋爲雙行對齊而添。
〔五六〕 也，刊本無。
〔五七〕 十二月，底卷原無「十」字。李索云：「依文意，當作『十二月』。」案：底卷當是脱「十」字，兹據刊本補。
〔五八〕 也，刊本無。
〔五九〕 舘，刊本作「館」。《干禄字書·去聲》：「舘、館，上俗下正。」
〔六〇〕 威，刊本作「滅」，「威」「滅」古今字。
〔六一〕 也，刊本作「之」。案作「之」是。

〔六二〕䐈，刊本作『職』。《玉篇・身部》云：『䐈，俗職字。』下凡此均不復出校。

〔六三〕者也，刊本無，此當是爲雙行對齊而添。

〔六四〕且，刊本作『公』。李富孫《春秋左傳異文釋》云：『《唐石經》「公」作「且」。案此當从《石經》作「且言易也」，今俗本訛。』

〔六五〕今熒陽密縣之也，刊本『熒』作『滎』，無『之也』二字。阮校：『淳熙本、足利本「滎」作「熒」，是也。』『之也』二字蓋爲雙行對齊而添。

〔六六〕也，刊本無。

〔六七〕之，刊本無。

〔六八〕挍，刊本作『校』。馮登府《南宋石經攷異》云：『《説文》：「校，木囚也。」《周禮・校人》注：「校之言挍也。」此引申爲比挍字。《五經文字》云：「校，《經典釋文》或以爲比挍字。挍字《説文》所無，《唐石經》於考挍字皆从木，是也。」據此，則『挍』爲後起別體也。

〔六九〕嫌与重耳同謀而相隨也，刊本『与』作『與』，無『也』字。案：『与』、『與』二字古混用無別，敦煌寫本多用『与』字，後世刊本多改作『與』。下凡刊本作『與』者均不復出。

〔七〇〕故欲因此求入也，刊本『此』作『以』，無『也』字。

〔七一〕遂，刊本無，《唐石經》亦無。日藏金澤文庫本有（據竹添光鴻《左氏會箋》，下皆同），與寫卷同。

〔七二〕也，刊本無。

〔七三〕之也，刊本無，此爲雙行對齊而添。

〔七四〕也，刊本無。

〔七五〕罪，刊本無，蓋衍文。

〔七六〕也，刊本無。

〔七七〕逢伯，刊本作『逄伯』。《干禄字書·平聲》：『逄、逢，上俗下正。』注同。
〔七八〕也，刊本無。
〔七九〕礼也，刊本『礼』作『禮』，無『也』字。案『礼』爲古文『禮』字，敦煌寫本多用此字，後世刊本則多用『禮』字。下『礼』字皆同。
〔八〇〕櫬，刊本作『襯』。李索云：『阮本因形近而誤。』
〔八一〕邸梨，底二『邸』原作『㓡』，當是誤字，兹據刊本改正。刊本『梨』作『犂』，二字古通用。
〔八二〕也，刊本無。
〔八三〕也，刊本無。
〔八四〕欵，底二原作『欸』，當是『欵』之俗訛。刊本作『款』。《玉篇·欠部》：『款，俗作欵。』下皆同。
〔八五〕也，刊本無。
〔八六〕娉，刊本作『聘』。『娉』爲『聘』之俗字，俗書身旁、耳旁常混。下凡『娉』字皆同。
〔八七〕而謝不敏，刊本作『謝不敏也』。
〔八八〕葬，底二原作『荎』，俗訛字，兹據刊本録正。
〔八九〕『強』下刊本有『也』字。
〔九〇〕『難』下刊本有『也』字。陸德明《經典釋文·春秋左氏音義》（以下簡稱『釋文』）出『難也』二字。
〔九一〕強，刊本作『彊』。『彊』正字，『強』借字。
〔九二〕弊，刊本作『斃』。案《説文·犬部》：『獘，頓仆也。或从死。』是『斃』爲『獘』之或體，而『弊』爲『獘』之變體。
〔九三〕也，刊本無。
〔九四〕也，刊本無。

〔九五〕文王，刊本作『楚文王』。案有『楚』爲善，若無『楚』字，則不知何國之王也。
〔九六〕汝，刊本作『女』，『女』『汝』古今字。下『汝』字皆同此。
〔九七〕猒，刊本作『厭』，『猒』『厭』古今字。
〔九八〕与，刊本作『以』，『以』、『与』古多通用。
〔九九〕大望也，刊本作『大望責之』。
〔一〇〇〕之也，刊本無，此當爲雙行對齊而添。
〔一〇一〕莽，底二原作『莽』，俗訛字，兹據刊本録正。
〔一〇二〕携，刊本作『攜』。《説文》有『攜』無『携』。《五經文字·手部》云：『攜，相承作攜，或作携者，皆非。』則『携』爲後起字。注中『携』字同。
〔一〇三〕之，刊本無，此當爲雙行對齊而添。
〔一〇四〕各於齊受其方面所當貢天子之物也，刊本無『面』、『也』二字。
〔一〇五〕泄，底二此字左邊原缺一竪筆，乃避諱缺筆字，今改爲正字。刊本作『洩』，承襲諱改字也。
〔一〇六〕也，刊本無。
〔一〇七〕君若，刊本作『若君』。阮校：『《石經》、宋本作「君若」，不誤。』陳樹華《春秋經傳集解考正》云：『「若君」，《石經》及淳化本竝作「君若」，今从改正。』
〔一〇八〕邦，刊本作『封』。古『邦』、『封』同字。
〔一〇九〕供，刊本作『共』。『共』『供』古今字。注中『供』字同。
〔一一〇〕姧，刊本作『姦』。《五經文字·女部》云：『姦，私也。俗作姧，訛。』下『姧』字皆同。
〔一一一〕隟也，刊本『隟』作『隙』，無『也』字。『隟』爲『隙』之俗字，見《龍龕·阜部》。
〔一一二〕辞，刊本作『辭』。《干禄字書·平聲》：『辤、辝、辭，上中竝辤讓；下辭説，今作辞，俗。』是在唐時，『辞』

已成爲『辭』之俗字。此作『辞』，又爲『辝』的訛變俗字（説見《敦煌俗字研究》下編六〇三頁）。下凡『辝』、『辞』字皆同此，不復出校。

〔一一三〕捴，刊本作『揔』。案二字皆爲『總』的俗字，説見《敦煌俗字研究》下編五三三頁。注中『捴』字同。

〔一一四〕干父命，刊本作『奸父之命』。案前云『子父不奸之謂礼』，當以作『奸』爲是。

〔一一五〕也，刊本無。

〔一一六〕也，刊本無。

〔一一七〕也，刊本無。

〔一一八〕之也，刊本無，此當爲雙行對齊而添。

〔一一九〕『廢』下刊本有『也』字。

〔一二〇〕損德也，金澤文庫本同。刊本作『損盛德』。

〔一二一〕介，底二原作『分』，形誤字，兹據刊本改正。注中『介』字同。

〔一二二〕『因』下刊本有『也』字。

〔一二三〕睹，刊本作『堵』。案金澤文庫本亦作『堵』。竹添光鴻《左氏會箋》云：『二十年有堵寇，二十四年有堵俞彌，蓋堵叔名寇，字俞彌，叔其行也。』

〔一二四〕於，刊本作『于』。二字古通用。

〔一二五〕也，刊本無。

〔一二六〕也，刊本無。

〔一二七〕也，刊本無。

〔一二八〕也，刊本無。

〔一二九〕也，刊本無。

〔三〇〕也，刊本無。
〔三一〕庿，刊本作『廟』。《説文·广部》『廟』下有古文『庿』字。下凡『庿』字同，不復出校。
〔三二〕大祭名，刊本作『大祭之名』。
〔三三〕也，刊本無。
〔三四〕也，刊本無。
〔三五〕于寑，刊本作『於寢』。『于』、『於』二字古通用。寑，本字；寢，隸變字。下凡『寑』字同此。
〔三六〕於，刊本無。
〔三七〕也，刊本無。
〔三八〕也，刊本無。
〔三九〕由靡，刊本作『梁由靡』。
〔四〇〕之也，刊本無，此蓋爲雙行對齊而添。
〔四一〕也，刊本無。
〔四二〕朞，刊本作『期』。雷浚《説文外編》云：『《説文》無「朞」字，「朞」即「期」之異體。』下『朞』字同此。
〔四三〕附，刊本作『祔』。『附』爲『祔』之借字。注中『附』字同。
〔四四〕也，刊本無。
〔四五〕塟，刊本作『葬』。『塟』爲『葬』之别體，後皆同，不復出校。
〔四六〕也，刊本無。
〔四七〕于，底二原脱，兹據刊本補。
〔四八〕之，刊本無，此蓋爲雙行對齊而添。
〔四九〕也，刊本無。

〔一五〇〕也，刊本無。

〔一五一〕菜，刊本作『采』。馬宗薌《爾雅本字考》以『采』爲采地之本字，則『菜』爲借字也。

〔一五二〕也，刊本無。

〔一五三〕也，刊本無。

〔一五四〕也，刊本無。

〔一五五〕盟後，底二作『明年』。案：經先云『戊辰，諸侯盟于葵丘』，後云『甲子，晉侯佹諸卒』，而甲子在戊辰之前。依例當先書甲子，後書戊辰，而此反之，故杜預爲之釋云：『書在盟後，從赴。』認爲書於戊辰之後者，是因爲在甲子日赴告也。是『明年』二字定爲『盟後』之誤，兹據刊本改正。其實，《左傳》作『甲子』乃是誤字，本當作『甲戌』，甲戌者，二十五日，在戊辰之後十日，請參閱徐文靖《管城碩記》卷九、段玉裁《春秋左氏古經》、李富孫《春秋左傳異文釋》、朱駿聲《春秋三家異文覈》。

〔一五六〕里克，刊本作『里奚克』。阮校：『各本無上「奚」字，是也。山井鼎引足利本「里」下有「其」字，即「奚」字之誤。』于鬯《香草校書》云：『「里克」稱「里奚克」者，蓋古音「里」字曳長之曰里奚也。……阮元《校勘記》引山井鼎據足利本「里」下有「其」字，「其」或即「奚」之誤。然即「其」字亦獨非助聲乎？故或以此「奚」爲衍文者，必不然矣。』楊伯峻《春秋左傳注》云：『里字古屬咍部，奚字古屬支部，固不同韻，「里」字曳長之無由得「奚」音。今從《校勘記》删「奚」字。』王叔岷《左傳考校》云：『「里」下「奚」字，涉下「奚」字而衍。足利本「里」下有「其」字，涉下「其」字而衍。』底二正無『奚』字，可證于説之誤。

〔一五七〕也，刊本無。案『也』字當删。底二有『也』者，蓋將此句誤讀成『故稱君之子也，奚齊受命繼位』。

〔一五八〕也，刊本無。

〔一五九〕『未塟』下刊本有『也』字。

〔一六〇〕也，刊本無。

〔六一〕也，刊本無。
〔六二〕所，底二原脱，兹據刊本補。
〔六三〕之也，刊本無，此當爲雙行對齊而添。
〔六四〕也，刊本無。
〔六五〕拜，刊本作『下拜』。
〔六六〕也，刊本無。
〔六七〕『身』下刊本有『也』字。
〔六八〕隊，刊本作『墜』，『隊』『墜』古今字。
〔六九〕葵丘也，底二『丘』原誤作『丑』，兹據刊本改正。刊本無『也』字。
〔七〇〕『北伐』前刊本有『故』字。
〔七一〕卅一年也，刊本『卅』作『三十』，無『也』字。案『三十』爲『卅』之合文。下凡『卅』皆同此，不復出校。
〔七二〕也，刊本無。
〔七三〕不能復西略也，底二『能復』原誤倒作『復能』，兹據刊本乙正。刊本無『也』字。
〔七四〕也，刊本無。
〔七五〕丕，底二原作『丕』，當是『丕』之變體。趙坦《春秋異文箋·附録》云：『丕，本字；丕，隸之變體。』兹據刊本改作『丕』。下凡此皆同，不復出校。
〔七六〕申生、重耳、夷吾也，底二原脱『生』字，兹據刊本補。刊本無『也』字。
〔七七〕疾，底二原脱，兹據刊本補。
〔七八〕懸藐也，刊本『懸』作『縣』，無『也』字。案『縣』『懸』古今字。
〔七九〕也，刊本作『之』。

〔一八〇〕矣，刊本無。

〔一八一〕也，刊本無。

〔一八二〕如何，刊本作『何如』。金澤文庫本亦作『如何』，故《左氏會箋》曰：『此等事明目張膽言之，知其孤立，無如之何。且欲招之，使爲己助也。《石經》、宋本並「如何」作「何如」，非。』

〔一八三〕二，刊本作『貳』。二字古通用。

〔一八四〕之，刊本無，此蓋爲雙行對齊而添。

〔一八五〕避，刊本作『辟』，『辟』『避』古今字。

〔一八六〕也，刊本無。

〔一八七〕公子卓，刊本作『卓子』。饒宗頤云：『下文「里克殺公子卓」，亦作「公子卓」。阮刻本作「立卓子」。以此本爲佳。』

〔一八八〕珪，刊本作『圭』。《説文·土部》以『珪』爲『圭』之古文。注中『珪』字同。

〔一八九〕摩，刊本作『磨』，『摩』『磨』古今字。

〔一九〇〕此言之缺，底二原無『言』字，《史記·晉世家》裴駰《集解》引杜預曰：『言此言之玷，難治甚於白珪。』是其所見亦有『言』字，兹據刊本補。刊本『缺』作『缺』，『缺』爲『缺』之俗字，説見《説文·缶部》『缺』篆下段注。

〔一九一〕重言之義也，底二『言之』二字原誤倒，兹據刊本乙正。刊本無『也』字。

〔一九二〕与，刊本作『以』。『以』、『与』二字古多通用。然《僖公二十六年》『公以楚師伐齊，取穀』集解：『《傳例》曰：師能左右之曰以。』時齊桓公爲霸主，《史記·晉世家》云：『齊桓公聞晉内亂，亦率諸侯如晉。』則當是作『以』者爲正字。

〔一九三〕也，刊本無。

〔一九四〕也，刊本無。

〔一九五〕郄，刊本作『郤』。《晉書音義·帝紀第六》：『郤，本或作郄，俗。』則郤、郄正俗字。下『郄』字皆同此。

〔一九六〕也，刊本無。

〔一九七〕也，刊本作『者』。

〔一九八〕有也，底二原作『之有也』，『之』字已擦去。刊本作『之有』。

〔一九九〕也，刊本無。

〔二〇〇〕人，刊本作『民』。此『人』字避諱而改。

〔二〇一〕也，刊本無。

〔二〇二〕也，刊本無。

〔二〇三〕也，刊本無。

〔二〇四〕也，刊本無。

〔二〇五〕之，刊本無，此爲雙行對齊而添。

〔二〇六〕也，刊本無。

〔二〇七〕公孫支，刊本『支』作『枝』，二字古通。注中『支』字同。

〔二〇八〕子桑，刊本下有『也』。

〔二〇九〕也，刊本無。

〔二一〇〕天，刊本下有『也』。

〔二一一〕傷害人也，刊本無『人』字。案《昭元年》傳引《詩》曰『不僭不賊，鮮不爲則』集解：『賊，害人也。』亦有『人』字，疑有『人』者爲是。

〔二一二〕也，刊本無。

〔三一三〕也，刊本無。

〔三一四〕中國之狄戚，底二原脱「之」字，兹據刊本補。刊本「戚」作「滅」，「戚」「滅」古今字。

〔三一五〕已，刊本作「以」。二字古通用。

〔三一六〕也，刊本無。

〔三一七〕也，刊本無。

〔三一八〕煞，刊本作「弑」。「煞」爲「殺」之俗字，「殺」「弑」古今字。

〔三一九〕故稱名以罪之也，底二「故」原作「以」，蓋涉下「以」而誤，兹據刊本改正。刊本無「也」字。

〔三二〇〕也，刊本無。

〔三二一〕又，底卷旁注，刊本無。

〔三二二〕「之後」下刊本有「也」字。

〔三二三〕子，底二原脱，兹據刊本補。

〔三二四〕蘇子，刊本無。

〔三二五〕隰，刊本作「隰」。「隰」爲「隰」之俗字。

〔三二六〕也，刊本無。

〔三二七〕也，刊本無。

〔三二八〕也，刊本無。

〔三二九〕煞，刊本作「弑」。「煞」爲「殺」之俗字，「殺」「弑」古今字。

〔三三〇〕丕，底卷原寫作「平」，旁改「丕」。

〔三三一〕也，刊本無。

〔三三二〕恭太子，刊本作「共大子」。共恭、大太均古今字。注同。

〔三三三〕也，刊本無。

〔三三四〕太子，刊本作「大子」，「大」「太」古今字。下凡「太」字皆同。

〔三三五〕也，刊本無。

〔三三六〕罸，刊本作「罰」。《五經文字·罒部》：「罰、罸，上《説文》，下《石經》，五經多用上字。」下「罸」字同此。

〔三三七〕卑，刊本作「畀」。敦煌寫卷凡「畀」字多寫作「卑」，「卑」應是俗訛字。

〔三三八〕「饗」下刊本有「也」字。

〔三三九〕「絶」下刊本有「也」字。

〔三四〇〕偏，底二原作「徧」，當是形誤，《釋文》出「西偏」二字，兹據刊本改正。

〔三四一〕之，底二原脱，兹據刊本補。

〔三四二〕也，刊本無。

〔三四三〕弊，刊本作「敝」。「弊」爲「敝」之俗字，見《玉篇·㡀部》。注中「弊」字同。

〔三四四〕名，刊本無。

〔三四五〕卑秦也，刊本「卑」作「畀」，無「也」字。「卑」爲「畀」之俗訛。

〔三四六〕憑，刊本作「馮」。「憑」爲「馮」之後起增旁字。

〔三四七〕㐰之已也，刊本「㐰」作「信」，無「之已也」三字。案：《玉篇·人部》：「㐰，古文信。」「之已也」三字當是爲雙行對齊而添。

〔三四八〕也，刊本無。

〔三四九〕也，刊本無。

〔三五〇〕弊也，刊本「弊」作「幣」，無「也」字。「弊」爲「幣」之同音借字。

〔三五一〕「無」下刊本有「也」字。

〔二五二〕也，刊本無。

〔二五三〕弊，刊本作「幣」。「弊」爲「幣」之同音借字。

〔二五四〕也，刊本無。

〔二五五〕也，刊本無。

〔二五六〕累虎，刊本「累」作「纍」，「累」即「纍」之省。「虎」字底二原作「[illegible]」，蓋「虎」的常見俗字「⿱虍巾」的避諱缺筆字，茲據刊本改。

〔二五七〕「黨」下刊本有「也」字。

〔二五八〕避，刊本作「辟」，「辟」「避」古今字。

〔二五九〕也，刊本無。

〔二六〇〕書，底二原脱，茲據刊本補。

〔二六一〕也，刊本無。

〔二六二〕也，刊本無。

〔二六三〕之也，刊本無。案「之」字無義，當是爲雙行對齊而添。

〔二六四〕邵，刊本作「召」，「召」「邵」古今字。注中「邵」字同。

〔二六五〕也，刊本無。

〔二六六〕也，刊本無。

〔二六七〕賜之命珪爲瑞之也，刊本「珪」作「圭」，《説文·土部》以「珪」爲「圭」之古文。刊本無「之也」二字，此蓋爲雙行對齊而添。

〔二六八〕棄，底二原中間「世」字缺一竪筆，乃是「棄」之避諱缺筆字，茲改正。刊本作「弃」，爲《説文》所云古文「棄」字，唐代因爲避太宗之諱，多從古文寫作「弃」。刊本作「弃」者，承襲諱改字也。下凡「棄」字同此，不復出校。
〔三六九〕也，刊本無。
〔三七〇〕罫，刊本作『皐』。『罫』爲『皐』之俗寫。注中『罫』字同。
〔三七一〕洛水之間也，刊本『洛』作『雒』，『也』作『者』。案作『洛』誤，考詳段玉裁《經韻樓集》卷一『伊雒字古不作洛攷』條。
〔三七二〕晉，刊本作『晉侯』。
〔三七三〕也，刊本無。
〔三七四〕也，刊本無。
〔三七五〕也，刊本無。
〔三七六〕供，刊本作『共』，『共』『供』古今字。
〔三七七〕楚人威黄，刊本無『人』字，嚴可均《唐石經校文》云：『「楚人」磨改作「楚」，各本無「人」。』是《唐石經》本亦作『楚人』。刊本『威』作『滅』，『威』『滅』古今字。
〔三七八〕也，刊本無。
〔三七九〕『討』下底二原有『于』字，衍文，兹據刊本删。
〔三八〇〕之也，刊本無，此爲雙行對齊而添。
〔三八一〕也，刊本無。
〔三八二〕二，底二原脱，饒宗頤云：『此奪「二」字，阮刻有。』案《史記·周本紀》：『管仲辭曰：臣賤有司也，有天子之二守國、高在。』兹據刊本補。
〔三八三〕奚，刊本作『傒』。案前作『傒』，此當同，底二作『奚』，偶誤也。
〔三八四〕也，刊本無。

〔三八五〕之，刊本無，此爲雙行對齊而添。
〔三八六〕也，刊本無。
〔三八七〕舅也，刊本作「舅氏」。
〔三八八〕可謂正而不可忘，底二「正」原作「亡」，《正義》曰：「督，正也。言我善女功勳，當女美德，謂女功德正而不可忘，宜受此禮。」是「亡」爲誤字，兹據刊本改正。刊本末有「者」字。
〔三八九〕也，刊本作「之」。
〔三九〇〕也，刊本無。
〔三九一〕愷悌，刊本同，然注中作「凱弟」，與刊本作「愷悌」不同。《釋文》云：「凱，開在反，本亦作愷。悌，音弟，本亦作弟。」是德明所見有作「凱悌」、「愷弟」者。《説文》有愷、弟，而無凱、悌。此句《詩·大雅·旱麓》作「豈弟」，「豈」「愷」古今字（説詳王筠《説文釋例》卷十四《删篆》），「弟」「悌」亦古今字。《詩》本當作「豈弟」。《禮記·表記》引《詩》下章云：「凱弟君子，求福不回。」鄭玄注：「凱，樂也。弟，易也。」則此章亦當作「凱弟君子」，正與鄭玄注同。杜預注作「凱弟」者，蓋據鄭注也。《傳》引《詩》作「愷悌」者，應非其朔，當是作「凱弟」，正與杜注合，亦與《禮記》引《詩》合。
〔三九二〕也，刊本無。
〔三九三〕「樂」下刊本有「也」字。
〔三九四〕「易」下刊本有「也」字。
〔三九五〕也，刊本無。
〔三九六〕也，刊本無。
〔三九七〕也，刊本無。
〔三九八〕鹹城也，底二「鹹」原誤作「咸」，兹據刊本改正。刊本無「也」字。

〔二九九〕也，刊本無。
〔三〇〇〕也，刊本無。
〔三〇一〕戍卒於周也，刊本『於』作『于』，無『也』字。案『於』、『于』古通用。
〔三〇二〕孰也，刊本『孰』作『熟』，無『也』字。『孰』『熟』古今字。
〔三〇三〕曰，刊本無。案下『謂百里』後無『曰』字，此當以無『曰』爲是。
〔三〇四〕携，刊本作『攜』。《五經文字·手部》云：『攜，相承作擕，或作携者，皆非。』則『携』爲後起字。下『携』字同。
〔三〇五〕也，刊本無。
〔三〇六〕也，刊本無。
〔三〇七〕灾，刊本作『災』。『烖』之或體作『灾』，籀文作『災』，見《説文·火部》『烖』篆下説解。下『灾』字同。
〔三〇八〕卹，刊本作『恤』。《説文·血部》：『卹，憂也。』段注：『「卹」與心部「恤」音義皆同，古書多用「卹」字，後人多改爲「恤」。』下『卹』字同此，不復出校。
〔三〇九〕報父怨也，刊本作『父報怨』。案底二爲雙行小字，『欲爲報』爲一行，『父怨也』爲一行，疑其所據本『報父』二字旁有乙字符，抄者未審，直録『報父』，遂致誤倒。
〔三一〇〕役，刊本作『役』。《説文·殳部》云：『古文役从人。』
〔三一一〕也，刊本無。
〔三一二〕也，刊本無。
〔三一三〕避，刊本作『辟』，『辟』『避』古今字。
〔三一四〕也，刊本無。
〔三一五〕繒，刊本作『鄫』。《説文·糸部》：『繒，帛也。』段注：『《春秋傳》叚爲「鄫」字。』焦廷琥《三傳經文辨異》

卷二：「《左氏傳》釋文云：「鄫，本或作繒。」《説文》：「鄫，姒姓國，在東海。」是鄫國之「鄫」本當作「鄫」，作「繒」者，聲之同也。」下凡「繒」字同此。

〔三一六〕「夫人」下刊本有「也」字。

〔三一七〕也，刊本無。

〔三一八〕瑯耶鄫縣是，刊本「瑯耶」作「琅邪」，無「是」字。案：《玉篇·玉部》：「瑯，瑯琊，郡名，正作琅。琊，正作邪。」「邪」「耶」正俗字。

〔三一九〕陽平元城縣東有沙鹿，刊本「陽平」作「平陽」。阮校：「《晉書·地里志》元城屬陽平郡，此本及諸本並誤作「平陽」。二十三年傳「出於五鹿」，注亦云「陽平元城縣」。」底二原脱「沙」字，茲據刊本補。

〔三二〇〕於，底二脱，茲據刊本補。

〔三二一〕肹，底二原作「盻」，形誤字，茲據刊本改正。

〔三二二〕也，刊本無。

〔三二三〕惠，底二下原有「公」，衍字，茲據刊本删。

〔三二四〕也，刊本無。

〔三二五〕故，刊本無。

〔三二六〕公怒之，刊本作「公怒止之」。嚴可均《唐石經校文》云：「《石經》「怒鄫」中間僅闕兩字，《穀梁·僖十四年》范解引《左傳》曰：「公怒之，以繒子不朝。」「怒繒」中間僅「之以」兩字，與《唐石經》正合。……今各本作「公怒止之以鄫子之不朝也」，衍「止」字。」

〔三二七〕婚，刊本作「昬」，「昬」「婚」古今字。

〔三二八〕之也，刊本無，當爲雙行對齊而添。

〔三二九〕朞，刊本作「期」。案：《説文·月部》：「期，會也。從月其聲。古文從日、丌。」《説文·丌部》：「丌，下基也。」段注：「字亦作「亓」，古多用爲今渠之切之「其」。《墨子》書「其」字多作「亓」，「亓」與「丌」同也。」則『朞』即『期』之古文也。『朞』與『期』同，僅偏旁位置之異耳。

〔三三〇〕亡之徵也，刊本作『亡國之徵』。

〔三三一〕飢，刊本作『饑』。案：《説文·食部》：『飢，餓也。』『饑，穀不孰爲饑。』《爾雅·釋天》：『穀不熟爲饑，蔬不熟爲饉。』則『饑』爲正字，『飢』爲借字。

〔三三二〕也，刊本無。

〔三三三〕躲，刊本作『射』。據《説文》，『躲』爲『射』之古文。

〔三三四〕諭所許，刊本『諭』作『喻』，『喻』爲『諭』之後起別體。底二原脱『所』字，兹據刊本補。

〔三三五〕已，刊本作『以』。二字古通用。

〔三三六〕弊，刊本作『斃』。説見校記〔九二〕。

〔三三七〕予，刊本作『與』。《説文·廾部》：『與，黨與也。』予部：『予，推予也。』是『予』正字，『與』借字。

〔三三八〕也，刊本無。

〔三三九〕曹，底二原脱，兹據刊本補。

〔三四〇〕也，底二原作『國』，蓋涉上『國』字而誤，兹據刊本改正。

〔三四一〕也，刊本無。

〔三四二〕之也，刊本無，此蓋爲雙行對齊而添。

〔三四三〕父祖也，刊本『父祖』作『祖父』，無『也』字。案金澤文庫本亦作『父祖』。

〔三四四〕也，刊本無。

〔三四五〕ナ，刊本作『有』。『ナ』爲『又』之古字，『又』與『有』古多通用。

春秋左氏經傳集解（四）（僖公二十一—二十二年）

俄敦一二五二（底一）　俄敦三〇一六（底二）　俄敦一二六三（底三）
俄敦二九四五（底四）　俄敦一四六三（底五）　俄敦一一〇二九（底六）
俄敦三六二（底七）

【題解】

底一編號爲俄敦一二五二，起《僖公二十一年》傳『蠻夷猾夏，周禍也』集解『此邾滅須句而曰蠻夷』之『而』，至《僖二十二年》經『公伐邾，取須句』集解『故滅、奔及反其君』，共五行，殘存上截。

底二編號爲俄敦三〇一六，小殘片，凡存五個整字，三個半字，乃《僖公二十二年》經『二十有二年，春，公伐邾，取須句』之集解文，恰可與底一第五行下端綴合，字體亦一致。《俄藏》誤定爲《史書》。此卷《俄藏》原編爲俄敦三〇一六背，正與實際相反。考詳許建平《〈俄藏敦煌文獻〉儒家經典類寫本的定名與綴合》（《姜亮夫、蔣禮鴻、郭在貽先生紀念文集》三〇九頁，上海教育出版社二〇〇三）。

底三編號爲俄敦一二六三，起《僖公二十一年》經『宋公、衛侯、許男、滕子伐鄭』之『衛侯』，至《僖公二十二年》傳『伐邾，取須句』之『取』，共五行，存上截。此卷雖然在内容上不能與底一＋底二直接綴合，但依行款，正紧接底一＋底二之後。

底四編號爲俄敦二九四五，起《僖公二十二年》傳『伐邾，取須句，反其君焉，禮也』集解『得恤寡小之禮』之『恤寡』，至《僖公二十二年》傳『所謂禍在此矣』之『禍』，共二行，存上截。雖然在内容上不能與底三直接綴合，但依行款，正紧接底三之後。

底五編號爲俄敦一四六三，起《僖公二十二年》傳『對曰：子，晉大子』，至『臧文仲曰：國無小，不可易也』

之『文』，凡十一行，存上截。據行款，與底四之間約殘缺九行。

底六編號爲俄敦一一〇二九，起《僖公二十二年》傳『無備，雖衆不可恃也』，至『我師敗績』，七行，存上截。雖然在内容上不能與底五直接綴合，但依行款，正緊接底五之後。

底七編號爲俄敦三六二，起《僖公二十二年》傳『宋公將戰』之『公』，至『門官殲焉』集解『師行則在君左右』之『在』，八行，存上截。據行款，與底六之間約殘缺一行。

底一、底三、底五、底七《孟目》已有著録，並認爲是同一寫卷的不同部分。

《俄藏》將底一、底三、底四、底五、底七此五个殘片編在一起，定名爲《春秋左氏僖公二十一、二年傳》，而且按由小到大的編號排作底七、底一、底三、底五、底四，而非按實際内容的先後編排。

以上七個殘片，字體一致，背面均爲《道經》，應是從同一個寫卷上撕下來的不同部分，总計三十八行，殘存上截，經傳單行大字，集解雙行小字，行有界欄。《孟目》定爲八至十世紀寫本。然據寫卷整齊的行款、精美的字體看，可能是早期寫本，而非唐代晚期的寫本。

李索《敦煌寫卷〈春秋經傳集解〉校證》（中國社會科學出版社二〇〇五）有校記，然無可取者。

今據《俄藏》録文，以中華書局影印阮元刻《十三經注疏·春秋左傳正義》爲對校本（簡稱『刊本』），校録於後。

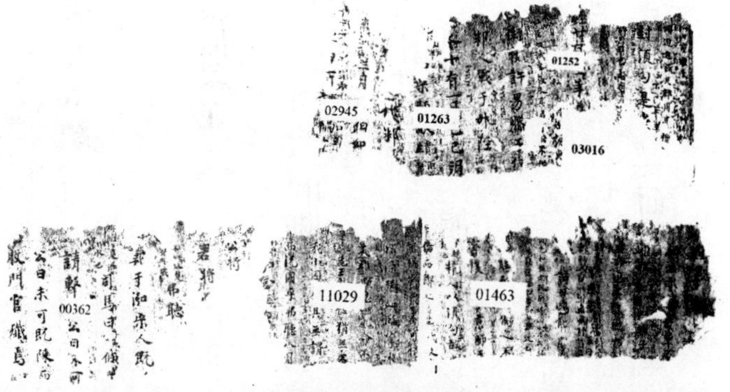

底一至底七綴合圖

（前缺）

而曰蠻夷。昭公廿三年[一]，叔孫豹▭[二]國，迫近諸戎，雜用夷禮▭[三]封須勾[四]，是▨（崇）▭[五]紓，解也。爲明年伐邾傳。

經[六]　廿有二年，春▭[七]自通，爲魯私屬，▨若顓臾▭[八]臣，故滅、奔及反其君[九]，▨▨（皆略）不備▭[一〇]衛侯[一一]、許男、滕子伐▭[一二]邾人戰于升陘。升陘▭[一三]深恥▭[一四]▨（冬）[一五]，十有一月，己巳，朔▭[一六]□□（于泓），宋師敗績。泓，水▭[一七]也。楚▭[一八]

▭伐[一九]邾，▨（取）▭[二〇]□（得）恤寡[二一]□□□（小之禮）。

三月，▨（鄭）伯如▭[二二]▨▨（魚曰）[二三]：『▨（所）[二四]謂禍▨（在）▭[二五]

（中間約缺九行）

對曰[二六]：『子，晉□▨（大子）▭[二七]歸，不亦宜乎？寡君▭[二八]巾櫛，婢子，婦人之卑稱[二九]。以固子▭[三〇]君命也。不敢從，▭[三一]▨▨▨（傳終史）[三二]蘇之占。

富臣[三三]言於王曰：▭[三四]□□（子帶），十二年奔齊。《詩》曰：「協比其▭[三五]政，先和協近親，則婚[三六]□（姻）甚相歸附也。鄰猶近也。孔，□□（甚也）；云，旋也。▭[三七]▨（焉）[三八]能怨諸侯之不▭[三九]齊復歸于京師，▨（王）▭[四〇]于鄭起也[四一]。

邾人以須勾故▨（出）▭[四二]備而禦之。卑，小也。▨（臧）文▭[四三]無備[四四]，雖衆不可恃▭[四五]臨深淵，如履薄冰。」▭[四六]天維[四七]顯思，顯，明也。思猶之[四八]。命不▭[四九]甚難。先王之明德，猶無不▭[五〇]我小國[五一]！君其無謂▨（邾）▭[五二]而況[五三]國乎？』弗聽。八月▭[五四]▨▨（戰于）[五五]登▨（陘）[五六]，▨▨（我師）▭[五七]

（中間缺一行）

公將□〔五八〕君將▨（興）□〔五九〕不如赦〔六〇〕楚，勿與戰。弗聽。□〔六一〕戰于泓。宋人既▨

（成）□〔六二〕度泓水也〔六三〕。司馬曰：子魚也。『彼▨（衆）□〔六四〕請擊之。』公曰：『不可。』

□〔六五〕公曰：『未可。』既陳而□〔六六〕股，門官殲焉。門〔六七〕□在

（後缺）

【校記】

〔一〕昭公廿三年，刊本無『公』字，『廿』作『二十』。案杜預《集解》，凡言某公某年，例無『公』字，此『公』當是衍文。『廿』爲『二十』之合文。下凡『廿』字同此，不復出校。

〔二〕『叔孫豹』下底一殘泐，刊本作『曰邾又夷也然則邾雖曹姓之』。

〔三〕『夷禮』下底一殘泐，刊本作『故極言之猾夏亂諸夏若』。

〔四〕勾，刊本作『句』。《干禄字書·去聲》：『勾、句，上俗下正。』下『勾』字同此。

〔五〕崇，底一殘存上部『山』，兹據刊本擬補。以下凡底卷中殘字、缺字補出者，均據刊本，不復一一注明。

『崇』下底一殘泐，刊本作『皞濟而脩祀紓禍也』。

〔六〕經，底一原高出一格書寫，今下空一格以別之。

〔七〕『春』下底一殘泐，刊本作『公伐邾取須句須句雖別國而削弱不能』。

〔八〕▨若顓臾，『▨』字底二殘存右下角，不知何字，刊本無此字。底二起於此。『若顓臾』三字爲底二之文，其下底二殘泐，刊本作『之比魯謂之社稷之』。

〔九〕反其君，底一止於此。

〔一〇〕皆略不備，底二『皆』字殘存右下角一竪，『略』字殘存右半『各』。『備』下底二殘泐，刊本作『書惟書伐邾取須

句夏宋公』。底二止於此。
〔一一〕衛侯，底三起於此。
〔一二〕『伐』下底三殘泐，刊本作『鄭秋八月丁未及』。
〔一三〕『升陘』下底三殘泐，刊本作『魯地邾人縣公冑于魚門故』。
〔一四〕『深恥』下底三殘泐，刊本作『之不言公又不言師敗績』。
〔一五〕冬，底三殘存右半。
〔一六〕『朔』下底三殘泐，刊本作『宋公及楚人戰』。
〔一七〕『水』下底三殘泐，刊本作『名宋伐鄭楚救之故戰』。
〔一八〕『楚』下底三殘泐，刊本作『告命不以主帥人數故略稱人』。
〔一九〕『伐』前底三殘泐，刊本作『傳二十二年春』。
〔二〇〕取，底三殘存右半。『取』下底三殘泐，刊本作『須句反其君焉禮也』。
〔二一〕恤寡，底四起於此。
〔二二〕鄭伯如，底四『鄭』殘存右下角。『如』下底四殘泐，刊本作『楚夏宋公伐鄭子』。
〔二三〕魚曰，底四『魚』存右邊殘畫，『曰』殘存右半。
〔二四〕所，底四殘存右半。
〔二五〕在，底四存上端殘畫，『在』下底四殘泐，刊本作『此矣』。
〔二六〕對曰，底五起於此。
〔二七〕子，底五殘存上半。『子』下底五殘泐，刊本作『而辱於秦子之欲』。
〔二八〕『寡君』下底五殘泐，刊本作『之使婢子侍執』。
〔二九〕『卑稱』下刊本有『也』字。

〔三〇〕『子』下底五殘泐，刊本作『也從子而歸弃』。

〔三一〕『從』下底五殘泐，刊本作『亦不敢言遂逃歸』。

〔三二〕『傳終史』三字底五模糊難辨。

〔三三〕臣，刊本作『辰』。『臣』、『辰』《廣韻》同音植鄰切。『富辰』人名，《春秋》中多有以『辰』爲名者，如魯國臧孫辰、鄭國皇辰、楚國公子辰，則作『臣』者，音誤字也。

〔三四〕『曰』下底五殘泐，刊本作『請召大叔富辰周大夫大叔王』。

〔三五〕恊比其，刊本『恊』作『協』。《五經文字・十部》：『心部亦有「恊」字，與此字同，並訓和。案古文作「叶」，則從十者義長。』注中『恊』字同。『其』下底五殘泐，刊本作『鄰昬姻孔云詩小雅言王者爲』。

〔三六〕婚，刊本作『昬』，『昬』『婚』古今字。

〔三七〕『也』下底五殘泐，刊本作『吾兄弟之不協』。

〔三八〕焉，底五殘存右半。

〔三九〕『不』下底五殘泐，刊本作『睦王説王子帶自』。

〔四〇〕王，底五殘脱下端一横。『王』下底五殘泐，刊本作『召之也傳終仲孫湫之言也爲二十四年天王出居』。

〔四一〕也，刊本無。

〔四二〕出，底五殘存上半『山』。『出』下底五殘泐，刊本作『師公卑郲不設』。

〔四三〕臧文，底五『臧』字殘存右半『戈』。『文』下底五殘泐，刊本作『仲曰國無小不可易也』。底五止於此。

〔四四〕無備，底六起於此。

〔四五〕『恃』下底六殘泐，刊本作『也詩曰戰戰兢兢如』。

〔四六〕履薄冰，底六『履』原作『臨』，當是涉上『臨』字而誤，兹據刊本改正。『冰』下底六殘泐，刊本作『詩小雅言常戒懼又曰敬之敬之』。

〔四七〕維，刊本作『惟』。案二字古多通用。今本《毛詩》作『維』，《玉篇・頁部》『顯』下引《詩》亦作『維』，皆與寫卷同。

〔四八〕之，刊本作『辭』，下有『也』字。案《詩・小雅・南有嘉魚》『翩翩者鵻，烝然來思』，陳奐《詩毛氏傳疏》云：『思猶之也。……古之、思聲同，故之、思二字皆爲語已之詞。』疑《集解》原作『之』而不作『辭』。

〔四九〕『不』下底六殘泐，刊本作『易哉周頌言有國宜敬戒天明臨下奉承其命』。

〔五〇〕『不』下底六殘泐，刊本作『難也無不懼也況』。

〔五一〕『小國』下刊本有『乎』字。

〔五二〕邾，底六殘存左上角殘畫。『邾』下底六殘泐，刊本作『小蠭蠆有毒』。

〔五三〕况，刊本作『況』。《玉篇・冫部》：『况，俗況字。』

〔五四〕『八月』下底六殘泐，刊本作『丁未公及邾師』。

〔五五〕戰于，底六『戰』殘存左下角殘畫，『于』殘存下部彎鈎。

〔五六〕登陘，刊本『登』作『升』；底六『陘』殘存右半。案《釋文》出『登陘』，云：『本亦作升陘。』李富孫《春秋左傳異文釋》云：『《釋詁》曰：「登，升也。」二字同部，古通用，義同。』

〔五七〕我師，底六『我』殘存右邊『戈』，『師』殘存右邊殘畫。底六止於此。

〔五八〕公將，底七起於此。自底六末行『我師』至此，底卷殘泐之字刊本作『師敗績邾人獲公胄縣諸魚門胄兜鍪魚門邾城門楚人伐宋以救鄭宋』。『公將』下底七殘泐，刊本作『戰大司馬固諫曰天之弃商久矣』。

〔五九〕興，底七殘存左上角。『興』下底七殘泐，刊本作『之弗可赦也已大司馬固莊公之孫公孫固也言君興天所弃必不可』。

〔六〇〕𢻫，刊本作『赦』。『𢻫』爲『赦』之或體，説見《説文》『赦』篆下説解。

〔六一〕『弗聽』下底七殘泐，刊本作『冬十一月己巳朔宋公及楚人』。

〔六二〕成，底七殘存右上角一點。『成』下底七殘泐，刊本作『列楚人未既濟未盡』。

〔六三〕度泓水也，刊本「度」作「渡」，無「也」字。「度」「渡」古今字。

〔六四〕衆，底七殘存上半。「衆」下底七殘泐，刊本作「我寡及其未既濟也」。

〔六五〕「不可」下底七殘泐，刊本作「既濟而未成列又以告」。

〔六六〕「而」下底七殘泐，刊本作「後擊之宋師敗績公傷」。

〔六七〕「門」下底七殘泐，刊本作「官守門者師行則」。

春秋左氏經傳集解（五）（僖公二十五—二十六年）

伯四〇五八C（底一）　伯二四九九（底二）

【題解】

底一編號爲伯四〇五八C。伯四〇五八號共有三個殘片，本件爲第三片。《索引》以之爲背面，定名爲《春秋左氏傳集解七行》；《寶藏》在第一片背《豆粟曆》下定名爲《春秋左氏傳集解七行》，皆誤。《法目》（五）編爲伯四〇五八C號，並定爲杜預之《春秋經傳集解》，是；《索引新編》從之，然定名仍作《春秋左氏傳集解七行》，則不確，因爲該殘片所存者九行，而非七行，起《僖公二十五年》傳「军吏曰」，至「故使處原」集解「示不遺勞也」。

底二編號爲伯二四九九，起《僖公二十六年》經，至《僖公二十六年》傳「大師職之」集解「兼主司盟之官也」，共二十一行。《伯目》定爲《春秋左傳》，《索引》定名《春秋左氏傳集解》，《索引新編》、《法藏》從之。《寶藏》已將它綴合於伯四〇五八C之下，而在此則未作説明。《法藏》則將此綴合後之兩寫卷置於伯二四九九之下。

兩卷綴合後共三十行，傳文單行大字，集解雙行小字，行有界欄，涉及僖公二十五、二十六兩年内容，兹擬名爲《春秋左氏經傳集解（僖公二十五年—二十六年）》。寫卷「世」、「民」不諱，姜亮夫《海外敦煌卷子經眼録》（《敦煌學論文集》二八頁，上海古籍出版社一九八七）認爲是唐以前寫本。

李索《敦煌寫卷〈春秋經傳集解〉校證》（中國社會科學出版社二〇〇五，簡稱「李索」）有校記。

底一、底二皆據縮微膠卷録文，以中華書局影印阮元刻《十三經注疏·春秋左傳正義》爲對校本（簡稱「刊本」），校録於後。

（前缺）

軍吏〔曰〕〔一〕：『請待之。』公曰：『信，國之寶也，民之所庇也。得原失信，何以庇之？所亡玆〔二〕多。』退一舍而原降，遷原伯貫于冀。伯貫，周守原大夫也。　趙衰爲原大夫，狐溱爲温大夫。狐溱，狐毛之子也〔三〕。

衛人平莒于我。十二月，盟〔四〕于洮，脩衛文公之好，且及莒平也。莒以元年酈之役〔五〕怨魯，衛文公將平之，未及而卒。成公追成父志，降名以行事，故曰脩文公之好。

晉侯問原守於寺人勃鞮。勃鞮，披也。對曰：『昔趙衰以壺飧〔六〕從徑，餒而弗食。』言其廉仁〔七〕，不忘君也。徑猶行也。故使處原。從披言也。衰雖有大功，猶簡小善以進〔八〕，示不遺勞也〔九〕。

經〔一〇〕　廿〔一一〕有六年，春，王正月，己未，公會莒子、衛甯速盟于向。向，莒地也〔一二〕。甯速，衛大夫莊子也。

齊人侵我西鄙。公追齊師至巂〔一三〕，弗〔一四〕及。公逐齊師，遠至齊地，故書之。濟北穀城縣西有地名巂下。

夏，齊人伐我北鄙。孝公未入魯境〔一五〕，先使微者伐之。衛人伐齊。公子遂如楚乞師。公子遂，魯卿也。乞，不保得之辭也〔一六〕。

秋，楚人滅夔，以夔子歸。夔，楚同姓國，今建平秭歸縣也〔一七〕。夔有不祀之罪，故不譏楚滅同姓也〔一八〕。

冬，楚人伐宋，圍緡。公以楚師伐齊，取穀。傳例曰：師能左右之曰以。公至自伐齊。無傳。

傳〔一九〕　廿六年，春，王正月，公會莒玆丕〔二〇〕公、玆丕，時君之號也〔二一〕。莒，夷，無謚，以號爲稱也〔二二〕。甯莊子盟于向，尋洮之盟也。洮盟在前年也〔二三〕。

齊師侵我西鄙，討是二盟也。

夏，齊孝公伐我北鄙。衛人伐齊，洮之盟故也。公使展喜犒〔二四〕師，勞齊師也〔二五〕。使受命于展禽。柳下惠也〔二六〕。齊侯未入境〔二七〕，展喜從之，曰：『寡君聞君親舉玉趾，將辱於弊〔二八〕邑，使下臣犒執事。』言執事，不敢斥尊也〔二九〕。齊侯曰：『魯人恐乎？』對曰：『小人恐矣，君子則否。』齊侯曰：『室如縣罄〔三〇〕，野無青草，何恃而不恐？』如，而也。時夏四月，今之二月，野物未成，故言居室而資粮〔三一〕縣盡，在野則無疏〔三二〕食之物，所以當恐也〔三三〕。對曰：『恃先王之命，昔周公、大公股肱周室，夾輔成王。成王勞之而賜之盟，曰：「世世子孫，無相害也。」載在盟府，載，載書也。大師職〔三四〕之。職，主也。太〔三五〕公爲太師，兼主司盟之官也〔三六〕。

（後缺）

【校記】

〔一〕曰，底一原脱，兹據刊本補。

〔二〕兹，刊本作『滋』。《説文·水部》：『滋，益也。』段注：『《艸部》「兹」下曰：「艸木多益也。」此字从水兹，爲水益也。凡經傳增益之義多用此字。亦有用兹者……衹是一義。』

〔三〕也，刊本無。

〔四〕盟，刊本作『盟』。『盟』、『盟』異體。下凡『盟』字同此。

〔五〕伇，刊本作『役』。《説文·殳部》：『古文役从人。』

〔六〕飱，刊本作『飧』。『飱』爲『飧』之俗字，説見段玉裁《説文·食部》『飧』篆下注。

〔七〕廉仁，刊本作『廉且仁』。案伯三六三四亦作『廉仁』。

〔八〕『進』下刊本有『之』字。

〔九〕也，刊本無。底一止於此。

〔一〇〕經，底二起於此。底一「經」字原高出一格書寫，今下空一格以别之。

〔一一〕廿，刊本作「二十」。「廿」爲「二十」之合文。下同，不復出校。

〔一二〕也，刊本無。

〔一三〕雋，刊本作「鄬」。陸德明《經典釋文·春秋左氏音義》（以下簡稱「釋文」）：「嶲，本又作鄬，户圭反。注同。一音似轉反。」段玉裁《春秋左氏古經》云：「似轉反，則字當作雋，非也。」《説文·邑部》：「鄬，東海之邑。」趙坦《春秋異文箋》云：「《公》、《穀》作『嶲』，蓋省文。」李富孫《春秋左傳異文釋》：「《公》、《穀》作『嶲』，从省。」是「嶲」爲「鄬」之省借，「雋」則當爲「嶲」之訛變。注中「雋」字同。

〔一四〕弗，刊本作「不」。案阮元《春秋左氏傳校勘記》：「不及，《石經》、宋本、淳熙本、岳本、《纂圖》本、監本、毛本『不』作『弗』，不誤。」《公羊》、《穀梁》並作「弗」，與此同，則作「弗」是也，阮説是。

〔一五〕境，刊本作「竟」，「竟」「境」古今字。

〔一六〕辤也，刊本「辤」作「辭」，無「也」字。《干禄字書·平聲》：「辤、辤、辭，上中竝辤讓；下辭説，今作辤，俗。」是在唐時，「辤」已成爲「辭」之俗字。

〔一七〕也，刊本無。

〔一八〕也，刊本無。

〔一九〕傳，底二原高出一格書寫，今下空一格以别之。

〔二〇〕丕，刊本作「丕」。趙坦《春秋異文箋·附録》云：「丕，本字；丕，隸之變體。」注中「丕」字同。

〔二一〕也，刊本無。

〔二二〕也，刊本無。

〔二三〕也，刊本無。

〔二四〕槁，刊本作「犒」。李索云：「『犒』爲本字，『槁』乃通假字。」案李説誤。段玉裁《周禮漢讀考》卷二：「犒師字古祇作「槁」耳，漢人作「犒」。」李富孫《春秋左傳異文釋》云：「犒，古作「稾」，或作「槁」，《廣雅》始作「犒」，俗字。」下「槁」字同，不復出校。

〔二五〕也，刊本無。

〔二六〕也，刊本無。

〔二七〕境，刊本作『竟』，『竟』『境』古今字。

〔二八〕弊，刊本作『敝』。『弊』爲『敝』之俗字，見《玉篇・㡀部》。

〔二九〕也，刊本無。

〔三〇〕縣磬，刊本作『懸罄』。《釋文》：『縣罄，音玄，注同。罄亦作磬，盡也。』《國語・魯語上》作『懸磬』，韋昭注云：『懸磬，言魯府藏空虚如懸磬也。』案正當作『磬』字，『罄』則爲同音借字，説參于鬯《香草校書》。『縣』『懸』古今字。

〔三一〕粮，刊本作『糧』。《五經文字・米部》：『糧，作粮訛。』『粮』應是後起別體字。

〔三二〕疏，刊本作『蔬』。《説文・食部》：『饉，蔬不孰爲饉。』段注：『許書無蔬字，此蔬當是本作疏，疏之言疋也。凡艸菜可食者皆有根足而生也。』

〔三三〕也，刊本無。

〔三四〕軄，刊本作『職』。《玉篇・身部》云：『軄，俗職字。』注中『軄』字同。

〔三五〕太，刊本作『大』，『大』『太』古今字。下『太師』同。

〔三六〕也，刊本無。

春秋左氏經傳集解（六）（僖公二十八—三十三年）

伯二五〇九

【題解】

底卷編號爲伯二五〇九，起《僖公二十八年》經「公子買戍衛」之「買」，至僖公三十三年末，共三百四十二行，前二十行殘去下截。經傳單行大字，集解雙行小字。尾題「春秋經傳集解僖下第七」，諸家皆據以定名。寫卷「虎」、「丙」、「世」、「民」、「治」諸字皆不諱，羅振玉《敦煌本春秋經傳集解殘卷跋》（《鳴沙石室古籍叢殘》，一九一七）認爲是六朝寫本，姜亮夫《莫高窟年表》（一六三頁，上海古籍出版社一九八五）、王素與李方所著《魏晉南北朝敦煌文獻編年》（二七八頁，臺北新文豐出版公司一九九七）從之；王重民則懷疑爲唐以後寫本（《敘録》五〇頁）。此卷字體稚拙，字距細密，王重民之説可能更接近於事實。

陳鐵凡《敦煌本易書詩考略》（《孔孟學報》第十七期。簡稱「陳鐵凡」）、李索《敦煌寫卷〈春秋經傳集解〉校證》（中國社會科學出版社二〇〇五，簡稱「李索」）有校記。

底卷每年之經、傳文均提行抄寫，而經、傳二字皆高出一格書寫，今録文中在經、傳二字下各空一格以別之。

底卷據縮微膠卷録文，以中華書局影印阮元刻《十三經注疏·春秋左傳正義》爲對校本（簡稱「刊本」），校録於後。

（前缺）

買戍衛，不卒戍，刺之。公子▨（買）□〔一〕言用周□〔二〕晉，煞子⿱艹哉〔三〕而誣⿱艹哉以廢戍之罪。恐不爲遠近所信，故顯書其罪也。□〔四〕入曹，執曹伯，畀〔五〕宋人。畀，與也。□〔六〕楚▨▨▨（使戰，故）□〔七〕月，己巳，晉侯、齊師、宋師、秦▨(師)□〔八〕敗績。宋公、齊國歸父、秦小子憖既次▨(城)□〔九〕子玉及陳、蔡之師不書，楚人恥敗，告□〔一〇〕楚煞其大夫得臣。子玉違其君命以取敗，稱名以煞，罪之。□〔一一〕丑，公會晉侯、齊侯、宋公、蔡侯□〔一二〕土。踐土，鄭地也〔一三〕。王子虎臨盟，不同□〔一四〕位受盟，非王命所加，從未成君□〔一五〕丑，月十八日也。傳書癸亥，月廿八日也〔一六〕。經、傳必有誤也〔一七〕。陳侯如▨(會)□〔一八〕于王所。無傳。王在踐土，非京師，故曰王所也〔一九〕。

六月，衛□〔二〇〕位曰復歸〔二一〕。晉人感叔武之賢而復衛▨(侯)□〔二二〕入由於〔二三〕叔武，故以國逆爲文，□□(例在)成□〔二四〕雖爲叔武訟訴〔二五〕，失君臣之節，故無賢文也〔二六〕。奔例在宣十年也〔二七〕。陳侯□〔二八〕莊公女也〔二九〕。歸寧曰來。公子遂如齊。無傳。聘〔三〇〕也。

冬，□〔三一〕鄭伯、陳子、莒子、邾子〔三二〕、秦人于□〔三三〕共公稱子，降在鄭下。陳懷公稱子，而▨(在)〔三四〕鄭上。傳無義例，蓋主會所次，非褒貶□〔三五〕有河陽縣。晉實召王，爲其辞〔三六〕逆而意順，故經以王狩爲辞〔三七〕。壬申，▨(公)□〔三八〕文也〔三九〕。

晉人執衛侯，歸之于京□〔四〇〕京師。衛元咺自晉復歸于衛。□〔四一〕例□〔四二〕咺也〔四三〕。

諸侯遂圍許。會溫諸侯也。許□〔四四〕會不至，故因會□〔四五〕晉感侯獳之言而復曹伯，故從國逆之〔四六〕例。

遂會諸侯□〔四七〕

傳　廿八年，春，晉侯將伐曹，假道于衛，曹在衛東故也〔四八〕。衛人不〔四九〕許。還，自南河〔五〇〕濟。從汲郡南渡，出衛南而東。侵曹伐衛。正月戊申，取五鹿。五鹿，衛地。二月，晉郤〔五一〕穀卒。原軫將中軍，胥臣佐下軍，上德也。先軫以下軍佐超將中軍，故曰上德也〔五二〕。胥臣，司空季子也〔五三〕。晉侯、齊侯盟于斂盂。斂盂，衛地。衛侯請盟，晉人不〔五四〕許。衛侯欲與楚，國人不欲，故出其君以說于晉。衛侯出居于襄牛。襄牛，衛地。

公子買戍衛，晉伐衛，衛、楚之婚姻也〔五五〕，魯欲與楚，故戍衛也〔五六〕。楚人救衛，不克。公懼於晉，殺子蔮以説焉。召子蔮而殺之以謝晉也〔五七〕。謂楚人〔五八〕：『不卒戍也。』詐〔五九〕告楚人，言子蔮不終戍事而歸，故殺之。殺子蔮在楚救衛下，經在上者，救衛，赴晚至。

晉侯圍曹，門焉，多死，攻曹城門。曹人尸諸城上，磔晉死人於城上。晉侯患之，聽輿人之誦〔六〇〕，稱『舍於墓』。輿，衆也。舍墓，爲將發冢也〔六一〕。師遷焉，曹人兇懼，遷至曹人墓。兇兇，恐懼聲。爲其所得者棺而出之。因其兇也而攻之。三月丙午，入曹。數之，以其不用僖負羈而乘軒者三百人〔六二〕，且曰：『獻狀。』軒，大夫車也〔六三〕，言其無德居位者多，故責其功狀也〔六四〕。令無入僖負羈之宮而免其族，報施也。報飧璧之施。魏犨、顛頡怒曰：『勞之不圖，報於何有！』二子各有從亡之勞。爇僖負羈氏。爇，燒〔六五〕。魏犨傷於匈〔六六〕，公欲殺之而愛其材，材〔六七〕，力。使問，且視之。病，將殺之。魏犨束匈見使者曰：『以君之靈，不有寧也。』言不以病故自安寧。岠〔六八〕躍三百，曲踊三百。岠躍，超越也。曲踊，跳踊也。百猶勱〔六九〕也。乃舍之。殺顛頡以徇于師，立舟之僑以爲戎右。舟之僑，故虢臣也〔七〇〕，閔二年奔晉。以代魏犨，爲先歸張本也〔七一〕。宋人使門尹般如晉〔七二〕告急。門尹般，宋大夫。公曰：『宋人告急，舍之，則絶。與晉絶也〔七三〕。告楚，不許。我欲戰矣，齊、秦未可，若之何？』未肯戰。先軫曰：『使宋舍我而賂齊、秦，求救於齊、秦。藉之告楚。假借齊、秦，使爲宋請。我執曹君，而分曹、衛之田以賜宋人。楚愛曹、衛，必不許也。不許齊、秦之請。喜賂怒頑，能無戰乎？』言齊、秦喜得宋賂而怒楚之頑，必自戰也。不可告請，故曰頑。公説，執曹伯，分曹、衛之田以畀〔七四〕宋人。楚子入居于申，申在方城内，故曰入。使申叔去穀，廿六年申叔戍穀也〔七五〕。使子玉去宋，曰：『無從晉師。晉侯在外十九年矣，而果得晉國。晉侯生十七〔七六〕年而亡，亡十九年而反，凡卅六年，至此卌矣〔七七〕。險阻艱難，備嘗之矣；民之情僞，盡知之矣。天假之年，獻公之子九人，唯文公在，故曰天假之年。而除其害。除惠、懷、吕、郄也〔七八〕。天之所置，其可廢乎？《軍志》曰：「允當則歸。」無求過分也〔七九〕。《軍志》，兵書也〔八〇〕。又曰：「知難而退。」又曰：「有德不可敵。」此三志者，晉之謂矣。』謂今與晉遇，當用此三志。子玉使伯棼請戰，伯棼，子越椒〔八一〕，鬬伯比之孫。曰：『非敢必有功也，願以閒〔八二〕執讒慝之口。』閒〔八三〕猶塞也。讒慝，若蔿賈之言，謂子玉不能以三百乘入。王怒，少與之師，唯西廣、東宫與若敖之六卒實從之。楚子還申，遣此兵以就前圍宋之衆。楚有左右廣，又太子有宫甲，分取以給之也〔八四〕。若敖，楚武王之祖父葬若〔八五〕者，子玉之祖也。六卒，子玉宗人之兵六百人。言不悉師以益〔八六〕。子玉使宛春告于〔八七〕晉師曰：『請復衛侯而封曹，臣亦釋宋之圍。』衛侯未出竟，曹伯見執在宋，已失位，故言復衛封曹也〔八八〕。子犯曰：『子玉無禮哉！君取一，臣取二，君取一，以釋宋圍，惠晉侯也〔八九〕。臣取二，復曹、衛爲己功也〔九〇〕。不可失矣。』言可伐。先軫曰：『子與之。定人之謂禮，楚一言而定三國，我一言而亡之，我則無禮，何以戰乎？不許楚言，是弃〔九一〕宋也。救而弃之，謂諸侯何？言將爲諸侯所佐〔九二〕。楚有三施，我有三怨。怨讎已多，將何以戰？不如私許復曹、衛以攜之，私許二國，使告絶於〔九三〕楚而後復之。攜，離也。執宛春以怒楚，既戰而後圖之。』須勝負決乃定計也〔九四〕。公説，乃拘宛春於衛，且私許復曹、衛。曹、衛告絶於楚。子玉怒，從晉師。晉師退。軍吏曰：『以君避〔九五〕臣，辱也。且楚師老矣，何故退？』子犯曰：『師曲爲老〔九六〕，豈在久乎〔九七〕？微楚之惠不及此，重耳過楚，楚成王有贈送之惠也〔九八〕。退三舍避〔九九〕之，所以報也。一舍，卅里也〔一〇〇〕。初，楚子云：『若反國，何以報我？』故以退三舍爲報。背惠食言，以亢其讎，亢猶當也，讎謂楚也。我曲楚直，其衆素飽，不可謂老。直，氣盈飽矣〔一〇一〕。我退而楚還，我將何求？若其不還，君退臣犯，曲在彼矣。』退三舍，楚衆欲止，子玉不可。

夏，四月戊辰，晉侯、宋公、齊國歸父、崔夭、秦小子慭次于城濮。國歸父、崔夭，齊大夫也。小子慭，秦穆公子也。城濮，衛地也〔一〇二〕。楚師背酅〔一〇三〕而舍，酅，丘陵險阻名。晉侯患之，聽輿人之誦，恐衆畏險，故聽其歌誦也〔一〇四〕。曰：『原田每每，舍其舊而新是謀。』高平曰原。喻晉軍美盛，若原田之草每每然，可以謀立新功，不足念舊惠也〔一〇五〕。公疑焉。疑衆謂己背舊謀新。子犯曰：『戰也。戰而捷，必得諸侯。若其不捷，表裏山河，必無害也。』晉國外河而内山也〔一〇六〕。公曰：『若楚惠何？』欒貞子曰：『漢陽諸姬，楚實盡之。貞子，欒枝也。水北曰陽。姬姓之國在漢北者，楚盡滅也〔一〇七〕。思小惠而忘大恥，不如戰也。』晉侯夢與楚子搏，搏，手搏也〔一〇八〕。楚子伏己而盬其腦，盬，啑〔一〇九〕。是以懼。子犯曰：『吉。我得天，楚伏其罪，吾且柔之矣。』晉侯上嚮〔一一〇〕，故得天。楚子下嚮地，故伏其罪也〔一一一〕。腦，所以柔物也〔一一二〕。子犯審見事宜，故權言以荅夢也〔一一三〕。子玉使鬬勃請戰，鬬勃，楚大夫也〔一一四〕。曰：『請與君之士戲，君馮軾而觀之，得臣與寓目焉。』寓，寄〔一一五〕。晉侯使欒枝對曰：『寡君聞命矣。楚君之惠，未之敢忘，是以在此。爲大夫退，其敢當君乎？既不獲命矣，不獲止命。敢煩大夫謂二三子，煩鬬勃，令戒勑〔一一六〕子玉、子西之屬。「戒爾車乘，敬爾君事，詰朝將見。」』詰朝，平旦。晉車七百乘，韅、靷、鞅、靽。五万二千五百人也〔一一七〕。在背曰韅，在匈曰靷，在腹曰鞅，在後曰靽。言駕乘脩備。晉侯登有莘之虚〔一一八〕以觀師，曰：『少長有禮，其可用也。』有莘，故國名也〔一一九〕。少長猶言小大〔一二〇〕。遂伐其木以益其兵。伐木以益攻戰之具，輿曳柴亦是也。己巳，晉師陳于莘北，胥臣以下軍之佐當陳、蔡。子玉以若敖之六卒將中軍，曰：『今日必無晉矣。』子西將左，子上將右。子西，鬬宜申也〔一二一〕。子上，鬬勃。胥臣蒙馬以虎皮，先犯陳、蔡。陳、蔡奔，楚右師潰。陳、蔡屬楚右師。狐毛設二旆〔一二二〕而退之。旆，大旗也。又建二〔一二三〕旆而退，使若大將稍却也〔一二四〕。欒枝使輿〔一二五〕曳柴而僞遁，曳柴起塵，詐爲衆走。楚師馳之。原軫、郤溱以中軍公族横擊之，公族，公所率之軍。狐毛、狐偃以上軍夾攻子西，楚左師潰。楚師敗績。子玉收其卒而止，故不敗。三軍唯中軍〔一二六〕完，是大崩也〔一二七〕。晉師三日館〔一二八〕穀，館，舍也。食楚軍穀三日也〔一二九〕。及癸酉而還。甲午，至于衡雍，作王宮于踐土。衡雍，鄭地也〔一三〇〕，今滎陽卷縣也〔一三一〕。襄王聞晉戰勝，自往勞之，故爲作宮也〔一三二〕。鄉役〔一三三〕之三月，嚮〔一三四〕猶屬也。城濮役之前三月。鄭伯如楚致其師，爲楚師既敗而懼，使子人九行成于晉。子人，氏；九，名也〔一三五〕。晉欒枝入盟鄭伯。五月丙午，晉侯及鄭伯盟于衡雍。丁未，獻楚俘于王，駟介百乘，徒兵千。駟介，四馬被甲也〔一三六〕。徒兵，步卒也〔一三七〕。鄭伯傅王，用平禮也。傅，相也。以周平王享晉文侯仇之礼享晉侯也〔一三八〕。　己酉，王享醴〔一三九〕，命晉侯宥。既饗，又命晉侯助以束帛，以將厚意。王命尹氏及王子虎、內史叔興父策命晉侯爲侯伯，以策書命晉侯爲伯〔一四〇〕。《周礼》『九命作伯』。尹氏、王子虎，王〔一四一〕卿士也。叔興皆大夫也〔一四二〕。三官命之以寵晉也〔一四三〕。賜之大輅之服，戎輅之服，大輅，金輅。戎輅，戎車也〔一四四〕。二輅各有服。彤弓一，彤矢百，玈弓十，玈矢千〔一四五〕，彤，赤弓。玈，黑弓也〔一四六〕。弓一矢百，則矢千弓十矣。諸侯賜弓矢，然後專征伐也〔一四七〕。秬鬯一卣，秬，黑黍。鬯，香酒也〔一四八〕，所以降神。卣，器名。虎賁三百人。曰：『王謂叔父：「敬服王命，以綏四國，糺〔一四九〕逖王慝。」』逖，遠也。有慝〔一五〇〕於王者，糺而遠也〔一五一〕。晉侯三辤〔一五二〕，從命，曰：『重耳敢再拜稽首，奉揚天子之丕〔一五三〕顯休命。』稽首，首至地也〔一五四〕。丕，大。休，美〔一五五〕。受策以出，出入三覲。出入猶去來也。從來至去，凡三見王。衛侯聞楚師敗，懼，出奔楚，遂適陳，自襄牛出。使元咺奉叔武以受盟。奉，使攝君事。癸亥，王子虎盟諸侯于王庭，踐土王宮之庭也〔一五六〕。書踐土，別於京師也〔一五七〕。要言曰：『皆獎〔一五八〕王室，無相害也。有渝此盟，明神殛〔一五九〕之！卑墜〔一六〇〕其師，無克祚國，獎，助也。渝，變也。殛，誅也。卑，使也。隊，隕也。克，能也。及而〔一六一〕玄孫，無有老幼。』君子謂是盟也信，合義信也〔一六二〕。

謂晉於是役也能以德攻。以文德教民而後用〔一六三〕。

初，楚子玉自爲瓊玣〔一六四〕玉纓，未之服也。玣以鹿子皮爲之。瓊，玉之別名，次之以飾玣及有〔一六五〕纓。

《詩》云：『繪[一六六]弁如星。』先戰，夢河神謂己曰：『畀[一六七]余，余賜女孟諸之麋。』孟諸，宋藪澤也[一六八]。水草之交曰麋。不[一六九]致也。大心與子西使榮黄諫，大心，子玉之子。子西，子玉之族。子玉剛愎，故因榮黄。榮黄，榮季也。不聽。榮季曰：『死而國利[一七〇]，猶或爲之，況[一七一]瓊玉乎？是糞土也，而可以濟師，將何愛焉？』因神之欲，以附百姓之願，濟師之理也[一七二]。不[一七三]聽。出告二子曰：『非神敗令尹，令尹其不勤民，實自敗也。』盡心盡力，無所愛惜爲勤民也[一七四]。既敗，王使謂之曰：『大夫若入，其若申、息之老何？』申、息二邑子弟皆從子玉而死，言何以見其父老也[一七五]。子西、孫伯曰：『得臣將死，二臣止之曰：「君其將以爲戮也[一七六]。」』孫伯即大心，子玉子也。二子以此荅王使，言欲令子玉往就君戮也[一七七]。及連穀而死。至連穀，王無赦命，故自煞也。文十年傳曰：『城濮之役，王使止子玉曰：「無死。」不及。』子西亦自煞，縊而懸[一七八]絶，故得不死。王時別遣追前使也[一七九]。連穀，楚地也[一八〇]。煞得臣，經在踐土盟上，傳在下者，説晉事畢而次及楚，屬文之宜也[一八一]。晉侯聞之而後喜可知也，喜見於顔色。曰：『莫余毒也已！蔿吕臣實爲令尹，奉己而已，不在民矣。』言其自守無大志也[一八二]。

或訴[一八三]元咺於衛侯曰：『立叔武矣。』其子角從公，公使煞之。角，元咺子。咺不廢命，奉夷叔以入守。夷，謚。六月，晉人復衛侯。以叔武受盟於踐土，故聽衛侯歸。甯武子與衛人盟于宛濮，武子，甯俞也。陳留長垣縣西南有宛亭，近濮水也[一八四]。曰：『天禍衛國，君臣不協，以及此憂也。衛侯欲與楚，國人不欲，故不和[一八五]。今天誘其衷，衷，中也。使皆降心以相從也。不有居者，誰守社稷？不有行者，誰扞牧圉？牛曰牧，馬曰圉。不協之故，用昭乞盟于爾大神以誘天衷。自今日以往，既盟之後，行者無保其力，居者無懼其罪。其[一八六]有渝此盟，以相及也。以惡相及。明神先君，是糾是極。』[一八七]國人聞此盟也，而後不貳。傳言叔武之賢，甯俞[一八八]之忠，衛侯所以書復歸。衛侯先期入，不信叔武。甯子先，長牂守門以爲使也，與之乘而入。長牂，衛大夫也[一八九]。甯子患公之欲速，故先入，欲安喻國人也[一九〇]。公子歂犬、華仲前驅。衛侯遂驅，奄甯子未備也〔一九一〕。二子，衛大夫也〔一九二〕。叔武將沐，聞君至，喜，捉髮走出，前驅射而煞之。公知其無罪也，枕之股而哭之。公以叔武尸枕其股也〔一九三〕。歂犬走出，手射叔武故也〔一九四〕。公使煞之。元晅出奔晉。元晅以衛侯驅入，煞叔武，故至晉訴〔一九五〕。

城濮之戰，晉中軍風于澤，牛馬因風而走，皆失〔一九六〕。亡大斾之左旃。大斾〔一九七〕，旗名。繫旐曰斾，通帛曰旃。祁瞞奸命，掌此二〔一九八〕事而不脩，爲奸軍令。司馬煞之，以徇于諸侯。使茅茷代之。師還，壬午，濟河。舟之僑先歸，士會攝右。權代舟之僑也。士會，隨武子，士蔿之孫也〔一九九〕。秋，七月丙申，振旅，凱〔二〇〇〕以入于晉。凱，樂〔二〇一〕。獻俘授馘，飲至大賞，授，數也。獻楚俘於廟〔二〇二〕。徵會討貳。徵召諸侯，將冬會于温也〔二〇三〕。

煞舟之僑以徇于國，民於是大服。

君子謂：『文公其能刑矣，三罪而民服。三罪，顛頡、祁瞞、舟之僑也〔二〇四〕。《詩》云：「惠此中國，以綏四方。」不失賞、刑之謂也。』《詩·大雅》也〔二〇五〕。言賞、刑不失，則中國受惠，四方安静〔二〇六〕。

冬，會于温，討不服也。討衛、許也〔二〇七〕。

衛侯與元晅訟，諍〔二〇八〕煞叔武事。甯武子爲輔，鍼莊子爲坐，士榮爲大士。大士，治獄官也。《周礼》『命夫命婦不躬坐獄訟』。元晅又不宜與其君對坐，使〔二〇九〕鍼莊子爲主，又使衛之忠臣及其獄官質正元晅也〔二一〇〕。傳曰：『王叔之宰與伯輿之大夫坐獄於王庭。』各不身親，蓋今長吏有罪，先驗吏卒之義也〔二一一〕。衛侯不勝。三子辝屈。煞士榮，刖鍼莊子，謂甯俞忠而免之。執衛侯，歸之于京師，寘諸深室。深室，別爲囚室。甯子職〔二一二〕納橐饘焉。甯俞以君在幽隘，故親以衣食爲己職。橐，衣囊。饘，糜也。言其忠至，所慮者深。元晅歸于衛，立公子瑕。瑕，衛〔二一三〕公子適也。

是會也，晉侯召王，以諸侯見，且使王狩。晉侯大合諸侯，而欲尊事天子以爲名義。自嫌強大，不敢朝周，喻王出狩，因得盡羣臣之礼，皆譎而不正之事也〔二一四〕。仲尼曰：『以臣召君，不可以訓。』故書曰：『天王狩于河陽。』言非其地也。使若天王自狩以失地,故書者〔二一五〕河陽。實以屬晉,非王狩地也〔二一六〕。且明德也。隱其召君之闕,欲以明晉之功德也〔二一七〕。河陽之狩,趙盾之煞〔二一八〕,泄冶之罪,皆違凡變例,以起大義危疑之理,故特稱仲尼以明〔二一九〕。壬申,公朝于王所。執衛侯,經在朝王下,傳在上者,告執晚也〔二二〇〕。丁丑,諸侯圍許。十月十五日,有日無月。晉侯有疾,曹伯之豎〔二二一〕侯獳貨筮史,豎,掌通内外者。史,晉史也〔二二二〕。使曰以曹爲解:以滅曹爲解故。『齊桓公爲會而封異姓,封邢、衛。今君爲會而滅同姓。曹叔振鐸,文之昭也。叔振鐸,曹始封君,文王之子也〔二二三〕。先君唐叔,武之穆也。且合諸侯而滅兄弟,非禮也。與衛偕命,私許復曹、衛。而不與偕復,非信也。同罪異罰〔二二四〕,非刑也。衛已復故。禮以行義,信以守禮,刑以正邪,舍此三者,君將若之何?』公說,復曹伯,遂會諸侯于許。

晉侯作三行以禦狄,荀林父將中行,屠擊將右行,先篾〔二二五〕將左行。晉置上、中、下三軍,今復增置三行,以避天子六軍之名也〔二二六〕。三行無佐,疑大夫帥也〔二二七〕。

經　廿有九年,春,介葛盧來。介,東夷國也,在城陽黔陬縣。葛盧,介君名〔二二八〕。不稱朝,不見公,且不能行朝礼。雖不見公,國賓礼之,故書也〔二二九〕。

公至自圍許。無傳。

夏,六月,會王人、晉人、宋人、齊人、陳人、蔡人、秦人,盟于翟泉。翟泉,今洛陽城内太〔二三〇〕倉西南池水也。魯侯諱盟天子大夫,諸侯大夫又違礼盟公侯,王子虎違礼下盟,故不言公會,又皆稱人。

秋,大雨雹。

冬,介葛盧來。

傳　廿九年,春,介〔二三一〕葛盧來朝,舍于昌衍之上。魯縣東南有昌平城。公在會,饋之芻米,禮也。嫌公行不當致饋,故曰礼〔二三二〕。

夏，公會王子虎、晉狐偃、宋公孫固、齊國歸父、陳轅濤塗、秦小子慭，盟于翟泉，尋踐土之盟，且謀伐鄭也。經書蔡人，而傳無名氏，即微者也〔二三三〕。『秦小子慭』在蔡下者，若宋向戌之後會。卿不書，罪之也。晉侯始霸，翼戴天子，諸侯緝〔二三四〕睦，王室無虞。而王子虎下盟列國，以瀆大典，諸侯大夫上敵公侯，虧礼傷教，故貶諸大夫，諱公與盟也〔二三五〕。在禮，卿不會公、侯，會伯、子、男可也。大國之卿，當小國之君，故可以會伯、子、男也〔二三六〕。諸卿之見貶，亦兼有此闕，故傳重發也〔二三七〕。

秋，大雨雹，爲灾〔二三八〕也。

冬，介葛盧來，以未見公，故復來朝。禮之，加燕好。燕，燕礼也。好，好貨也。一歲再來，故加也〔二三九〕。

介葛盧聞牛鳴，曰：『是生三犧，皆用之矣，其音云。』問之而信。傳言人聽，或通鳥獸之情也〔二四〇〕。

經　卅年，春，王正月。

夏，狄侵齊。

秋，衛煞其大夫元咺及公子瑕。咺見煞稱名者，訟君求直，又先歸立公子瑕，非國人所與，罪之也。瑕立經年，未會諸侯，故不稱君也〔二四一〕。

衛侯鄭歸于衛。魯爲之請，故從諸侯納之例。例在成十八年也〔二四二〕。

晉人、秦人圍鄭。晉軍函陵，秦軍氾南，各使微者圍鄭，故稱人也〔二四三〕。

介人侵蕭。無傳。

冬，天王使宰周公來聘。周公，天子三公兼冢宰〔二四四〕。

公子遂如京師，遂如晉。如京師報宰周公也〔二四五〕。

傳　卅年，春，晉人侵鄭，以觀其可攻與否。狄閒晉人〔二四六〕有鄭虞也。

夏，狄侵齊。齊，晉與國。晉侯使醫〔二四七〕衍酖衛侯。衍，醫名也〔二四八〕。晉侯實怨衛侯，欲煞之〔二四九〕而罪不及死，故使醫因治病而加酖毒也〔二五〇〕。甯俞貨醫，使薄其酖，不死。甯俞視衛侯衣食，故得知〔二五一〕。公爲之請，納玉於王與晉侯，皆十瑴。王許之。雙玉曰瑴。公本與衛同好，故爲之請。秋，乃釋衛侯。

衛侯使賂周歂、冶廑，曰：『苟能納我，吾使爾爲卿。』恐元咺距己，故賂周、冶。周、冶殺元咺及子適、子儀。子儀，瑕母弟也〔二五二〕。不書殺，賤〔二五三〕。公入，祀先君。周、冶既服，將命，服，卿服。將入廟〔二五四〕受命。周歂先入，及門，遇疾而死。冶廑辭〔二五五〕卿。見周歂死而懼。

九月，甲午，晉侯、秦伯圍鄭，以其無禮於晉，文公亡過鄭，鄭不礼〔二五六〕。且貳於楚也。晉軍函陵，秦軍氾南。此東氾〔二五七〕，在熒陽中牟縣南。佚之狐言於鄭伯曰：『國危矣。若使燭之武見秦君，師必退。』佚之狐、燭之武，皆鄭大夫也〔二五八〕。公從之。辭〔二五九〕曰：『臣之壯也，猶不如人。今老矣，無能爲也已。』公曰：『吾不能早用子，今急而求子，是寡人之過也。然鄭亡，子亦有不利焉。』許之。夜，縋而出。縋，懸城而下也〔二六〇〕。見秦伯曰：『秦、晉圍鄭，鄭既知亡矣。若亡鄭而有益於君，敢以煩執事。執事，亦謂秦。越國以鄙遠，君知其難也，設得鄭以爲秦邊邑，則越晉而難保。焉用亡鄭以陪〔二六一〕鄰？陪，益。鄰之厚，君之薄也。若舍鄭以爲東道主，行李之往來，共其乏困，行李，使人。君亦無所害。且君嘗爲晉君賜矣，許君焦、瑕，朝濟而夕設版焉，君之所知也。晉君，謂惠公也。焦、瑕，晉河外五城之二邑名也〔二六二〕。朝濟河而夕設版築以距秦，言背秦之速也〔二六三〕。夫晉何厭之有？既東封鄭，又欲肆其西封，封，疆〔二六四〕也。肆，申也。不闕秦，焉取之〔二六五〕？闕秦以利晉，唯君圖之。』秦伯說，與鄭人盟。使杞子、逢〔二六六〕孫、楊孫戍之，乃還。三子，秦大夫也〔二六七〕。反爲鄭守。子犯請擊之。公曰：『不可。微夫人之〔二六八〕力不及此。請擊秦也。夫人，謂秦穆公。因人之力而弊〔二六九〕之，不仁；失其所與，不知；以亂易整，不武。秦晉和整，而還相攻，更爲亂也。吾其還也。』亦去之。

初，鄭公子蘭出奔晉，蘭，鄭穆公。從於晉侯伐鄭，請無與圍鄭。許之。使待命于東。晉東界也〔二七〇〕。鄭石甲父、侯宣多逆以爲太子〔二七一〕，以求成于晉，晉人許之。二子，鄭大夫也〔二七二〕。言穆公所以立。

冬，王使周公閱來聘。饗有昌歜、白、黑、形鹽。昌歜，昌蒲葅。白，熬稻。黑，熬黍也〔二七三〕。形鹽，鹽形像〔二七四〕虎。辞〔二七五〕曰：『國君，文足昭也，武可畏也，則有備物之饗，以象其德。薦五味，羞嘉穀，鹽虎形，嘉穀，熬稻黍也，以象其文〔二七六〕。鹽虎形，以象武也。以獻其功。吾何以堪之？』

東門襄仲將聘于周，遂初聘于晉。公既命襄仲聘周，未行，故曰將。又命自周聘晉，故曰遂。自入春秋，魯始聘晉，故曰初也〔二七七〕。

經　卅有一年，春，取濟西田。晉分曹田以賜魯，故不繫曹。不用師徒，故曰取。

公子遂如晉。

夏，四月，四卜郊，不從，乃免牲。龜曰卜。不從，不吉也。卜郊不吉，故免牲。免猶縱也。猶三望。三望，分野之星國中山川廿〔二七八〕，皆因〔二七九〕郊祀望而祭之。魯忿〔二八〇〕郊天，而脩其小祀，故曰猶。猶者，可止之辞也〔二八一〕。

秋，七月。

冬，杞伯姬來求婦。無傳。自爲其子成婚〔二八二〕。狄圍衛。

十有二月，衛遷于帝丘。避〔二八三〕狄難也。帝丘，今東郡濮陽縣也〔二八四〕。故帝顓頊之虚，故曰帝丘也〔二八五〕。

傳　卅一年，春，取濟西田，分曹地也。廿八年，晉文討曹，分其地，竟界未定，至是乃以賜諸侯也〔二八六〕。使臧文仲往，宿於重館。高平方與縣西北有重鄉城也〔二八七〕。重館人告曰：『晉新得諸侯，必親其共，不速行，將無及也。』從之。分曹地，自洮以南，東傅于濟，盡曹地也。文仲不書，請田而已，非聘享會同也。濟水自滎陽東過魯之西，至樂安入海也〔二八八〕。襄仲如晉，拜曹田也。

『夏，四月，四卜郊，不從，乃免牲』，非礼也。諸侯不得郊天，魯以周公故，得用天子礼樂，故郊爲魯常祀。『猶三望』，亦非礼也。禮不卜常祀，必其時也〔二八九〕。而卜其牲日。卜牲與日，知吉否〔二九〇〕。牛卜日曰牲。既得吉日，則牛改名曰牲。牲成而卜郊，上怠慢也。怠於古典，慢瀆龜策也〔二九一〕。望，郊之細也。不郊，亦無望可也。

秋，晉蒐于清原，作五軍以禦狄也〔二九二〕。廿八年，晉作三行，令罷之，更爲上下新軍也〔二九三〕。河東聞喜縣北有清原也〔二九四〕。趙衰爲卿。廿七年，命趙衰爲卿，讓於欒枝。今始從原大夫爲新軍帥也〔二九五〕。

冬，狄圍衛，衛遷于帝丘。卜曰三百年。衛成公夢康叔曰：『相奪余〔二九六〕享。』相，夏后啓之孫也〔二九七〕，居帝丘。享，祭也。公命祀相。甯武子不可，曰：『鬼神非其族類，不歆其祀。歆猶饗也。杞、鄫何事？言杞、鄫，夏後〔二九八〕，自當祀相也〔二九九〕。相之不享於此久矣，非衛之罪也。言帝丘久不祀相，非衛所絶也〔三〇〇〕。不可以閒〔三〇一〕成王周公之命祀，諸侯受命，各有常祀。請改祀命。』改祀相之命。鄭泄〔三〇二〕駕惡公子瑕，鄭伯亦惡之，故公子瑕出奔楚。瑕，文公子也〔三〇三〕。傳爲納瑕張本。泄駕，亦鄭大夫。隱五年泄駕，距此九十年，非一人也〔三〇四〕。

經　卅有二年，春，王正月。

夏，四月，己丑，鄭伯捷卒。無傳。文公也，三同盟也〔三〇五〕。

衛人侵狄。報前年狄圍衛。

秋，衛人及狄盟。不地者，就狄廬帳盟。

冬，十有二月，己卯，晉侯重耳卒。同盟踐土、翟泉也〔三〇六〕。

傳　卅二年，春，楚鬬章請平于晉，晉陽處父報之。晉楚始通也〔三〇七〕。陽處父，晉大夫也〔三〇八〕。晉楚自春秋以來始交使命爲和同也〔三〇九〕。

夏，狄有亂。衛人侵狄，狄請平焉。

秋，衛人及狄盟。

冬，晉文公卒。庚辰，將殯于曲沃，殯，窆棺也。曲沃有舊宫焉。出絳，柩有聲如牛。如牛响聲。卜偃使大夫拜，曰：『君命大事，將有西師過軼我，擊之，必大捷焉。』聲自柩出，故曰『君命』。大事，戎事也。卜偃聞秦密謀，故因柩聲以正衆心也〔三一〇〕。

杞子自鄭使告于秦，卅年，秦使大夫杞子戍鄭也〔三一一〕。曰：『鄭人使我掌其北門之管，管，籥〔三一二〕。若潛師以來，國可得也。』穆公訪諸蹇叔，蹇叔曰：『勞師以襲遠，非所聞也。蹇叔，秦大夫也〔三一三〕。師勞力竭，遠主備之，無乃不可乎？師知〔三一四〕所爲，鄭必知之。勤而無所，必有悖心。將害良善。且行千里，其誰不知？』公辝〔三一五〕焉。辝〔三一六〕，不受其言。召孟明、西乞、白乙，使出師于〔三一七〕東門之外。孟明，百里孟明視也〔三一八〕。西乞，西乞術也〔三一九〕。白乙，白乙丙也〔三二〇〕。蹇叔哭之曰：『孟子，吾見〔師〕〔三二一〕之出，而不見其入也。』公使謂之曰：『爾〔三二二〕何知？中壽，爾墓之木拱矣。』合手曰拱。言其過老悖，不可用。蹇叔之子與師，哭而送之，曰：『晉人禦師必於殽。殽在弘農黽〔三二三〕池縣西。殽有二陵焉：大阜曰陵。其南陵，夏后臯之墓也。臯，夏桀之祖父。其北陵，文王之所避〔三二四〕風雨也。此道在二殽之閒〔三二五〕南谷中，谷深委曲，兩山相嶔〔三二六〕，故可以避〔三二七〕風雨。古道由此，魏武帝西討巴漢，惡其險，而更開北山高道焉〔三二八〕。必死是閒〔三二九〕，以其深險故。余收爾骨焉。』秦師遂東。爲明年晉敗秦于殽傳也〔三三〇〕。

經　卅有三年，春，王二月，秦人入滑〔三三一〕。滅而書入，不能有其地。

齊侯使國歸父來聘。

夏，四月，辛巳，晉人及姜戎敗秦師于殽。晉侯諱背喪用兵，故通以賤者告也〔三三二〕。姜戎，姜姓之戎，居晉南鄙，戎子駒支之先也。晉人角之，諸戎掎之，不同陣〔三三三〕，故言及也〔三三四〕。癸巳，葬晉文公。狄侵齊。公伐邾，取訾婁。

秋，公子遂帥師伐邾。晉人敗狄于箕。太原陽邑縣南有箕城。郤缺〔三三五〕稱人者，未爲卿也〔三三六〕。

冬，十月，公如齊。

十有二月，公至自齊。乙巳，公薨于小寢〔三三七〕。小寢，内寢也。乙巳，十一月十二日。經書十二月，誤也〔三三八〕。隕霜不殺草，李梅實。無傳。書時失也。周十一月，今九月，霜當微而重，重而不能殺［草］〔三三九〕，所以爲災也〔三四〇〕。晉人、陳人、鄭人伐許。

傳 卅三年，春，秦師〔三四一〕過周北門，左右免冑而下。王城之北門也〔三四二〕。冑，兜鍪也〔三四三〕。兵車非大將，御者在中，故左右下，御不下。超乘者三百乘。王孫滿尚幼，觀之，言於王曰：『秦師輕而無礼，必敗。謂過天子門不卷甲束兵，超乘示勇也〔三四四〕。輕則寡謀，無禮則脱。脱，易〔三四五〕。入險而脱，又不能謀，能無敗乎？』及滑，鄭商人弦高將市於周，遇之。以乘韋先，牛十二，犒師，商，行賈也。乘，四韋也〔三四六〕。先韋乃入牛也〔三四七〕。古者將獻饋〔三四八〕於人，有以先〔三四九〕。曰：『寡君聞吾子將步師出於弊〔三五〇〕邑，敢犒從者。不腆弊邑，爲從者之淹，［居］〔三五一〕則具一日之積，腆，厚也。淹，久也。積，芻米菜薪也〔三五二〕。行則備一夕之衛。』且使遽告于鄭。遽，傳車也〔三五三〕。鄭穆公使視客舘，視秦三大夫之舍也〔三五四〕。則束載〔三五五〕、厲兵、秣馬矣。嚴兵待秦師也〔三五六〕。使皇武子辭〔三五七〕焉，曰：『吾子淹久於弊〔三五八〕邑，唯是脯資餼牽竭矣。資，粮〔三五九〕也。生曰餼。牽謂牛羊豕也〔三六〇〕。爲吾子之將行也，示知其情。鄭之有原圃，猶秦之有具囿也，原圃、具囿，皆圃名也〔三六一〕。吾子取其麋〔三六二〕鹿，以閒弊〔三六三〕邑，若何？』使秦戍自取麋鹿，以爲行資，令弊邑得閒暇也〔三六四〕。若何，猶何如也〔三六五〕。熒陽中牟縣西有圃田澤也〔三六六〕。杞子奔齊，逢〔三六七〕孫、楊孫奔宋。孟明曰：『鄭有備矣，不可冀也。攻之不克，圍之無〔三六八〕繼，吾其還也。』滅滑而還。

齊國莊子來聘，自郊勞至于贈賄，禮成而加之以敏。迎來曰郊勞，送去曰贈賄。敏，審當於事也〔三六九〕。臧文仲言於公曰：『國子爲政，齊猶有礼，君其朝焉。臣聞之，服於有禮，社稷之衛也。』爲公如齊傳。

晉原軫曰：『秦違蹇叔，而以貪勤民，天奉我也。奉，與〔三七〇〕。奉不可失，敵不可縱。縱敵患生，違天不祥，必伐秦師。』欒枝曰：『未報秦施而伐其師，其爲死君乎？』言以君死，故忘秦施。先軫曰：『秦不哀吾喪而伐吾同姓，秦則無礼，何施之有〔三七一〕？言秦以無礼加己，施不足顧也〔三七二〕。吾聞之，一日縱敵，數世之患也。謀及子孫，可謂死君乎！』言不可謂背君。遂發命，遽興姜戎。子墨衰絰，晉文未葬〔三七三〕，故襄公稱子。以凶服從戎，故墨也〔三七四〕。梁弘御戎，萊駒爲右。

夏，四月辛巳，敗秦師于殽，獲百里孟明視、西乞述〔三七五〕、白乙丙以歸。遂墨以葬文公。晉於是始墨。後遂常以爲俗，記礼所由變也〔三七六〕。文嬴請三帥，文嬴，晉文公始適秦，秦穆公所妻夫人嬴氏〔三七七〕，襄公嫡母也〔三七八〕。三帥，孟明等。曰：『彼實搆〔三七九〕吾二君。寡君若得而食之，不厭，君何辱討焉？使歸就戮于秦，以逞寡君之志，若何？』公許之。先軫朝，問秦囚。公曰：『夫人請之，吾舍之矣。』先軫怒曰：『武夫力而拘〔三八〇〕諸原，婦人暫〔三八一〕而免諸國。暫猶卒也。隳〔三八二〕軍實而長寇讎，亡無日矣！』隳，毁〔三八三〕。不顧而唾。公使陽處父追之，及諸河，則在舟中矣。釋左驂，以公命贈孟明。欲使還拜謝，因而執之。孟明稽首曰：『君之惠〔三八四〕，不以累臣釁鼓〔三八五〕，累，囚繫也。煞人以血塗鼓謂之釁鼓也〔三八六〕。使〔歸〕〔三八七〕就戮于秦。寡君之以爲戮，死且不朽。若從君惠而免之，三年將拜君賜。』意欲報伐晉也〔三八八〕。秦伯素服郊次，待之於郊。鄉師而哭，曰：『孤違蹇叔，以辱二三子，孤之罪也。』不替孟明，曰〔三八九〕：『孤〔三九〇〕之過也。大夫何罪？且吾不以一眚掩大德。』眚，過〔三九一〕。

『狄侵齊』，因晉喪也。

公伐邾，取訾婁，以報升陘之役。在廿二年。邾人不設備。秋，襄仲復伐邾。魯亦因晉喪以陵小國也〔三九二〕。

狄伐晉，及箕。八月，戊子，晉侯敗狄于箕。郤缺獲白狄子。白狄，狄別種也。故西河郡有白部胡。先軫曰：『匹夫逞志於君，謂不顧而唾。而無討，敢不自討乎？』免胄入狄師，死焉。狄人歸其元，元，首。面如生。言其有異於人。

初，臼季使過冀，見冀缺耨，其妻饁之。臼季，胥臣也。冀，晉邑也〔三九三〕。耨，鉏〔三九四〕也。野饋曰饁。敬，相待如賓。與之歸，言諸文公曰：『敬，德之聚也。能敬必有德，德以治民，君請用之。臣聞之，出門如賓，如見大賓。承事如祭，常謹敬也。仁之則也。』公曰：『其父有罪，可乎？』缺父冀芮欲煞文公，在廿四年。對曰：『舜之罪也殛鯀〔三九五〕，其舉也興禹。禹，鯀子也〔三九六〕。管敬仲，桓之賊也，實相以濟。《康誥》曰：「父不慈，子不祇，兄不友，弟不共，不相及也。」《康誥》，《周書》也〔三九七〕。祇，敬也〔三九八〕。《詩》曰：「采葑采菲，無以下體。」君取節焉可也。』《詩·國風》也。葑菲之菜，上善下惡，食之者不以其惡而弃其善。言可取其善節也〔三九九〕。文公以爲下軍大夫。反自箕，襄公以三命命先且居將中軍，且居，先軫之子也〔四〇〇〕，其父死敵，故進也〔四〇一〕。以再命命先茅之縣賞胥臣，曰：『舉郤缺，子之功也。』先茅絶後，故取其縣以賞胥臣。以一命命郤缺爲卿，復與之冀，還其父故邑。亦未有軍行。雖登卿位，未有軍列。

冬，公如齊，朝，且弔有狄師也。反，薨于小寢，即安也。小寢，夫人寢也。譏公就所安，不終於露〔四〇二〕寢。

晉、陳、鄭伐許，討其貳於楚也。楚令尹子上侵陳蔡。陳蔡成，遂伐鄭，將納公子瑕。卅一年瑕奔楚。門于桔柣之門，瑕覆于周氏之汪。車傾覆池水中也〔四〇三〕。外僕髡屯禽之以獻。煞瑕以獻鄭伯。文夫人斂而葬之鄶城之下。鄭文公夫人也。鄶城，故鄶國，在熒陽密縣東北。傳言穆公所以遂有國。

晉陽處父侵蔡，楚子上救之，與晉師夾泜〔四〇四〕而軍。泜水出魯陽縣東，經襄城定陵入汝。陽子患之，使謂子上曰：『吾聞之，「文不犯順，武不違敵」。子若欲戰，則吾退舍，子濟而陣〔四〇五〕，欲避〔四〇六〕楚，使度〔四〇七〕成陣而後戰。遲速唯命。不然，紓我。紓，緩〔四〇八〕。老師費財，亦無益也。』師久爲老。乃駕以待。子上欲涉，大孫伯曰：『不可。晉人無信，半涉而薄我，悔敗何及？不如紓之。』乃退舍。楚退，欲使晉度。陽子宣言曰：『楚師遁矣。』遂歸。楚師亦歸。太子〔四〇九〕商臣譖子上曰：『受晉賂而避〔四一〇〕之，楚之恥也。罪莫大焉。』王煞子上。商臣怨子上止王立己，故譖也〔四一一〕。

葬僖公，緩也〔四一二〕。文公元年，經書『四月，葬僖公』。僖公實以今年十一月薨，并閏七月乃葬，故傳云緩也〔四一三〕。自此以下，遂因説作主祭祀之事，文相次也，皆當次在經葬僖公下。今在此，簡編倒錯也〔四一四〕。作主，非禮也。文二年乃作主，遂因葬文通譏〔四一五〕。凡君薨，卒哭而祔，祔而作主，特祀於主，既葬，反虞則免喪，故曰『卒哭』，哭止也〔四一六〕。言以新死者之神祔之於祖，尸柩已遠，孝子思慕，故造木主立几延〔四一七〕焉，特用喪礼祭祀於寢，不同之於▨（宗）廟也〔四一八〕。『凡君』者，謂諸侯以上，不通於卿大夫也〔四一九〕。烝、嘗、禘▨（於）〔四二〇〕廟。冬祭曰烝。秋祭曰嘗。新主既〔立〕〔四二一〕，特祀於寢，則宗廟四時常祀自如舊也。三年礼畢，又大禘，乃皆同於吉也〔四二二〕。

春秋經傳□□▨（集解僖）下第七〔四二三〕

【校記】

〔一〕買，底卷殘損下部『八』，兹據刊本擬補。以下底卷中凡殘字、缺字補出者，均據刊本，不復一一注明。『買』下底卷殘泐，刊本作『魯大夫子叢也內殺大夫皆書刺』。

〔二〕『周』下底卷殘泐，刊本作『禮三刺之法示不枉濫也公實畏』。

〔三〕煞子菆，刊本『煞』作『殺』，『菆』作『叢』。案《干禄字書·入聲》：『煞、殺，上俗下正。』《五經文字·芈部》：「叢，經典或借「菆」字爲之。」下凡「煞」、「菆」並同此，不復出校。

〔四〕也，刊本無。「也」下底卷殘泐，刊本作「楚人救衛三月丙午晉侯」。

〔五〕卑，刊本作「畀」。敦煌寫卷凡「畀」字多寫作「卑」，「卑」應是俗訛字。注中「卑」字同。

〔六〕「也」下底卷殘泐，刊本作「執諸侯當以歸京師晉欲怒」。

〔七〕使戰故，底卷「使」存右邊「吏」，「戰」存右邊「戈」，「故」存上半。「故」下底卷殘泐，刊本作「以與宋所謂譎而不正夏四」。

〔八〕師，底卷殘存左上角。「師」下底卷殘泐，刊本作「及楚人戰于城濮楚師」。

〔九〕城，底卷殘存上半。「城」下底卷殘泐，刊本作「濮以師屬晉不與戰也」。

〔一〇〕「告」下底卷殘泐，刊本作「文略也大崩曰敗績」。

〔一一〕「之」下底卷殘泐，刊本作「衛侯出奔楚五月癸」。

〔一二〕「蔡侯」下底卷殘泐，刊本作「鄭伯衛子莒子盟于踐」。

〔一三〕也，刊本無。

〔一四〕「同」下底卷殘泐，刊本作「歃故不書衛侯出奔其弟叔武攝」。

〔一五〕「君」下底卷殘泐，刊本作「之禮故稱子而序鄭伯之下經書癸」。

〔一六〕廿八日也，刊本「廿」作「二十」，無「也」字。「廿」爲「二十」之合文。下「廿」字同。

〔一七〕也，底卷倒書於前行末，蓋爲雙行對齊也。刊本無。

〔一八〕會，底卷殘存上半。「會」下底卷殘泐，刊本作「無傳陳本與楚楚敗懼而屬晉來不及盟故曰如會公朝」。

〔一九〕也，刊本無。

〔二〇〕「衛」下底卷殘泐，刊本作「侯鄭自楚復歸于衛復其」。

〔二一〕帰，刊本作「歸」。據《説文》，「帰」爲籀文隸定字，「歸」爲小篆隸定字。下凡此不復出校。

〔二二〕侯，底卷殘去左旁『亻』。『侯』下底卷殘泐，刊本作『衛侯之』。

〔二三〕於，刊本作『于』。二字古多通用。

〔二四〕『成』下底卷殘泐，刊本作『十八年衛元咺出奔晉元咺衛大夫』。

〔二五〕訴，刊本作『訴』。『訴』爲『諦』之隸變字『訢』之俗體。

〔二六〕也，刊本無。

〔二七〕也，底卷倒書於前行末，蓋爲雙行對齊也。刊本無。

〔二八〕『侯』下底卷殘泐，刊本作『款卒無傳凡四同盟秋杞伯姬來無傳』。

〔二九〕也，刊本無。

〔三〇〕娉，刊本作『聘』。『娉』爲『聘』之俗字。下凡『娉』皆同。

〔三一〕『冬』下底卷殘泐，刊本作『公會晉侯齊侯宋公蔡侯』。

〔三二〕鄅子，刊本作『鄅人』。阮元《春秋左氏傳校勘記》（以下簡稱『阮校』）云：『《石經》、岳本「鄅人」作「鄅子」，與《穀梁》同，《公羊》作「鄅婁子」。按《石經》是也。』

〔三三〕『于』下底卷殘泐，刊本作『温陳共公稱子先君未葬例在九年宋襄公稱子自在本班陳』。

〔三四〕在，底卷殘存上半。

〔三五〕『貶』下底卷殘泐，刊本作『也天王狩于河陽晉地今河内』。

〔三六〕辝，刊本作『辭』。《干禄字書・平聲》：『辝、辤、辭，上中竝辝讓；下辭説，今作辝，俗。』是在唐時，『辝』已成爲『辭』之俗字。下凡『辝』字不復出校。

〔三七〕辝，底卷倒書於前行末，蓋爲雙行對齊也。

〔三八〕公，底卷殘存右上角。『公』下底卷殘泐，刊本作『朝于王所壬申十月十日有日而無月史闕』。

〔三九〕也，刊本無。

〔四〇〕「京」下底卷殘泐，刊本作「師稱人以執罪及民也例在成十五年諸侯不得相治故歸之」。

〔四一〕歸于衛，底卷「歸」字殘存左半。底卷「衛」下殘泐，刊本作「元咺與衛侯訟得勝而歸從國逆」。

〔四二〕「例」下底卷殘泐，刊本作「者明衛侯無道於民國人與元」。

〔四三〕也，刊本無。

〔四四〕「許」下底卷殘泐，刊本作「比再」。

〔四五〕「會」下底卷殘泐，刊本作「共伐之曹伯襄復歸于曹」。

〔四六〕之，刊本無。阮校：「宋本、足利「逆」下有「之」字。」正與寫卷同。

〔四七〕「侯」下底卷殘泐，刊本作「圍許言遂得復而行不歸國也」。

〔四八〕也，刊本無。

〔四九〕不，刊本作「弗」，二字同義。

〔五〇〕南河，刊本作「河南」。楊伯峻《春秋左傳注》云：「「南河」，阮刻本作「河南」，今從唐石經、金澤文庫本訂正。」寫卷亦作「南河」，可爲楊説之助。

〔五一〕郄，刊本作「郤」。《晉書音義·帝紀第六》：「郤，本或作郄，俗。」則郤、郄正俗字。「郄」應是「郄」之俗訛。下「郄」字皆同此。

〔五二〕也，刊本無。

〔五三〕也，刊本無。

〔五四〕不，刊本作「弗」，二字義同。

〔五五〕婚姻也，刊本「婚」作「昏」，無「也」字。「婚」爲「昏」之後起字。

〔五六〕也，刊本無。

〔五七〕也，刊本無。

〔五八〕楚人，刊本下有『曰』。洪亮吉《春秋左傳詁》云：『《石經》、宋本並無「曰」字，今从岳本。』李富孫《春秋左傳異文釋》云：『《唐石經》、淳化本無「曰」字。案岳本有「曰」字，《文章正宗》同。玩注義當有「曰」字。』劉文淇《春秋左氏傳舊注疏證》云：『杜註「詐告楚人，言子叢不終成事」，則杜氏所見本有「曰」字。惠棟云：「曰衍文。」非。』竹添光鴻《左氏會箋》云：『杜以「告」解「謂」，云：「詐告楚人，言子叢不終成事而歸，故殺之。」若有「曰」字，文義自明，杜不必詳說至此，無「曰」字是也。』寫卷亦無『曰』字，可爲竹添氏之助。

〔五九〕詐，刊本作『謂』。阮校：『宋本、岳本、足利本「謂」作「詐」。』北京大學出版社之標點本《十三經注疏·春秋左傳正義》認爲作『詐』字爲宜，而據阮校改。案所改是也。金澤文庫本（據竹添光鴻《左氏會箋》，下並同。）亦作『詐』，與寫卷同。

〔六〇〕誦，刊本作『謀』，下有『曰』字。孔穎達《春秋左傳正義》（以下簡稱『正義』）云：『此「謀」字或作「誦」，涉下文而誤耳。其云誦者皆韻如詩賦。此稱舍於墓，直是計謀之言，不得爲「誦」。今定本作「謀」。』王引之《經義述聞》、竹添光鴻《左氏會箋》、楊伯峻《春秋左傳注》均以《正義》爲是。于鬯《香草校書》則認爲作『誦』是。案：伯三六三四及金澤文庫本亦均作『誦』。『曰』爲衍文，考詳王引之《經義述聞》。

〔六一〕也，刊本無。

〔六二〕『三百人』下刊本有『也』字。

〔六三〕也，刊本無。

〔六四〕也，刊本無。

〔六五〕『燒』下刊本有『也』字。

〔六六〕匈，刊本作『胷』。《說文·勹部》：『匈，膺也。』而無『胷』字。段注：『今字「胷」行而「匈」廢矣。』則『匈』『胷』古今字。下『匈』字同此，不復出校。

〔六七〕材，刊本作『才』。案注文當作『材』，方與傳文合。《説文·木部》：『材，木梃也。』段注：『引伸之義凡可用之具皆曰材。』才部：『才，艸木之初也。』是作『材』者『人才』之本字。伯三六三四亦作『材』，與此卷同。

〔六八〕岠，刊本作『距』。蔡主賓《敦煌寫本儒家經籍異文考》云：『「岠」字爲正，「距」乃通叚，又「岠」當涉與「岠」形近而譌。』注中『岠』字同。

〔六九〕勱，刊本作『勱』。陸德明《經典釋文·春秋左氏音義》（以下簡稱『釋文』）：『勱，音邁。』阮校：『宋本、岳本「勵」作「勱」，《釋文》亦作「勱」字。《正義》同。按「勵」者「厲」之俗，《説文》所無。「勱」音邁，「百」音陌，雙聲也。』

〔七〇〕也，刊本無。

〔七一〕也，刊本無。

〔七二〕晉，刊本作『晉師』。案《國語·晉語四》：『宋人使門尹班告急于晉。』亦作『晉』，與寫卷同。

〔七三〕也，刊本無。

〔七四〕卑，刊本作『畀』。『卑』爲『畀』之俗訛字。

〔七五〕也，刊本無。

〔七六〕十七，刊本作『十八』。陳鐵凡云：『案文公出亡爲魯僖公五年，歸晉在魯僖公二十四年，出亡期間爲十九整年。以下注云：「凡三十六年，至此四十矣。」由此上溯，則文公出亡時，年正十七，然則此作「生十七年而亡」是矣。』

〔七七〕凡卅六年至此卌矣，刊本『卅』作『三十』，『卌』作『四十』。『卅』爲『三十』之合文，『卌』爲『四十』之合文。下凡『卅』、『卌』皆同，不復出校。

〔七八〕也，刊本無。

〔七九〕也，刊本無。

〔八〇〕也，刊本無。

〔八一〕『子越椒』下刊本有『也』字。

〔八二〕閒，刊本作『間』。『閒』『間』古今字。注中『閒』字同。

〔八三〕『閒』下刊本有『執』字。案『執』字應有，否則《傳》中『執』字在杜注中無處著落。

〔八四〕也，刊本無。

〔八五〕若，刊本作『若敖』。李索云：『「若」後脱「敖」字。』案李説誤。金澤文庫本亦無『敖』字，故竹添光鴻《左氏會箋》考云：『楚本蠻夷，故其君長皆以敖稱，其後遂以名君之無謚及貴官之亞於君者，而君之無謚稱敖者，皆以所葬之地冠之，如「葬王于郟謂之郟敖」，「葬子干于訾實訾敖」，皆其明證。則楚武王之祖以葬於若敖故稱若敖，此處杜注「葬若」下不當有「敖」字，宋本皆衍。獨毛居正《六經正誤》云：「若下欠敖字。」毛氏所據爲北宋胄監本，其本無「敖」字，與卷子本合。毛氏以爲脱文，則誤也。』

〔八六〕益，刊本下有『之』。案《正義》標起止作『益之』。金澤文庫本無『之』字，然有『也』字。

〔八七〕于，刊本作『於』。二字古通用。

〔八八〕也，刊本無。

〔八九〕也，刊本無。

〔九〇〕也，刊本無。

〔九一〕弃，刊本作『棄』。《説文》以『弃』爲古文『棄』字，唐代因爲避太宗之諱，多從古文寫作『弃』，説詳《敦煌俗字研究》下編二四〇頁。下『弃』字皆同。

〔九二〕恠，刊本作『怪』，下有『也』字。『恠』爲『恠』的訛俗字，而『恠』與『怪』則爲篆文隸變之異，説見《敦煌俗字研究》下編三七六頁。

〔九三〕於，刊本作『于』。二字古通用。

〔九四〕也，刊本無。

〔九五〕避，刊本作『辟』。『辟』『避』古今字。

〔九六〕曲爲老，刊本前有『直爲壯』三字。案伯三六三四亦無『直爲壯』三字，與此卷同。

〔九七〕乎，刊本作『矣』。阮校：『《石經》、宋本、淳熙本、岳本、足利本「矣」作「乎」，是也。』王叔岷《左傳考校》云：『舊鈔卷子本「矣」亦作「乎」。「矣」與「乎」本可通用，惟此作「矣」，蓋涉上文「且楚師老矣」而誤。』案：伯三六三四、金澤文庫本亦作『乎』。

〔九八〕也，刊本無。

〔九九〕避，刊本作『辟』，『辟』『避』古今字。

〔一〇〇〕也，刊本無。

〔一〇一〕矣，刊本無。

〔一〇二〕也，刊本無。

〔一〇三〕鄭，刊本作『鄰』。『攜』俗作『携』，則『鄭』爲『鄰』之俗字。注中『鄭』字同。

〔一〇四〕也，刊本無。

〔一〇五〕也，刊本無。

〔一〇六〕也，刊本無。

〔一〇七〕也，刊本作『之』。案金澤文庫本亦作『也』。

〔一〇八〕也，刊本無。

〔一〇九〕『嘘』下刊本有『也』字。

〔一一〇〕嚮，刊本作『向』。『嚮』爲『向』之後起增旁字。下『嚮』字同。

〔一一一〕也，刊本無。

〔一一二〕也，刊本無。

〔一一三〕也，刊本無。

〔一一四〕也，刊本無。

〔一一五〕寄，刊本下有『也』。

〔一一六〕勑，刊本作『敕』。《五經文字·攵部》：『敕，古勑字，今相承皆作勑。』

〔一一七〕五万二千五百人也，刊本『万』作『萬』，無『也』字。『萬』、『万』同字。

〔一一八〕虗，刊本作『虚』。『虗』、『虚』爲篆文隸變之異。

〔一一九〕也，刊本無。

〔一二〇〕小大，刊本作『大小』。案伯三六三四、金澤文庫本亦作『小大』。

〔一二一〕也，刊本無。

〔一二二〕旃，刊本作『旃』。《五經文字·扩部》：『旃，或從巾者訛。』注中『旃』字並同。

〔一二三〕二，底卷原誤作『一』，兹據刊本改正。

〔一二四〕也，刊本無。

〔一二五〕輿，底卷原誤作『與』，兹據刊本改正。

〔一二六〕軍，刊本無。案有『軍』爲長。金澤文庫本有『軍』字，四庫全書本亦有。伯三六三四無『軍』，與刊本同。

〔一二七〕也，刊本無。

〔一二八〕舘，刊本作『館』。《干禄字書·去聲》：『舘、館，上俗下正。』下凡『舘』字同此。

〔一二九〕也，刊本無。

〔一三〇〕也，刊本無。

〔三一〕也，刊本無。

〔三二〕也，刊本無。

〔三三〕役，刊本作『役』。《説文・殳部》：『古文役从人。』下凡『役』字皆同，不復出校。

〔三四〕嚮，刊本作『鄉』。『嚮』爲『鄉』之借字。

〔三五〕也，刊本無。

〔三六〕也，刊本無。

〔三七〕也，刊本無。

〔三八〕礼享晉侯也，刊本『礼』作『禮』，無『也』字。案『礼』爲古文『禮』字，敦煌寫本多用此字，後世刊本則多用『禮』字。下凡此均不復出。

〔三九〕禮，刊本作『醴』。『醴』爲『禮』之借。

〔四〇〕『伯』下刊本有『也』字。

〔四一〕『王』前刊本有『皆』字。

〔四二〕叔興皆大夫也，刊本作『叔興父大夫也』。案金澤文庫本作『叔興周大夫也』。《正義》云：『唯叔興是大夫，或云「皆大夫」，「皆」字妄耳。』《正義》所云或本與寫卷同。味《正義》之意，其所據本蓋作『叔興大夫也』。

〔四三〕也，刊本無。

〔四四〕也，刊本無。

〔四五〕玈弓十玈矢千，刊本作『玈弓矢千』。《釋文》：『矢千，本或作「玈弓十玈矢千」，後人專輒加也。』阮校：『案《詩・小雅・彤弓》正義云：「傳文直云玈弓矢千，定本亦然，故服虔云矢千則弓十，是本無十玈二字，俗本有者誤也。」』陳樹華《春秋經傳集解考正》云：『《石經》「玈弓」，「弓」字下旁增「十」字「玈」字，當是別本有之。後人輒據增入，古本所無也。』李富孫《春秋左傳異文釋》云：『《續漢・輿服志》作「旃弓十旃矢千」，《袁紹傳》注引同。《釋文》云：「矢千，本或作旃弓十旃矢千，後人專輒加也。」《文選・潘勗〈册魏公九錫文〉》同。《唐石經》旁添「十旃」二字。案：杜注云：「弓一矢百，則矢千弓十矣。」《正義》：「此具於彤而略於旃，準之，則矢千弓十也。」是潘、劉所言準此推之，故後人於傳文亦如（平案：當作『加』）此二字也。《詩・彤弓・序》疏引服虔云：「矢千則弓十。」是本無「十旃」二字。』

〔一四六〕也，刊本無。

〔一四七〕也，刊本無。

〔一四八〕也，刊本無。

〔一四九〕糺，刊本作『糾』。《廣韻・黝韻》：『糾，俗作糺。』注中『糺』字同。

〔一五〇〕慝，刊本作『惡』。案金澤文庫本亦作『慝』。《閔公二年》傳『偏躬無慝』注『分身衣之半，非惡意也』。《僖公十五年》傳『不如殺之，無聚慝焉』注『恐夷吾歸，復相聚爲惡』；又『於是展氏有隱慝焉』注『隱惡，非法所得』，皆釋『慝』爲『惡』，則此亦當以作『惡』爲善。

〔一五一〕也，刊本作『之』。案金澤文庫本作『之也』。疑寫卷『也』前脱『之』字。

〔一五二〕辤，刊本作『辭』。『辤』爲正字，『辭』爲借字。

〔一五三〕㔻，刊本作『丕』。趙坦《春秋異文箋・附録》：『丕，本字；㔻，隸之變體。』下凡『㔻』字皆同。

〔一五四〕也，刊本無。

〔一五五〕㔻大休美，刊本『大』、『美』下均有『也』字。

〔一五六〕踐土王宮之庭也，刊本無『王』、『也』二字。案金澤文庫本亦有此二字。

〔一五七〕也，刊本無。

〔一五八〕弊，刊本同。阮校：『《釋文》亦作「弊」，淳熙本、岳本、《纂圖》本、閩本、監本、毛本作「獘」。』王叔岷《左傳考校》云：『獎當從犬作獘，從大乃俗省。作弊，又獘之俗變也。』注中『弊』字同。

〔一五九〕極，刊本作『殛』。阮校：『《釋文》：「殛，本又作極，誅也。」下「是糾是殛」同。《爾雅》：「殛，誅也。」《小雅·菀柳》、《魯頌·閟宮》正義引並作「極」，是「極」與「殛」通也。』案：『極』爲『殛』之借，説詳段玉裁《説文解字》『殛』篆下注。注中『極』字同。

〔一六〇〕卑隧，刊本作『俾隊』。《説文·𠂇部》：『卑，賤也，執事者。』人部：『俾，益也。』段注：『古或假卑爲俾。』案：金文無『俾』字，凡俾使之字皆作『卑』。『卑』『俾』應是古今字。注中『卑』字同。『隊』『墜』古今字，寫卷注中仍作『隊』，是也。

〔一六一〕而，刊本作『其』。阮校：『《石經》、宋本、淳熙本、岳本、《纂圖》本、足利本「其」作「而」，是也。』陳樹華《春秋經傳集解考正》云：『而，監本、閩本、毛本作「其」，非。』王叔岷《左傳考校》云：『舊鈔卷子本「其」亦作「而」，作「其」蓋涉上文「俾隊其師」而誤。』

〔一六二〕也，刊本無。

〔一六三〕用，刊本下有『之』。案金澤文庫本下有『之也』二字。

〔一六四〕卞，刊本作『弁』。《釋文》：『卞，本又作弁，皮彦反。』案：『卞』爲『弁』之隸變字，『卞』又『卞』之增旁字。下『卞』字同。

〔一六五〕有，刊本無。

〔一六六〕繪，刊本作『會』。今本《毛詩》作『會』。『繪』蓋爲音借字。

〔一六七〕卑，刊本作『畀』。『卑』爲『畀』之俗訛字。

〔一六八〕也，刊本無。

〔一六九〕不，刊本作『弗』。案：金澤文庫本亦作『弗』，『不』『弗』義同。下『不聽』之『不』同。

〔一七〇〕國利，刊本作『利國』。案伯三六三四、金澤文庫本與此卷同。

〔一七一〕況，刊本作『況』。《玉篇·冫部》：『况，俗況字。』
〔一七二〕也，刊本無。
〔一七三〕不，刊本作『弗』。案金澤文庫本亦作『弗』，『不』『弗』義同。
〔一七四〕民也，刊本無。案此『民』字不當有，乃涉傳文而衍。
〔一七五〕也，刊本無。
〔一七六〕也，刊本無。
〔一七七〕也，刊本無。
〔一七八〕懸，刊本作『縣』。『縣』『懸』古今字。
〔一七九〕也，刊本無。
〔一八〇〕也，刊本無。
〔一八一〕也，刊本無。
〔一八二〕也，刊本無。
〔一八三〕訢，刊本作『訴』。『訴』爲『謶』的隸變字『訢』之俗體。
〔一八四〕也，刊本無。
〔一八五〕『不和』下刊本有『也』字。
〔一八六〕其，刊本無。案金澤文庫本亦有『其』字。
〔一八七〕是糺是極，刊本作『是糾是殛』。『糺』爲『糾』之俗；『極』爲『殛』之借，説見校記〔一五九〕。
〔一八八〕甯俞，刊本作『甯武』。案金澤文庫本亦作『甯俞』，甯俞即甯武子。
〔一八九〕也，刊本無。
〔一九〇〕也，刊本無。

〔一九二〕奄甯子未備也，刊本「奄」作「掩」，無「也」字。阮校：「《纂圖》本、閩本、監本、毛本「奄」作「掩」，是也。」案「奄」「掩」古今字，説見徐灝《説文解字注箋》。
〔一九三〕也，刊本無。
〔一九四〕也，刊本無。
〔一九五〕也，刊本無。
〔一九六〕訴，刊本作「愬」，下有「之」字。案：據《説文》，「愬」爲「諦」之或體，「訴」爲「諦」之隸變字「訢」之俗體。金澤文庫本「愬」下有「之也」二字。
〔一九七〕失，刊本下有「之」字。案金澤文庫本亦有「之」字。
〔一九八〕旆，刊本作「旆」。《五經文字・疒部》：「旆，或從巾者訛。」
〔一九九〕二，刊本作「三」。阮校：「宋本、淳熙本、岳本、足利本「三」作「二」，是也。」
〔二〇〇〕也，刊本無。
〔二〇一〕凱，刊本作「愷」。《説文・豈部》：「豈，還師振旅樂也。」心部：「愷，康也。」黄侃《説文段注小箋》：「還師振旅樂也之訓今作「凱」。」（黄焯編次《説文箋識四種》，一六二頁，上海古籍出版社一九八三）則「豈」「凱」古今字，「愷」爲「凱」之借字。注中「凱」字同。
〔二〇二〕樂，刊本下有「也」。
〔二〇三〕廗，刊本作「廟」。底卷原作「廇」，當是「廗」之訛。據《説文》，「廗」爲古文「廟」字，兹據以改正。
〔二〇四〕也，刊本無。
〔二〇五〕也，刊本無。
〔二〇六〕也，刊本無。
〔二〇七〕静，刊本作「靖」。《説文・立部》：「靖，立竫也。」丹部：「静，宷也。」段注：「安静本字當从立部作

「竫」。」是「靖」、「静」均爲「竫」之借字。

〔三〇七〕也，刊本無。

〔三〇八〕諍，刊本作「争」，「爭」「諍」古今字。

〔三〇九〕使，刊本前有「故」，下有「叔」。阮校：「宋本、淳熙本、岳本、足利本無「叔」字，是也。」案金澤文庫本有「故」無「叔」。

〔三一〇〕也，刊本無。

〔三一一〕也，刊本無。

〔三一二〕軄，刊本作「職」。《玉篇·身部》云：「軄，俗職字。」注中「軄」字同。

〔三一三〕衛，刊本作「謂」。案金澤文庫本亦作「衛」。

〔三一四〕也，刊本無。

〔三一五〕者，刊本無。底卷「者」字書於前行之末，蓋爲雙行對齊而添。

〔三一六〕也，刊本無。

〔三一七〕也，刊本無。

〔三一八〕煞，刊本作「弑」。「煞」爲「殺」之俗字，「殺」「弑」古今字。

〔三一九〕明，刊本下有「之」。案金澤文庫本下有「之也」二字。

〔三二〇〕也，刊本無。

〔三二一〕竪，刊本作「豎」。「竪」爲「豎」之俗字，見《廣韻·麌韻》。注中「竪」字同。

〔三二二〕也，刊本無。

〔三二三〕也，刊本無。

〔三二四〕罸，刊本作「罰」。《五經文字·罒部》：「罰、罸，上《説文》，下《石經》，五經多用上字」。

〔二三五〕篾，刊本作『蔑』。案《説文》無『篾』字，『篾』當是因⺮、艹不分造成之俗訛字。

〔二三六〕以避天子六軍之名也，刊本『辟』作『避』，無『也』字。『辟』『避』古今字。

〔二三七〕也，刊本無。

〔二三八〕『名』下刊本有『也』字。

〔二三九〕也，刊本無。

〔二三〇〕太，刊本作『大』，『大』『太』古今字。

〔二三一〕介，刊本無。阮校：『《石經》、宋本、淳熙本、岳本、《纂圖》本、監本、毛本「春」下有「介」字，是也。』

〔二三二〕『礼』下刊本有『也』字。

〔二三三〕也，刊本無。

〔二三四〕緝，刊本作『輯』。『緝』爲『輯』之同音借字。

〔二三五〕也，刊本無。

〔二三六〕也，刊本無。

〔二三七〕也，底卷倒書於前行之末，蓋爲雙行對齊也。刊本作『之』。

〔二三八〕灾，刊本作『災』。『烖』之或體作『灾』，籀文作『災』，見《説文·火部》『烖』篆下説解。下『灾』字同此。

〔二三九〕也，刊本無『也』字，而有『之』字。案金澤文庫本『也』前有『之』字。

〔二四〇〕也，刊本無。

〔二四一〕也，刊本無。

〔二四二〕也，刊本無。

〔二四三〕也，刊本無。

〔二四四〕『冢宰』下刊本有『也』字。

〔二四五〕也，刊本無。
〔二四六〕狄間晉人，刊本作『狄閒晉之』。『閒』『間』古今字。『人』當爲『之』之形誤字。
〔二四七〕毉，刊本作『醫』。《五經文字·酉部》：『醫，从巫，俗。』
〔二四八〕也，刊本無。
〔二四九〕之，刊本無。
〔二五〇〕治病而加酖毒也，刊本『病』作『疾』，無『也』字。
〔二五一〕『知』下刊本有『之』字。
〔二五二〕也，刊本無。
〔二五三〕賤，刊本下有『也』。案依例有『也』爲長。
〔二五四〕庿，刊本作『廟』。底卷原作『庿』，乃是『庿』之訛，兹録正。庿、廟古今字。
〔二五五〕辝，刊本作『辭』。『辝』正字，『辭』借字。
〔二五六〕『礼』下刊本有『之』字。
〔二五七〕『氾』下刊本有『也』字。
〔二五八〕也，刊本無。
〔二五九〕辝，刊本作『辭』。『辝』正字，『辭』借字。
〔二六〇〕懸城而下也，刊本『懸』作『縣』，無『也』字。『縣』『懸』古今字。
〔二六一〕陪，刊本作『倍』。阮校：「《石經》、宋本、淳熙本、岳本、足利本「倍」作「陪」，宋本《釋文》亦作「陪」。案錢大昕云「从阜爲正」。」案刊本注中『陪』字不誤。『益』下刊本有『也』字。
〔二六二〕名也，刊本無。案『名』當是衍文。
〔二六三〕也，刊本無。

〔三六四〕彊，刊本作『疆』。『彊』爲『疆』之俗字，説詳《敦煌俗字研究》下編四一六頁。

〔三六五〕不闕秦焉取之，刊本作『若不闕秦將焉取之』。阮校：『《石經》作「不闕秦焉取之」，後人于「不」字上旁增「若」字，「焉」字上旁增「將」字，刻本輒據《石經》續補之字妄增，唯宋本不誤。《考文提要》同。案《正義》本無「若」、「將」二字。』洪亮吉《春秋左傳詁》從之。

〔三六六〕逄，刊本作『逢』。《干禄字書·平聲》：『逄、逢，上俗下正。』

〔三六七〕也，刊本無。

〔三六八〕之，刊本無。阮校：『《石經》、宋本、淳熙本、岳本、《纂圖》本、監本、毛本本（平案：『本』當作『力』）上有「之」字，是也。』

〔三六九〕弊，刊本作『敝』。『弊』爲『敝』之俗字，見《玉篇·㡀部》。

〔三七〇〕也，刊本無。

〔三七一〕太子，刊本作『大子』，『大』『太』古今字。

〔三七二〕也，刊本無。

〔三七三〕也，刊本無。

〔三七四〕像，刊本作『象』，『象』『像』古今字。

〔三七五〕辤，刊本作『辭』。『辤』正字，『辭』借字。

〔三七六〕『文』下刊本有『也』字。

〔三七七〕也，刊本無。

〔三七八〕也，刊本無。

〔三七九〕因，刊本無。阮校：『宋本、淳熙本、岳本、足利本「皆」下有「因」字。』北京大學出版社之標點本《十三經注疏·春秋左傳正義》認爲有『因』字爲宜，而據阮校改。案：所改是也。金澤文庫本亦有『因』字。

〔二八〇〕 忿，刊本作『廢』。案：《正義》云：『魯既廢郊天，而獨脩小祀。』是其所據本亦作『廢』。金澤文庫本亦作『廢』。

〔二八一〕 辤也，刊本『辤』作『辭』，無『也』字。『辭』正字，『辤』借字。

〔二八二〕 婚，刊本作『昏』。『婚』爲『昏』之後起字，『婚』、『婚』異體。

〔二八三〕 避，刊本作『辟』，『辟』『避』古今字。

〔二八四〕 也，刊本無。

〔二八五〕 也，刊本無。

〔二八六〕 也，刊本無。

〔二八七〕 也，刊本無。

〔二八八〕 也，刊本無。

〔二八九〕 也，刊本無。

〔二九〇〕 吉否，刊本作『吉凶』。

〔二九一〕 也，刊本無。

〔二九二〕 也，刊本無。

〔二九三〕 也，刊本無。

〔二九四〕 也，刊本無。

〔二九五〕 也，刊本無。

〔二九六〕 余，刊本作『予』。《禮記·曲禮下》『朝諸侯、分職、授政、任功，曰「予一人」』鄭玄注：『余、予古今字。』黄侃《字通》：『予我字當作「余」。』（《説文箋識四種》九四頁）

〔二九七〕 也，刊本無。

〔二九八〕後，底卷先寫作『后』，在旁加删字符，再在下寫『後』。
〔二九九〕也，刊本無。
〔三〇〇〕也，刊本無。
〔三〇一〕閒，刊本作『間』，『閒』『間』古今字。
〔三〇二〕泄，刊本作『洩』。案作『洩』者，乃承襲唐人諱改字。注中『泄』字同。
〔三〇三〕也，刊本無。
〔三〇四〕非一人也，刊本『非』前有『疑』，無『也』字。案金澤文庫本與寫卷同。
〔三〇五〕也，刊本無。
〔三〇六〕也，刊本無。
〔三〇七〕也，刊本無。
〔三〇八〕也，刊本無。
〔三〇九〕也，刊本無。
〔三一〇〕也，刊本無。
〔三一一〕也，刊本無。
〔三一二〕『籥』下刊本有『也』字。
〔三一三〕也，刊本無。
〔三一四〕知，刊本作『之』。『知』为『之』之借字。
〔三一五〕辝，刊本作『辭』。『辝』爲『辭』之俗字。
〔三一六〕辤，刊本作『辭』。『辤』正字，『辭』借字。
〔三一七〕于，刊本作『於』。二字古通用。

〔三一八〕也，刊本無。
〔三一九〕也，刊本無。
〔三二〇〕也，刊本無。
〔三二一〕師，底卷原脱，兹據刊本補。
〔三二二〕爾，刊本作「爾」。案「爾」爲「爾」小篆的隸定字。下「爾」字同。
〔三二三〕黽，刊本作「澠」。案二字同音通用。《史記·陳涉世家》：「復走次澠池十餘日。」《漢書·陳勝傳》作「黽池」。
〔三二四〕避，刊本作「辟」，「辟」「避」古今字。
〔三二五〕閒，刊本作「間」，「閒」「間」古今字。
〔三二六〕廞，刊本作「嶔」。
〔三二七〕避，刊本作「辟」，「辟」「避」古今字。
〔三二八〕焉，刊本無。
〔三二九〕閒，刊本作「間」，「閒」「間」古今字。
〔三三〇〕也，刊本無。
〔三三一〕滑，刊本誤作「渭」。
〔三三二〕也，刊本無。
〔三三三〕陣，刊本作「陳」。「陣」爲「陳」之俗字。
〔三三四〕也，刊本無。
〔三三五〕缺，刊本作「缺」。「缺」爲「缺」之俗字，説見《説文·缶部》「缺」篆下段注。
〔三三六〕也，刊本無。

〔三三七〕寝，底卷原作『寑』，俗訛字，兹録正。刊本作『寢』。寑，本字；寢，隸變字。下『寝』字皆同此。

〔三三八〕也，刊本無。

〔三三九〕草，底卷原脱，兹據刊本補。

〔三四〇〕也，刊本無。

〔三四一〕秦師，刊本前有『晉』。阮校：『「晉」字衍，《石經》、宋本、淳熙本、岳本、《纂圖》本、監本、毛本並無。』王叔岷《左傳考校》云：『舊鈔卷子本亦無「晉」字。蓋涉上文「晉人」而衍。』案：金澤文庫本亦無『晉』字。

〔三四二〕也，刊本無。

〔三四三〕也，刊本無。

〔三四四〕也，刊本無。

〔三四五〕『易』下刊本有『也』字。

〔三四六〕也，刊本無。

〔三四七〕也，刊本無。

〔三四八〕饋，刊本作『遺』。『饋』、『遺』同義。

〔三四九〕有以先，刊本作『必有以先之』。案刊本爲長，寫卷蓋有脱漏。

〔三五〇〕弊，刊本作『敝』。『弊』爲『敝』之俗字，見《玉篇·㡀部》。下句『弊』字同。

〔三五一〕居，底卷原脱，兹據刊本補。

〔三五二〕也，刊本無。

〔三五三〕也，刊本無。

〔三五四〕『鄭穆公使視客舘視秦三大夫之舍也』諸字刊本無。阮校：『傳文七字，注文七字，此本、閩本並脱，據《石經》、宋本、淳熙本、岳本、《纂圖》本、監本、毛本有此傳、注。』案：金澤文庫本與寫卷同，注文均爲八字，阮校言七字者，無『也』字。

〔三五五〕載，底卷原誤作『戟』，兹據刊本改正。

〔三五六〕也，刊本無。

〔三五七〕辤，刊本作『辭』。『辤』正字，『辭』借字。

〔三五八〕弊，刊本作『敝』。『弊』爲『敝』之俗字。

〔三五九〕粮，刊本作『糧』。《五經文字·米部》：『糧，作粮訛。』『粮』應是後起别體字。

〔三六〇〕也，刊本無。

〔三六一〕皆圃名也，刊本『圃』作『囿』，無『也』字。

〔三六二〕麋，刊本作『麇』。蔡主賓《敦煌寫本儒家經籍異文考》云：『「麋」同「麕」，與「麇」字音義殊異，當涉形近而譌。』注中『麋』字同。

〔三六三〕閈弊，刊本作『間敝』。『閈』『間』古今字，『敝』『弊』正俗字。注中『閈』、『弊』同。

〔三六四〕也，刊本無。

〔三六五〕何如也，刊本『何如』作『如何』，無『也』字。案『何如』疑誤倒。

〔三六六〕也，刊本無。

〔三六七〕逄，刊本作『逢』。《干禄字書·平聲》：『逄、逢，上俗下正。』

〔三六八〕無，刊本作『不』。二字義同。

〔三六九〕也，刊本無。

〔三七〇〕『與』下刊本有『也』字。

〔三七一〕有，刊本作『爲』。案：『爲』即『有』也，説見《經義述聞》卷三十一《通説上》『爲』字條。

〔三七二〕也，刊本無。

〔三七三〕晋文未塟，刊本作『晋文公未葬』。『塟』爲『葬』之別體，後皆同，不復出校。
〔三七四〕也，刊本無『也』字，而有『之』字。案金澤文庫本『也』前有『之』字。
〔三七五〕述，刊本作『術』。案『述』爲『術』之音借字，然《三十二年》杜注作『西乞術』，則當以作『術』爲是。金澤文庫本亦作『術』。
〔三七六〕也，刊本無。
〔三七七〕嬴氏，刊本無。案金澤文庫本亦無。
〔三七八〕也，刊本無。
〔三七九〕搆，刊本作『構』。案《説文》有『構』無『搆』，『搆』當是因扌、木不分造成之俗訛字。
〔三八〇〕抅，刊本作『拘』。《正字通·手部》：『抅，俗拘字。』
〔三八一〕蹔，底卷原作『蹩』，當是『蹔』之誤，兹改正。刊本作『暫』。《正字通·足部》：『蹔，俗暫字。』注中『蹔』字同。
〔三八二〕隳，刊本作『隳』。《五經文字·𨸏部》：『隳，俗作隳。』注中『隳』字同。
〔三八三〕『毁』下刊本有『也』字。
〔三八四〕惠，底卷原誤作『患』，兹據刊本改正。
〔三八五〕累臣釁皷，刊本『累』作『纍』，『皷』作『鼓』。徐灝《説文解字注箋》：『累者纍之省。《玉篇》纍、累同。』《正字通·皮部》：『皷，俗鼓字。』注中『累』、『皷』同。
〔三八六〕也，刊本無。
〔三八七〕歸，底卷原脱，兹據刊本補。
〔三八八〕也，刊本無。
〔三八九〕曰，刊本無。《文選·西征賦》李善注、《白帖》卷五十九兩引均有『曰』字，王念孫認爲當有『曰』字，説詳

《經義述聞》卷一七。案：金澤文庫本亦有『曰』字。

〔三九〇〕孤，底卷原作『狐』，形誤字，兹據刊本改正。

〔三九一〕『過』下刊本有『也』字。

〔三九二〕也，刊本無。

〔三九三〕也，刊本無。

〔三九四〕鉏，刊本作『鋤』。《説文》有『鉏』無『鋤』，『鋤』爲後起换旁字。

〔三九五〕極鮌，刊本作『殛鯀』。『殛』爲『極』之借，説見《説文解字》『殛』篆下段玉裁注。《説文》有『鯀』無『鮌』，『鮌』爲後起别體。注中『鮌』字同。

〔三九六〕也，刊本無。

〔三九七〕也，刊本無。

〔三九八〕也，刊本無。

〔三九九〕也，刊本無。

〔四〇〇〕也，刊本無。

〔四〇一〕也，刊本無，而有『之』字。案金澤文庫本『也』前有『之』字。

〔四〇二〕於露，刊本作『于路』。『於』、『于』古多通用。『露』爲『路』之借字，路寢者，正室也。

〔四〇三〕也，刊本無。

〔四〇四〕沍，刊本作『沍』。案：『沍』爲『沍』之俗字，恰與『沍寒』之『沍』同形。注中『沍』字同。

〔四〇五〕陣，刊本作『陳』。『陣』爲『陳』之俗字。注中『陣』字同。

〔四〇六〕避，刊本作『辟』，『辟』『避』古今字。

〔四〇七〕度，刊本作『渡』，『度』『渡』古今字。下『欲使晉度』之『度』同此。

〔四〇八〕『緩』下刊本有『也』字。
〔四〇九〕太子，刊本作『大子』，『大』『太』古今字。
〔四一〇〕避，刊本作『辟』，『辟』『避』古今字。
〔四一一〕也，刊本無『也』字，而有『之』字。案金澤文庫本『也』前有『之』字。
〔四一二〕也，刊本無。
〔四一三〕也，刊本無。
〔四一四〕也，刊本無。
〔四一五〕譏，刊本下有『之』。案金澤文庫本有『之也』二字。
〔四一六〕哭止也，刊本無『哭』字。案金澤文庫本亦有『哭』字。此字疑當有，『哭止』乃釋『卒哭』。
〔四一七〕延，刊本作『筵』。『延』爲『筵』之借字。
〔四一八〕宗庿也，底卷『宗』字存下部殘畫；『庿』原作『庿』，乃是『庿』之訛，兹録正。刊本作『廟』，『庿』『廟』古今字。刊本無『也』字。下『庿』字同。
〔四一九〕也，刊本無。
〔四二〇〕於，底卷存上半。
〔四二一〕立，底卷原脱，兹據刊本補。
〔四二二〕也，刊本無。
〔四二三〕集解僖，底卷『僖』字存下半截，『集解』二字殘缺，兹據文意擬補。

春秋左氏經傳集解（七）（文公十四—十七年）

斯八五

【題解】

底卷編號爲斯八五，起《文公十四年》傳『從於楚者服』集解『從楚者，陳、鄭、宋也』之『宋』，至《文公十七年》傳『不德，則其鹿也』之『不』，共二百十三行，第一行殘存注文一字半，二、三兩行上截殘泐。經傳單行大字，集解雙行小字，行有界欄。《翟目》首先比定其名爲杜預注《左傳》；向達《倫敦所藏敦煌卷子經眼目録》定名『春秋左傳杜注』，《索引》、《寶藏》、《索引新編》皆同；《金目》定爲《春秋左氏經傳集解》，今從之。

寫卷未見諱字，《翟目》定爲七世紀寫本。《敍録》認爲是六朝寫本，陳鐵凡《敦煌本禮記、左、穀考略》（《孔孟學報》第二十一期）、姜亮夫《莫高窟年表》（一六四頁，上海古籍出版社一九八五）、王素與李方所著《魏晉南北朝敦煌文獻編年》（二七八頁，臺北新文豐出版公司一九九七）從之。

郝春文《英藏敦煌社會歷史文獻釋録》第一卷（北京科學出版社二〇〇一年，簡稱『郝録』）有録文及校記；李索《敦煌寫卷〈春秋經傳集解〉校證》（中國社會科學出版社二〇〇五）亦有録文及校記，然無可取者。

底卷每年之經、傳文均提行抄寫，而經、傳二字皆高出一格書寫，今録文中在經、傳二字下各空一格以別之。

底卷據《英藏》録文，以中華書局影印阮元刻《十三經注疏·春秋左傳正義》爲對校本（簡稱『刊本』），校録於後。

（前缺）

▨（宋）也〔一〕。　▨（七）〔二〕月，乙卯夜，齊商人□▨▨▨▨（弑舍而讓元）〔三〕。□（元），商人兄，齊惠公也。書『九月』，從告也〔四〕。七月無乙卯，日誤也〔五〕。元曰：『爾求之久矣。我能事爾〔六〕，爾不可使多蓄憾。不爲君則恨多也〔七〕。將免我乎？爾爲之。』言將復殺我也〔八〕。

▨（有）〔九〕星孛入于北斗，周內史叔服曰：『不出七年，宋、齊、晉之君，皆將死亂。』後三年，宋弒昭公；五年，齊煞〔一〇〕懿公；七年，晉煞靈公。史服但言事徵，而不論其占，固非末學所得詳言也〔一一〕。

晉趙盾以諸侯之師八百乘，納捷菑〔一二〕于邾。八百乘，六萬人。言力有餘也〔一三〕。邾人辭〔一四〕曰：『齊出貜且〔一五〕長。』貜且，定公也〔一六〕。宣子曰：『辭順而弗從，不祥。』□（乃）還。立適以長，故曰辭順也〔一七〕。

周公將與王孫蘇訟于晉，王叛王孫［蘇］〔一八〕，王，匡王也〔一九〕。叛，不与也〔二〇〕。而使尹氏與聃〔二一〕啓訟周公于晉。訟，理之也〔二二〕。尹氏，周卿士。聃啓，周大夫。趙宣子平王室而復之。復使和親也〔二三〕。

楚莊王立，穆王子也。子孔、潘崇將襲羣舒，使公子燮〔二四〕與子儀守，而伐舒蓼。即羣舒也〔二五〕。二子作亂，城郢，而使賊殺子孔，不克而還。八月，二子以楚子出，將如商密。《國▨（語）》〔二六〕□（曰）：『楚莊王幼弱，子儀爲師，王子燮爲傅也。〔二七〕』廬戢梨〔二八〕及叔麇誘之，遂殺鬬〔二九〕克及公子燮。廬，今襄陽中廬縣。戢梨，廬大夫。叔麇，其佐也〔三〇〕。鬬克，子儀也。初，鬬克囚于秦。在僖廿五年也〔三一〕。秦有殽之敗，在僖卅〔三二〕三年。而使歸求成。成而不得志，無賞報也。公子燮求令尹而不得，故二子作亂。傳言楚莊幼弱，國內亂，所以不能与晉競。

穆伯之從己氏〔三三〕，在八年也〔三四〕。魯人立文伯。穆伯之子，穀也。穆伯生二子於莒，而求復。文伯以爲請。襄仲使無朝聽命，復而不出，不得使与聽政事，終寢〔三五〕於家，故出入不書。三〔三六〕年而盡室以復適莒。文伯疾，而請曰：『穀之子弱，子，孟獻子，年尚少也〔三七〕。請立難也。』難，穀弟也〔三八〕。許之。文伯卒，立惠叔。穆伯請重賂以求復，惠叔以爲請，許之，將來。九月，卒于齊。告喪，請葬〔三九〕，弗許。請以卿礼塟也〔四〇〕。

宋高哀爲蕭封人，以爲卿。蕭，宋附庸也〔四一〕。仕附庸還，升爲卿也〔四二〕。不義宋公而出，遂來奔。出而待放，從放所來，故曰遂也〔四三〕。書曰『宋子哀來奔』，貴之也。貴其不食汙君之禄，避〔四四〕禍速也。齊人定懿公，使來告難，故書以『九月』。齊人不服，故三月而後定也〔四五〕，書以九月，明經日月皆從赴也〔四六〕。齊公子元不順懿公之爲政也，終不曰『公』，曰『夫己氏』。猶言某甲也〔四七〕。

襄仲使告于王，請以王寵求昭姬于齊。昭姬，子叔姬也〔四八〕。曰：『殺其子，焉用其母？請受而罪之。』冬，單伯如齊，請子叔姬，齊人執之。恨魯恃王勢以求女故也〔四九〕。又執子叔姬。欲以恥辱魯也〔五〇〕。

▨（經）〔五一〕　十有五年，春，季孫行父如晉。

三月，宋司馬華孫來盟〔五二〕。華孫奉使鄰國，能臨事制宜，至魯而後定盟，故不稱使，其官皆從，故書『司馬』也〔五三〕。

夏，曹伯來朝。

齊人歸公孫敖之喪。大夫喪還不書，善魯感子以赦〔五四〕父，敦公族之恩，崇仁孝之教，故特録敖喪歸以示義也〔五五〕。

六月，辛丑，朔，日有食之，鼓〔五六〕，用牲于社。傳例曰：非礼也。

單伯至自齊。

晉郤缺〔五七〕帥師伐蔡，戊申，入蔡。傳例曰：獲大城曰入也〔五八〕。

秋〔五九〕，齊人侵我西鄙。

季孫行父如晉。

冬，十有□（一）月，諸侯盟于扈。將伐齊，晉侯受賂而止，故捴〔六〇〕曰『諸侯』。言□（不）足序列也〔六一〕。

十有二月，齊人來歸子叔姬。齊人以王故來送子叔姬，故与直出者異文也〔六二〕。齊侯侵我西鄙，遂伐曹，入其郛。郛，郭也。

傳　十五年，春，季文子如晉，爲單伯與子叔姬故也。因晉請齊也〔六三〕。

三月，宋華耦來盟，其官皆從之。書曰『宋司馬華孫』，貴之也。古之盟會，必備威儀，崇贄幣。賓主以成礼爲敬，故《傳》曰『卿行旅從』。春秋時率多不能備儀，華孫能帥〔六四〕其屬，以從古典，所以敬事而自重□〔六五〕，▨（使）〔六六〕重而事敬，則魯尊□（而）礼篤，故貴而不名也〔六七〕。公與之宴，辤曰：『君之先臣督，得罪於宋殤公，名在諸侯之策。臣承其祀，其敢辱君？耦，華督曾孫也。督弒殤公在桓二年。耦自以罪人子孫，故不敢屈辱魯君，對共宴會也〔六八〕。請承命於亞旅。』亞旅，上大夫也。魯人以爲敏。無故揚其先祖之罪，是不敏也〔六九〕。魯人以爲敏，明君子所不与〔七〇〕。

夏，曹伯來朝，礼也。諸侯五年再相朝，以脩王命，古之制也。十一年『曹伯來朝』。雖至此乃來，亦五年也〔七一〕。傳爲『冬，齊侯伐曹』張本。

齊人或爲孟氏謀，孟氏，公孫敖家，慶父爲長庶，故或稱孟氏也〔七二〕。曰：『魯，尒〔七三〕親也。餝〔七四〕棺寘諸堂阜，堂阜，齊、魯境〔七五〕上地。餝棺不殯，示無所歸也〔七六〕。魯必取之。』從之。卞人以告。卞人，魯卞邑大夫也〔七七〕。惠叔猶毀以爲請，敖卒，則惠叔請之，至今期年而猶未已也〔七八〕。毀，過喪礼也〔七九〕。立於朝以待命。許之，取而殯之。殯於孟氏之寢，終叔服之言也〔八〇〕。齊人送之。書曰『齊人歸公孫敖之喪』，爲孟氏，且國故也。爲惠叔毀請，且國之公族，故聽其歸殯而書之也〔八一〕。葬視共仲。制如慶父，皆以罪降也〔八二〕。聲己不視，帷堂而哭。聲己，惠叔母也〔八三〕，怨敖從莒女，故帷堂也〔八四〕。襄仲欲勿哭，怨敖取其妻也〔八五〕。惠伯曰：『喪，親之終也。惠伯，叔彭生也〔八六〕。雖不能始，善終可也。史佚有言曰：「兄弟致美。各盡其美，義乃終也〔八七〕。救乏、賀善、弔灾〔八八〕、祭敬、喪哀，情雖不同，毋絶其愛，親之道。」〔八九〕子無失道，何怨於人？』襄仲悦〔九〇〕，帥兄弟以哭之。他年，其二子來，敖在莒所生也〔九一〕。孟獻子愛之，聞於國。獻子，穀之子仲孫蔑也〔九二〕。或譖之曰：『將殺子。』獻子以告季文子。二子曰：『夫子以愛我聞，我以將殺子聞，不亦遠於礼乎？遠礼不如死。』一人門于句鼆，一人門于戾丘，皆死焉〔九三〕。句鼆、戾丘，魯邑也〔九四〕。有寇攻門，二子御之而死也〔九五〕。

六月，辛丑，朔，日有食之，鼓，用牲于社，非礼也。得常鼓之月，而於社用牲爲非礼也〔九六〕。日有食之，天子不舉，去盛饌也〔九七〕。伐鼓〔九八〕于社，責羣陰也〔九九〕。伐猶擊也。諸侯用幣于社，社尊於諸侯，故請救而不敢責之也〔一〇〇〕。伐鼓于朝，退自責也〔一〇一〕。以昭事神、訓民、事君，天子不舉，諸侯用幣，所以事神也〔一〇二〕；尊卑異制，所以訓民也〔一〇三〕。示有等威，古之道也。等威，威儀之等差也〔一〇四〕。

齊人許單伯請而赦之，[使]〔一〇五〕來致命。以單伯執節不移，且畏晉，故許之也〔一〇六〕。書曰『單伯至自齊』，貴之也。單伯爲魯拘執，既免而不廢〔一〇七〕礼，終來致命，故貴而告廟〔一〇八〕。

新城之盟，在前年也〔一〇九〕。蔡人不與。不會盟也〔一一〇〕。晉郤缺以上軍、下軍伐蔡，兼帥二軍也〔一一一〕。曰：『君〔一一二〕弱，不可以怠。』怠，懈〔一一三〕也。戊申，入蔡，以城下之成〔一一四〕而還。凡勝國，曰滅之；勝國，絶其社稷，有其土地也〔一一五〕。獲大城焉，曰入之。得大都而不有之也〔一一六〕。

秋，齊人侵我西鄙，故季文子告于晉。

冬，十一月，晉侯、宋公、衛侯、蔡侯、陳侯〔一一七〕、鄭伯、許男、曹伯盟于扈，尋新城之盟，且謀伐齊也。齊執王使，且數伐魯。齊人賂晉侯，故不克而還。於是有齊難，是以公不會。明今不序諸侯，不以公不會故也〔一一八〕。書曰『諸侯盟于扈』，無能爲故〔一一九〕。惡其受賂，不能討齊也〔一二〇〕。凡諸侯會，公不與，不書，諱君惡也。謂國無難，不會義事，故爲惡也〔一二一〕。不書，謂不國別序諸侯也〔一二二〕。與而不書，後也。謂後期也。今貶諸侯，似爲公諱，故傳發例以明之。

齊人來歸子叔姬，王故也。單伯雖見執，能守節不移，終達王命，使叔姬得歸也〔一二三〕。

齊侯侵我西鄙，謂諸侯不能也。不能討己也〔一二四〕。遂伐曹，入其郛，討其來朝也〔一二五〕。此年夏朝也。季文子曰：『齊侯其不免乎？己則無礼，執王使而伐無罪也〔一二六〕。而討於有礼者，曰：「汝〔一二七〕何故行礼？」礼以順天，天之道也。己則反天，而又以討人，難以免矣。《詩》曰：「胡不相畏？不畏于天。」《詩·小雅》也〔一二八〕。君子之不虐幼賤，畏于天也。在《周頌》曰：「畏天之威，于時保之。」《詩·周頌》。言畏天威，於是保福禄也〔一二九〕。不畏于天，將何能保？以亂取國，奉礼以守，猶懼不終，多行無礼，弗能在矣。』爲十八年齊殺商人傳也〔一三〇〕。

經　十有六年，春，季孫行父會齊侯于陽穀，齊侯弗及盟。及，与也。

夏，五月，公四不視朔。諸侯每月必告朔聽政，因朝于〔一三一〕廟。今公以疾闕，不得視二月、三月、四月、五月朔〔一三二〕。《春秋》十二公以疾不視朔，非一也，義無所取，故舉〔一三三〕此以表行事。因明公之實有疾，非詐於齊也〔一三四〕。

六月，戊辰，公子遂及齊侯盟于郪丘。信公疾，且以賂故也〔一三五〕。郪丘，齊地。

秋，八月，辛未，夫人姜氏薨。僖公夫人，文公母也。毁泉臺。泉臺，臺名〔一三六〕。毁，壞之也。

楚人、秦人、巴人滅庸。

冬，十有一月，宋人殺〔一三七〕其君杵臼。稱君，君無道也。例在宣四年。

傳　十六年，春，王正月，及齊平。齊前年再伐魯，魯爲受弱，故平也〔一三八〕。公有疾，使季文子會齊侯于陽穀，請盟。齊侯不肯，曰：『請俟君閒。』〔一三九〕閒，疾瘳也〔一四〇〕。

夏，五月，公四不視朔，疾也。公使襄仲納賂于齊侯，故盟于郪丘。有虵〔一四一〕自泉宫出，入于國，如先君之數。伯禽至僖公十七君也〔一四二〕。秋，八月辛未，聲姜薨，毁泉臺。魯人以爲虵妖所出而聲姜薨，故壞之也〔一四三〕。

楚大饑，戎伐其西南，至于阜山，師于大林。又伐其東南，至于陽丘，以侵訾枝。戎，山夷也。大林、陽丘、訾枝，皆楚邑也〔一四四〕。庸人帥羣蠻以叛楚。庸，今上庸縣，屬楚之小國也〔一四五〕。麇人率百濮聚於選，將伐楚。選，楚地也〔一四六〕。百濮，夷也。於是申、息之北門不啓，備中國也〔一四七〕。楚人謀徙於阪高。楚險地也〔一四八〕。蔿賈曰：『不可。我能往，寇亦能往。不如伐庸。夫麇与百濮，謂我飢也〔一四九〕不能師，故伐我〔一五〇〕。若我出師，必懼而歸。百濮離居，將各走其邑，誰暇〔一五一〕謀人？』乃出師。旬有五日，百濮乃罷。濮夷无〔一五二〕屯聚，見難則散歸也〔一五三〕。自廬以往，振廩同食。往，往伐庸也。振，發也。廩，倉也。同食，上下无異饌也。次于句〔一五四〕澨。楚西界也。使戢梨〔一五五〕侵庸，戢梨，廬大夫也〔一五六〕。及庸方城。方城，庸地也〔一五七〕，上庸縣東有方城亭也〔一五八〕。庸人逐之，囚子楊窻〔一五九〕。窻，戢梨官屬也〔一六〇〕。三宿而逸。曰：『庸師衆，羣蠻聚焉，不如復大師，還復句筮師也〔一六一〕。且起王卒，合而後進。』師叔曰：『不可。師叔，楚大夫潘尫也。姑又与之，遇以驕之。彼驕我怒，而後可克，先君蚡冒所以服陘隰也。』蚡冒，楚武王父也〔一六二〕。陘隰，地名也〔一六三〕。又与之遇，七遇皆北，軍走曰北也〔一六四〕。唯稗、鯈〔一六五〕、魚人實逐之。稗、鯈、魚，庸三邑也〔一六六〕。魚，魚復縣，今巴東永安縣也〔一六七〕。輕楚，故但使三邑人逐之也〔一六八〕。庸人曰：『楚不足与戰矣。』遂不設備。楚子乘馹，會師于臨品。馹，傳車也。臨品，地名也〔一六九〕。分爲二隊，隊，部也。兩道攻之。子越自石溪，子貝〔一七〇〕自仞以伐庸。子越，鬬椒也。石溪、仞，入庸道也〔一七一〕。秦人、巴人從楚師。羣蠻從楚子盟，蠻見楚強故也〔一七二〕。遂滅庸。傳言楚有謀臣，所以興也〔一七三〕。

宋公子鮑礼於國人，鮑，昭公庶弟文公也。宋飢〔一七四〕，竭其粟而賦〔一七五〕之。年自七十以上，无不饋詒也，時加羞珍異。羞，進也。无日不數於六卿之門。數，不疏也〔一七六〕。國之材人，无不事也；有賢材也〔一七七〕。親自桓以下，无不恤也。桓，鮑之曾祖。公子鮑美而艷〔一七八〕，襄夫人欲通之，鮑適祖母也〔一七九〕。而不可，以礼自防閑也〔一八〇〕。乃〔一八一〕助之施。昭公无道，國人奉公子〔一八二〕以因夫人。

於是華元爲右師，元，華督曾孫也〔一八三〕，代公子成也〔一八四〕。公孫友爲左師，華耦爲司馬，代公子卬也〔一八五〕。鱗矔〔一八六〕爲司徒，蕩意諸爲司城，公子朝爲司寇。代華御事也〔一八七〕。初，司城蕩卒，公孫壽辭司城，壽，蕩之子也〔一八八〕。請使意諸爲之。意諸，壽之子也〔一八九〕。既而告人曰：『君无道，吾官近，懼及焉。禍及己也〔一九〇〕。棄官，則族无所庇。子，身之貳也，姑紓死焉。姑，且也。紓，緩也。雖亡子，猶不亡族。』己在故也。既，夫人將使公田孟諸而殺之。公知之，盡以寶行。蕩意諸曰：『盍適諸侯？』公曰：『不能其大夫，至于君祖母以及國人，君祖母，諸侯祖母之稱也〔一九一〕，謂襄夫人也〔一九二〕。諸侯誰納我？且既爲人君，而又爲人臣，不如死。』盡以其寶賜左右而〔一九三〕使行。行，去也。夫人使謂司城去公。對曰：『臣之而逃其難，若後君何？』言无以事後君也〔一九四〕。

冬，十一月甲寅，宋昭公將田孟諸。未至，夫人王姬使帥甸攻而殺之。襄夫人，周襄王姊，故稱王姬。帥〔一九五〕甸，郊甸之帥也〔一九六〕。蕩意諸死之。不書，不告也〔一九七〕。書曰『宋人殺〔一九八〕其君杵臼』，君無道也。始例發於臣之罪，今稱國人，故重明君罪。文公即位，使母弟須爲司城。代意諸也〔一九九〕。華耦卒，而使蕩虺爲司馬。虺，意諸之弟也〔二〇〇〕。

經　十有七年，春，晉人、衛人、陳人、鄭人伐宋。自閔、僖以〔二〇一〕下終於《春秋》，陳侯常在衛侯上，今大夫會在衛下。傳不言陳公孫寧後至，則寧位非上卿故也。

夏，四月，癸亥，葬我小君聲姜。

齊侯伐我西鄙。西當爲北，蓋經誤也〔二〇二〕。

六月，癸未，公及齊侯盟于穀。

諸侯會于扈。昭公雖以无道見殺〔二〇三〕，而文公猶宜以弒君受討，故林父伐宋以失所稱人，晉侯平宋以无功不序，明君雖不君，臣不可以〔二〇四〕不臣，以督大教也〔二〇五〕。

秋，公至自穀。無傳。

冬，公子遂如齊。

傳　十七年，春，晉荀林父、衛孔達、陳公孫寧、鄭石楚伐宋，討曰：『何故弒君？』猶立文公而還。卿不書，失其所也。卿不書，謂稱人也〔二〇六〕。

夏，四月，癸亥，葬聲姜。有齊難，是以緩。過五月之例也〔二〇七〕。

齊侯伐我北鄙，襄仲請盟。六月盟于穀。晉侯〔二〇八〕不能救魯，故請服也〔二〇九〕。

晉侯蒐于黃父，一名黑壤，晉地也〔二一〇〕。遂復合諸侯于扈，平宋也。傳不列諸國而言復合，則如上十五年會扈之諸侯可知也。公不与會，齊難故也。書曰『諸侯』，无功也。刺欲平宋而復不能也〔二一一〕。於是晉侯不見鄭伯，以爲貳於楚也。鄭子家使執訊而與之書，以告趙宣子，執訊，通訊問之官也〔二一二〕。爲書与宣子也〔二一三〕。曰：『寡君即位三年，魯文公二年也〔二一四〕。召蔡侯而与之事君。九月，蔡侯入于弊〔二一五〕邑以行。行，朝晉也。弊邑以侯宣多之難，寡君是以不能〔二一六〕与蔡侯偕。宣多既立穆公，恃寵專權也〔二一七〕。十一月，克減侯宣多，而隨蔡侯以朝于執事。減，損也。難未盡而行，言汲汲朝於晉也〔二一八〕。十二年六月，歸生佐寡君之嫡夷，歸生，子家名也〔二一九〕。夷，太子名也〔二二〇〕。以請陳侯于楚，而朝諸君。請陳於〔二二一〕楚，与俱朝晉也〔二二二〕。十四年七月，寡君又朝以蕆陳事。蕆，勑也。勑成前好也〔二二三〕。十五年五月，陳侯自弊邑往朝于君。往年正月，燭之武往，朝夷也。將夷往朝晉也〔二二四〕。八月，寡君又往朝。以陳、蔡之密尒〔二二五〕於楚而不敢貳焉，則敝〔二二六〕邑之故也。密尒，比近也。雖弊邑之事君，何以不免？免罪也〔二二七〕。在位之中，一朝于襄，襄公也〔二二八〕。而再見於〔二二九〕君。君，靈公也。夷与孤之二三臣相及於絳。孤之二三臣，謂燭之武、歸生自謂也。絳，晉國都也〔二三〇〕。雖我小國，則蔑以過之矣。今大國曰：「尒未逞吾志。」弊邑有亡，無以加焉。古人有言曰：「畏首畏尾，身其餘幾？」言首尾有畏，則身中不畏者少也〔二三一〕。又曰：「鹿死不擇音。」音，所蔭庥之處也〔二三二〕。古字聲同，皆相假借也〔二三三〕。小國之事大國也，德，則其人〔二三四〕；以德加己，則以人道相事也〔二三五〕。不

（後缺）

【校記】

〔一〕宋也，底卷『宋』存左邊小部分，兹據刊本擬補。以下凡殘字、脱字補出者，均據刊本，不復一一注明。刊本無『也』字。

〔二〕七，底卷存左半。『七』前底卷殘泐，刊本作『且謀郈也謀納捷菑秋』。

〔三〕舍而讓元，底卷此四字存左邊殘筆。

〔四〕也，刊本無。

〔五〕也，刊本無。

〔六〕龠，刊本作『爾』。案『龠』爲『爾』小篆的隸定字。下『龠』字同。

〔七〕也，刊本無。

〔八〕也，刊本無。

〔九〕有，底卷殘存下半。

〔一〇〕煞，刊本作『弑』。『煞』爲『殺』之俗字，『殺』『弑』古今字。下句『煞』字同。

〔一一〕也，刊本無。

〔一二〕畄，『甾』的俗字；刊本作『菑』，『甾』爲『菑』字省體。

〔一三〕也，刊本無。

〔一四〕辝，刊本作『辭』。《干禄字書・平聲》：『辝、辤、辭，上中竝辝讓；下辭說，今作辝，俗。』是在唐時，『辝』已成爲『辭』之俗字。下『辝』字同，不復出校。

〔一五〕貜且，刊本作『貜且』。朱駿聲《説文通訓定聲》以『貜且』爲疊韻連語，云：『《左・成十七年》傳「郲子貜且」，《古今人表》作「貜」。』注中『貜且』同。

〔一六〕也，刊本無。

〔一七〕也，刊本無。

〔一八〕蘇，底卷原無，郝録據刊本補，兹從之。

〔一九〕也，刊本無。

〔二〇〕与也，刊本『与』作『與』，無『也』字。案『与』、『與』二字古混用無別，敦煌寫本多用『与』字，後世刊本多改作『與』。下凡『与』字均不復出校。

〔二一〕⿰身冉，刊本作『聃』。『⿰身冉』爲『聃』之俗字。下皆同。

〔二二〕也，刊本無。

〔二三〕也，刊本無。

〔二四〕爕，刊本作『燮』。《正字通・火部》：『爕，俗燮字。』下『爕』字同。

〔二五〕也，刊本無。

〔二六〕語，底卷殘存左上角殘畫。

〔二七〕也，刊本無。

〔二八〕梨，刊本作『黎』。『梨』、『黎』通用。注中『梨』字同。

〔二九〕鬪，刊本作『鬭』。『鬪』爲『鬭』之俗字，見《玉篇・門部》。下『鬪』字同此，不復出校。

〔三〇〕也，刊本無。

〔三一〕廿五年也，刊本「廿」作「二十」，無「也」字。「廿」爲「二十」之合文。下凡「廿」字同此，不復出校。

〔三二〕卅，刊本作「三十」。「卅」爲「三十」之合文。下凡「卅」字同此，不復出校。

〔三三〕「己氏」下刊本有「也」字。

〔三四〕也，刊本無。

〔三五〕寑，刊本作「寢」。寑，本字；寢，隸變字。下「寑」字皆同此。

〔三六〕三，刊本作「二」。阮元《春秋左氏傳校勘記》（以下簡稱「阮校」）：「《石經》、宋本、淳熙本、岳本、足利本「二」作「三」，是也。」

〔三七〕也，刊本無。

〔三八〕也，刊本無。

〔三九〕莚，刊本作「葬」。「莚」爲「葬」之别體，後皆同，不復出校。

〔四〇〕卿礼莚也，刊本「礼」作「禮」，無「也」字。案「礼」爲古文「禮」字，敦煌寫本多用此字，後世刊本則多用「禮」字。下凡此均不復出。

〔四一〕也，刊本無。

〔四二〕也，刊本無。

〔四三〕也，刊本無。

〔四四〕避，刊本作「辟」，「辟」「避」古今字。

〔四五〕也，刊本無。

〔四六〕明經日月皆從赴也，刊本「明」作「明」，無「也」字。「明」、「明」異體。下凡「明」字同此。

〔四七〕也，刊本無。

〔四八〕也，刊本無。

〔四九〕也，刊本無。

〔五〇〕也，刊本無。

〔五一〕經，底卷殘存左邊殘畫。

〔五二〕盟，刊本作『盟』。『盟』、『盟』異體。下凡『盟』字同此。

〔五三〕也，刊本無。

〔五四〕赦，刊本作『赦』。據《説文》，『赦』爲『赦』之或體。下『赦』字同此，不復出校。

〔五五〕也，刊本無。

〔五六〕皷，刊本作『鼓』。《正字通·皮部》：『皷，俗鼓字。』下『皷』字同此。

〔五七〕缺，刊本作『缺』。『缺』爲『缺』之俗字，説見《説文·缶部》『缺』篆下段注。

〔五八〕也，刊本無。

〔五九〕秋，刊本無。阮校：『《石經》、宋本、淳熙本、岳本、足利本「齊人」上有「秋」字。』案：《公羊傳》、《穀梁傳》均有『秋』字。金澤文庫本（據竹添光鴻《左氏會箋》）亦有『秋』字。段玉裁《春秋左氏古經》云：『宋本有「秋」字，《公》、《穀》經不誤。』李富孫《春秋左傳異文釋》云：『傳文有「秋」字，則今本經文誤脱。』洪亮吉《春秋左傳詁》據宋本補『秋』字。

〔六〇〕捴，刊本作『揔』。二字皆『總』之俗寫。

〔六一〕也，刊本無。

〔六二〕也，刊本無。

〔六三〕也，刊本無。

〔六四〕帥，刊本作『率』。『帥』、『率』二字古多通用，率領之『率』《説文》作『衛』，『帥』、『率』均借字也。説詳《説文·行部》『衛』篆下段注。

〔六五〕□，刊本此處無字，疑爲『也』字。
〔六六〕使，底卷存下半。
〔六七〕也，刊本無。
〔六八〕也，刊本無。
〔六九〕也，刊本無。
〔七〇〕『与』下刊本有『也』字。
〔七一〕也，刊本無。
〔七二〕也，刊本無。
〔七三〕尒，刊本作『爾』。《敦煌俗字研究》：『「爾」「尒」古本非一字，後世則合二而一，字多寫作「爾」。』（下編第七頁）下『尒』字同，不復出校。
〔七四〕餝，刊本作『飾』。《玉篇·食部》『飾』條下云：『餝，同上，俗。』注中『餝』字同。
〔七五〕境，刊本作『竟』，『竟』『境』古今字。
〔七六〕也，刊本無。
〔七七〕也，刊本無。
〔七八〕也，刊本無。
〔七九〕也，刊本無。
〔八〇〕也，刊本無。
〔八一〕也，刊本無。
〔八二〕也，刊本無。
〔八三〕也，刊本無。

〔八四〕也，刊本無。

〔八五〕也，刊本無。

〔八六〕也，刊本無。

〔八七〕也，刊本無。

〔八八〕灾，刊本作「災」。「烖」之或體作「灾」，籀文作「災」，見《説文·火部》「烖」篆下説解。下「灾」字同。

〔八九〕「道」下刊本有「也」字。

〔九〇〕悦，刊本作「説」，「説」「悦」古今字。

〔九一〕也，刊本無。

〔九二〕也，刊本無。

〔九三〕焉，刊本無。

〔九四〕也，刊本無。

〔九五〕御之而死也，刊本「御」作「禦」，無「也」字。「御」「禦」古今字。

〔九六〕也，刊本無。

〔九七〕也，刊本無。

〔九八〕皷，刊本作「鼓」。《干禄字書·上聲》：「皷、鼓，上俗下正。」下「皷」字同。

〔九九〕也，刊本無。

〔一〇〇〕也，刊本無。

〔一〇一〕也，刊本無。

〔一〇二〕也，刊本無。

〔一〇三〕也，刊本無。

〔一〇四〕也，刊本無。
〔一〇五〕使，底卷原無，兹據刊本補。
〔一〇六〕也，刊本無。
〔一〇七〕癈，刊本作『廢』。『癈』爲『廢』之俗字。
〔一〇八〕廟，底卷原作『廟』，當是『廟』之誤字，『廟』古『廟』字。刊本作『廟』。
〔一〇九〕也，刊本無。
〔一一〇〕也，刊本無。
〔一一一〕也，刊本無。
〔一一二〕君，刊本無。楊伯峻《春秋左傳注》云：『阮刻本脱「君」字，今從各本增。』案金澤文庫本亦有『君』字。
〔一一三〕懈，刊本作『解』。『解』『懈』古今字。
〔一一四〕成，刊本作『盟』。郝録據刊本改作『盟』。案金澤文庫本亦作『成』。
〔一一五〕也，刊本無。
〔一一六〕之也，刊本無，蓋爲雙行對齊而添。
〔一一七〕陳侯，刊本無。阮校：『《石經》、宋本、淳熙本、岳本、《纂圖》本、足利本「蔡侯」下有「陳侯」二字。』楊伯峻《春秋左傳注》云：『阮刻本無「陳侯」兩字，新城之盟有陳侯，陳侯亦當與會尋盟，今從石經、金澤文庫本、宋本、淳熙本等本增。』
〔一一八〕也，刊本無。
〔一一九〕『故』下刊本有『也』字。
〔一二〇〕也，刊本無。
〔一二一〕也，刊本無。

〔一二二〕也，刊本無。

〔一二三〕也，刊本無。

〔一二四〕也，刊本無。

〔一二五〕也，刊本無。

〔一二六〕也，刊本無。

〔一二七〕汝，刊本作『女』，『女』『汝』古今字。

〔一二八〕也，刊本無。

〔一二九〕於是保福禄也，刊本『於』作『于』，無『也』字。『於』、『于』古通用。

〔一三〇〕殺商人傳也，刊本『殺』作『弒』，無『也』字。『殺』『弒』古今字。

〔一三一〕于，刊本作『於』。二字古通用。

〔一三二〕『朔』下刊本有『也』字。

〔一三三〕舉，底卷其前原有『示』字，旁有删節符，故不録。刊本『舉』前有『特』字。

〔一三四〕於齊也，刊本無『於』、『也』二字。

〔一三五〕也，刊本無。

〔一三六〕泉臺臺名，郝録云：『「泉臺，臺名」，此句原寫作「泉臺之名名」，但原件「臺」字下有朱筆重文符號：「之」字旁有朱筆廢字符號；後一「名」字衍，據文義及甲本，當删。』案：『之』字當是由重文符號而誤，故校讀者用朱筆添一重文符號，又删去『之』字。『名』字下影本有一頓點，但並非重文符號，本不當録作『名名』。

〔一三七〕殺，刊本作『弒』，『殺』『弒』古今字。

〔一三八〕也，刊本無。

〔一三九〕 閒，刊本作『間』，『閒』『間』古今字。注中『閒』字同。

〔一四〇〕 也，刊本無。

〔一四一〕 虵，刊本作『蛇』。《新加九經字樣·虫部》：『蛇，今俗作虵。』下『虵』字同。

〔一四二〕 也，刊本無。

〔一四三〕 也，刊本無。

〔一四四〕 也，刊本無。

〔一四五〕 也，刊本無。

〔一四六〕 也，刊本無。

〔一四七〕 也，刊本無。

〔一四八〕 也，刊本無。

〔一四九〕 飢也，刊本『飢』作『饑』，無『也』字。王叔岷《左傳考校》云：『《爾雅·釋天》：「穀不熟爲饑。」古書多誤饑爲飢。』案上言『楚大饑』，此亦應作『饑』。

〔一五〇〕 『我』下刊本有『也』字。

〔一五一〕 暇，底卷原作『睱』，爲『暇』之誤，兹據刊本改正。

〔一五二〕 无，刊本作『無』。《説文·亾部》：『无，奇字無也。』下凡此均不復出校。

〔一五三〕 也，刊本無。

〔一五四〕 勾，刊本作『句』。《干禄字書·去聲》：『勾、句，上俗下正。』下『勾』字同。

〔一五五〕 戢梨，刊本作『廬戢黎』。『梨』、『黎』通用。下『梨』字同。

〔一五六〕 也，刊本無。

〔一五七〕 也，刊本無。

〔一五八〕也，刊本無。

〔一五九〕楊窓，刊本作『揚窻』。『楊』『揚』同音，『窓』、『窻』皆『窗』之俗字。注中『窓』字同。

〔一六〇〕也，刊本無。

〔一六一〕也，刊本無。

〔一六二〕也，刊本無。

〔一六三〕也，刊本無。

〔一六四〕也，刊本無。

〔一六五〕稗傔，刊本作『裨傔』。敦煌寫卷禾旁與衤旁、礻旁常混，此當作『裨』。『傔』字《釋文》同。注中『稗傔』同。

〔一六六〕也，刊本無。

〔一六七〕也，刊本無。

〔一六八〕也，刊本無。

〔一六九〕也，刊本無。

〔一七〇〕員，刊本作『貝』。《釋文》云：『貝，補蓋反。今俗本多作員，音云。』

〔一七一〕也，刊本無。

〔一七二〕也，刊本無。

〔一七三〕也，刊本無。

〔一七四〕宋飢，刊本作『宋饑』。案底卷『宋』下原有『公』字，乃涉上『宋公』而衍，茲據刊本删。『飢』當作『饑』。說見校記〔一四九〕。

〔一七五〕賦，刊本作『貸』。

〔一七六〕也，刊本無。

〔一七七〕也，刊本作「者」。

〔一七八〕艶，刊本作「豔」。《玉篇・色部》：「艶，俗豔字。」

〔一七九〕也，刊本無。

〔一八〇〕自防閑也，刊本無「自」、「也」二字。阮校：「宋本、淳熙本、岳本、足利本「禮」下有「自」字，是也。」案：金澤文庫本與寫卷同。

〔一八一〕乃，刊本作「夫人」。阮校：「《石經》、宋本、淳熙本、岳本、《纂圖》本、足利本作「乃助之施」，不誤。」王叔岷《左傳考校》：「「乃」之作「夫人」，涉上「襄夫人」而誤。」

〔一八二〕公子，刊本下有「鮑」字，郝録據刊本補「鮑」字。

〔一八三〕元華督曾孫也，刊本作「華元督曾孫」。郝録云：「似應以底本爲是。」案金澤文庫本與寫卷同。

〔一八四〕也，刊本無。

〔一八五〕也，刊本無。

〔一八六〕矐，刊本作「鑵」。阮校：「《石經》、宋本、岳本「鑵」作「矐」，《釋文》同，是也。」王叔岷《左傳考校》云：「「矐」之作「鑵」，涉「鱗」字偏傍而誤。」

〔一八七〕禦事也，刊本「禦」作「御」，無「也」字。案「御」之俗寫有作「衠」者（《龍龕・彳部》），「禦」當亦「御」之俗寫變體也。

〔一八八〕也，刊本無。

〔一八九〕也，刊本無。

〔一九〇〕也，刊本無。

〔一九一〕也，刊本無。

〔一九二〕也，刊本無。

〔一九三〕而，刊本作『以』。阮校：『《石經》、宋本、淳熙本、岳本、足利本「右以」作「右而」，是也。』王叔岷《左傳考校》云：『以、而本同義，此作「以」，蓋涉上「以」字而誤。』

〔一九四〕也，刊本無。

〔一九五〕率，刊本作『帥』。『率』、『帥』二字古多通用。説詳校記〔六四〕。

〔一九六〕也，刊本無。

〔一九七〕也，刊本無。

〔一九八〕殺，刊本作『弑』。『殺』『弑』古今字。

〔一九九〕也，刊本無。

〔二〇〇〕也，刊本無。

〔二〇一〕以，刊本作『已』。『以』、『已』古通用。

〔二〇二〕也，刊本無。

〔二〇三〕殺，刊本作『弑』，『殺』『弑』古今字。

〔二〇四〕不可以，刊本無『以』字。案金澤文庫本亦作『不可以』。

〔二〇五〕以督大教也，刊本作『所以督大教』。案金澤文庫本作『所以督大教也』。

〔二〇六〕也，刊本無。

〔二〇七〕也，刊本無。

〔二〇八〕侯，刊本無。

〔二〇九〕也，刊本無。

〔二一〇〕也，刊本無。

〔一一一〕也，刊本無。
〔一一二〕也，刊本無。
〔一一三〕也，刊本無。
〔一一四〕魯文公二年也，刊本無『公』、『也』二字。案杜預《集解》，凡言某公某年，例無『公』字，此『公』當是衍文。
〔一一五〕弊，刊本作『敝』。『弊』爲『敝』之俗字，見《玉篇·㡀部》。下『弊』字同。
〔一一六〕能，刊本作『得』。案金澤文庫本亦作『能』。
〔一一七〕也，刊本無。
〔一一八〕言汲汲朝於晉也，刊本作『言汲汲于朝晉』。案金澤文庫本與寫卷同。
〔一一九〕也，刊本無。
〔一二〇〕太子名也，刊本『太』作『大』，無『也』字。『大』『太』古今字。
〔一二一〕於，刊本作『于』。二字古通用。
〔一二二〕也，刊本無。
〔一二三〕也，刊本無。
〔一二四〕也，刊本無。
〔一二五〕尒，刊本作『邇』。『尒』與『邇』同，説詳王引之《經義述聞》卷十九『偪介之關』條。注中『尒』字同。
〔一二六〕敝，底卷原誤作『敞』，兹據刊本改正。
〔一二七〕免罪也，刊本『免』字重。案金澤文庫本與刊本同。
〔一二八〕也，刊本無。
〔一二九〕於，刊本作『于』。二字古通用。
〔一三〇〕也，刊本無。

〔二三一〕也，刊本無。

〔二三二〕蔭麻之處也，刊本『蔭麻』作『菻蔭』，無『也』字。

〔二三三〕也，刊本無。

〔二三四〕『其人』下刊本有『也』字。

〔二三五〕也，刊本無。

春秋左氏經傳集解（八）（宣公二年）

北八一五五（呂九）背

【題解】

底卷編號爲北八一五五（呂九）背，起《宣公二年》經『二年』，抄至『晉人、宋人、衛人、陳人侵鄭』之『衛人』，共三行，傳文單行大字，集解雙行小字。此卷抄於《大乘無量壽經》之背面，字體惡劣，當是學童習書。第三行末有『若有白書寫』五小字，『若有白』應是學童之名。《寶藏》定名《習寫春秋左傳》，《索引新編》定名《春秋習抄》。杜預注《春秋左傳》，將《春秋經》經文配於《左傳》傳文之前，此寫卷爲杜預注《春秋左氏經傳集解》之宣公二年的《春秋經》部分，當以《寶藏》之定名爲善。兹依例擬名爲《春秋左氏經傳集解（宣公二年）》。

今據《寶藏》録文，以中華書局影印阮元刻《十三經注疏·春秋左傳正義》爲對校本（簡稱『刊本』），校録於後。

經二年，春，王二月，壬〔一〕子，宋華元帥師〔二〕及鄭公子歸生帥師，戰于大棘。宋師敗績，獲宋［華］元〔三〕。得大夫，生死皆曰獲。例在昭廿〔四〕三年。大棘在陳留襄邑縣南。

秦〔五〕師伐晉。

夏，晉人、宋人、衛人師〔六〕（原文抄寫至此）

【校記】

〔一〕壬，底卷原誤作『王』，兹據刊本改正。

〔二〕 帥，底卷原誤作『師』，兹據刊本改正。
〔三〕 宋華元，底卷原無『華』字，當是抄脱，兹據刊本補。
〔四〕 廿，刊本作『二十』。『廿』爲『二十』之合文。
〔五〕 秦，底卷原寫作小字，兹依例改爲大字。
〔六〕 師，刊本無。底卷『師』下有小字『若有白書寫』五字。

春秋左氏經傳集解（九）（宣公十四年）

斯六一二〇

【題解】

底卷編號爲斯六一二〇，起《宣公十四年》傳『申舟以孟諸之役惡宋』之『役』，至『車及於蒲胥之市』之『及』，共八行，第一行存『役惡』二字之殘畫，末行存『及』字之殘畫；第二行存下截，第六行存上截，第七行上下端均殘泐。經傳單行大字，集解雙行小字，行有界欄。

《翟目》首先比定其名爲杜預注《左傳》；向達《倫敦所藏敦煌卷子經眼目録》定名『春秋左傳杜注』，《索引》、《寶藏》、《索引新編》皆同；《金目》定爲《春秋左氏經傳集解》，今從之。

《翟目》定此卷爲七世紀寫本。

李索《敦煌寫卷〈春秋經傳集解〉校證》（中國社會科學出版社二〇〇五）有録文及校記，然無可取者。

底卷據《英藏》録文，以中華書局影印阮元刻《十三經注疏·春秋左傳正義》爲對校本（簡稱『刊本』），校録於後。

（前缺）

▨▨（役惡）[一]□▨（聾）[二]，昭，明[三]。聾，闇也。晉使不害，我則必死。』王曰：『殺汝[四]，我伐之。』見犀而行。犀，申舟子也[五]。以子託王，示必死。及宋，宋人止之。華元曰：『過我而不假道，鄙我也。鄙我，亡也。以我比其邊鄙，是與亡國同也[六]。殺其使者，必伐我。伐我，亦亡也。亡一也。』乃□投，振[七]。袂，▨（袖）[八]也。屨及於□▨（及）[九]□

（後缺）

【校記】

〔一〕役惡，底卷「役」存左邊「彳」，「惡」存左邊殘畫。以下底卷中凡殘字、缺字補出者，均據刊本，不復一一注明。

〔二〕聾，底卷脱右上角。自前行「惡」至此行「聾」間底卷殘泐，刊本作「宋文十年楚子田孟諸無畏抶宋公僕曰鄭昭宋」。

〔三〕明，刊本作「明」，下有「也」字。「明」、「明」異體。

〔四〕汝，刊本作「女」，「女」「汝」古今字。

〔五〕也，刊本無。

〔六〕也，刊本無。

〔七〕投振，刊本下有「也」字。自前行「乃」至此「投」間底卷殘泐，刊本作「殺之楚子聞之投袂而起」。

〔八〕袖，底卷存右下角殘畫。

〔九〕及，底卷存右邊殘畫。從前行「於」至此行「及」間底卷殘泐，刊本作「窒皇窒皇寢門闕劍及於寢門之外車」。

春秋左氏經傳集解（一〇）（成公十五、十六年）

伯二九七三碎六

【題解】

底卷編號爲伯二九七三碎六，共有兩殘片。第一片存七行，行殘存二至三字，爲《成公十五年》傳，起『次守節，下失節』之『失節』，至『禮以庇身』之『以』；第二片存九行，末行僅存三字，爲《成公十六年》傳，起『諸侯皆叛』，至『使告于楚』。以上兩片均經文單行大字，集解雙行小字。此兩片字體及行款均相同，應是從同一件寫本上撕下來的兩個部分。

《寶藏》定名《春秋左傳成公十六年杜注》，《索引新編》、《法藏》因之，未能反映出前一片成公十五年的內容。兹擬名爲《春秋左氏經傳集解（成公十五年、十六年）》。

李索《敦煌寫卷〈春秋經傳集解〉校證》（中國社會科學出版社二〇〇五）有録文及校記，然無可取者。

底卷據縮微膠卷録文，以中華書局影印阮元刻《十三經注疏·春秋左傳正義》爲對校本（簡稱『刊本』），校録於後。

（前缺）

□失節。」愚□敢[一]失▨（守）[二]□▨（卒）[三]。爲下□（宋）亂起也[四]。

□盟[五]而背□▨（進）[六]，何盟之□▨（矣）[七]，在申，老□□（歸

本）邑。□（守）[八]禮，禮以□

（中間殘缺）

諸侯皆叛，晉可以逞。逞，快也。晉厲公無道，▨（三）[九]□（郤）驕。故欲使諸侯叛，冀其懼而思德也[一〇]。若唯鄭叛，晉國之憂，可立俟也。』欒武子曰：『不可以當吾世而失諸侯，必伐鄭。』乃興師。欒書將中軍，士燮佐之；代荀庚也[一一]。郤[一二]錡將上軍，代士燮也[一三]。荀偃佐之；代郤錡也[一四]。偃，荀庚子也[一五]。韓厥將下軍；郤至佐新軍。荀罃居守。荀罃，下軍佐也[一六]。於是郤犨代趙旃將新軍，新上下□（軍）罷矣。郤犨如衛，遂如齊，皆乞師焉。欒黶來乞師，孟獻子曰：『有勝矣。』卑讓有礼[一七]，故知▭▨（師），使告

（後缺）

【校記】

〔一〕敢，自前行『愚』至此行『敢』間底卷殘泐，刊本作『者妄動爲君非吾節也雖不能聖』。

〔二〕守，底卷殘存『宀』。以下凡殘字、缺字補出者，均據刊本，不復一一注明。

〔三〕卒，底卷殘存下半。自前行『守』至此行『卒』間底卷殘泐，刊本作『乎遂逃奔宋夏六月宋共公』。

〔四〕也，刊本無。

〔五〕盟，刊本作『盟』。『盟』、『盟』異體。下凡『盟』字同此。自前行『也』至此行『盟』間底卷殘泐，刊本作『楚將北師侵鄭衛子囊曰新與晉』。

〔六〕進，底卷殘存下部三分之一。自前行『背』至此行『進』間底卷殘泐，刊本作『之無乃不可乎子反曰敵利則』。

〔七〕矣，底卷存下部『人』。自前行『之』至此行『矣』間底卷殘泐，刊本作『有晉楚盟在十二年子囊莊王子公子貞申叔時老』。

〔八〕守，底卷存下半。自前行『邑』至此行『守』間底卷殘泐，刊本作『聞之曰子反必不免信以』。

〔九〕三，底卷殘脱下端一横。
〔一〇〕也，刊本無。
〔一一〕也，刊本無。
〔一二〕郄，刊本作『郤』。《晉書音義·帝紀第六》：『郤，本或作郄，俗。』則郤、郄正俗字。『郄』應是『郄』之俗訛。下『郄』字皆同此。
〔一三〕也，刊本無。
〔一四〕也，刊本無。
〔一五〕也，刊本無。
〔一六〕也，刊本無。
〔一七〕礼，阮本作『禮』。案『礼』爲古文『禮』字，敦煌寫本多用此字，後世刊本則多用『禮』字。
〔一八〕師，底卷存下半。『師』前底卷殘泐，刊本作『其將勝楚戊寅晉師起鄭人聞有晉』。

春秋左氏經傳集解（一一）（襄公十八年）

俄敦五〇六七（底一）　俄敦四六五七（底二）

【題解】

底一編號爲俄敦五〇六七，起《襄公十八年》傳「信於城下而還」，至「吾驟歌北風」之「驟」，共三殘行，存下截，行有界欄。傳文單行大字，集解雙行小字，實存傳文十九字，集解文二字。

底二編號爲俄敦四六五七，亦爲《襄公十八年》傳，二殘行，存上截，僅存傳文九字。第一行四字「於魚齒之」，第二行五字「徒幾盡晉人」。字體與底一相同，正是其第二、三行之最上端部分。兩卷綴合後，起於「信於城下而還」，至「吾驟歌北風」之「驟」，凡得三行。

底一、底二皆據《俄藏》録文，以中華書局影印阮元刻《十三經注疏·春秋左傳正義》爲對校本（簡稱「刊本」），校録於後。

底一與底二綴合圖

（前缺）

□信于城下而還，信，再宿▨（也）〔一〕。□（涉）〔二〕於魚齒之〔三〕□雨〔四〕及之，楚師多凍，役〔五〕

徒幾盡。晉人□▨（曠）〔六〕曰：「不害。吾驟

（後缺）

【校記】

〔一〕也，底一殘存左邊殘畫，兹據刊本擬補。

〔二〕涉，底一殘泐，兹據刊本擬補。

〔三〕『於魚齒之』四字爲底二文。

〔四〕『雨』前底一殘泐，刊本作『下魚齒山之下有湛水故言涉甚』。

〔五〕役，刊本作『役』。《説文·殳部》云：『古文役从人。』

〔六〕曠，底卷存下部殘畫，兹據刊本擬補。『曠』前底一殘泐，刊本作『聞有楚師師』。

春秋左氏經傳集解(一二)(昭公五、六年)

伯三七二九(底一甲)　伯四九〇四(底一乙)　中村一三八(底二甲)

中村一三七(底二乙)

【題解】

底一由伯三七二九(底一甲)與伯四九〇四(底一乙)兩卷綴合而成,縮微膠卷、《寶藏》及《法藏》所收均爲綴合後之影本。據陳鐵凡《法京所藏敦煌左傳兩殘卷綴合校字記》(《書目季刊》第五卷第一期)所載,並參之以縮微膠卷,知伯三七二九起《昭公五年》正月傳『夫子唯不欲毁也』之『唯』,至冬十月傳『楚人執之』之『楚人』,共一百五十三行,首行上端殘缺二字,末二行上端亦略有殘缺。伯四九〇四號起《昭公五年》冬十月傳『吴人敗諸鵲岸』注『廬江舒縣有鵲尾渚』之『有鵲』,至『城濮之兆,其報在邲』句,共十六行,末行上端殘缺三字,首行存『有鵲』二字,第二行存『吴子使』三字,即伯三七二九末兩行上端所缺之字,兩卷正相連接。《索引》著録此卷『殘存三節不相連,然皆在昭公五年。第一節存八上半行、第二節十三行、第三節十六行』,陳鐵凡已糾其誤。《寶藏》此號下誤收《春秋穀梁經傳解釋僖公上第五》,而將伯四九〇五號作爲空號,説見《春秋穀梁經傳解釋僖公上第五》篇下。兩卷綴合後,共一百六十八行,傳文大字,集解雙行小字,字迹極工整,行有界欄。

《索引》將伯三七二九定名爲《春秋左傳集解》,而將伯四九〇四定名爲《春秋左氏傳集解》,前後不統一;《索引新編》統一爲《春秋左氏傳集解》。《寶藏》定爲《春秋左傳昭公五年集解》,《法目》(四)定爲《春秋經傳集解》。今依例擬名爲《春秋左氏經傳集解》(昭公五年)。

寫卷不避唐諱,王重民認爲是六朝寫本(《敘録》五六頁),王素與李方所著《魏晉南北朝敦煌文獻編年》(二七八頁,臺北新文豐出版公司一九九七)從之。

寫卷卷背有音義十六條，注於正面經、傳之字的對應位置，其音多與《經典釋文》同，應是後閱者據《釋文》等録於卷背者。但影本模糊而不易辨識。一九九八年，鄧文寬先生赴巴黎，託以據原卷録文，此即爲鄧先生幫助迻録者。今將此注音録於正面經、傳對應之字下，並置於圓括號内，以與傳文區别。

底二原卷存日本書道博物館，二〇〇五年收入《中村不折舊藏禹域墨書集成》影印出版，在第二册的三一八至三二一頁。底二乙起《昭公六年》傳文之首，至『若何效僻』句，共三十八行；底二甲起《昭公五年》『《離》爲火，火焚山，山敗』《集解》『《離》、《艮》合體故』，至《昭公六年》經文之末，共七十一行。《中村不折舊藏禹域墨書集成》均定名爲『春秋左氏伝殘卷』，是以爲兩件寫卷而非一件也。其實底二甲與底二乙這兩部分是一卷之裂，底二乙應置於底二甲之後，前後正好密合。兩卷綴合後，起《昭公五年》『《離》爲火，火焚山，山敗』《集解》『《離》、《艮》合體故』，至《昭公六年》『若何效辟』（寫卷作『僻』），共一百零九行，行有界欄，傳文大字，《集解》雙行小字。卷中『丙』字缺筆，應是唐寫本。

中村不折《禹域出土墨寶書法源流考》記録一《左傳》寫卷，云：『《左傳》殘卷，長二尺一寸五分。字三十八行，隸書。敦煌出土。《春秋左氏傳》昭公六年之殘卷。觀其書風、紙質，可定爲晚唐。』（李德範譯，一四六頁，中華書局二〇〇三）此即《中村不折舊藏禹域墨書集成》所載之中村一三八也。

羅振玉《敦煌石室碎金》收有一排印本《春秋左氏傳昭公殘卷》，起《昭公六年》傳『六年』，至『若何效僻』，羅氏對此卷未有説明，今知此即《禹域出土墨寶書法源流考》所載之《左傳》寫卷。

陳鐵凡《法京所藏敦煌左傳兩殘卷綴合校字記》（簡稱『陳鐵凡』）對底一有詳細的校録，李索《敦煌寫卷〈春秋經傳集解〉校證》（中國社會科學出版社二〇〇五）亦對底一有録文及校記，然無可取者。

底一據縮微膠卷録文，底二據《中村不折舊藏禹域墨書集成》（日本文部科學省科學研究費特定領域研究總括班出版）之影本録文，以中華書局影印阮元刻《十三經注疏・春秋左傳正義》爲對校本（簡稱『刊本』），校録於後。

（前缺）

▨（唯）〔一〕不欲毁也，故盟諸僖▨（閎）〔二〕，詛諸五父之衢。』皆在襄十一年。受書〔三〕而投之，投，擿地也〔四〕。帥士而哭〔五〕。痛叔孫之見誣也〔六〕。叔仲子謂季孫曰：『帶受命於子叔孫曰，𦵏〔七〕鮮者自西門。』不以壽終爲鮮。西門，非魯朝正門也〔八〕。季孫命杜泄〔九〕。命使從西門也〔一〇〕。杜泄曰：『卿喪自朝，魯礼〔一一〕也。從生存朝覲之正路也〔一二〕。吾子爲國政，未改礼而又遷之，遷，易也。羣臣懼死，不敢自也。』自，從也。既𦵏而行。善杜泄能避禍也〔一三〕。仲至自齊，聞喪而來也〔一四〕。季孫欲立之。南遺曰：『叔孫氏厚則季氏薄。彼實家亂，子勿與知，不亦可乎？』南遺使國人助豎牛，以攻諸大庫之庭。攻仲壬也。魯城内有大庭氏之虚，於其上作庫也〔一五〕。司宫射之，中目而死。豎牛取東鄙卅〔一六〕邑，以與南遺。取叔孫氏邑也〔一七〕。昭子即位，朝其家衆，曰：『豎牛禍叔孫氏，使亂大從，使從於亂也〔一八〕。煞嫡〔一九〕立庶，又披其邑，將以舍〔二〇〕罪，披，析也。謂以邑与南遺也〔二一〕。照〔二二〕子不知豎牛餓煞其父，故但言其見罪也〔二三〕。罪莫大焉。必速煞之。』豎牛懼，奔齊。孟、仲之子煞諸塞（息代）〔二四〕關之外，齊、魯界上關也〔二五〕。投其首於寧風之棘上。寧風，齊地。仲尼曰：『叔孫昭子之不勞，不可能也。不以立己爲功勞，據其所言而〔二六〕善之。時魯人不以餓死語昭子也〔二七〕。周任有言曰：「爲政者不賞私勞，不罰〔二八〕私怨。」《詩》曰〔二九〕：「有覺德行，四國順之。」』《詩·大雅》也〔三〇〕。覺，直也。言德行直則四方順從之也〔三一〕。

初，穆子之生也，莊叔以《周易》筮之，莊叔，穆子父得臣也。遇明〔三二〕夷☷離下巛〔三三〕上，明夷。之謙☷，艮下巛上，謙。明夷初九變爲謙也〔三四〕。以示卜楚丘。楚丘，卜人姓名。楚丘〔三五〕曰：『是將行，行，出奔也〔三六〕。而歸爲子祀，奉祭祀也〔三七〕。以讒人入，其名曰牛，卒以餧〔三八〕死。明夷，日也。離爲日。夷，傷也。日明傷也〔三九〕。日之數十，甲至癸也〔四〇〕。故有十時，亦當十位。自王以〔四一〕下，其二爲公，其三爲卿。日中當王，食時當公，平旦爲卿，雞鳴爲士，夜半爲皁，人定爲輿，黄昏爲隸，日入爲僚，餔〔四二〕時爲僕，日昳〔四三〕爲臺，禺〔四四〕中日出，闕不在第〔四五〕。尊王公，廣其位也〔四六〕。日上其中，日中盛明，故以當王也〔四七〕。食日爲二，公位也〔四八〕。旦日爲三。卿位也〔四九〕。明夷之謙，明而未融，其當旦乎？融，朗也。離在巛下，日在地中之象。又變爲《謙》，謙道卑退，故曰明而未融也〔五〇〕。日明未融，故曰其當旦也〔五一〕。故曰爲子祀。莊叔，卿也。卜豹爲卿，故知爲子祀也〔五二〕。日之謙當鳥，故曰「明夷于飛」。《離》爲日，爲鳥，《離》變爲《謙》，日光不足，故當鳥。鳥飛行，故曰于飛。明而〔五三〕未融，故曰「垂其翼」。於日爲未融，於鳥爲垂翼也〔五四〕。象日之動，故曰「君子于行」。《明夷》初九，得位有應，君子象也。在明傷之世，居謙下之位，故將避難而行也〔五五〕。當三在旦，故曰「三日不食」。旦位在三，又非食時，故曰三日不食也〔五六〕。《離》，火也。《艮》，山也。《離》爲火，火焚山，山敗。《離》、《艮》合躰故也〔五七〕。於人爲言，《艮》爲言也〔五八〕。敗言爲讒，爲《離》所焚，故言敗也〔五九〕。故曰「有攸往，主人有言」。言必讒〔六〇〕。《離》變變〔六一〕爲《艮》，故言有所往。往而見燒，故主人有言。言而見敗，故必讒言也〔六二〕。純《離》爲牛。《易》：『離下離上〔六三〕，《離》，畜牝牛，吉』。故言純《離》爲牛也〔六四〕。世乱（亂）讒勝，勝將適《離》，故曰其名曰牛。《離》焚山則《離》勝，譬世乱（亂）則讒勝，山焚則《離》獨存，故知名牛也。豎牛非牝牛，故不吉也〔六五〕。《謙》不足，飛不翔，謙道沖〔六六〕退，故飛不遠翔也〔六七〕。垂不峻，翼不廣，峻，高也。翼垂下，故不能廣遠也〔六八〕。故曰「其爲子後乎」？不遠翔，故知不遠去也〔六九〕。吾子，亞卿也，抑少不終〔七〇〕。』旦日，正卿之位。庄（莊）叔父子，世爲亞卿，位不足以終盡卦體〔七一〕，盖引而致之也〔七二〕。

楚子以屈申〔七三〕爲貳於吳，乃煞之。造生貳心也〔七四〕。以屈生爲莫敖，生，屈建子也〔七五〕。使与令尹子蕩如晉逆女。過鄭，鄭伯勞子蕩于氾〔七六〕，勞屈生于菟氏。氾、菟氏，皆鄭地也〔七七〕。晉侯送女于邢丘。子産相鄭伯會晉侯于邢丘。傳言楚強，諸侯畏敬其使也〔七八〕。

公如晉，即位而往見〔七九〕。自郊勞至于贈賄，往有郊勞，去有贈賄。無失礼。揖讓之礼也〔八〇〕。晉侯謂汝〔八一〕叔齊曰：『魯侯不亦善於礼乎？』對曰：『魯侯焉知礼！』公曰：『何爲？自郊勞及〔八二〕贈賄，禮無違者，何故不知〔八三〕？』對曰：『是儀也，不可謂禮。禮所以守其國，行其政令，無失其民者也。今政令〔八四〕在家，在大夫也〔八五〕。不能取也。有子家羈，弗〔八六〕能用也。羈，荘（莊）公玄孫懿伯也。奸（干）〔八七〕大國之盟，淩〔八八〕虐小國。謂伐莒取鄆（運）也〔八九〕。利人之難，謂往年莒乱（亂）而取鄫也〔九〇〕。不知其私。不自知有私難也〔九一〕。公室四分，民食於他。他，謂三家也。言魯君与民無異也〔九二〕。思莫在公〔九三〕，不圖其終。無爲公謀終始也〔九四〕。爲國君，難將及身，不恤其所。礼之本末，將於此乎在，在恤民与憂國也〔九五〕。而屑屑焉習儀以亟。言以習儀爲急也〔九六〕。言善於礼，不亦遠乎？』君子謂叔侯『於是知礼〔九七〕』。時晉侯亦失政，叔齊以此諷諫也〔九八〕。

晉韓宣子如楚送女，叔向爲介。鄭子皮、子太〔九九〕叔勞諸索氏。河南成睪〔一〇〇〕縣東有大索城。太叔謂叔向曰：『楚王汏〔一〇一〕侈已甚，子其戒之！』叔向曰：『汏侈已甚，身之灾〔一〇二〕也，焉能及人？若吾奉吾幣帛〔一〇三〕，慎吾威儀，守之以信，行之以礼，敬始而思終，終無不復。事皆可復行也〔一〇四〕。從而不失儀，從，順也。敬而不失威，導之以訓辭〔一〇五〕，奉之以舊法，考之以先王，以先王之礼成其好也〔一〇六〕。度之以二國，度晉、楚之勢而行之也〔一〇七〕。雖泰〔一〇八〕侈，若我何？』及楚，楚子朝其大夫曰：『晉，吾仇敵也。苟得志焉，無恤其他。今其來者，上卿、上大夫也。若吾以韓起爲閽〔一〇九〕，刖足使守門也〔一一〇〕。以羊舌肹爲司宮，加宮刑也〔一一一〕。足以辱晉，吾亦得志矣，可乎〔一一二〕？』大夫莫對。薳啓彊〔一一三〕曰：『可。苟有其俻〔一一四〕，何故不可？恥匹夫不可以無俻，況〔一一五〕恥國乎？是以聖王務行礼，不求恥人。朝聘〔一一六〕有珪，珪以爲信也〔一一七〕。享覜（的音，他吊，又他凋）有章〔一一八〕，享，饗（並許丈）也〔一一九〕。覜，見也。既朝聘而享見也。臣爲君使執璋也〔一二〇〕。小有述職（述其所治國之貢職）〔一二一〕，諸侯適天子曰述職。大有巡功。天子巡狩曰巡功也〔一二二〕。設机而不倚，爵盈而不飲；言務行礼也〔一二三〕。宴有好貨，宴飲以貨爲好。衣服、車馬，在客所無也〔一二四〕。飧有陪鼎，熟食爲飧。陪，加也。加鼎，所以厚殷懃也〔一二五〕。入有郊勞，賓至，逆勞之於郊也〔一二六〕。出有贈賄，去則贈之以貨賄也〔一二七〕。礼之至也。國家之敗，失之道也，則禍乱（亂）興。失朝聘宴好之道也〔一二八〕。城濮之役〔一二九〕，在僖廿〔一三〇〕八年。晉無楚備，以敗於邲（皮必）〔一三一〕。在宣十二年。言兵禍始於城濮也〔一三二〕。邲之役，楚無晉備，以敗於鄢（偃）〔一三三〕。在成十六年〔一三四〕。自鄢以來，晉不失備，而加之以礼，重之以睦〔一三五〕，君臣和也。是以楚弗〔一三六〕能報，而求親焉。既獲姻親，又欲恥之，以召寇讎，備之若何？言何以爲備也〔一三七〕。誰其重此？言怨重也〔一三八〕。若有其人，恥之可也。謂有賢人以敵晉，則可恥也〔一三九〕。若其未有，君亦圖之。晉之事君，臣曰可矣。求諸侯而麇（其殞，又丘殞）〔一四〇〕至。麇，羣也。求婚而薦〔一四一〕女，薦，進〔一四二〕。君親送之，上卿及上大夫致之。猶欲恥之，君其亦有備矣。不然，奈〔一四三〕何？韓起之下，趙成、中行吴、魏舒、范鞅、知盈；五卿位在韓起之下，皆三軍之將佐也。成，趙武之子。吴，荀偃之子也〔一四四〕。羊舌肸之下，祁午、張趯（他歷）〔一四五〕、藉〔一四六〕談、汝〔一四七〕齊、梁丙、張骼（各音，又古百）〔一四八〕、輔轢（歷）〔一四九〕、苗賁（墳）〔一五〇〕皇，皆諸侯之選〔一五一〕。言非凡人也〔一五二〕。韓襄爲公族大夫〔一五三〕，韓須受命而使矣。襄，韓无〔一五四〕忌子也，爲公族大夫。須，起之門子也〔一五五〕，年雖幼，以任出使也〔一五六〕。箕襄、邢帶、二人，韓氏族也〔一五七〕。叔禽、叔椒、子羽，皆韓起庶子也〔一五八〕。皆大家也。韓賦七邑，皆成縣也。成縣，賦百乘也。羊舌四族，皆強〔一五九〕家也。四族，銅鞮伯華〔一六〇〕、叔向、叔魚、叔虎兄弟四人也〔一六一〕。晉人若喪韓起、楊肸〔一六二〕，五卿八大夫五卿，趙成〔一六三〕以下。八大夫，祁午以下也〔一六四〕。輔韓須、楊石，石，叔向子食（嗣）我也〔一六五〕。因其十家九縣，韓氏七，羊舌氏〔一六六〕四，而言十家，舉大數也。羊舌四家，共二縣，故但言彊家也〔一六七〕。長轂九百，長轂，戎車也。縣百乘也〔一六八〕。其餘卌〔一六九〕縣遺守四千，計遺守國者，尚有四千乘也〔一七〇〕。奮其武怒，以報其大恥，伯華謀之。伯華，叔向兄也〔一七一〕。中行伯、魏舒帥之，伯，中行吴也〔一七二〕。其蔑不濟矣。君將以親易怨，失婚姻之親也〔一七三〕。實無禮以速寇，而未有其偹，使羣臣往遺之禽，以逞君心，何不可之有？』王曰：『不穀過〔一七四〕，大夫无辱。』謝薳啓彊也〔一七五〕。厚爲韓子礼。王欲敖叔向以其所不知，而不能，言叔向之多知也〔一七六〕。亦厚其禮。韓起反，鄭伯勞諸圉，圉，鄭地名也〔一七七〕。辭不敢見，礼也。奉使君命未反故也〔一七八〕。

鄭罕虎如齊，娶於子尾氏。自爲逆也。晏子驟見之，陳桓子問其故，對曰：『能用善人，民之主也。』謂授子産政也〔一七九〕。

夏，莒牟夷以牟婁及防、玆來奔。牟夷非卿而書，尊地也。尊，重也〔一八〇〕。重地，故書以名。其人終爲不義也〔一八一〕。莒人愬于晉。愬魯受牟夷也〔一八二〕。晉侯欲止公。范獻子曰：『不可。人朝而執之，誘也。討不以師，而誘以成之，惰也。爲盟主而犯此二者，無乃不可乎？請歸之〔一八三〕，閒如〔一八四〕以師討焉。』閒，閒暇〔一八五〕也。乃〔一八六〕歸公。秋，七月，公至自晉。

莒人來討，討受牟夷也〔一八七〕。不設偹。戊辰〔一八八〕，叔弓敗諸蚡泉，莒未陣〔一八九〕也。嫌君臣異，故重發例也〔一九〇〕。

冬，十月，楚子以諸侯及東夷伐吴，以報棘、櫟、麻之役。役在四年。薳射以繁楊〔一九一〕之師，會於夏汭。會楚子也〔一九二〕。越大夫常壽過帥師會楚子於瑮〔一九三〕。瑮，楚地也〔一九四〕。聞吴師出，蔿〔一九五〕啓彊帥師從之，從吴師也〔一九六〕。遽不設偹，吴人敗諸鵲岸。廬江舒縣有鵲〔一九七〕尾渚。楚子以馹至於羅汭。馹，傳（中戀）〔一九八〕也。羅，水名也〔一九九〕。吴子使其弟蹶由槁師〔二〇〇〕，槁，勞也〔二〇一〕。楚人〔二〇二〕執之，將以釁皷〔二〇三〕。王使問焉，曰：『汝〔二〇四〕卜來吉乎？』對曰：『吉。寡君聞君將治兵於敝〔二〇五〕邑，卜之以守龜，曰：「余亟使人槁師，請行以觀王怒之疾徐而爲之〔二〇六〕偹，尚克知之。」言吴令龜如此。龜兆告吉，曰，克可知也。君若驩焉，好逆使臣，玆〔二〇七〕敝邑休殆，休，解也〔二〇八〕。而忘其死，亡無日矣。今君奮焉，震電憑〔二〇九〕怒，憑，盛也〔二一〇〕。虐執使臣，將以釁鼓，則吴知所俻矣。敝〔二一一〕邑雖羸，若早脩完，完罂（器）俻也〔二一二〕。其可以息師。息楚之師也〔二一三〕。難易有俻，可謂吉矣。且吴社稷是卜，豈爲一人？使臣獲釁軍鼓〔二一四〕，而敝〔二一五〕邑知俻，以衛〔二一六〕不虞，其爲吉孰大〔二一七〕焉？國之守龜，其何事不卜？言常卜也〔二一八〕。一臧一否，□□□（其誰能）〔二一九〕常之？城濮之兆，其報在邲〔二二〇〕。城濮戰〔二二一〕，楚卜吉，其効〔二二二〕乃在邲。今此行也，其庸有報志？』言吴有報楚意。乃不〔二二三〕煞。

楚師濟於羅汭，沈尹赤會楚子次於萊山。薳射帥繁陽之師〔二二四〕，先入南懷，楚師從之，及汝清，南懷、汝清，皆楚界也〔二二五〕。吴不可入。有俻。楚子遂觀兵於坻箕之山〔二二六〕。觀，示也。

是行也，吴早設俻，楚無功而還，以蹶由歸〔二二七〕。楚子懼吴，使沈尹射待命於〔二二八〕巢，薳啓強待命于雩婁〔二二九〕，礼也。善有俻也〔二三〇〕。秦后子復歸于〔二三一〕秦，元年奔晉。景公卒故也。終五稔之言也〔二三二〕。

經　六年，春，王正月，杞伯益姑卒。再同盟也〔二三三〕。葬秦景公。

夏，季孫宿如晉。葬杞文公。無傳。宋華合比出奔衛。合比事君不以道，自取奔亡，書名罪之也〔二三四〕。

秋，九月，大雩。楚薳罷帥師伐吴。

冬，叔弓如楚。齊侯伐北燕。

傳　六年，春，王正月，杞文公卒，弔如同盟，礼也。魯怨杞因晉［取］〔二三五〕其田，而今不癈〔二三六〕喪紀，故礼之。

大夫如秦，葬景公，礼也。合先王士弔大夫送葬之礼也〔二三七〕。

三月，鄭人鑄刑書。鑄刑書於鼎，以爲国（國）之常法也〔二三八〕。叔向使詒子産書，詒，遺也。曰：『始吾〔二三九〕有虞於子，虞，度也。言准度子産以爲己法也〔二四〇〕。今則已矣。已，止〔二四一〕。昔先王議事以制，不爲刑辟，懼民之有爭心也。臨事制刑，不豫〔二四二〕設法也。法豫設，則民知爭端也〔二四三〕。猶不可禁禦，是故閑之以義，閒〔二四四〕，防也。糾〔二四五〕之以政，糾，舉也。行之以礼，守之以信，奉之以仁，奉，養也。制爲禄位，以勸其從，勸從教也〔二四六〕。嚴斷刑罰〔二四七〕，以威其淫。淫，放也。懼其未也，故誨之以忠，聳之以行，聳，懼〔二四八〕。教之以務，時所急也〔二四九〕。使之以和，悦以使民也〔二五〇〕。臨之以敬，莅之以強〔二五一〕，施之於事爲莅。斷之以剄〔二五二〕。義斷恩也〔二五三〕。猶求聖哲之上，明察之官，上，公王也。官，卿大夫也。忠信之長，慈惠之師，民於是乎可任使也，而不生禍乱（亂）。民知有辟，則不忌於上，權移於法，故民不畏上也〔二五四〕。並有争心，以徵於書，而徼幸以成之，因危文以生争，緣徼幸以成其功僞〔二五五〕。不〔二五六〕可爲矣。爲，治〔二五七〕。夏有亂政而作《禹刑》，商（商）有亂政而作《湯刑》，夏、商（商）之乱（亂），著禹、湯之法。言不能義士〔二五八〕以制。周有亂政而［作］〔二五九〕《九刑》。周之衰亦爲刑書，謂之《九刑》也〔二六〇〕。三辟之興，皆叔世也。言刑書不起於始盛之世。今吾〔二六一〕子相鄭国（國），作封洫，在襄卅〔二六二〕年。立謗政，作丘賦也〔二六三〕，在四年。制參辟，鑄刑書，制參辟，謂用三代之末法。將以靖民，不亦難乎？《詩》曰：「儀式刑文王之德，日靜〔二六四〕四方。」《詩・頌》。言文王以德爲儀式，故能日有安靖四方之功也〔二六五〕。刑，法也。又曰：「儀刑文王，萬邦作孚。」《詩・大雅》也〔二六六〕。言文王作儀法爲天下所信。孚，信也〔二六七〕。如是，何辟之有？言《詩》唯以德與信，不以刑也。民知爭端矣，將弃〔二六八〕礼而徵於書。以刑書爲徵也〔二六九〕。錐刀之末，將盡爭之。錐刀末，喻小事。乱（亂）獄滋豊〔二七〇〕，賄賂並行。終子之世，鄭其敗乎？肸〔二七一〕聞之，「国（國）將亡，必多制」。數改法也〔二七二〕。其此之謂乎？』復書曰：『若吾子之言，復，報〔二七三〕。僑不才，不能及子孫，吾以救世也。既不承命，敢忘大惠？』以見箴誡爲惠也〔二七四〕。士文伯曰：『火見，鄭其火乎？火，心星也。周五月昏見也〔二七五〕。火未出而作火，以鑄刑器（器），刑器（器），鼎也。藏爭辟焉。火而〔二七六〕象之，不火何爲？』象，類也。同氣相求，火未出而用火，相感而致灾。

夏，季孫宿〔二七七〕如晉，拜莒田也。謝前年受牟夷邑不見討。晉侯享之，有加籩〔二七八〕。籩豆之數，多於常礼也〔二七九〕。武子退，使行人告曰：『小国（國）之事大国（國）〔二八〇〕，苟免於討，不敢求貺。貺，賜〔二八一〕。得貺不過三獻。周礼：大夫三獻。今豆有加，下臣不〔二八二〕堪，無乃戾也！』懼以不堪爲罪者也〔二八三〕。韓宣子曰：『寡君以爲驩〔二八四〕。』以加礼致驩心也〔二八五〕。對曰：『寡君猶未敢，未敢當此加也。况下臣，君之鍒（隸）也，敢聞加貺？』固請徹加，而後卒事。晉人以爲知礼，重其好貨。宴好〔二八六〕之貨。

宋寺人柳有寵〔二八七〕，有寵於平公也〔二八八〕。太〔二八九〕子佐惡之。華合比曰〔二九〇〕：『我煞之。』欲以求媚於太子也〔二九一〕。柳聞之，乃坎，用牲，埋書，詐爲盟處。而告公曰：『合比將納亡人之族，亡人，華臣也。襄十七年奔衛也〔二九二〕。既盟于北郭矣。』公使視之，有焉，遂逐華合比。奔衛〔二九三〕。於是華亥欲代右師，亥，合比弟也〔二九四〕，欲得合比處。乃與寺人柳比，從爲之徵〔二九五〕曰：『聞之久矣。』聞合比欲納華臣。公使代之。代合比爲右師。見於左師，左師，向戌。左師曰：『汝〔二九六〕夫也，必亡！夫，謂華亥。汝喪而宗室，於人何有？言人亦不能愛汝。《詩》曰：「宗子惟〔二九七〕城，毋俾城壞，毋獨斯畏。」《詩·大雅》也〔二九八〕。言宗子之固若城也〔二九九〕。俾，使也。汝其畏哉！』爲廿年華亥奔傳也〔三〇〇〕。

六月，丙戌，鄭灾。終士文伯之言。

楚公子弃疾如晉，報韓宣子〔三〇一〕。報前年送女也〔三〇二〕。過鄭，罕虎〔三〇三〕、公孫僑、游吉從鄭伯以勞諸柤，辭〔三〇四〕不敢見。不敢當国（國）君之勞也〔三〇五〕。柤，鄭地也〔三〇六〕。固請見之，見如見王〔三〇七〕，見鄭伯如見楚王。言弃疾恭而有礼者也〔三〇八〕。以其乘馬八匹私面。私見鄭伯。見子皮如上卿，如見楚卿。以馬八匹〔三〇九〕。見子産以馬四匹，見子太叔以馬二匹。降煞以兩。禁蒭牧采樵〔三一〇〕，不入田。不犯田種。不樵樹，不采藝〔三一一〕。藝，種者〔三一二〕也。不柚（抽）屋，不強匄〔三一三〕。誓曰：『有犯命〔三一四〕，君子癈，小人降。』君子則廢黜〔三一五〕不得居位，小人則退給下劇者〔三一六〕也。舍不爲暴，主不慁賓。慁，患〔三一七〕。往來如是。鄭三卿皆知其將爲王也。三卿，罕虎、公孫僑、游吉也〔三一八〕。韓子〔三一九〕之適楚也，楚人不〔三二〇〕逆。公子弃疾及晉境〔三二一〕，晉侯將亦弗逆。叔向曰：『楚辟〔三二二〕我衷，辟，邪。衷，正〔三二三〕。若何效辟？

（後缺）

【校記】

〔一〕唯，底一甲『唯』字存左邊殘畫，兹據刊本擬補。以下底一甲中凡殘字、缺字補出者，均據刊本，不復一一注明。

〔二〕盟諸僖閔，刊本『盟』作『盟』，『盟』、『盟』異體。下凡『盟』字同此。『閔』字底一甲殘存左半。

〔三〕受書，刊本作『受其書』。陳鐵凡云：『王重民《敦煌古籍敘録》著録李鳴南藏卷，此句中亦無「其」字，與此同。』案金澤文庫本（據竹添光鴻《左氏會箋》，下皆同）有『其』字。

〔四〕擿地也，刊本作『擲也』。陸德明《經典釋文·春秋左氏音義》（以下簡稱『釋文』）：『擲地，直亦反。』阮元《春秋左氏傳校勘記》（以下簡稱『阮校』）：『「投擲也」，宋本、淳熙本、足利本「也」作「地」，與《釋文》合。』王叔岷《左傳考校》（以下簡稱『王叔岷』）云：『今本注蓋脱「地」字。……擿、擲古今字。』

〔五〕『哭』下刊本有『之』字，王叔岷云：『敦煌本脱「之」字。』案金澤文庫本亦有『之』字。

〔六〕也，刊本無。

〔七〕塟，刊本作『葬』。『塟』爲『葬』之別體，後皆同，不復出校。

〔八〕也，刊本無。

〔九〕泄，刊本作『洩』。案作『洩』者，承襲諱改字也。下『泄』字皆同。

〔一〇〕也，刊本無。

〔一一〕礼，刊本作『禮』。案『礼』爲古文『禮』字，敦煌寫本多用此字，後世刊本則多用『禮』字。下凡此均不復出。

〔一二〕也，刊本無。

〔一三〕避禍也，刊本『避』作『辟』，無『也』字。『辟』『避』古今字。

〔一四〕也，刊本無。

〔一五〕也，刊本無。

〔一六〕卅，刊本作『三十』。『卅』爲『三十』之合文。下凡『卅』字同此，不復出校。

〔一七〕也，刊本無。

〔一八〕也，刊本無。

〔一九〕煞嫡，刊本作『殺適』。《干禄字書·入聲》：『煞、殺，上俗下正。』《説文·女部》『嫡』篆下段注：『嫡庶字古祇作適。』是『適』『嫡』古今字。下凡『煞』字不復出校。

〔二〇〕舍，刊本作『赦』。陳鐵凡云：『各本「舍」作「赦」。案《説文·攴部》：「赦，置也。」段注云：「置、赦二字互訓。赦與捨音義同。」《爾雅·釋詁》：「赦，舍也。」《説文·手部》：「捨，釋也。」段注云：「經傳多叚舍爲之。」』王叔岷云：『敦煌本「赦」作「舍」，義同。』

〔二一〕与南遺也，刊本『与』作『與』，無『也』字。案二字古混用無別，敦煌寫本多用『与』字，後世刊本多改作『與』。下凡刊本作『與』者均不復出。

〔二二〕照，刊本作『昭』。『照』爲『昭』之音借字，傳文作『昭』，是也。

〔二三〕也，刊本無。

〔二四〕『息代』爲卷背注音。

〔二五〕也，刊本無。

〔二六〕而，刊本無。陳鐵凡云：『有「而」字語气較婉轉，各本當誤奪。』案金澤文庫本亦無『而』字。

〔二七〕也，底一甲倒寫於上行行末，刊本無此字。案金澤文庫本有。

〔二八〕罰，刊本作『罰』。《五經文字·皿部》：『罰、罰，上《説文》，下《石經》，五經多用上字。』

〔二九〕曰，刊本作『云』。

〔三〇〕也，刊本無。

〔三一〕也，刊本無。

〔三二〕明，刊本作『明』。『明』『明』異體。下『明』字同此。

〔三三〕巛，刊本作『坤』。《干禄字書·平聲》：『巛、坤，上通下正。』黄侃《説文段注小箋》：『乾坤之「坤」有作「巛」者，此借「川」爲「坤」也。』（黄焯編次《説文箋識四種》一九四頁，上海古籍出版社一九八三）『巛』爲後起字。下『巛』字同。

〔三四〕也，刊本無。

〔三五〕楚丘，刊本無。王叔岷云：『作「楚丘曰」，文意較明。古書中疊字往往誤不疊也。』楊伯峻《春秋左傳注》據寫卷及金澤文庫本增『楚丘』二字。

〔三六〕也，刊本無。

〔三七〕也，刊本無

〔三八〕餧，刊本作『餒』。《説文·食部》：『餧，飢也。』無『餒』字。段玉裁《説文解字注》改『餧』爲『餒』。《論語·鄉黨》『魚餒而肉敗不食』阮校《校勘記》云：『餒、餧古今字。』高明《説文解字傳本續考》：『前人書所引有字從隸俗而説解用《説文》之例……《説文》無「餒」字，乃「魚敗曰餧」之隸俗字，段玉裁注據《釋文》改「餧」爲「餒」，蓋未識此例。』（《高明小學論叢》八八頁，臺北黎明文化事業公司一九八八）

〔三九〕也，刊本無。

〔四〇〕也，刊本無。
〔四一〕以，刊本作『已』，二字古通用。
〔四二〕餔，刊本作『晡』。《説文》有『餔』無『晡』，『晡』當是後起字。
〔四三〕昳，底一甲原誤作『呹』，兹據刊本改正。
〔四四〕禺，刊本作『隅』。《説文·由部》：『禺，母猴屬。』阜部：『隅，陬也。』孔穎達《春秋左傳正義》（以下簡稱『正義』）云：『隅，謂東南隅也。過隅未中，故爲隅中也。』則作『禺』者借字。
〔四五〕苐，刊本作『第』。『苐』爲『弟』之俗字，俗書竹頭多寫作草頭，俗據『苐』楷正，則成『第』字。
〔四六〕廣其位也，刊本『廣』作『曠』，無『也』字。案『廣』蓋誤字。
〔四七〕也，刊本無。
〔四八〕也，刊本無。
〔四九〕也，刊本無。
〔五〇〕也，刊本無。
〔五一〕也，刊本作『乎』。陳鐵凡云：『景宋本、阮刻本「也」作「乎」，金澤本作「乎也」。案注文所以釋傳，注例「故曰」之下，每以「也」字結句。即作「……故曰……也」句形。此注曰：「謙道卑退，故曰明而未融。日明未融，故曰真當旦也。」似以作「也」字爲勝。』
〔五二〕也，刊本無。
〔五三〕而，刊本作『之』。阮校：『宋本、淳熙本、岳本、《纂圖》本、足利本「之」作「而」，與《石經》合。』王叔岷云：『注及《正義》引正文並作「明而未融」。舊鈔卷子本、敦煌本「之」亦並作「而」。之、而本同義。惟此「而」作「之」，蓋涉上文「明夷之謙」而誤。』案金澤文庫本亦作『而』。
〔五四〕也，刊本無。

〔五五〕避難而行也，刊本『避』作『辟』，無『也』字。『辟』『避』古今字。

〔五六〕也，刊本無。

〔五七〕離艮合躰故也，底二甲、刊本『躰』作『體』，《玉篇·身部》：『躰、體，並俗「體」字。』刊本無『也』字。底二甲起於此。

〔五八〕也，底二甲同，刊本無。

〔五九〕也，底二甲同，刊本無。

〔六〇〕『必讒』下底二甲、刊本有『也』字，王叔岷云：『敦煌本脱「也」字。』案金澤文庫本亦有『也』字。

〔六一〕變變，底二甲、刊本僅一『變』字。陳鐵凡云：『各本「變」字不疊。案「離變」作一讀，即「離變，變爲艮」，亦可通。疑此卷所據本如此，未必爲衍文也。』

〔六二〕必讒言也，底二甲『必』下有『有』字，刊本無『也』字。

〔六三〕離下離上，底二甲、刊本作『離上離下』。陳鐵凡云：『各本作「離上離下」。案依《易》釋卦象通例，皆先言下卦，後言上卦，無一例外。杜注《左氏傳》例亦然。此卷作「離下離上」是也。』

〔六四〕也，底二甲、刊本無。

〔六五〕也，底二甲、刊本無。

〔六六〕冲，刊本同，底二甲作『冲』。《玉篇·冫部》：『冲，俗沖字。』

〔六七〕翔也，底一甲原作『也翔』，『翔』之右上角有乙字符，底二甲作『翔也』，刊本無『也』字。陳鐵凡誤録作『也翔』，云：『各本無「也」字。案此卷「也」字當是誤衍，或爲「翔也」之倒。』

〔六八〕也，底二甲同，刊本無。

〔六九〕不遠去也，底一甲『遠』字原作『遂』，形誤字，兹據底二甲、刊本改正；底二甲、刊本無『也』字。

〔七〇〕不終，『終』之右上角底一甲注有一小字『以』，疑爲閲者據注文添。

〔七二〕卦體，底二甲『卦』誤作『封』，底二甲、刊本『體』作『軆』，《玉篇·身部》：『躰、軆，並俗「體」字。』

〔七三〕盖引而致之也，底二甲同，刊本『盖』作『蓋』，無『也』字。『盖』爲『蓋』之俗字。下『盖』字同，不復出校。

〔七三〕申，底二甲同，刊本作『伸』。『申』『伸』古今字。

〔七四〕造生貳心也，底二甲『生』誤作『王』，底二甲、刊本無『也』字。

〔七五〕也，底二甲、刊本無。

〔七六〕汜，底一甲原作『汜』，阮校：『《石經》、宋本作「汜」，岳本、閩本作「汜」，是也。』兹據改。底二甲誤作『汜』。注中『汜』字同。

〔七七〕也，底二甲同，刊本無。

〔七八〕也，底二甲，刊本無。

〔七九〕往見，刊本同，底二甲下有『也』字。

〔八〇〕也，底二甲、刊本無。

〔八一〕汝，底二甲、刊本作『女』。《釋文》：『女，音汝。』《襄公二十二年》『晉人執甯喜、北宮遺，使女齊以先歸』杜注：『女齊，司馬侯。』《昭元年》『女叔齊以告公』杜注：『叔齊，司馬侯。』是女叔齊者，姓女名齊也。《釋文》雖音汝，但不當寫作『汝』。

〔八二〕及，底二甲、刊本作『至于』。陳鐵凡云：『各本「及」作「至于」。案《群書治要》亦作「自郊勞及贈賄」，與此同。』

〔八三〕何故不知，底一甲『故』字後加：『不』前原有『知』字。陳鐵凡云：『各本無上「知」字。案上「知」字當是動詞。「何故知不知者」，蓋謂「何由知其不知禮也」，似亦可通。』王叔岷云：『敦煌本「故」下衍「知」字。』案：底一甲『知』旁有一點，當是删字符。底二甲、金澤文庫本、刊本亦無此字，兹據以删。

〔八四〕政令，刊本同，底二甲脱『令』字。

〔八五〕也，底二甲同，刊本無。

〔八六〕弗，刊本同，底二甲作『不』，二字義同。

〔八七〕姧干，底二甲、刊本『姧』作『奸』。陳鐵凡云：『金澤本亦作「姧」，與此卷同。《説文・女部》「奸犯婬也」，王筠曰：「《集韻》引無婬字，《五經文字》、《小爾雅》、《廣雅》並云：奸犯也。經傳所有奸字未有涉及婬者也。」《集韻》：「奸，亦作姧。」殆爲後起之字，此當以「奸」爲是。』『干』爲卷背注音。

〔八八〕淩，底二甲同，刊本作『陵』。《説文・夊部》：『夌，越也。』段注：『凡夌越字當作此。今字或作淩，或作淩，而夌廢矣。……今字概作陵矣。』則『淩』、『陵』皆爲『夌』的後起用字。

〔八九〕鄆運也，『運』爲卷背注音；刊本無『也』字，底二甲有。

〔九〇〕也，底二甲、刊本無。

〔九一〕也，底二甲同，刊本無。

〔九二〕言魯君与民無異也，底二甲『魯』誤作『路』，刊本無『也』字。

〔九三〕在公，刊本同，底二甲脱『在』字。

〔九四〕終始也，底二甲『也』前有『者』字，刊本『也』作『者』。陳鐵凡云：『金澤本「也」作「者也」。景宋本、阮刻本「也」作「者」。案《群書治要》作「也」，與此同。』

〔九五〕憂國也，底二甲『憂』誤作『愛』，底二甲、刊本無『也』字。

〔九六〕也，底二甲、刊本無。

〔九七〕於是知礼，底二甲『知』作『之』，案『之』爲『知』之借字；刊本『於是』下有『乎』字，王叔岷云：『敦煌本脱「乎」字。』案底二甲亦無『乎』字，疑『乎』字非脱。

〔九八〕也，刊本無；底二甲作『之也』。

〔九九〕太，底二甲同，刊本作『大』。『大』『太』古今字。下『太』字同此。

〔一〇〇〕睾，底二甲同，刊本作『臯』。『睾』爲『臯』之俗字。

〔一〇一〕汰，底二甲同，刊本作『汏』。《説文・水部》：『汏，淅瀒也。』段注：『凡沙汏、淘汏，用淅米之義引伸之。或寫作汰，多點者誤也。若《左傳》汏侈、汏輈字皆即「泰」字之假借，寫作「汰」者亦誤。』下『汏』字同。

〔一〇二〕灾，底二甲同，刊本作『災』。『烖』之或體作『灾』，籀文作『災』，見《説文・火部》『烖』篆下説解。下『灾』字同。

〔一〇三〕吾奉吾幣帛，刊本無前『吾』字，底二甲『幣』作『弊』。陳鐵凡云：『金澤本有上二「吾」字。此字爲此句主詞，有「吾」字語气較足。』『弊』當作『弊』，『幣』之借字。

〔一〇四〕也，底二甲同，刊本無。

〔一〇五〕⿱道木之以訓辭，刊本『⿱道木』作『道』。『⿱道木』爲『導』之俗字（猶『奪』字俗作『⿳大隹木』），漢《衡方碑》『遵尹鐸之⿱道木』，顧藹吉《隸辨》云：『《説文》作「導」，從寸道聲，諸碑皆變從木。』『道』『導』古今字。『辭』字刊本同，底二甲作『辞』，『辞』爲『辭』之借字。下『辭』字皆同。

〔一〇六〕也，底二甲、刊本無。

〔一〇七〕也，底二甲、刊本無。

〔一〇八〕泰，底二甲作『汰』，刊本作『汏』。考詳校記〔一〇一〕。

〔一〇九〕闔，底二甲、刊本作『閤』，二字異體。

〔一一〇〕也，底二甲同，刊本無。

〔一一一〕也，底二甲同，刊本無。

〔一一二〕可乎，刊本同，底二甲脱。

〔一一三〕蔿啓彊，刊本『蔿』作『薳』，底二甲『彊』作『強』。陳鐵凡云：『各本「蔿」作「薳」。案《潛夫論》：「楚蔿氏，皆芊姓也。」《説文》「蔿」訓草，無「薳」字，新坿有之。鈕樹玉曰：「《五經文字・敘》注云：蔿薳同姓，

《春秋》互出。《佩觿》蔿作蒍，音義一而體別……蔿、薳實一字也。」（《説文新坿考》）是也。《左・僖二十七年傳》「蔿賈」，《漢書・古今人表》作「薳」。《左・襄十八年傳》「楚薳子馮」，《釋文》作「蔿」。蔿啓彊，《古今人表》亦作「薳」，皆其證。」「彊」爲「強」之本字，説詳裘錫圭《文字學概要》二六八頁。

〔一一四〕偹，底二甲同，刊本作「備」。《玉篇・人部》「備」條下云：「偹，同上，俗。」下「偹」字同。

〔一一五〕况，底二甲同，刊本作「況」。《干禄字書・去聲》：「况、況，上俗下正。」下「况」字同。

〔一一六〕娉，底二甲同，刊本作「聘」。「娉」爲「聘」之俗字。下凡「娉」皆同。

〔一一七〕也，底二甲、刊本無。

〔一一八〕享覜的音他吊又他凋有章，「的音他吊又他凋」爲卷背注音。底二甲、刊本「章」作「璋」，陳鐵凡云：「此卷「章」字當是誤省。」

〔一一九〕饗並許丈也，「並許丈」爲卷背注音；底二甲無「也」字。

〔一二〇〕也，底二甲、刊本無。

〔一二一〕述軄，底二甲同，刊本「軄」字作「職」，《玉篇・身部》云：「軄，俗職字。」下凡「軄」均不復出校。「述其所治國之貢軄」爲卷背之注，《釋文》云：「述職，述其所治國之功職也。」

〔一二二〕天子巡狩曰巡功也，底二甲同，刊本「狩」作「守」，無「也」字。陳鐵凡云：「狩、守古通。」

〔一二三〕也，底二甲、刊本無。

〔一二四〕也，底二甲、刊本無。

〔一二五〕殷懃也，底二甲、刊本「懃」作「勤」，無「也」字。案「勤」本字，「懃」爲後起增旁字。底一甲「也」字倒寫於雙行小字之第一行末，乃爲雙行對齊也。

〔一二六〕也，底二甲同，刊本無。

〔一二七〕貨賄也，底二甲「賄」誤作「有」，刊本無「也」字。

〔二八〕也，底二甲同，刊本無。

〔二九〕役，底二甲同，刊本作「役」。《說文・殳部》：「古文役从人。」下「役」字皆同。

〔三〇〕廿，底二甲同，刊本作「二十」。「廿」爲「二十」之合文。

〔三一〕「皮必」爲卷背注音。

〔三二〕也，底二甲同，刊本無。

〔三三〕「偃」爲卷背注音。

〔三四〕成十六年，刊本同，底二甲「成」作「城」，末有「也」字。案「城」爲「成」之音誤字。

〔三五〕睦，底二甲、刊本作「睦」。「睦」字不見於字書，應爲「睦」的增筆繁化俗字。

〔三六〕弗，刊本同，底二甲作「不」，二字義同。

〔三七〕也，底二甲同，刊本無。

〔三八〕也，底二甲同，刊本無。

〔三九〕可恥也，底二甲作「可恥之也」，刊本作「可恥之」。案有「之」字爲長。

〔四〇〕「其殞又丘殞」爲卷背注音。

〔四一〕求婚而廌，「婚」字底二甲作「婚」，刊本作「昏」；「廌」字底二甲、刊本作「薦」。陳鐵凡云：「『婚』正字，『昏』叚借字。『廌』字當是譌省。」案「昏」「婚」古今字，「婚」「婚」同字；「廌」、「薦」通假，寫卷多有。《說文》「薦」从廌从艸會意，不從廌聲。則「廌」者，「薦」之省形借字也。注中「廌」字同。

〔四二〕「進」下底二甲、刊本有「也」字。

〔四三〕奈，刊本同，底二甲作「柰」。《説文・木部》「柰，果也」段注：「假借为柰何字，见《尚书》、《左傳》。俗作奈，非。」

〔四四〕也，底二甲同，刊本無。

〔一四五〕『他歷』爲卷背注音。

〔一四六〕藉，底二甲同，刊本作『籍』。陳鐵凡云：『各本「藉」作「籍」。案《説文》藉、籍二字艸竹異部，惟皆從耤得聲，故經傳多通叚爲之。漢碑從艸從竹之字常相混。《昭十五年傳》：「王曰叔氏而忘之乎……昔而高祖系伯黶司晉之典籍，……故曰籍氏。」然則氏族當以從竹作「籍」爲正矣。』

〔一四七〕汝，底二甲同，刊本作『女』。案當作『女』，説見校記〔八二〕。

〔一四八〕『各音又古百』爲卷背注音。

〔一四九〕櫟，底二甲、刊本作『轢』。《釋文》：『櫟，本又作轢，同。』『歷』爲卷背注音。

〔一五〇〕『墳』爲卷背注音。

〔一五一〕『之選』下底二甲、刊本有『也』字。

〔一五二〕凡人也，底二甲脱『人』字，刊本無『也』字。

〔一五三〕大夫，刊本同，底二甲無。

〔一五四〕无，底二甲、刊本作『無』。《説文·亾部》：『无，奇字無也。』下凡此均不復出校。

〔一五五〕也，底二甲同，刊本無。

〔一五六〕以任出使也，底二甲、刊本『以』作『已』，無『也』字。『以』、『已』古通用。

〔一五七〕二人韓氏族也，底二甲『二人』作『二子』，刊本無『也』字。案此等情形，杜注常作『二子』，如《莊公十年》『秦子、梁子以公旗辟于下道』杜注：『二子，公御及戎右也，以誤齊師。』《僖公五年》『重耳奔蒲，夷吾奔屈』杜注：『二子時在朝，爲明年晉殺申生傳。』蓋作『二子』爲善。

〔一五八〕也，底二甲同，刊本無。

〔一五九〕強，底二甲同，刊本作『彊』。説見校記〔一三〕。

〔一六〇〕銅鞮伯華，刊本同，底二甲『銅』作『同』。案『同』爲音誤字，銅鞮爲晉之縣，《成公九年》：『秋，鄭伯如晉。

晉人討其貳於楚也，執諸銅鞮。』杜注：『銅鞮，晉別縣，在上黨。』應是伯華之封地。

〔六一〕也，底二甲、刊本無。

〔六二〕楊肸，刊本同，底二甲作『楊舌肸』。

〔六三〕趙成，刊本同，底二甲脱『成』字。

〔六四〕也，底二甲、刊本無。

〔六五〕食嗣我也，『嗣』爲卷背注音。底二甲無『也』字。

〔六六〕羊舌氏，刊本同，底二甲無『氏』字。

〔六七〕彊家也，底二甲『彊』作『強』，刊本無『也』字。説見校記〔一三〕。

〔六八〕也，底二甲、刊本無。

〔六九〕卌，底二甲同，刊本作『四十』。『卌』爲『四十』之合文。

〔七〇〕也，底二甲同，刊本無。

〔七一〕也，底二甲同，刊本無。

〔七二〕中行吴也，刊本『中』作『仲』，底二甲、刊本無『也』字。阮校：『宋本、淳熙本、岳本、《纂圖》本、監本、毛本「仲」作「中」，案：作「中」者是。』

〔七三〕婚姻之親也，底二甲、刊本『婚』作『婚』，無『也』字。案『婚』、『婚』異體。

〔七四〕不穀過，底二甲同，刊本作『不穀之過也』，陳鐵凡云：『此卷當是誤奪。』王叔岷云：『敦煌本脱「之」、「也」二字。』案作『不穀過』可通。

〔七五〕也，底二甲、刊本無。

〔七六〕也，底二甲、刊本無。

〔七七〕也，底二甲、刊本無。

〔一七八〕也，底二甲同，刊本無。

〔一七九〕也，底二甲同，刊本無。

〔一八〇〕也，刊本同，底二甲誤作『地』。

〔一八一〕也，底二甲、刊本無。

〔一八二〕也，底二甲同，刊本無。

〔一八三〕請歸之，刊本同，底二甲脱『歸』字。

〔一八四〕閒如，底二甲、刊本作『間而』。『閒』『間』古今字，『如』『而』義同。陳鐵凡云：『《經傳釋詞》曰：「如猶而也。」』注中『閒』字同。

〔一八五〕閒暇，底二甲同，刊本無『閒』字。陳鐵凡云：『景宋本、阮刻本不疊「閒」字。金澤本「閒」作「閑」。案竹添光鴻箋曰：「注『閑』字宋本無。」今案此當以「閒」爲正。』

〔一八六〕乃，底二甲同，刊本作『又』。陳鐵凡云：『阮刻本「又」當爲「乃」之譌。』

〔一八七〕也，底二甲同，刊本無。

〔一八八〕戊辰，刊本同，底二甲『戊』誤作『成』。

〔一八九〕陣，底二甲、刊本作『陳』。『陣』爲『陳』之俗字。

〔一九〇〕也，底二甲、刊本無。

〔一九一〕楊，底二甲、刊本作『揚』。阮校：『淳熙本「揚」作「楊」，石經作「陽」，與《襄四年傳》合。』《左氏會箋》云：『《定六年》亦作「繁揚」，《襄四年》作「繁陽」；《漢書·地理志》作「繁陽」，應劭曰：「在繁水之陽。」則作「陽」爲正，作「揚」者，古字通也。』

〔一九二〕也，底二甲同，刊本無。

〔一九三〕於瑮，底二甲、刊本作『于瑣』。『於』、『于』古通用；『瑮』爲『瑣』之俗字，考詳《敦煌俗字研究》下編二二四頁。注中『璅』字同。

〔一九四〕也，底二甲同，刊本無。

〔一九五〕蔿，底二甲同，刊本作『薳』。説見校記〔一一三〕。

〔一九六〕吴師也，刊本同，底二甲『也』前有『之』字，乃是爲雙行對齊而添。

〔一九七〕舒縣有鵲，底二甲『舒』作『書』，音誤字；『有鵲』二字爲底一乙文，底一乙起於此，『鵲』字底一乙存左上角，底一甲存右下角，正好綴合。

〔一九八〕『中戀』爲卷背注音。

〔一九九〕也，底二甲、刊本無。

〔二〇〇〕吴子使其弟蹶由槁師，『槁』字底二甲同，刊本作『犒』，段玉裁《周禮漢讀考》卷二：『「犒師」字古衹作「槁」耳，漢人作「犒」。』注及下『槁』字同。『吴子使』三字爲底一乙文。

〔二〇一〕也，底二甲同，刊本無。

〔二〇二〕楚人，底一甲止於此。

〔二〇三〕舋皷，底二甲『皷』作『鼓』，刊本作『釁鼓』。《廣韻·震韻》『釁』字下云：『舋，俗。』《干禄字書·上聲》：『皷、鼓，上俗下正。』《正字通·皮部》：『皷，俗鼓字。』下『舋』、『皷』皆同。

〔二〇四〕汝，底二甲同，刊本作『女』。『女』『汝』古今字。

〔二〇五〕敝，刊本同，底二甲作『弊』。『弊』當作『弊』，『敝』之俗字。

〔二〇六〕徐而爲之，刊本同，底二甲誤倒作『爲徐而之』。

〔二〇七〕兹，底二甲、刊本作『滋』。《説文·水部》：『滋，益也。』段注：『《艸部》「兹」下曰：「艸木多益也。」此字从水兹，爲水益也。凡經傳增益之義多用此字。亦有用兹者……祇是一義。』

〔二〇八〕解也，刊本同，底二甲『解』作『懈』，無『也』字。『解』『懈』古今字。

〔三〇九〕憑，底二甲、刊本作「馮」。《説文·馬部》：「馮，馬行疾也。」徐鉉注：「本音皮冰切，經典通用爲依馮之馮，今別作憑，非是。」「憑」當爲「馮」之後起增旁字。注中「憑」字同。

〔三一〇〕也，刊本同，底二甲無。

〔三一一〕敝，刊本同，底二甲作「弊」。「弊」當作「獘」，「敝」之俗字。

〔三一二〕也，底二甲同，刊本無。

〔三一三〕也，底二甲、刊本無。

〔三一四〕皷，底二甲同，刊本作「鼓」。《正字通·皮部》：「皷，俗鼓字。」

〔三一五〕敝，底一乙原誤作「敞」，茲據刊本改正；底二甲作「弊」，「獘」之誤字，「獘」爲「敝」之俗字。

〔三一六〕御，底二甲作「禦」，刊本作「御」。案「御」之俗寫有作「衘」者（《龍龕·彳部》），「御」當亦「御」之俗寫變體也；「御」「禦」古今字。

〔三一七〕孰大，底一乙「孰」原誤作「熟」，茲據底二甲、刊本改正；底二甲「大」誤作「一人」。

〔三一八〕也，底二甲同，刊本無。

〔三一九〕「其誰能」三字底一乙殘泐，茲据底二甲、刊本補。

〔三二〇〕其報在邲，底一乙止於此。

〔三二一〕城濮戰，自此以底二爲底本。

〔三二二〕效，底二甲原誤作「郊」，茲據刊本改正。

〔三二三〕不，刊本作「弗」。二字義同。

〔三二四〕帥繁陽之師，底二甲「帥」字原誤作「師」，茲據刊本改正；刊本「陽」作「揚」，案作「陽」者正字，見校記〔一九二〕。

〔三二五〕也，刊本無。

〔二二六〕 岻箕之山，刊本『岻』作『坁』。《玉篇·山部》以『岻』爲『嶇』之别體。楊伯峻《春秋左傳注》認爲『坻箕』即今安徽踟蹰山，則以『坻箕』爲聯緜詞也，今作『踟蹰』者，音轉所致。

〔二二七〕 歸，刊本作『歸』，『歸』爲『歸』之别體。下『歸』字同。

〔二二八〕 於，刊本作『于』，二字古通用。

〔二二九〕 薳啓強待命于雩婁，刊本『強』作『彊』，『雩』作『雩』。案『強』、『彊』之别見校記〔一三〕；『雩』爲『雩』之别體。下『雩』字同。

〔二三〇〕 也，刊本無。

〔二三一〕 于，刊本作『於』，二字古通用。

〔二三二〕 也，刊本無。

〔二三三〕 也，刊本無。

〔二三四〕 也，刊本無。

〔二三五〕 取，底二甲原脱，兹據刊本補。

〔二三六〕 癈，刊本作『廢』。『癈』爲『廢』之俗字。下『癈』字同。

〔二三七〕 也，刊本無。

〔二三八〕 也，刊本無。

〔二三九〕 吾，底二乙原作『吴』，王叔岷云：『敦煌本「吾」誤「吴」。下文「今吾子相鄭國」，「吾」亦誤「吴」。』兹據刊本改正。

〔二四〇〕 准度子産以爲己法也，刊本『准』作『準』，無『也』字。《玉篇·冫部》：『准，俗準字。』

〔二四一〕 『止』下刊本有『也』字。

〔二四二〕 豫，底二乙原誤作『務』，兹據刊本改正。下句『豫』字同。

〔二四三〕也，刊本無。

〔二四四〕閒，刊本作「閑」。「閒」爲「閑」之借字，然此處經文作「閑」，則注中之「閒」當從刊本作「閑」。

〔二四五〕糺，刊本作「糾」。《廣韻·黝韻》：「糾，俗作糺。」注中「糺」字同。

〔二四六〕也，刊本無。

〔二四七〕罸，刊本作「罰」。《五經文字·罒部》：「罰、罸，上《説文》，下《石經》，五經多用上字。」

〔二四八〕「懼」下刊本有「也」字。

〔二四九〕也，刊本無。

〔二五〇〕悦以使民也，刊本「悦」作「説」，無「也」字。「説」「悦」古今字。

〔二五一〕莅之以強，刊本「莅」作「涖」，「強」作「彊」。朱珔《説文假借義證》「𨽸」篆下云：「莅、涖皆或體，爲𨽸之假借。」「強」爲「彊」之借字。注中「莅」字同。

〔二五二〕㓻，刊本作「剛」。「㓻」爲「剛」之俗字。

〔二五三〕也，刊本無。

〔二五四〕也，刊本無。

〔二五五〕功僞，刊本作「巧僞」。案《釋文》出「其巧」條，《正義》標起止作「巧僞」，是彼所據本亦作「巧僞」。金澤文庫本亦作「巧僞」。

〔二五六〕不，刊本作「弗」。二字義同。

〔二五七〕治，底二乙原誤作「始」，兹據刊本改正；刊本下有「也」字。

〔二五八〕義士，刊本作「議事」。「義」爲「議」之借，「士」爲「事」之借。

〔二五九〕作，底二乙原脱，兹據刊本補。

〔二六〇〕也，刊本無。

〔二六一〕吾，底二乙原誤作「吳」，兹據刊本改正。

〔二六二〕卅，刊本作「三十」。「卅」爲「三十」之合文。

〔二六三〕也，刊本無。

〔二六四〕靜，刊本作「靖」。《左傳考校》云：「靖、靜並借爲竫，《説文》：『竫，亭安也。』安竫字當作竫。」案此「靜」字當作「靖」，注中仍作「靖」，可知也。

〔二六五〕也，刊本無。

〔二六六〕也，刊本無。

〔二六七〕刊本無「孚信也」三字。案金澤文庫本亦有此三字。

〔二六八〕弃，刊本作「棄」。「弃」爲《説文》所云古文「棄」字，唐代因爲避太宗之諱，多從古文寫作「弃」。下「弃」字同。

〔二六九〕也，刊本無。

〔二七〇〕豊，刊本作「豐」。《玉篇·豐部》：「豐，俗作豊。」

〔二七一〕肹，底二乙原作「昑」，刊本作「肹」，《玉篇·十部》以「肹」爲「肸」之後起字，案「肹」亦「肸」之後起字，「昑」應是「肹」之誤，兹據以改正。

〔二七二〕也，刊本無。

〔二七三〕刊本「報」下有「也」字。

〔二七四〕箴誡爲惠也，刊本「誡」作「戒」，無「也」字。「戒」「誡」古今字。

〔二七五〕也，刊本無。

〔二七六〕而，刊本作「如」。阮校：「《漢書·五行志》引作『火而象之』，古如、而字通用。」

〔二七七〕宿，底二乙原誤作「伯」，兹據刊本改正。

〔二七八〕邊，刊本作『籩』。《左傳考校》云：『敦煌本「籩」誤「邊」。』案敦煌本『籩』多寫作『邊』，『邊』應是同音借字。注中『邊』字同。

〔二七九〕也，刊本無。

〔二八〇〕『國』下刊本有『也』字。

〔二八一〕賜，底二乙原誤作『易』，兹據刊本改正。刊本下有『也』字。

〔二八二〕不，刊本作『弗』。二字義同。

〔二八三〕者也，刊本無。

〔二八四〕『驩』下刊本有『也』字。

〔二八五〕刊本無『心也』二字，阮校：『宋本、淳熙本、岳本、《纂圖》本、足利本「驩」下有「心」字。』陳樹華《春秋經傳集解考正》云：『監本、閩本、毛本脱「心」字。』案金澤文庫本亦有『心』字。

〔二八六〕好，底二乙原誤作『存』，兹據刊本改正。

〔二八七〕竉，刊本作『寵』。『竉』應是『寵』之俗字，古從宀從穴之字多混，《顔氏家訓·書證》有『寵變成竉』句。注中『竉』字同。

〔二八八〕也，刊本無。

〔二八九〕太，刊本作『大』。『大』『太』古今字。下『太』字同。

〔二九〇〕華合比曰，底二乙原倒作『華曰合比』，兹據刊本乙正。

〔二九一〕求媚於太子也，刊本無『於』、『也』二字。

〔二九二〕也，刊本無。

〔二九三〕『奔衛』前刊本有『合比』二字，是也，疑底二乙脱重文符號。

〔二九四〕也，刊本無。

〔二九五〕徵，底二乙原誤作『徵』，兹據刊本改正。

〔二九六〕汝，刊本作『女』。『女』『汝』古今字。下『汝』字同。

〔二九七〕惟，刊本作『維』。二字古通用。

〔二九八〕也，刊本無。

〔二九九〕也，刊本無。

〔三〇〇〕奔傳也，刊本作『出奔傳』。

〔三〇一〕韓宣子，刊本作『韓子』。

〔三〇二〕也，刊本無。

〔三〇三〕『罕虎』前刊本有『鄭』字，案金澤文庫本『鄭』下有重文符號，底二乙蓋脱重文符號也。

〔三〇四〕辤，刊本作『辭』。『辤』爲『辭』之借字。

〔三〇五〕也，刊本無。

〔三〇六〕也，刊本無。

〔三〇七〕見王見如，底二乙原倒作『見王見如』，兹據刊本乙正。

〔三〇八〕恭而有礼者也，刊本『恭』作『共』，無『者也』二字。案『共』『恭』古今字。

〔三〇九〕八匹，刊本作『六匹』。案下杜注云『降煞以兩』，則應以『六匹』爲是。

〔三一〇〕蒭牧采樵，刊本『蒭』作『芻』，『采』作『採』。《玉篇·艸部》：『芻，俗作蒭。』『采』『採』古今字。

〔三一一〕藝，刊本作『蓺』。《説文》『埶』篆下段注：『唐人樹埶字作「蓺」，六埶字作「藝」。説見《經典釋文》。然蓺、藝字皆不見於《説文》。周時六藝字，蓋亦作「埶」。』案『蓺』、『藝』皆爲『埶』之後起繁化字。注中『藝』字同。

〔三一二〕者，刊本無。此蓋爲雙行對齊而添。

〔三三〕 𠙴，刊本作「匄」。字書不見「𠙴」字，疑爲「丐」之形誤，「丐」爲「匄」後起別體。
〔三四〕 「犯命」下刊本有「者」字。
〔三五〕 黜，底二乙原誤作「點」，兹據刊本改正。
〔三六〕 者，刊本無。此蓋爲雙行對齊而添。
〔三七〕 「患」下刊本有「也」字。
〔三八〕 也，刊本無。
〔三九〕 韓子，刊本作「韓宣子」。
〔三〇〕 不，刊本作「弗」。二字義同。
〔三一〕 境，刊本作「竟」。「竟」「境」古今字。
〔三二〕 僻，刊本作「辟」。「辟」「僻」古今字。注及下句「僻」字同。
〔三三〕 僻邪衷正，刊本「邪」及「正」下均有「也」字。

春秋左氏經傳集解（一三）（昭公七年）

俄敦四五一二（底一）　俄敦一七一二（底二）

【題解】

底一編號爲俄敦四五一二，起《昭公七年》傳「楚子享公于新臺」，至「施將懼不能任其先人之禄」之「其」，共十四行，殘存下半截，計其行款，行約二十六字，殘存者十一字左右。傳文單行大字，集解雙行小字。《俄藏》在第十一册彩頁九中定名爲《左氏昭公七年傳》。

底二編號爲俄敦一七一二，起《昭公七年》傳「縱吾子爲政而可」之「爲」，至「秋八月，衛襄公卒」之「衛」，凡二十六行，前三行上截殘泐，後十二行下截殘泐，末行則僅存二字。《孟目》定名《春秋左傳杜氏集解》。

以上兩卷許建平已綴合爲一，説詳《〈俄藏敦煌文獻〉儒家經典類寫本的定名與綴合》（《姜亮夫、蔣禮鴻、郭在貽先生紀念文集》三一〇頁，上海教育出版社二〇〇三），兩者綴合後，共四十行。

寫卷「世」、「民」、「治」諸字均不諱，然字體惡劣，硬筆所書，應非唐前期寫本，《孟目》定爲九至十一世紀寫卷，蓋可信從。

李索《敦煌寫卷〈春秋經傳集解〉校證》（中國社會科學出版社二〇〇五）有録文及校記，然無可取者。

底一、底二均據《俄藏》録文，以中華書局影印阮元刻《十三經注疏·春秋左傳

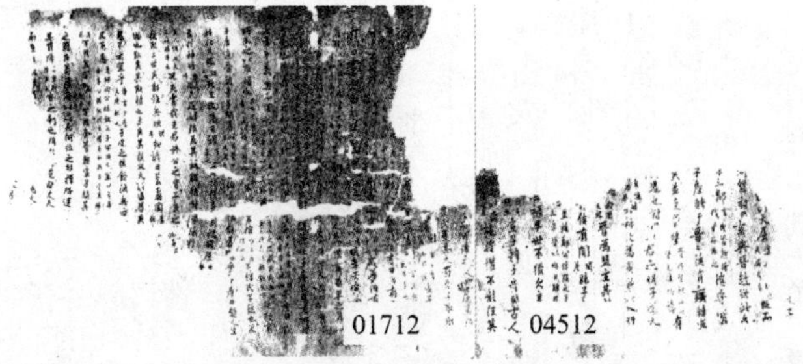

底一與底二綴合圖

正義》爲對校本（簡稱『刊本』），校録於後。

（前缺）

□楚子□▨（好）[一]以大屈。宴▨□▨（好之賜）也[二]。大屈，弓名。既而□『何[三]賀？』對曰：『齊與晉、越欲此久□▨（禦）[四]三鄰。言齊、晉、越將伐魯而取之。慎守寶□子産聘[五]于晉。晉侯有[六]疾，韓宣□矣[七]，並走羣望，晉所望祀山川，皆走往祈禱。有□▨（厲）[八]鬼也？』對曰：『以君之明，子爲大□東海[九]□西南[一〇]。其[一一]神化爲黄熊，以入[一二]羽□歷[一三]殷、周□見祀[一四]。晉爲盟[一五]主，其或者□▨（晉）[一六]侯有閒[一七]，閒，差[一八]。賜子産莒□▨（子）[一九]，豐施，鄭公孫段之子也[二〇]。三年，晉以州田賜段也[二一]。曰：『日□▨（無）[二二]禄早世，不獲久享君德。□正月[二三]，□□（公孫）段卒。宣子辭[二四]。子産曰：『古人□擔[二五]也，以微□（薄）喻貴重。施將懼不能任其[二六]□▨（爲）[二七]政而可，後之人若屬有彊[二八]□豐[二九]氏受其大討[三〇]。吾子取州，□請。』[三一]傳言子産貞而不諒。宣子受之，以告▨（晉）□[三二]宣子爲初言，病有之，初言，謂與趙文子爭州田。以易原縣於樂大心。▨□▨（樂大心）[三三]，宋大夫也[三四]。原，晉邑，以賜樂大心[三五]。

鄭人相驚以伯有，曰『伯有至矣』，則皆走，不知所往。襄卅[三六]年，鄭人煞[三七]伯有。言其鬼至。鑄刑書之歲[三八]，在前年也[三九]。或夢伯有介而行，介，甲[四〇]。曰：『壬子，余將煞帶也。駟帶助子皙▨（煞）伯有者[四一]。壬子，▨（六）年三月三日也[四二]。明年壬寅，余又將煞段[四三]。』公孫段，豐氏黨也[四四]。壬寅，此年正月廿八日也[四五]。及壬子，駟帶卒。國人益懼。齊、燕平之月，此年正月也[四六]。壬寅，公孫段卒，國人愈懼。其明月，子産立公孫泄[四七]及良止以撫之，乃止。公孫泄，子孔之子也。襄十九年，鄭煞子孔。良止，伯有子也，立

以爲大夫，使有宗廟〔四八〕。子太〔四九〕叔問其故。子產曰：『鬼有所歸〔五〇〕，乃不爲厲，吾爲之歸也。』太叔
曰：『公孫泄何爲？』子孔不爲厲，問何爲復立泄也〔五一〕。子產曰：『說也，爲身無義而圖說。伯有無義，以妖
鬼故立之。恐惑民，并立泄，使若自以大義存誅絕之後者，以解說民心。從政有所反之，以取媚也。民不可使知之，故治
政惑當反道以媚於民也〔五二〕。不媚不信，說而後信之也〔五三〕。不信，民不從也。』及子產適晉，趙景子問焉，
景子，晉中軍佐趙成。▨（曰）〔五四〕：『伯有猶能爲鬼乎？』▨（子）〔五五〕產曰：『能。人生始化曰魄，魄，形
也。既生魄，陽曰魂。陽，神氣也。用物精多，則魂魄強。物，□（權）勢□〔五六〕。至於神明。爽，明〔五七〕。
疋夫疋婦〔五八〕強死，其魂魄猶能馮依於▨（人）□〔五九〕死〔六〇〕人，謂疋夫疋婦賤身也〔六一〕。況〔六二〕良
霄，我先君穆公之胄，子良之孫，子▨（耳）□〔六三〕從政三世矣。鄭雖無腆，腆，厚〔六四〕。抑諺曰
「蕞爾國」，蕞，小貌。▨（而）□〔六五〕物也弘矣，其取精也多矣。其族又大，所馮厚矣。
□〔六六〕鬼，不亦宜乎？』傳言子產之博敏也〔六七〕。
子皮之族飲酒無▨（度），□〔六八〕皮［氏］〔六九〕有惡。馬師氏，公孫鉏之子罕朔也。襄卅年，馬
□〔七〇〕出奔，公孫鉏代之爲馬師，與子皮俱同一□〔七一〕月也〔七二〕。罕朔煞罕魋。魋，子皮弟。罕朔奔晉。韓
宣子問其□〔七三〕之羈臣，苟得容以逃死，何位之敢擇？卿違，□〔七四〕其罪降，罪重則降多
也〔七五〕。古之制也。朔於▨（弊）〔七六〕邑，亞大夫□〔七七〕而逃，▨▨▨（唯執政所）□〔七八〕
惠大□▨（秋）〔七九〕，八月，▨（衛）〔八〇〕□

（後缺）

【校記】

〔一〕好，底一存左邊『女』旁。『好』前底一殘泐，刊本作『享公于新臺章華臺也使長鬣者相鬣鬚也欲光夸魯侯』。以

下底卷中凡殘字、缺字補出者，均據刊本，不復一一注明。

〔二〕好之賜也，底一「好」存左邊「女」，「賜」存左邊「貝」。刊本無「也」字。

〔三〕「何」前底一殘泐，刊本作「悔之蘧啓彊聞之見公公語之拜賀公曰」。

〔四〕禦，底一存下部「示」。「禦」前底一殘泐，刊本作「矣寡君無適與也而傳諸君君其備」。

〔五〕「子產⿰身甹」前底一殘泐，刊本作「矣敢不賀乎公懼乃反之傳言楚靈不信所以不終鄭」。刊本「⿰身甹」作「聘」，案「⿰身甹」爲「聘」之俗字，俗書身旁、耳旁常混。下凡「⿰身甹」字皆同。

〔六〕有，刊本無。

〔七〕「矣」前底一殘泐，刊本作「子逆客私焉私語曰寡君寢疾於今三月」。

〔八〕厲，底一存下端殘畫。「厲」前底一殘泐，刊本作「加而無瘳今夢黄熊入于寢門其何」。

〔九〕「東海」前底一殘泐，刊本作「政其何厲之有昔堯殛鯀于羽山羽山在」。

〔一〇〕「西南」前底一殘泐，刊本作「祝其縣」。

〔一一〕其，底一因破裂而上下錯開。

〔一二〕「入」下刊本有「于」字。

〔一三〕「歷」前底一殘泐，刊本作「淵實爲夏郊三代祀之鯀禹父夏家郊祭之」。

〔一四〕「見祀」前底一殘泐，刊本作「二代又通在羣神之數并」。

〔一五〕盟，刊本作「盟」。「盟」、「盟」異體。下凡「盟」字同此。

〔一六〕晉，底一存下部「曰」。底一「晉」前殘泐，刊本作「未之祀也乎言周衰晉爲盟主得佐天子祀羣神韓子祀夏郊祀鯀」。

〔一七〕閒，刊本作「間」，「閒」「間」古今字。注中「閒」字同。

〔一八〕「差」下刊本有「也」字。

〔一九〕子，底一存下半。「子」前底一殘泐，刊本作「之二方鼎方鼎莒所貢子產爲豐施歸州田於韓宣」。

〔三〇〕也，刊本無。

〔三一〕也，刊本無。

〔三二〕無，底一存下半。『無』前底一殘泐，刊本作『君以夫公孫段爲能任其事而賜之州田今』。

〔三三〕『正月』前底一殘泐，刊本作『其子弗敢有不敢以聞於君私致諸子此年』。

〔三四〕辤，刊本作『辭』。『辤』爲正字，『辭』爲借字。

〔三五〕『擔』前底一殘泐，刊本作『有言曰其父析薪其子弗克負荷荷』。

〔三六〕其，底一止於此。

〔三七〕爲，底二存下半。底二起於此。『爲』前底二殘泐，刊本作『先人之禄其況能任大國之賜縱吾子』。

〔三八〕彊，刊本作『疆』。『彊』爲『疆』之俗字，説詳《敦煌俗字研究》下編四一六頁。

〔三九〕『豐』前底二殘泐，刊本作『埸之言敝邑獲戾恐後代宣子者將以鄭取晉邑罪鄭而』。

〔四〇〕討，底二原寫作『罸』，後塗去上部『罒』。

〔四一〕『請』前底二殘泐，刊本作『是免敝邑於戾而建置豐氏也敢以爲』。

〔四二〕晉，底二殘存上端一横。『晉』下底二殘泐，刊本作『侯晉侯以與宣子』。

〔四三〕樂大心，底二『樂』存左上角殘畫，『心』存左邊殘畫。

〔四四〕也，刊本無。

〔四五〕『樂大心』下刊本有『也』字。

〔四六〕卅，刊本作『三十』。『卅』为『三十』之合文。下凡『卅』字同此，不復出校。

〔四七〕煞，刊本作『殺』。《干禄字書·入聲》：『煞、殺，上俗下正。』下凡『煞』字同此，不復出校。

〔四八〕歲，刊本下有『二月』。案據後傳文『壬子』及其杜注，此『二月』不應無。寫卷蓋偶脱耳。

〔四九〕也，刊本無。

〔四〇〕『甲』下刊本有『也』字。

〔四一〕煞伯有者，底二『煞』字存下半，刊本無『者』字。

〔四二〕六年三月三日也，底二『六』存殘筆，刊本無『也』字。

〔四三〕『段』下刊本有『也』字。

〔四四〕也，刊本無。

〔四五〕廿八日也，刊本『廿』作『二十』，無『也』字。案『廿』爲『二十』之合文。

〔四六〕也，刊本無。

〔四七〕泄，刊本作『洩』。案刊本作『洩』者，承襲諱改字也。注中『洩』字同。

〔四八〕庿，底二原作『庿』，『庿』之訛字，『庿』爲『廟』之古字，兹據以改。刊本即作『廟』。

〔四九〕太，刊本作『大』，『大』『太』古今字。下『太』字同。

〔五〇〕帰，刊本作『歸』。據《説文》，『帰』爲籀文隸定字，『歸』爲小篆隸定字。下『帰』字同。

〔五一〕也，刊本無。

〔五二〕惑當反道以媚於民也，刊本『惑』作『或』，『媚』前有『求』，無『也』字。案：『惑』爲『或』之同音借字。

〔五三〕也，刊本無。

〔五四〕曰，底二存下部一横。

〔五五〕子，底二存右下角殘畫。

〔五六〕勢下底二殘泐，刊本作『是以有精爽』。

〔五七〕『明』下刊本有『也』字。

〔五八〕疋夫疋婦，刊本『疋』作『匹』。《廣韻·質韻》：『匹，俗作疋。』注中『疋』字同。

〔五九〕人，底二存上端殘畫，『人』下底二殘泐，刊本作『以爲淫厲強死不病也』。

〔六〇〕死，刊本無。
〔六一〕也，刊本無。
〔六二〕況，刊本作『况』。《玉篇・冫部》『况』：『俗況字。』
〔六三〕耳，底二存上半。『耳』下底二殘泐，刊本作『之子敝邑之卿』。
〔六四〕『厚』下刊本有『也』字。
〔六五〕而，底二存右邊殘畫，『而』下底二殘泐，刊本作『三世執其政柄其用』。
〔六六〕『矣』下底二殘泐，刊本作『良霄魂魄所馮者貴重而強死能爲』。
〔六七〕也，刊本無。
〔六八〕度，底二殘去下部『又』。『度』下底二殘泐，刊本作『相尚以奢相困以酒故馬師氏與子』。
〔六九〕氏，底二原脱，兹據刊本補。
〔七〇〕『馬』下底二殘泐，刊本作『師頡』。
〔七一〕『同一』下底二殘泐，刊本作『族齊師還自燕之月在此年二』。
〔七二〕也，刊本無。
〔七三〕『其』下底二殘泐，刊本作『位於子産問朔可使在何位子産曰君』。
〔七四〕『違』下底二殘泐，刊本作『從大夫之位謂以禮去者降位一等罪人以』。
〔七五〕也，刊本無。
〔七六〕弊，底二存右邊殘畫，刊本作『敝』。『弊』爲『敝』之俗字，見《玉篇・㡀部》。
〔七七〕『大夫』下底二殘泐，刊本作『也其官馬師也大夫位馬師職獲戾』。
〔七八〕唯執政所，底二均殘存右半。『所』下底二殘泐，刊本作『寘之得免其死爲』。
〔七九〕秋，底二存右下角殘畫。自『大』至『秋』間底二殘泐，刊本作『矣又敢求位宣子爲子産之敏也使從嬖大夫』。

爲子産故使降等不以罪降』。

〔八〇〕衛，底二殘存上端殘畫。

春秋左氏經傳集解（一四）（昭公九年）

方雨樓藏卷

【題解】

方雨樓藏卷，見載於陳邦懷《敦煌寫本叢殘跋語》（撰寫於一九四七年八月，发表於《史學集刊》一九八四年第三期；又收入《一得集》，齊魯書社一九八九），存《昭公九年》傳文，起『卒于戲陽』之『陽』，至『將司明也』集解『故主視也』，共九行，殘存下截，經傳單行大字，集解雙行小字。據陳邦懷所言，此卷爲方雨樓所藏。方雨樓，民國時天津文物商人。

陳邦懷據寫卷第一行『義陽』與《後漢書·光武紀》所引同，而與《經典釋文》、《唐石經》作『戲陽』不同，而認爲此卷是隋代寫本，因而定名爲《隋寫本左氏春秋殘卷》。僅據此例而定爲隋寫本，證據似不够充足。今依例擬其名爲《春秋左氏經傳集解（昭公九年）》。

陳邦懷在《敦煌寫本叢殘跋語》（簡稱『陳邦懷』）中有兩條校語。

陳本（因此據陳邦懷録文，已是排印本，寫卷原貌不可見，因而稱爲陳本，而不稱爲底卷）據《敦煌寫本叢殘跋語》録文，以中華書局影印阮元刻《十三經注疏·春秋左傳正義》爲對校本（簡稱『刊本』），校録於後。

（前缺）

□陽。魏郡內□□（黃縣）〔一〕北有義〔二〕陽城。□膳宰〔三〕屠蒯趨□許之也〔四〕。而遂酌□

司〔五〕聰也。樂所以聰耳也〔六〕。辰□紂〔七〕以甲子喪，桀以乙卯□國〔八〕君以爲忌日也〔九〕。□爲〔一〇〕

疾故也。君之卿佐，□何疾〔一一〕如之！言痛疾過於忌日也〔一二〕。□也。』〔一三〕不聞是義而作樂也〔一四〕。又飲外嬖□君目〔一五〕，將司明也。□（職）在外，故□（主）視也〔一六〕。

（後缺）

【校記】

〔一〕黄縣，陳本殘缺，兹據刊本補。以下陳本中凡缺字補出者，均據刊本，不復一一注明。

〔二〕義，刊本作『戲』。陳邦懷云：『據杜註知傳文陽上所闕爲義字，今本則作戲陽。……今此殘卷作義陽，與《後漢書·光武紀》同。唐開成石經已作戲陽，《經典釋文》亦作戲陽。然則此卷當爲隋代寫本矣。』

〔三〕『膳宰』前陳本殘缺，刊本作『殯于絳未葬晉侯飲酒樂』。

〔四〕許之也，陳本『許』前殘缺，刊本作『入請佐公使尊公之使人執尊酌酒請爲之佐許之公』。刊本無『也』字。

〔五〕『司』前陳本殘缺，刊本作『以飲工工樂師師曠也曰女爲君耳將』。

〔六〕也，刊本無。

〔七〕『紂』前陳本殘缺，刊本作『在子卯謂之疾日疾惡也』。

〔八〕『國』前陳本殘缺，刊本作『亡故』。

〔九〕也，刊本無。

〔一〇〕『爲』前陳本殘缺，刊本作『君徹宴樂學人舍業』。

〔一一〕『何疾』前陳本殘缺，刊本作『是謂股肱股肱或虧』。刊本『疾』作『痛』。陳邦懷云：『「何疾如之」，蓋承上文「謂之疾日」及「爲疾故也」而言。今本作「何痛如之」，似不如隋寫本之善。』

〔一二〕也，刊本無。

〔一三〕『也』前陳本殘缺，刊本作『女弗聞而樂是不聰』。

〔一四〕也，刊本無。

〔一五〕「君目」前陳本殘缺，刊本作「嬖叔外都大夫之嬖者曰女爲」。

〔一六〕也，刊本無。

春秋左氏經傳集解（一五）（昭公十三、十五、十六年）

伯三八〇六（底一）　斯五八五七（底二）　俄敦一四五六（底三）
伯二四八九（底四）　伯三六一一（底五）　伯二七六四（底六）
斯一九四三（底七）　斯二九八四（底八）

【題解】

底一編號爲伯三八〇六，起《昭公十三年》經『弑其君虔于乾谿』之『虔』，至『諸侯朝而歸者』之『朝』，共一百二十八行，前五行殘存下截。《索引》定名『春秋左氏傳集解（存昭公十三年）』，《索引新編》從之；《寶藏》定名《春秋左氏傳昭公十三年集解》。

底二編號爲斯五八五七，起《昭公十三年》傳『諸侯朝而歸者』之『而』，至『子産以帷幕九張行』集解『軍旅之帳』之『軍』，殘存一直角三角形形狀之殘片，共七殘行，存上截，首行僅存一字半。《翟目》定名《左傳》，《索引》定名《春秋左氏傳杜注》，《索引新編》從之。《寶藏》定名《春秋左氏傳昭公十三年杜注》，《英藏》據而定作《春秋左傳杜注（昭十三年）》。

底三編號爲俄敦一四五六，起《昭公十三年》傳『諸侯朝而歸者，皆有貳心』集解『賤其奢也』，至『每舍損焉』之『每』，共七殘行，存下截。《孟目》定名《左傳集解》，《俄藏》定名《春秋左傳（昭公十三年）》。此卷即爲底二殘缺之下截，兩者之四、五、六行正好上下連接。兩卷綴合後，起『諸侯朝而歸者』之『而』，至『每舍損焉』之『每』，共七整行。

底四編號爲伯二四八九，起《昭公十三年》傳『每舍損焉』之『舍』，至『示威於衆』集解『會也』之『會』，共二十四行，末行僅存注文『朝』之右半及『會』字。《伯目》定名《左傳》，《索引》定名《春秋左氏傳集解》，《索引新編》從之。

底五編號爲伯三六一一，起《昭公十三年》傳『講礼於等』，至『乃與之錦而入』之『之』，共三十七行，末行存上截。《索引》定名《春秋左氏傳集解》，《索引新編》從之。縮微膠卷及《寶藏》已將底四與底五綴合爲一，《寶藏》定名《春秋左氏傳昭公十三年集解》，《法藏》定名《春秋左氏傳集解》。

底六編號爲伯二七六四，起《昭公十五年》傳『又謂其上之人』集解『蔡人在上位者』，至『平丘之會故也』集解『季孫見執』之『執』，共二十四行，末二行中間殘缺。《伯目》定名《左傳》；《索引》定名《春秋左氏傳集解》，《索引新編》從之；《寶藏》定名《春秋左氏傳集解昭公十五年》，《法藏》從之。

底七編號爲斯一九四三，起《昭公十五年》傳『撫之以彝器』集解『弓鉞之屬』之『之屬』，至《昭公十六年》傳『既而復立其子焉，禮也』集解『立其子，礼也』，共二十二行，首行僅存注文二字。《翟目》定名《左傳》，《索引》定名《春秋左傳》，《索引新編》從之；《金目》定名《春秋左氏經傳集解（昭公十五、十六年）》，《寶藏》定名《春秋左傳（昭十六年）》，《英藏》定名《春秋左傳杜注（昭十五—十六）》。《金目》之定名最佳。

底八編號爲斯二九八四，起《昭公十六年》傳『爾無我叛，我無強賈』之『強賈』，至『皆昵燕好也』之『皆』，凡十九行。《翟目》定名《左傳》，《索引》定名《春秋左傳杜注》，《索引新編》從之；《金目》定名《春秋左氏經傳集解（昭公十六年）》，《寶藏》定名《春秋左傳杜注》，《英藏》定名《春秋左傳杜注（昭十六）》。《金目》之定名最佳。

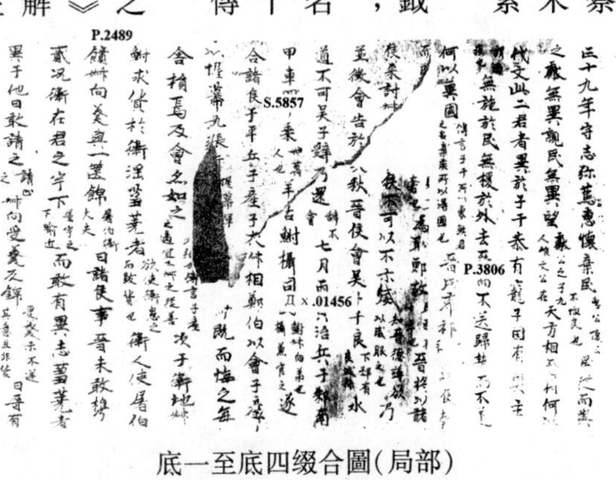

底一至底四綴合圖（局部）

陳鐵凡認爲底一、底三、底四、底五爲一卷之裂（說詳《敦煌本禮記、左、穀考略》，《孔孟學報》第二一期）；

姜亮夫據紙質、筆迹、版式，認爲底四與底六爲一卷之裂（《敦煌——偉大的文化寶藏》九五頁，上海古典文學出版社一九五六）；《翟目》認爲底八與底七字迹相同，陳鐵凡因而疑底七與底八亦爲一卷之折；許建平將底二與底三綴合爲一（説見《〈俄藏敦煌文獻〉儒家經典類寫本的定名與綴合》，《姜亮夫、蔣禮鴻、郭在貽先生紀念文集》三〇八頁，上海教育出版社二〇〇三）。今謂此八寫卷字迹、行款均相同，當是同一抄本之不同部分。綴合後，可分爲四段：底一＋底二＋底三＋底四＋底五爲一段，底六爲一段，底七爲一段，底八爲一段。共二百六十行，存昭公十三年、十五年、十六年内容，經傳單行大字，集解雙行小字，每行十八至二十二字不等，兹擬名爲《春秋左氏經傳集解（昭公十三、十五、十六年）》。

姜亮夫《海外敦煌卷子經眼録》（《敦煌學論文集》二八、三一頁，上海古籍出版社一九八七）定底四、底六爲初唐寫本，《孟目》定底三爲九至十世紀抄本。案此寫卷唯底六有一『民』字缺末筆，其餘『世』、『治』及『民』等字均不諱，且寫卷字體不佳，硬筆所書，疑《孟目》所言爲善，蓋唐後期之抄本也。

底卷每年之經、傳文均提行抄寫，而經、傳二字皆高出一格書寫，今録文中在經、傳二字下各空一格以别之。

李索《敦煌寫卷〈春秋經傳集解〉校證》（中國社會科學出版社二〇〇五）有録文及校記，然無可取者。

底一、底四、底五、底六據縮微膠卷録文，底二、底七、底八據《英藏》録文，底二、底三據《俄藏》録文，以中華書局影印阮元刻《十三經注疏·春秋左傳正義》爲對校本（簡稱『刊本』），校録於後。

（前缺）

▨（虔）[一]于乾谿。▨▨▨□□▨（比去晉而不送）[二]，書歸者，依陳、蔡□其君[三]。靈王無道而弑稱臣，□▨（死）[四]在五月也[五]，又不在乾谿，楚人□爲君[六]，而未列于[七]諸侯，故□殺[八]不稱人，罪棄疾也[九]。

□▨（侯）[一〇]、□□□（齊侯、宋）公、衛侯、鄭伯、曹伯、莒□▨（子）[一一]、薛伯、杞[一二]伯、小邾子于平丘。平丘在陳留長垣縣西南也[一三]。八月，甲戌，同盟于平丘。書同，齊服故也[一四]。公不與盟。魯不堪晉求，讒慝〔一五〕弘多，公不與盟，非國惡，故不諱也〔一六〕。晉人執季孫意如以歸。公至自會。無傳。

蔡侯廬歸于蔡。陳侯吳歸于陳。陳、蔡皆受封於〔一七〕楚，故稱爵。諸侯納之曰歸。

冬，十月，葬〔一八〕蔡靈公。蔡復，而後以君礼葬〔一九〕。

公如晉，至河〔二〇〕乃復。晉人辭公之也〔二一〕。

吳滅州來。州來，楚邑。用大師曰滅之〔二二〕。

傳　十三年，春，叔弓圍費，弗克，敗焉。爲費人所敗。不書，諱之。平子怒，令見費人，執之以爲囚俘。冶〔二三〕區夫曰：『非也。冶區夫，魯大夫也〔二四〕。若見費人，寒者衣之，飢者食之，爲之令主，而供〔二五〕其乏困，費來如歸，南氏亡矣。民將叛之，誰與居邑？若憚之以威，懼之以怒，民疾而叛，爲之聚也。若諸侯皆然，費人無歸，不親南氏，將焉入矣？』平子從之。費人叛南氏。費叛南氏在明年。傳善區夫之謀，終言其効也〔二六〕。

楚子之爲令尹也，殺〔二七〕大司馬薳掩而取其室。在襄卅〔二八〕年。及即位，奪薳居田。居，掩之族也〔二九〕。言薳氏所以怨。遷許而質許圍。遷許在九年。圍，許大夫也〔三〇〕。蔡洧有寵〔三一〕於王，王之滅蔡也，其父死焉，楚滅蔡在十一年。洧仕楚，其父在國，故死也〔三二〕。王使與於守而行。使洧守國，王行至乾谿也〔三三〕。申之會，越大夫戮焉。申會在四年。王奪鬬〔三四〕韋龜中犫，韋龜，令尹子文玄孫。中犫，邑名也〔三五〕。又奪成然邑而使爲郊尹。成然，韋龜子也〔三六〕。郊尹，治郊境大夫也〔三七〕。曼〔三八〕成然故事蔡公。蔡公，棄疾也。故猶舊也。韋龜以棄疾有當璧〔三九〕之命，故使成然事也〔四〇〕。故薳氏之族及薳居、許圍、蔡洧、曼成然，皆王所不礼也，因羣喪職〔四一〕之族，啓越大夫常壽過作亂，常壽過，申會所戮者也〔四二〕。圍固城，克息舟，城而居之。息舟，楚邑，城之堅固〔四三〕。

觀起之死也，其子從在蔡，事朝吳，觀起死在襄廿〔四四〕二年。朝吳，故蔡大夫聲子之子也〔四五〕。曰：『今不封蔡，蔡不封矣。我請試之。』觀從以父死怨楚，故欲試作亂之也〔四六〕。以蔡公之命召子干、子晳〔四七〕，二子皆靈王弟。元年，子干奔晉，子晳奔鄭也〔四八〕。及郊而告之情，告以蔡公不知謀也〔四九〕。強與之盟，入襲蔡。蔡公將食，見之而逃。不知其故，驚起避〔五〇〕之。觀從使子干食，坎，用牲，加書而速行。使子干居蔡公之牀〔五一〕，食蔡公之食，並僞與蔡公盟之徵驗以示衆也〔五二〕。己徇於蔡，己，觀從也。曰：『蔡公召二公〔五三〕子，將納之，與之盟而遣之矣，將師而從之。』詐言蔡公將以師助二子。蔡人聚，將執之。執觀從也〔五四〕。辤曰：『失賊成軍，而殺余何益？』乃釋之。賊謂子干、〔子〕〔五五〕晳也。言蔡公已成軍，殺己不解其〔五六〕罪。朝吴曰：『二三子若能死亡，則如違之，以待所濟。言若能爲靈王死亡，則可違蔡公之命，以待成敗所在之〔五七〕。若求安定，則如與之，以濟所欲。言與蔡公則可得安定也〔五八〕。且違上，何適而可。』言不可違上也。上，謂蔡公之也〔五九〕。衆曰：『與之。』乃奉蔡公，召二公〔六〇〕子而盟于鄧，潁川邵陵〔六一〕縣西南有鄧城。二子，子干、子晳〔六二〕。依陳、蔡人以國。國陳、蔡而依之。楚公子比、子干也〔六三〕。公子黑肱、子晳也〔六四〕。公子棄疾、蔡公也〔六五〕。蔓成然、蔡朝吴帥陳、蔡、不羹、許、葉之師，因四族之徒，四族，薳氏、許圍、蔡洧、蔓成然也〔六六〕。以入楚。及郊，陳、蔡欲爲名，故請爲武軍。欲築壘壁以示後人，爲復讎之名。蔡公知之，曰：『欲速。且役〔六七〕病矣，請藩而已。』乃藩爲軍。藩，離〔六八〕也。蔡公使須務謀〔六九〕與史猈先入，因正僕人殺太子〔七〇〕禄及公子罷敵。須務、史猈，楚大夫，蔡公之黨也。正僕，太子之近官之〔七一〕。公子比爲王，公子黑肱爲令尹，次于魚陂。竟陵縣城西北有甘魚陂。公子棄〔七二〕疾爲司馬，先除王宫。使觀從從師于乾谿，而遂告之。從乾谿之師，告使叛靈王。且曰：『先歸復所，後者劓。』劓，截鼻也〔七三〕。師及訾梁而潰。靈王還至訾梁而衆散之也〔七四〕。

王聞羣公子之死也，自投于車下，曰：『人之愛其子〔七五〕，亦如余乎？』侍者曰：『甚焉，小人老而無子，知擠于溝壑〔七六〕矣。』擠，墜〔七七〕也。王曰：『余殺人之〔七八〕子多矣，能無及此乎？』右尹子革曰：『請待于郊，以聽國人。』聽國人之所与〔七九〕。王曰：『衆怒不可犯也。』曰：『若入於大都而乞師於諸侯。』王曰：『皆叛矣。』曰：『若亡於諸侯，以聽大國之圖君也。』王曰：『大福不再，祇〔八〇〕取辱焉。』然丹乃歸于楚。然丹，子革。棄王歸也〔八一〕。王沿夏，將欲入鄢〔八二〕。夏，漢别名也〔八三〕。順流爲沿，順漢水南至鄢。芋尹無宇之子申亥曰：『吾父再奸王命，謂斷王旌，執人於章華宫也〔八四〕。王弗誅，惠孰大焉？君不可忍，惠不可棄，吾其從王。』乃求王，遇諸棘闈〔八五〕以歸。棘，里名。闈，門也。夏，五月，癸亥，縊于〔八六〕芋尹申亥氏。癸亥，五月廿六日，皆在乙卯、丙辰後。傳終言之，經書四月，誤也〔八七〕。申亥以其二女殉而葬之。

觀從謂子干〔八八〕：『不殺棄疾，雖得國，猶受禍也。』子干曰：『余弗〔八九〕忍也。』子玉曰：『人將忍子，子玉〔九〇〕，觀從。吾不忍俟也。』乃行。國每夜駭曰：『王入矣！』相恐以靈王也。乙卯，夜，棄疾使周走而呼曰：『王至矣！』周，徧也。乙卯，十八日也〔九一〕。國人大驚。使蔓成然走告子干、子晳曰：『王至矣！國人殺君司馬，將來矣！司馬，謂棄疾也。言司馬見殺，以恐子干也〔九二〕。君若早自圖也，可以無辱。衆怒〔九三〕如水火焉，不可爲謀。』又有呼而走至者曰：『衆至矣！』二子皆自殺。不書殺〔九四〕，君位未定也。丙辰，棄疾即位，名曰熊居。葬子干于訾，實訾敖。不成君，無號謚者，楚皆謂之敖。殺囚，衣之王服而流諸漢，乃取而葬之，以静〔九五〕國人。使子旗爲令尹。子旗，蔓成然也〔九六〕。

楚師還自徐，前年圍徐之師。吴人敗諸豫章，獲其五帥。定二年，楚人伐吴，師于豫章。吴人見舟于豫章，潛師〔九七〕于巢，以軍楚師於豫章。又栢〔九八〕舉之役，吴〔九九〕人舍舟于淮汭，而自豫章與楚夾漢，此皆當在江北淮南〔一〇〇〕，蓋後徙在江南豫章也〔一〇一〕。

平王封陳、蔡，復遷邑，復九年所遷邑也〔一〇二〕。致羣賂，始舉事時所貨賂也〔一〇三〕。施舍寬民，宥罪舉職。舉職〔一〇四〕，修廢官也〔一〇五〕。召觀從，王曰：『唯尒〔一〇六〕所欲。』觀從教子干殺棄疾，棄疾〔一〇七〕今召用之，明在軍爲君之義也〔一〇八〕。對曰：『臣之先，佐開卜。』乃使爲卜尹。佐卜人開龜兆。使枝如子躬聘〔一〇九〕于鄭，且致犨、櫟〔一一〇〕之田。犨、櫟〔一一一〕，本鄭邑也〔一一二〕，楚中取之。平王新立，故還以賂鄭也〔一一三〕。事畢，弗致。知鄭自悦〔一一四〕服，不復須賂故。鄭人請之〔一一五〕曰：『聞諸道路，將命寡君以犨、櫟，敢請命。』對曰：『臣未聞命。』既復，王▨▨（問犨）〔一一六〕、櫟。降服而對降服，如今解官〔一一七〕也。謝違命。曰：『臣過失命，未之致也。』王執其手曰：『子毋勤。姑歸，不穀有事，其告子也。』□（王）善其有權，有事將復使也〔一一八〕。

他年，芋尹申亥以王柩告，乃改葬之。

初，靈王卜曰：『余尚得天下。』尚，庶幾也〔一一九〕。不告，投龜詬天而呼曰：『是區區者而不余畀〔一二〇〕，區區，小天下也〔一二一〕。余必自取之。』民患王之無饜〔一二二〕也，故從亂如歸。

初，恭〔一二三〕王無冢嫡，冢，大之〔一二四〕也。有寵子五人，無適立焉。乃大有事于羣望，羣望，星辰山川之也〔一二五〕。而祈曰：『請神擇於五人者，使主社稷。』乃徧〔一二六〕以璧見於羣望曰：『當璧而拜者，神所立也，誰敢違之？』既乃與巴姬密埋璧於太室之庭，巴姬，恭王妾。太室，祖廟之〔一二七〕。使五人齊，而長入拜。從長幼以次拜。康王跨之。過其上也。靈王肘加焉。子干、子晳〔一二八〕皆遠之。平王弱，抱而入，再拜，皆壓紐〔一二九〕。微見璧紐以爲審識〔一三〇〕。鬬韋龜屬成然焉，知其將立，故託其子也〔一三一〕。且曰：『棄禮違命，楚其危哉。』棄立長之礼，違當璧之命，終致靈王之亂也〔一三二〕。

子干歸，韓宣子問於叔向曰：『子干其濟乎？』對曰：『難。』宣子曰：『同惡相求，如市賈焉，何難？』宣子謂棄疾親恃子干，共同好惡，故言如市賈同利以相求也〔一三三〕。對曰：『無與同好，誰與同惡？言棄疾本不與子干同好，則亦不得与同惡之也〔一三四〕。取國有五難：有寵而無人，一也；寵須賢人而固也〔一三五〕。□▨（有人）〔一三六〕而無主，二也；雖有賢人，當須內主爲應。有主而無謀，三也；謀，策謀也。有謀而無民，四也；民，衆之也〔一三七〕。有民而無德，五也。四者既備，當以德成。子干在晉十三年矣，晉、楚之從，不聞達者，可謂無人。晉、楚之士從子干遊〔一三八〕，皆非達人也〔一三九〕。族盡親叛，可謂無主。無親族在楚也〔一四〇〕。無釁〔一四一〕而動，可謂無謀。召子干時，楚未有大釁。爲羈〔一四二〕終世，可謂無民。終身羈客在晉，是無民也〔一四三〕。亡者〔一四四〕愛徵，可謂無德。楚人無愛念之也〔一四五〕。王虐而不忌，靈王暴虐，無所畏忌，將自亡也〔一四六〕。楚君子干涉五難以殺〔一四七〕舊君，誰能濟之？言楚借君子干以殺靈王〔一四八〕，終無能成之〔一四九〕。有楚國者，其棄疾乎？君陳、蔡，城外屬焉。城，方城也。時穿封戌〔一五〇〕既死，棄疾并領陳事。苛〔一五一〕慝不作，盜賊伏隱，私欲不違，不以私欲違民事。民無怨心。先神命之，先神，謂羣望也〔一五二〕。國民信之，芈〔一五三〕姓有亂，必立季實〔一五四〕，楚之常也。獲神，一也。當璧拜也〔一五五〕。有民，二也。民信之也〔一五六〕。令德，三也。無苛〔一五七〕慝。寵貴，四也。貴妃子也〔一五八〕。居常，五也。棄疾，季子〔一五九〕。有五利以去五難，誰能害之？子干之官，則右尹也。數其貴寵，則庶子也。以神所命，則又遠之。其貴亡矣，位不尊。其寵棄矣，父既没故也〔一六〇〕。民無懷焉，非令德也〔一六一〕。國無與焉，無内主也〔一六二〕。將何以立？』宣子曰：『齊桓、晉文，不亦是乎？』皆庶賤也〔一六三〕。對曰：『齊桓，衛姬之子也，有寵於僖。衛姬，齊僖公妾。有鮑叔牙、賓須無、隰朋以爲輔佐，有莒、衛以爲外主，齊桓出奔莒、衛，有舅氏之助也〔一六四〕。有國、高以爲内主。國氏、高氏，齊上卿也〔一六五〕。從善如流，言其疾也。下善齊肅，齊，嚴〔一六六〕。肅，敬者〔一六七〕也。不藏賄，清也。不從欲，儉也。施舍不倦，施舍猶言布恩惠〔一六八〕。求善不厭，以是〔一六九〕有國，不亦宜乎？先君〔一七〇〕文公，狐季姬之子也，有寵於獻。好學而不貳，言篤志也〔一七一〕。生十七年，有士五人。狐偃、趙衰、顛頡、魏武子、司空季子，五士從出也〔一七二〕。有先大夫子餘、子犯以爲腹心，子餘，趙衰也〔一七三〕。子犯，狐偃也〔一七四〕。有魏犨、賈佗〔一七五〕以爲股肱，魏犨，魏武子也。稱五人而説四士，賈佗又不在本數，蓋叔向所賢之者也〔一七六〕。有齊、宋、秦、楚以爲外主，齊妻以女，宋贈以馬，楚王饗〔一七七〕之，秦伯納之也〔一七八〕。有欒、郤〔一七九〕、狐、先以爲内主。謂欒枝、郤縠、狐突、先軫也。亡十九年，守志弥〔一八〇〕篤。惠懷棄民，惠公、懷公不恤民也。民從而與之。獻無異親，民無異望，獻公之子九人，唯文公在。天方相晉，將何以代文？此二君者，異於子干。恭有寵子，國有奥主。謂棄疾也。無施於民，無援於外，去晉而不送，歸楚而不逆，何以冀國？』傳言子干所以蒙煞〔一八一〕君之名，棄疾所以得國也〔一八二〕。

晉成虒祁，在八年。諸侯朝〔一八三〕而▨（歸）〔一八四〕□賤〔一八五〕其奢也。爲取鄆故，取鄆在十年也〔一八六〕。晉將以諸侯來討。叔□〔一八七〕侯不可以不示威。』知晉德薄，欲以威服之也〔一八八〕。乃並徵會，告於〔一八九〕▨（吴）〔一九〇〕。秋，晉侯會吴子于良。下邳有良城縣。水道不可，吴子辝〔一九一〕，乃〔一九二〕還。辭〔一九三〕不會。

七月，丙寅，治兵于邾南，甲車四千乘，卅萬人也〔一九四〕。羊〔一九五〕舌鮒攝司馬，鮒，叔向弟也。攝，兼官之〔一九六〕。遂合諸侯于平丘。子産、子〔一九七〕太〔一九八〕叔相鄭伯以會。子産以幄幕九張▨（行）〔一九九〕。幄幕，軍□□□（旅之帳）〔二〇〇〕。□▨（卅）〔二〇一〕，既而悔之，每〔二〇二〕舍損焉。及會，亦如之。▨▨▨（亦九張）〔二〇三〕也。傳言子産之適宜，太叔之從善。次于衛地，叔鮒求貨於衛，淫蒭〔二〇四〕蕘者。欲使衛患之而致貨也〔二〇五〕。衛人使屠伯饋叔向羹，與一篋錦，屠伯，衛大夫。曰：『諸侯事晉，未敢携〔二〇六〕貳，况〔二〇七〕衛在君之宇下，屋宇之下。喻近〔二〇八〕。而敢有異志？蒭蕘者異于〔二〇九〕他日，敢請之。』請止之。叔向受羹反錦，受羹示不逆其意，且非貨。曰：『晉有羊舌鮒者，瀆貨無厭，瀆，數也。亦將及矣，將及禍。爲此役也。役，事〔二一〇〕。子若以君命賜之，其已。』客從之。未退而命〔二一一〕禁之。禁蒭蕘也〔二一二〕。

晉人將尋盟，齊人不可。有貳心故。晉侯使叔向告劉〔二一三〕獻公獻公，王卿士劉子也〔二一四〕。曰：『抑齊人不盟，若之何？』對曰：『盟以底〔二一五〕信。底，致也。君苟有信，諸侯不二〔二一六〕，何患焉？告之以文辭，董之以武師，雖齊不許，君庸多矣。董，督也。庸，功也。討之有辭，故功多〔二一七〕。天子之老，請帥王賦，元戎十乘，以先啓行。天子大夫稱老。元戎，戎車在前者。啓，開〔二一八〕。行，道也。遲〔二一九〕速唯君。』欲佐晉討齊。叔向告于齊曰：『諸侯求盟，以〔二二〇〕在此矣。今君不〔二二一〕利，寡君以爲請。』對曰：『諸侯討貳，則有尋盟。若皆用命，何盟之尋？』託用命以距〔二二二〕晉。叔向曰：『國家之敗，有事而無業，事則不經。業，貢賦之業也〔二二三〕。有業而無礼，經則不序。須礼而有次序。有礼而無威，序則不恭。礼須威嚴而後恭。有威而不昭，恭則不明。威須昭告神明，而後信義著。不明棄恭，百事不終，所由傾覆〔二二四〕。信義不明則棄威，不威則〔二二五〕棄礼。無礼則無經，無經則無業，故百事不成。是故明王之制，使諸侯歲聘以志業，志，識〔二二六〕也。歲聘以脩其職業。間〔二二七〕朝以講礼，三年而一朝，正班爵之義，率長幼之序也〔二二八〕。再朝而會以示威，六年而一會，以訓上下之則，制財用之節也〔二二九〕。再會而盟以顯昭明。十二年而一盟，所以明〔二三〇〕義也。凡八聘四朝再會，王壹〔二三一〕巡守，盟於方嶽之下也〔二三二〕。志業於好，聘也。講〔二三三〕礼於等，朝〔二三四〕也。示威於衆，會〔二三五〕也。昭明於神，盟也。自古以來，未之或失也。存亡之道，恒由是興。晉礼主盟，依先王、先公舊礼，主諸侯盟也〔二三六〕。懼有不治，奉承齊犧，齊盟[之]〔二三七〕犧牲。而布諸君，求終事也。終，竟〔二三八〕。君曰〔二三九〕：「余必癈〔二四〇〕之，何齊之有？」唯君圖之，寡君聞命矣！』齊人懼，對曰：『小國言之，大國制之，敢不聽從？既聞命矣，敬恭以往，遲速唯君。』叔向曰：『諸侯有間〔二四一〕矣，間，隙〔二四二〕也。不可以不示衆。』

八月，辛未，治兵，習戰。建而不旆〔二四三〕。建立斿〔二四四〕旗，不曳其旆。旆，旒〔二四五〕。壬申，復旆之〔二四六〕。軍將戰則旆，故曳旆以恐之。諸侯畏之。邾[人]〔二四七〕、莒人愬于晉曰：『魯朝夕伐我，幾亡矣。自昭公即位，邾、魯同好，又不朝夕伐莒，無故怨訴〔二四八〕，晉人信之，所謂讒慝〔二四九〕弘多。我之不共〔二五〇〕，魯故之以。』不供晉貢，以魯故也。晉侯不見公，使叔向來辭曰：『諸侯將以甲戌盟，寡君知不得事君矣，請君無勤。』託謙辭以絶魯。子服惠伯對曰：『君信蠻夷之訴〔二五一〕，蠻夷，謂邾、莒也〔二五二〕。以絶兄弟之國，棄周公之後，亦唯〔二五三〕君。寡君聞命矣。』叔向曰：『寡君有甲車四千乘在，雖以無道行之，必可畏也。況其率道，其何敵之有？牛雖瘠，僨〔於〕豚〔二五四〕上，其畏不死？僨，仆〔二五五〕。南蒯、子仲之憂，其庸可棄乎？棄猶忘也。若奉晉之衆，用諸侯之師，因邾、莒、杞〔二五六〕、鄫之怒，四國近魯，數以小事相忿也〔二五七〕。鄫已滅，其民猶存，故并以恐魯也〔二五八〕。以討魯罪，閒〔二五九〕其二憂，因南蒯、子仲二憂爲閒隙也〔二六〇〕。何求而不〔二六一〕克？』魯人懼，聽命。不敢與盟。

甲戌，同盟于平丘，齊服也。經所以稱同。令諸侯日中造于除。除〔二六二〕地爲壇，盟會處也〔二六三〕。癸酉，退朝。先盟朝晉。子産命外僕速張於除，張幄幕。子太叔止之，使待明日。及夕，子産聞其未張也，使速往，乃無所張矣〔二六四〕。地已滿也。傳言子産每事敏於太叔也〔二六五〕。及盟，子産爭承，承，貢賦之次也〔二六六〕。曰：『昔天子班貢，輕重以列，列位也。列尊貢重，周之制〔二六七〕。公侯地廣，故所貢者多。卑而貢重者，甸服也。甸服，謂天子畿内供職貢〔二六八〕。鄭伯，男也，而使從公侯之貢，言鄭國在甸〔服〕〔二六九〕外，爵列伯子男，不應出公侯之貢也〔二七〇〕。懼弗給也。敢以爲請。諸侯靖兵，好以爲事。靖，息〔二七一〕。行李〔二七二〕之命，行李，使人，通聘問〔者〕〔二七三〕。無月不至。貢之無藝，藝，法制也〔二七四〕。小國有闕，所以得罪也。諸侯脩盟，存小國也。貢獻無極，亡可待也。在亡〔二七五〕之制，將在今矣。』自日中以爭，至于昏，晉人許之。既盟，子太叔咎之曰：『諸侯若討，其可瀆乎？』瀆，易〔二七六〕。子産曰：『晉政多門，政不出一家也〔二七七〕。貳偷之不暇〔二七八〕，何暇討？貳，不一〔二七九〕。偷，苟且也〔二八〇〕。國不競亦陵，何國之爲？』不競爭，則爲人所侵陵，不成爲國也〔二八一〕。公不與盟。信邾、莒之訴〔二八二〕，欲討魯故也〔二八三〕。晉人執季孫意如，以幕蒙之，蒙，裹〔二八四〕。使狄人守之。司鐸射魯大夫也〔二八五〕。懷錦，奉壺飲冰〔二八六〕，以匍伏〔二八七〕焉。守者

▨〔二八八〕之，▨▨▨（乃與之）〔二八九〕□

（中間殘缺）

蔡人在上位也〔二九〇〕。曰：『王唯信吴，故處諸蔡，二三子莫之如也。而在其上，不亦難乎？弗圖，必及於難。』夏，蔡人逐朝吴。朝吴出奔鄭。王怒曰：『余唯信吴，故寘諸蔡。且微吴，吾不及此。汝〔二九一〕何故去之？』無極對曰：『臣豈不欲吴？非不欲善吴。然而前知其爲人之異也。言其多權謀也〔二九二〕。吴在蔡，蔡必速飛。去吴，所以翦其翼〔二九三〕。』以鳥喻也。言吴在蔡，必能使蔡速強而背楚也〔二九四〕。

六月，乙丑，王太子壽卒。周景王子。

秋，八月，戊寅，王穆后崩。太子壽之母〔二九五〕。傳爲晉荀躒如［周］葬穆后起之〔二九六〕。

晉荀吴帥師伐鮮虞，圍鼓〔二九七〕。鼓，白狄之別也〔二九八〕。鉅鹿下曲陽縣有鼓聚也〔二九九〕。鼓人或請以城叛，穆子弗許。左右曰：『師徒不勤，而可以獲城，何故不爲？』穆子曰：『吾聞諸叔向曰：「好惡不愆，民知所適，事無不濟。」［愆］，過〔三〇〇〕。適，歸〔三〇一〕。或以吾城叛，吾所甚惡〔三〇二〕。人以城來，吾獨何好焉？賞所甚惡，若所好何也〔三〇三〕？無以復加所好。若其弗賞，是失信也，何以庇民？力能則進，否則退，量力而行。吾不可以欲城而迩〔三〇四〕姦，所喪滋多。』使鼓人殺叛人，而繕守備。圍鼓三月，鼓人或請降，使其民見，曰：『猶有食色，姑脩而城。』軍吏曰：『獲城而弗取，勤民而頓兵，何以事君？』穆子曰：『吾以事君也。獲一邑而教民〔三〇五〕怠，將焉用邑？邑以賈怠，不如完舊。完猶保守。賈怠無卒，卒，終〔三〇六〕。棄舊不祥。鼓人能事其君，我亦能事吾君。率義不爽，爽，差〔三〇七〕。好惡不愆〔三〇八〕，城可獲而民知義所，知義所在也。荀吴必其能獲，故因以示義。有死命而無二心，不亦可乎？』鼓人告食竭力盡，而後取之。克鼓而反，不戮一▨▨（人以）〔三〇九〕□▨（歸）〔三一〇〕。載鞮，鼓君名也〔三一一〕。

▨（冬）〔三一二〕，公▨（如）〔三一三〕晉，平丘之會□〔三一四〕孫見執〔三一五〕，□

（中間殘缺）

□之屬。□〔三一六〕所謂福也。福祚之不登叔父，▨▨（焉在）？□〔三一七〕父，當在誰▨（邪）〔三一八〕？ □□□（且昔而）高祖孫伯黶，司晉之典藉〔三一九〕，以爲大政，故曰藉氏。孫伯黶，晉正卿，藉談九世祖也〔三二〇〕。 及辛有之二子董之晉，於是乎有董史。辛有，周人也。其二子適晉爲大史，藉黶與之共董督典藉〔三二一〕，因爲董氏，董狐其後也〔三二二〕。 汝〔三二三〕，司典之後也，何故忘之？』藉談不能對。賓出，王曰：『藉父其無後乎？ 數典而忘其祖。』忘其祖業之也〔三二四〕。 藉談歸，以告叔向。叔向曰：『王其不終乎？ 吾聞之，所樂必卒焉。今王樂憂，若卒以憂，不可謂終。王一歲而有三年之喪二焉，天子絶朞〔三二五〕，唯服三年。故后雖朞，通謂之三年之喪也〔三二六〕。 於是乎以喪賓宴，又求彝器，樂憂甚矣，且非礼也。彝器之來，嘉功之由，非由喪也。三年之喪，雖貴遂服，礼也。天子諸侯除喪當在〔三二七〕卒哭，今王既葬而除，故譏其不遂。 王雖弗遂，宴樂以早，亦非禮也。言今雖不能遂服，猶當靜嘿，而便燕〔三二八〕樂，又失礼也。 禮，王之大經也。 一動而失二礼，無大經矣。失二礼，謂既不遂服，又設宴樂也〔三二九〕。 言以考典，考，成之〔三三〇〕也。 典以志經，忘經而多言舉典，將焉用之？』爲廿［二］年王室亂傳也〔三三一〕。

經　十有六年，春，齊侯伐［徐］〔三三二〕。

楚子誘戎蠻子，殺之。

夏，公至自晉。

秋，八月，己亥，晉侯夷卒。未同盟也〔三三三〕。

九月，大雩。

季孫意如如晉。

冬，十月，葬晉昭公。三月而葬，速也〔三三四〕。

傳　十六年，春，王正月，公在晉，晉人止公。不書，諱之也。猶以取鄆故也。公爲晉人所執止，故諱不書之也〔三三五〕。

齊侯伐徐。楚子聞蠻氏之亂也，與蠻子之無質也，質，信〔三三六〕。使然丹誘戎蠻子嘉，殺之，遂取蠻氏。既而復立其子焉，礼也。詐之，非也；立其子，礼也〔三三七〕。□

（中間殘缺）

強賈〔三三八〕，無強市其物也〔三三九〕。毋或丐〔三四〇〕奪。爾有利市寶賄，我勿與知。」恃此質誓，故能相保，以至于今。今吾子以好來辱，而謂敝〔三四一〕邑強奪商人，是教敝邑背盟誓也，毋乃不可乎？吾子得玉而失諸侯，必不爲也。若大國命〔三四二〕，而共無藝，藝，法〔三四三〕。鄭，鄙邑也，亦不〔三四四〕爲也。不欲爲鄙邑之事也〔三四五〕。僑若獻玉，不知所成，敢私布之。』布，陳〔三四六〕。韓子辭玉，曰：『起不敏，敢求玉以儆〔三四七〕二罪，敢辭之。』傳言子產知礼，宣子能改過也〔三四八〕。

夏，四月，鄭六卿餞宣子於郊。餞，送行飲酒也〔三四九〕。宣子曰：『二三君子請賦〔三五〇〕，起亦以知鄭志。』詩言志者〔三五一〕。子齹賦《野有蔓草》。子齹，子皮之子嬰齊也。《野有蔓草》，《詩·鄭風》也〔三五二〕。取其『邂逅相遇，釋〔三五三〕我願兮』。宣子曰：『孺子善哉，吾有望矣。』君子相願，己所望也。子產賦《鄭》之《羔裘》。言鄭，別於《唐·羔裘》也。取［其］〔三五四〕『彼己之子，舍命不渝』，『邦〔三五五〕之彥兮』，以美韓子。宣子曰：『起不堪也。』不堪國之司直。子太叔賦《褰〔三五六〕裳》。《褰裳》詩曰：『子惠思〔三五七〕我，褰裳涉溱。子不我思，豈無他人。』言宣子思己，將有《褰裳》之志；如不我思，亦豈無他人之也〔三五八〕。宣子曰：『起在此，敢勤子至於他人乎？』言己今崇〔三五九〕好在此，不復勤〔三六〇〕子適他人。子太叔拜。謝宣子之有鄭也〔三六一〕。宣子曰：『善哉，子之言是。是，《褰裳》也〔三六二〕。不有是事，其能終乎？』韓起不欲令鄭求他人。子太叔拜以荅〔三六三〕之，所以晉、鄭終善之〔三六四〕。子游賦

《風雨》，子旂〔三六五〕，駟帶之子駟偃也。《風雨》詩取其『既見君子，云胡不夷』也〔三六六〕。子旗賦《有女同車》，子旗，公孫段之子豐施也。《有女同車》，取其『詢〔三六七〕美且都』，愛樂宣子之志也〔三六八〕。子柳賦《蘀兮》〔三六九〕。子柳，印段之子印癸也。《蘀兮》詩取其『唱予〔三七〇〕和女』，言韓子〔三七一〕唱，己將和從之。宣子憙〔三七二〕曰：『鄭其庶乎！庶幾於興盛也〔三七三〕。二三君子以君命▨（貺）〔三七四〕起，賦不出鄭志，六賦〔三七五〕詩皆《鄭風》，故曰不出鄭志。皆

（後缺）

【校記】

〔一〕虔，底一殘存下部殘畫，兹據刊本擬補。以下底卷中凡殘字、缺字補出者，均據刊本，不復一一注明。

〔二〕比去晉而不送，底一『比去晉』三字殘存左半，『送』存左下角殘畫。

〔三〕『其君』前底一殘泐，刊本作『以入言陳蔡猶列國也比歸而靈王死故書弒』。

〔四〕死，底一殘存右下角。『死』前底一殘泐，刊本作『比非首謀而反書弒比雖脅立猶以罪加也靈王』。

〔五〕也，刊本無。

〔六〕『爲君』前底一殘泐，刊本作『生失靈王故本其始禍以赴之楚公子棄疾殺公子比比雖』。

〔七〕于，刊本作『於』，二字古通用。

〔八〕『殺』前底一殘泐，刊本作『不稱爵』。

〔九〕也，刊本無。

〔一〇〕侯，底一殘脱右下角。『侯』前底一殘泐，刊本作『秋公會劉子晉』。

〔一一〕子，底一存左邊殘畫。『子』前底一殘泐，刊本作『子邾子滕』。

〔一二〕杞，底一原誤作『杷』，兹據刊本改正。

〔一三〕也，刊本無。

〔一四〕也,刊本無。

〔一五〕匿,刊本作『慝』。『匿』『慝』古今字,説見《經義述聞》卷二十『野處而不暱』條。

〔一六〕也,刊本無。

〔一七〕於,刊本作『于』,二字古通用。

〔一八〕塟,刊本作『葬』。『塟』爲『葬』之别體,後皆同,不復出校。

〔一九〕君礼塟,刊本『礼』作『禮』,末有『之』字。案『礼』爲古文『禮』字,敦煌寫本多用此字,後世刊本則多用『禮』字。下凡此均不復出。

〔二〇〕河,底一原作『何』,形誤字,兹據刊本改正。

〔二一〕辝公之也,刊本『辝』作『辭』,無『之也』二字。《干禄字書·平聲》:『辝、辤、辭,上中並辝讓;下辭説,今作辝,俗。』是在唐時,『辝』已成爲『辭』之俗字。下凡『辝』皆同此,不復出校。『之也』二字當爲雙行對齊而添。

〔二二〕用大師曰滅之,刊本作『用大師焉曰滅』。案孔穎達《春秋左傳正義》(以下簡稱『正義』)標起止作『曰滅』,並云:『「用大師焉曰滅」,襄十三年傳例。』《襄十三年》傳云:『凡書取,言易也。用大師焉曰滅。弗地曰入。』是當以刊本爲長。

〔二三〕治,底一原誤作『治』,兹據刊本改正。

〔二四〕冶區夫魯大夫也,刊本無『冶』、『也』二字。

〔二五〕供,刊本作『共』,『共』『供』古今字。

〔二六〕効也,刊本『効』作『效』,無『也』字。『効』爲『效』之俗字,見《廣韻·效韻》。

〔二七〕煞,刊本作『殺』。《干禄字書·入聲》:『煞、殺,上俗下正。』下凡『煞』字同此,不復出校。

〔二八〕卅,刊本作『三十』。案『三十』爲『卅』之合文。下凡『卅』皆同此,不復出校。

〔二九〕也，刊本無。

〔三〇〕也，刊本無。

〔三一〕寵，刊本作『寵』。『寵』應是『寵』之俗字，古從宀從穴之字多混，《顔氏家訓·書證》有『寵變成寵』句。下凡『寵』皆同。

〔三二〕也，刊本無。

〔三三〕也，刊本無。

〔三四〕鬪，刊本作『鬭』。『鬪』爲『鬭』之俗字。下『鬪』字同此，不復出校。

〔三五〕也，刊本無。

〔三六〕也，刊本無。

〔三七〕治郊境大夫也，底一『郊』原作『交』，當是音誤字，兹據刊本改正。刊本『境』作『竟』，無『也』字。『竟』『境』古今字。

〔三八〕曼，刊本作『蔓』。案《史記·楚世家》云：『又使曼成然告初王比及令尹子皙。』正與寫卷同。下『曼成然』之『曼』同此。下『蔓成然、蔡朝吴帥陳、蔡、不羹、許、葉之師』句仍作『蔓』，蓋以作『蔓』爲是也。

〔三九〕璧，底一原作『壁』。案《昭元年》傳：『子羽曰：「當璧猶在，假而不反，子其無憂乎？」』杜注：『當璧，謂棄疾。事在昭十三年。言棄疾有當璧之命，圍雖取國，猶將有難，不無憂也。』《昭十三年》傳云：『共王無冢適，有寵子五人，無適立焉。乃大有事于羣望，而祈曰：「請神擇於五人者，使主社稷。」乃徧以璧見於羣望曰：「當璧而拜者，神所立也，誰敢違之？」既乃與巴姬密埋璧於大室之庭，使五人齊，而長入拜。康王跨之。靈王肘加焉。子干、子皙皆遠之。平王弱，抱而入，再拜，皆厭紐。』此即當璧事也。『壁』爲『璧』形誤字，兹據刊本改正。

〔四〇〕也，刊本作『之』。案金澤文庫本（據竹添光鴻《左氏會箋》，下皆同）亦作『之』。

〔四一〕軄，刊本作『職』。《玉篇・身部》云：『軄，俗職字。』下『軄』字同。
〔四二〕也，刊本無。
〔四三〕『堅固』下刊本有『者』字。
〔四四〕廿，刊本作『二十』。『廿』爲『二十』之合文。下凡『廿』字同此，不復出校。
〔四五〕也，刊本無。
〔四六〕之也，刊本無，此當爲雙行對齊而添。
〔四七〕晳，底一原作『哲』，形誤字，兹據刊本改正。注中『晳』底一原誤作『哲』，亦據刊本改正。陳樹華《春秋經傳集解考正》云：『晳字下从白，諸本多誤，今依《釋文》、《石經》改正。』案：《五經文字・白部》：『晳，思歷反，人色白。相承多從曰，非。』王叔岷《左傳考校》云：『晢乃晳之俗省。』
〔四八〕也，刊本無。
〔四九〕也，刊本無。
〔五〇〕避，刊本作『辟』，『辟』『避』古今字。
〔五一〕牀，刊本誤作『牒』，阮氏失校。
〔五二〕也，刊本無。
〔五三〕公，刊本無。案金澤文庫本亦有『公』字。
〔五四〕也，刊本無。
〔五五〕子，底一原脱，兹據刊本補。
〔五六〕其，刊本無。
〔五七〕之，刊本無。案此字衍文。
〔五八〕也，刊本無。

〔五九〕之也，刊本無，金澤文庫本亦無。此當是爲雙行對齊而添。

〔六〇〕公，刊本無。案金澤文庫本有『公』字。

〔六一〕潁川邵陵，底一『潁』原誤作『頴』，兹据刊本改正。刊本『邵』作『召』，『召』『邵』古今字。

〔六二〕晢，底一原作『晳』，乃因扌、木混用所致，兹據刊本改正。

〔六三〕也，刊本無。

〔六四〕晢也，底一『晢』原作『晳』，乃因扌、木混用所致，兹據刊本改正。刊本無『也』字。

〔六五〕也，刊本無。

〔六六〕也，刊本無。

〔六七〕伇，刊本作『役』。《説文·殳部》云：『古文役从人。』下凡『伇』字皆同，不復出校。

〔六八〕離，刊本作『籬』。陸德明《經典釋文·春秋左氏音義》（以下簡稱『釋文』）：『離也，依字應作籬，今作離，假借也。』阮元《春秋左氏傳校勘記》（以下簡稱『阮校』）云：『《説文》無「籬」字，當作「離」，後人據陸氏加竹，非也。』

〔六九〕須務謀，刊本『謀』作『牟』。『謀』疑爲『牟』之音誤字，春秋時多有以『牟』爲名者，如衛有公子黚牟，楚有王子牟，晉有士彌牟。注中『須務』下刊本有『牟』字。

〔七〇〕太子，刊本作『大子』，『大』『太』古今字。下凡『太』字刊本均作『大』，不復出校。

〔七一〕之，刊本無。案此字衍文。

〔七二〕棄，刊本作『弃』。二字異體。下凡『棄』字刊本皆作『弃』，不復出校。

〔七三〕也，刊本無。

〔七四〕之也，刊本無。案此爲雙行對齊而添。

〔七五〕『其子』下刊本有『也』字。

〔七六〕 塹，刊本作『壍』。《干禄字書·入聲》：『塹、壍，上俗下正。』
〔七七〕 墜，刊本作『隊』，『隊』『墜』古今字。
〔七八〕 之，刊本無。
〔七九〕 与，刊本作『與』。案『与』、『與』二字古混用無別，敦煌寫本多用『与』字，後世刊本多改作『與』。下凡『与』字均不復出校。
〔八〇〕 祇，刊本作『祇』。『祇』、『祇』均『衹』之誤字。阮校：『《石經》作「衹」是也。』
〔八一〕 弃王歸也，刊本作『弃王而歸楚』。阮校：『宋本、宋殘本、淳熙本、岳本無「而楚」二字，是也。足利本「楚」字亦無。』案金澤文庫本作『弃王歸』，亦可證。
〔八二〕 隔，刊本作『鄢』。案《説文》有『鄢』無『隔』，『隔』當是别體。注中『隔』字同。
〔八三〕 也，刊本無。
〔八四〕 也，刊本無。
〔八五〕 闈，刊本作『圍』。阮校：『《石經》、宋殘本、宋本、岳本「圍」作「闈」，是也，《釋文》同。』
〔八六〕 『縊于』前刊本有『王』字。
〔八七〕 也，刊本無。
〔八八〕 子干，刊本下有『曰』字。《釋文》云：『謂子干，本或作「謂子干曰」。』洪亮吉《春秋左傳詁》云：『《石經》亦無「曰」字，係後人旁增。』
〔八九〕 弗，刊本作『不』。二字義同。
〔九〇〕 玉，底一原誤作『王』，兹據刊本改正。
〔九一〕 也，刊本無。
〔九二〕 也，刊本無。

〔九三〕怒，底一原作「努」，音誤字，兹據刊本改正。

〔九四〕殺，刊本作「弑」，「殺」「弑」古今字。

〔九五〕静，刊本作「靖」。《説文・立部》：「靖，立竫也。」青部：「静，宷也。」段注：「安静本字當从《立部》作竫。」是靖、静均爲「竫」之借字。

〔九六〕也，刊本無。

〔九七〕「潛師」前刊本有「而」字。

〔九八〕栢，刊本作「柏」。《干禄字書・入聲》：「栢、柏，上俗下正。」

〔九九〕吴，底一原誤作「吾」，兹據刊本改正。

〔一〇〇〕淮南，刊本作「淮水南」。

〔一〇一〕也，刊本無。

〔一〇二〕也，刊本無。

〔一〇三〕也，刊本無。

〔一〇四〕職，底一原誤作「識」，兹據刊本改正。

〔一〇五〕修廢官也，刊本「修」作「脩」，無「也」字。案「修」正字，「脩」借字。

〔一〇六〕尒，刊本作「爾」。《敦煌俗字研究》：「「爾」「尒」古本非一字，後世則合二而一，字多寫作「爾」。」（下編第七頁）下「尒」字同，不復出校。

〔一〇七〕棄疾，刊本無。阮校：「宋本、宋殘本、岳本、足利本「今」上重「弃疾」二字，是也。」

〔一〇八〕在軍爲君之義也，刊本「軍」作「君」，無「也」字。「軍」爲「君」之同音借字。敦煌寫卷多有此二字通假者，伯二一八七《破魔變文》「遂向君前親號令，火急抽兵御歸宫」，「君」即「軍」之借，斯三四九一即作「軍」。斯二一四四《韓擒虎話本》「今日便作萬乘軍王」，「軍」即「君」之借。

〔一〇九〕騁，刊本作『聘』。『騁』爲『聘』之俗字。下凡『騁』皆同。

〔一一〇〕櫟，底一原作『檪』，乃是因木、禾混用所致，兹據刊本改正。

〔一一一〕櫟，底一原作『擽』，乃是因扌、木混用所致，兹據刊本改正。下『櫟』字同此，不復出校。

〔一一二〕也，刊本無。

〔一一三〕也，刊本無。

〔一一四〕悦，刊本作『説』，『説』『悦』古今字。

〔一一五〕之，刊本無。

〔一一六〕問韡，底一『問』存右邊，『韡』脱左上角。

〔一一七〕官，刊本作『冠』。『官』當是『冠』之音借字。

〔一一八〕也，刊本作『之』。案金澤文庫本亦作『之』。

〔一一九〕也，刊本無。

〔一二〇〕卑，刊本作『畀』。敦煌寫卷凡『畀』字多寫作『卑』，『卑』應是俗訛字。

〔一二一〕也，刊本無。

〔一二二〕饜，刊本作『厭』，『厭』『饜』古今字。

〔一二三〕恭王無冢嫡，刊本『恭』作『共』，『嫡』作『適』。『共』『恭』古今字。下凡『恭』同此，不復出校。《说文·女部》『嫡』篆下段注：『嫡庶字古衹作適。』是適、嫡亦古今字。

〔一二四〕之，刊本無。此乃爲雙行對齊而添。

〔一二五〕之也，刊本無。此乃爲雙行對齊而添。

〔一二六〕偏，底一原誤作『偏』，兹據刊本改正。

〔一二七〕之，刊本無。此爲雙行對齊而添。

〔二八〕 晳，底一原作「晳」，乃因扌、木混用所致，兹據刊本改正。

〔二九〕 壓紐，底一「紐」原作「紉」，形誤字，兹據刊本改正。刊本「壓」作「厭」，厭、壓古今字。

〔三〇〕 璧紐以爲審識，底一原「璧」作「壁」，「紐」作「紉」，「識」作「軄」，皆形誤字，兹據刊本改正。

〔三一〕 也，刊本無。

〔三二〕 也，刊本無。

〔三三〕 也，刊本無。

〔三四〕 与同恶之也，刊本無「与」及「之也」三字。案「之也」二字當是爲雙行對齊而添。

〔三五〕 也，刊本無。

〔三六〕 人，底一殘存一捺。

〔三七〕 民衆之也，刊本無「之也」二字。案「之」當爲雙行對齊而添。

〔三八〕 遊，刊本作「游」，「游」「遊」古今字。

〔三九〕 也，刊本無。

〔四〇〕 也，刊本無。

〔四一〕 舋，刊本作「釁」。《廣韻·震韻》「釁」字下云：「舋，俗。」注中「舋」字同。

〔四二〕 羈，刊本作「羇」。阮校：「淳熙本、《纂圖》本、毛本「羇」作「羈」，非。」案：阮校誤。《説文·网部》：「䍜，馬絡頭也。重文爲羇。」朱珔《説文假借義證》云：「今字作羈，俗作羇，而韻書遂分爲二字，羈是羈絆，羇是羇旅。」注中「羈」字同。

〔四三〕 也，刊本無。

〔四四〕 者，刊本作「無」。「者」蓋誤字。

〔四五〕 也，刊本作「者」。案作「者」義長。金澤文庫本亦作「者」。

〔一四六〕也，刊本無。

〔一四七〕殺，刊本作「弒」，「殺」「弒」古今字。

〔一四八〕借君子干以殺靈王，底一「借」原誤作「厝」，茲據刊本改正。刊本「殺」作「弒」，「殺」「弒」古今字。

〔一四九〕之，刊本無。此當爲雙行對齊而添。

〔一五〇〕戍，底一原誤作「成」，茲據刊本改正。

〔一五一〕荷，刊本作「苛」。阮校：「惠棟云：「古苛字本作荷，《檀弓》泰山婦人曰無苛政，《釋文》曰：苛，本亦作荷。《毛詩序》云：哀刑政之荷。今本作苛。漢《張表碑》亦以荷爲苛。」陳樹華云：「師古注《漢書・酈食其傳》亦云荷與苛同」。」

〔一五二〕也，刊本無。

〔一五三〕芊，刊本作「羋」。《五經文字・羊部》：「羋、芊，上《説文》，下經典相承隸省。」

〔一五四〕立季實，刊本作「季實立」。

〔一五五〕也，刊本無。

〔一五六〕也，刊本無。

〔一五七〕荷，刊本作「苛」。説見校記〔一五一〕。

〔一五八〕也，刊本無。

〔一五九〕子，刊本無。

〔一六〇〕也，刊本無。

〔一六一〕也，刊本無。

〔一六二〕也，刊本無。

〔一六三〕也，刊本無。

〔一六四〕也，刊本無。

〔一六五〕也，刊本無。

〔一六六〕『嚴』下刊本有『也』字。

〔一六七〕者，刊本無。案此蓋爲雙行對齊而添。

〔一六八〕恩惠，刊本作『恩德』。案：《宣十二年》傳『旅有施舍』杜注：『旅客來者，施之以惠，舍不勞役。』《成公十八年》傳『施舍、已責』杜注：『施恩惠，舍勞役，止逋責。』《襄公九年》傳『魏絳請施舍』杜注：『施恩惠，舍勞役。』均作『惠』字。疑作『恩惠』爲善。

〔一六九〕以是，刊本作『是以』。案作『以是』義長。

〔一七〇〕先君，刊本作『我先君』。

〔一七一〕也，刊本無。

〔一七二〕也，刊本無。

〔一七三〕也，刊本無。

〔一七四〕也，刊本無。

〔一七五〕他，刊本作『佗』。『他』爲『佗』之俗字。注中『他』字同。

〔一七六〕之者也，刊本無。案此當爲雙行對齊而添。

〔一七七〕饗，刊本作『享』。《説文·食部》：『饗，鄉人飲酒也。』亯部：『亯，獻也。』『享』爲『亯』之隷定字。是『饗』爲本字，『享』爲借字。

〔一七八〕也，刊本無。

〔一七九〕郄，刊本作『郤』。《晉書音義·帝紀第六》：『郤，本或作郄，俗。』則郤、郄正俗字。『郄』應是『郄』之俗訛。注中『郄』字同。

〔一八〇〕弥，刊本作「彌」。「弥」爲「彌」之俗字，説見《敦煌俗字研究》下編二〇八頁。

〔一八一〕煞，刊本作「弑」。《干禄字書·入聲》以「煞」爲「殺」之俗字，「殺」「弑」古今字。

〔一八二〕也，刊本無。

〔一八三〕朝，底一止於此。

〔一八四〕而歸，底二起於此。底二「歸」存左上角。

〔一八五〕「賤」前底三殘泐，刊本作「者皆有貳心」。底三起於此。

〔一八六〕也，刊本無。

〔一八七〕「侯來討叔」四字爲底二中文。「叔」下底二殘泐，刊本作「向曰諸」。

〔一八八〕也，刊本無。

〔一八九〕「並徵會告於」五字爲底二中文，刊本「於」作「于」，二字古通用。

〔一九〇〕吴，底三殘存下截「八」。

〔一九一〕「道不可吴子辤」五字爲底二中文。

〔一九二〕乃，底二存左上角，底三存右下角，兩者正好綴合。

〔一九三〕辞，刊本作「辭」。「辞」爲「辝」的訛變俗字（説見《敦煌俗字研究》下編六〇三頁），「辝」爲「辭」之俗字，説已見校記〔三〕。下凡「辞」字同此。

〔一九四〕也，刊本無。

〔一九五〕「甲車四千乘卅萬人也羊」爲底二中文。

〔一九六〕之，刊本無，此當爲雙行對齊而添。

〔一九七〕「合諸侯于平丘子産子」九字爲底二中文。

〔一九八〕太，底二存左邊大半，底三存右下角，兩者正好綴合。刊本作「大」，「大」「太」古今字。

〔一九九〕以幄幕九張行，『以幄幕九張』五字底二存右邊（『幕』字底二存大部），底四存左邊，兩者正好綴合。底四起於此。底二『行』存右邊『亍』。

〔二〇〇〕『幄幕軍』三字爲底二中文。雙行小注之左行『旅之帳』三字底二殘脱。底二止於此。

〔二〇一〕卌，底三殘脱左上角，『卌』上底三殘泐，刊本作『子大叔以』。刊本『卌』作『四十』，『卌』爲『四十』之合文。

〔二〇二〕『既而悔之每』五字爲底三中文，底三止於此。

〔二〇三〕『亦九張』三字底四均殘存左半。

〔二〇四〕蒭，刊本作『芻』。《玉篇·艸部》：『芻，俗作蒭。』下『蒭』字同。

〔二〇五〕也，刊本無。

〔二〇六〕携，刊本作『攜』。《説文》有『攜』無『携』。《五經文字·手部》云：『攜，相承作擕，或作携者，皆非。』則『携』爲後起字。

〔二〇七〕况，刊本作『況』。《玉篇·冫部》：『况，俗況字。』

〔二〇八〕『喻近』下刊本有『也』字。

〔二〇九〕于，刊本作『於』。二字古通用。

〔二一〇〕『事』下刊本有『也』字。

〔二一一〕命，刊本無。

〔二一二〕也，刊本作『者』。案作『者』義長。

〔二一三〕劉，底四原作『劉』，形誤字，兹據刊本改正。注中『劉』字同。

〔二一四〕也，刊本無。

〔二一五〕底，底四原作『庢』，乃是『底』之俗字。阮校：『《石經》、宋本、宋殘本、淳熙本、岳本「底」作「厎」，是也。』

〔二六〕茲據以改正。注中『底』字同。

〔二七〕二，刊本作『貳』。二字古通用。

〔二八〕『多』下刊本有『也』字。

〔二九〕『開』下刊本有『也』字。

〔二九〕遲，刊本作『遟』。慧琳《一切經音義》卷三：『遟鈍，犀音西，從尾從牛，經文從尸從羊，俗字也。』下『遲』字同。

〔三〇〕以，刊本作『已』。二字古通用。

〔三一〕不，刊本作『弗』。二字義同。

〔三二〕距，刊本作『拒』，『距』『拒』古今字。

〔三三〕也，刊本無。

〔三四〕『傾覆』下刊本有『也』字。

〔三五〕則，刊本無。下兩句『則』字刊本亦無。

〔三六〕識，底四原誤作『職』，茲據刊本改正。

〔三七〕閒，刊本作『間』，『閒』『間』古今字。

〔三八〕也，刊本無。

〔三九〕也，刊本無。

〔三〇〕明，刊本作『昭信』。

〔三一〕王壹，刊本作『一』。『壹』、『一』古通用。

〔三二〕盟於方嶽之下也，刊本『於』作『于』，無『也』字。『於』、『于』二字古通用。

〔三三〕講，底五起於此。

〔二三四〕朝，底四存右邊大半，底五存左邊小半，兩者正好綴合。

〔二三五〕會，底四止於此。

〔二三六〕也，刊本無。

〔二三七〕之，底五原脱，兹據刊本改正。

〔二三八〕『竟』下刊本有『也』字。

〔二三九〕曰，底五原誤作『子』，兹據刊本改正。

〔二四〇〕癈，刊本作『廢』。『癈』爲『廢』之俗字。

〔二四一〕閒，刊本作『間』。『閒』『間』古今字。注中『閒』字同。

〔二四二〕隟，刊本作『隙』。『隟』爲『隙』之俗字，見《龍龕・阜部》。

〔二四三〕斾，刊本作『旆』。《正字通・方部》：『斾，俗旆字。』下『斾』字同。

〔二四四〕旍，刊本作『旌』。《説文》有『旌』無『旍』，《五經文字・㫃部》云：『旌，從生，作旍訛。』則『旍』爲後起别體也。

〔二四五〕旈，刊本作『游』，下有『也』字。案《説文》無『旈』字，錢大昕《經典文字考異》云：『冕旈字《説文》作瑬，旌旗之旈即游字。』是『旈』爲『游』之後起分别文。

〔二四六〕斾之，底五原誤倒，兹據刊本乙正。

〔二四七〕人，底五原脱，兹據刊本補。

〔二四八〕訢，刊本作『愬』。據《説文》，『愬』爲『𧦝』之或體，『訢』爲『𧦝』之隸變字。

〔二四九〕匿，刊本作『慝』，『匿』『慝』古今字。

〔二五〇〕供，刊本作『共』。『共』『供』古今字。注中『供』字同。

〔二五一〕訢，刊本作『訴』。『訴』爲『訢』之俗體。

〔三五二〕也，刊本無。

〔三五三〕唯，刊本作『惟』。二字古通用。

〔三五四〕於腞，底五『於』字原脱，茲據刊本補。『腞』字底五原作『⿰方彖』，刊本作『豚』。『豚』字《説文》作『⿰月⿰豕又』，從『彖』省，從又持肉。『⿰方彖』字從方旁無義，蓋本作『腞』，即『⿰月⿰豕又』省『又』而從不省的『彖』旁，實乃『豚』字或體。伯二六一九《周易注》『豚』即寫作『腞』，可證。茲據以改。

〔三五五〕『仆』下刊本有『也』字。

〔三五六〕杞，底五原誤作『杷』，茲據刊本改正。

〔三五七〕也，刊本無。

〔三五八〕也，刊本無。

〔三五九〕閒，刊本作『間』，『閒』『間』古今字。

〔三六〇〕閒隟也，底五『閒』原誤作『聞』，刊本作『間』。『間』爲『閒』之後起字，底卷『間』字均寫作本字『閒』，茲據以改正。刊本『隟』作『隙』，無『也』字。『隟』爲『隙』之俗字，見《龍龕·阜部》。

〔三六一〕不，刊本作『弗』。二字義同。

〔三六二〕除，底五原誤作『徐』，茲據刊本改正。

〔三六三〕也，刊本無。

〔三六四〕矣，底五原誤作『失』，茲據刊本改正。

〔三六五〕也，刊本無。

〔三六六〕也，刊本無。

〔三六七〕周之制，底五原倒作『周制之』，茲據刊本改正。刊本末有『也』字。

〔三六八〕供職貢，刊本『供』作『共』，末有『者』字。『共』『供』古今字。

〔二六九〕服，底五原脱，兹據刊本補。

〔二七〇〕也，刊本無

〔二七一〕『息』下刊本有『也』字。

〔二七二〕行李，刊本作『行理』。『李』『理』皆『吏』之借字，説詳清臧琳《經義雜記》卷二『李古理字』條。注中『行李』同。

〔二七三〕者，底五原無，兹據刊本補。

〔二七四〕也，刊本無。

〔二七五〕在亡，刊本作『存亡』。案『在』、『存』義同，然《左傳》言『存亡』，不言『在亡』，前即有『存亡之道，恒由是興』句，可證。『在』蓋涉下『將在今矣』句而誤。

〔二七六〕『易』下刊本有『也』字。

〔二七七〕也，刊本無。

〔二七八〕暇，底五原誤作『暇』，兹據刊本改正。下句『暇』字亦然。

〔二七九〕一，刊本作『壹』。二字古通用。

〔二八〇〕也，刊本無。

〔二八一〕也，刊本無。

〔二八二〕訢，刊本作『訴』。『訴』爲『訢』之俗體。

〔二八三〕也，刊本無。

〔二八四〕『裹』下刊本有『也』字。

〔二八五〕也，刊本無。

〔二八六〕冰，底五原誤作『水』，兹據刊本改正。

〔三八七〕匍伏，刊本作「蒲伏」。聯綿詞無定字。

〔三八八〕▨，底五存右半，蓋「衜」之殘，「衜」爲「御」之俗字（《龍龕·彳部》）。《詩·小雅·常棣》「外禦其務」，斯二〇四九《毛詩傳箋》「禦」即寫作「衜」，「御」「禦」古今字。

〔三八九〕乃與之，底五「乃與」存右半，「之」存右邊殘畫。底五止於此。

〔三九〇〕蔡人在上位也，底六起於此。刊本「也」作「者」。案作「者」義長。自底五「與之」至底六「蔡人」間殘缺昭公十三年部分、十四年全部及十五年部分共約一百行的内容。

〔三九一〕汝，刊本作「女」，「女」「汝」古今字。

〔三九二〕也，刊本無。

〔三九三〕「其翼」下刊本有「也」字。

〔三九四〕也，刊本無。

〔三九五〕「母」下刊本有「也」字。

〔三九六〕如周葬穆后起之，底六「周」字原脱，「后」誤作「舌」，茲據刊本補正。刊本無「之」字，此當是爲雙行對齊而添。

〔三九七〕皷，刊本作「鼓」。《干禄字書·上聲》：「皷鼓，上俗下正。」《正字通·皮部》：「皷，俗鼓字。」下凡「皷」字同此。

〔三九八〕也，刊本無。

〔三九九〕也，刊本無。

〔三〇〇〕愆過，底六原無「愆」字，蓋偶脱也，茲據刊本補。刊本「過」下有「也」字。

〔三〇一〕「歸」下刊本有「也」字。

〔三〇二〕「惡」下刊本有「也」字。

〔三〇三〕也，刊本無。

〔三〇四〕迖，刊本作『邇』。『迖』爲『邇』之古文。

〔三〇五〕民，底六『民』字原缺末筆，避諱缺筆字，兹據刊本録正。

〔三〇六〕『終』下刊本有『也』字。

〔三〇七〕『差』下刊本有『也』字。

〔三〇八〕愆，底六原誤作『衍』，兹據刊本改正。

〔三〇九〕人心，底六『人』脱左下角，『以』存右上角殘畫。『以』下底六殘泐，刊本作『鼓子蒯聵』。

〔三一〇〕歸，底六脱左上角。

〔三一一〕皷君名也，刊本『皷』作『鼓』，無『也』字。《正字通·皮部》：『皷，俗鼓字。』

〔三一二〕冬，底六存右下角。

〔三一三〕如，底六脱左半。

〔三一四〕『會』下底六殘泐，刊本作『故也平丘會公不與盟季』。

〔三一五〕執，底六止於此。

〔三一六〕之屬，底七始於此。自底六之『執』至底七『之屬』間約缺十五行。『屬』下底七殘泐，刊本作『旌之以車服襄之二路明之以文章旌旗子孫不忘』。

〔三一七〕焉在，底七均存左半。『在』下底七殘泐，刊本作『言福祚不在叔』。

〔三一八〕邪，底七存左半『牙』。

〔三一九〕藉，刊本作『籍』。案：作『籍』是，『藉』乃是因艹、⺮混用而成。下諸『藉』字同此。

〔三二〇〕也，刊本無。

〔三二一〕董督典藉，底七原有兩『董』字，當因换行而衍，兹據刊本删其一。刊本『典藉』作『晉典』。

〔三二〕也，刊本無。

〔三三〕汝，刊本作『女』，『女』『汝』古今字。

〔三四〕忘其祖業之也，刊本無『其』、『之也』三字。案『之』當是爲雙行對齊而添。

〔三五〕朞，刊本作『期』。《説文・月部》：『期，會也。從月其聲。古文從日丌。』《説文・丌部》：『丌，下基也。』段注：『字亦作「亓」，古多用爲今渠之切之「其」。《墨子》書「其」字多作「亓」，「亓」與「丌」同也。』則『朞』即『期』之古文也。『朞』與『期』同，僅偏旁位置之異耳。下『朞』字同。

〔三六〕之喪也，刊本無『之』、『也』二字。

〔三七〕在，底七原作『年』，《正義》云：『禮：葬日爲虞。既虞之後，乃爲卒哭之祭。《喪服傳》稱：成服之後，晝夜哭無時。既虞之後，朝夕各一哭而已。卒哭者，謂卒此無時之哭。故鄭玄《士喪禮注》云：卒哭，虞後祭名。始者，朝夕之間哀至即哭，至此祭止，唯朝夕哭而已。傳稱「既葬除喪」，譏王不遂其服。知天子、諸侯除喪，當在卒哭。今王既葬而除，故譏其不遂也。杜云「卒，止也，止哭」，與鄭不同。若如此言，除喪當在卒哭。』兹據刊本改正。

〔三八〕燕，刊本作『宴』。《説文・宀部》：『宴，安也。』燕部：『燕，鳦也。』是『燕』爲『宴』之借字。下句注中作『宴』，是也。

〔三九〕也，刊本無。

〔三〇〕之，刊本無。此當爲雙行對齊而添。

〔三一〕爲廿二年王室亂傳也，底七原無『二』字，案《昭二十二年》經云：『王室亂。』是底二誤脱也，兹據刊本補。

〔三二〕徐，底七原脱，兹據刊本補。刊本無『也』字。

〔三三〕也，刊本無。

〔三三四〕也，刊本無。

〔三三五〕之也，刊本無。『之』當爲雙行對齊而添。

〔三三六〕『信』下刊本有『也』字。

〔三三七〕礼也，底七止於此。

〔三三八〕強賈，底八起於此。自底七『礼也』至底八『強賈』間殘缺約四十五行。

〔三三九〕也，刊本無。

〔三四〇〕丐，此字不見於字書，刊本作『匄』。《説文·亾部》：『匃，气也。』段注：『其字俗作丐。』蔡主賓《敦煌寫本儒家經籍異文考》認爲『丐』是『丐』之俗訛，是也。

〔三四一〕敝，底八原誤作『敞』，兹據刊本改正。下句『敝』字同。

〔三四二〕命，刊本作『令』。二字义同。

〔三四三〕『法』下刊本有『也』字。

〔三四四〕不，刊本作『弗』。二字義同。

〔三四五〕也，刊本無。

〔三四六〕『陳』下刊本有『也』字。

〔三四七〕儆，刊本作『儆』。《説文》有『儆』無『儆』，『儆』爲後起別體。

〔三四八〕也，刊本無。

〔三四九〕也，刊本無。

〔三五〇〕二三君子請賦，底八『二三』下原有『子』字，蓋熟於『二三子』一詞而衍，兹據刊本删之。刊本『請』下有『皆』字。

〔三五一〕者，刊本作『也』。

〔三五二〕也，刊本無。

〔三五三〕釋，刊本作『適』。『釋』當是『適』之同音借字。

〔三五四〕其，底八原無，前後之注皆云『取其』，此亦當同，兹據刊本補。

〔三五五〕邦，刊本作『邦』。『邦』爲『邦』字隸變之異。

〔三五六〕騫，刊本作『褰』。《説文·衣部》：『褰，絝也。』段注：『褰之本義謂絝，俗乃假爲騫衣字。騫，虧也。古騫衣字作「騫」，今假「褰」而「褰」之本義廢矣。』下『騫裳』之『騫』同此。

〔三五七〕思，底八原作『恖』，乃『恩』之俗字，兹據刊本改正。

〔三五八〕之也，刊本無。此當爲雙行對齊而添。

〔三五九〕崇，底八原誤作『桒』，兹據刊本改正。

〔三六〇〕勤，刊本作『令』。

〔三六一〕也，刊本無。

〔三六二〕也，刊本無。

〔三六三〕荅，刊本作『答』。『答』爲『荅』之後起換旁字。

〔三六四〕之，刊本無，當是爲雙行對齊而添。

〔三六五〕斿，刊本作『游』。錢大昕《經典文字考異》云：『斿，即游之省。』

〔三六六〕也，刊本無。

〔三六七〕詢，刊本作『洵』。案今本《毛詩》作『洵』，伯二五二九《毛詩》亦作『洵』，作『詢』者蓋爲音借字。

〔三六八〕也，刊本無。

〔三六九〕子柳賦擇兮，底八『柳』誤作『抑』，『擇』誤作『蘀』，兹均據刊本改正。注中『柳』字、『擇』字同。

〔三七〇〕唱予，底八『予』原誤作『兮』，兹據刊本改正。刊本『唱』作『倡』，《説文·口部》：『唱，導也。』人部：

〔三七一〕「倡，樂也。」是「倡」爲「唱」之借字。下句「唱」字同。

〔三七二〕韓子，刊本作「宣子」。案韓起，謚號宣。韓子即宣子。

〔三七三〕憙，刊本作「喜」，「喜」「憙」古今字。

〔三七四〕也，刊本無。

〔三七五〕賦，刊本無。

〔三七四〕晛，底八存右半。

春秋左氏經傳集解（一六）（昭公二十四年）

斯六二五八

【題解】

底卷編號爲斯六二五八，起《昭公二十四年》傳『寡君以爲盟主之故，是以久子』之『子』，至『然大國之憂也』，十五行，傳文單行大字，集解雙行小字，行有界欄。

《翟目》以抄有《左傳》的一面爲正面，而將背面定名爲《預言文書》。向達《倫敦所藏敦煌卷子經眼目録》將背面定爲《書儀鏡》，雖定名有誤，然其以《左傳》爲正面，則與《翟目》同也。《索引》始將《左傳》定爲卷背，《寶藏》、《英藏》、《索引新編》均從之。陳鐵凡《敦煌本禮記、左、穀考略》（《孔孟學報》第二一期）以卷背爲《書儀鏡》，則從向達而不從《索引》。寫卷之另一面爲《六十甲子推吉凶法》，此爲術數類内容，且字迹惡劣，應是背面。今據《翟目》定此《左傳》寫卷爲正面。

《翟目》首先比定其名爲杜預注《左傳》；向達《倫敦所藏敦煌卷子經眼目録》定名『春秋左傳杜注』，《索引》、《寶藏》、《索引新編》皆同；《金目》定爲《春秋左氏經傳集解》，今從之。

李索《敦煌寫卷〈春秋經傳集解〉校證》（中國社會科學出版社二〇〇五）有校記，然無可取者。

底卷據《英藏》録文，以中華書局影印阮元刻《十三經注疏·春秋左傳正義》爲對校本（簡稱『刊本』），校録於後。

（前缺）

子，久執子以謝邾。不腆敝邑之礼[一]，將致諸從者，使弥[二]牟逆吾子。』叔孫受礼而歸。二月，婼至自晉，尊晉也。貶婼族，所以尊晉。婼，行人，故不言罪己。

三月，庚戌，晉侯使士景伯莅〔三〕問周故。莅，臨也。就問子朝、敬王，知誰曲直。士伯立于乾祭，而問於介衆。乾祭，王城北門。介，大〔四〕。晉人乃辞〔五〕王子朝，不納其使。衆言子朝曲故也〔六〕。

夏，五月，乙未朔，日有食之。梓慎曰『將水』。陰勝陽，故曰將水也〔七〕。昭子曰：『旱也。日過分而陽猶不克，克必甚，能無旱乎？過春分，陽氣盛時，而不勝陰，陽〔八〕將猥出，故爲旱。陽不克莫，將積聚〔九〕。』陽氣莫然不動，乃將積聚也〔一〇〕。

六月壬申，王子朝之師攻瑕及杏，皆潰。瑕、杏，敬王邑也〔一一〕。鄭伯如晉，子大叔相，見范獻子。獻子曰：『若王室何？』對曰：『老夫其國家不能恤，敢及王室？抑人亦有言曰：「嫠〔一二〕不恤其緯，嫠，寡婦也。織者常苦緯少，寡婦所宜憂也〔一三〕。而憂宗周之隕，爲將及焉。」恐禍及己。今王室實蠢蠢焉，蠢蠢，動擾狠〔一四〕。吾小國懼矣，然大國之憂也。

（後缺）

【校記】

〔一〕礼，刊本作『禮』。案『礼』爲古文『禮』字，敦煌寫本多用此字，後世刊本則多用『禮』字。下凡此均不復出。

〔二〕弥，刊本作『彌』。『弥』爲『彌』之俗字，説見《敦煌俗字研究》下編一〇八頁。

〔三〕莅，刊本作『涖』。案朱珔《説文假借義證》『𨽻』篆下云：『莅、涖皆或體，爲𨽻之假借。』注中『莅』字同。

〔四〕『大』下刊本有『也』字。

〔五〕辞，刊本作『辭』。《干禄字書·平聲》：『辞、辤、辭，上中竝辞讓；下辭説，今作辞，俗。』是在唐時，『辞』

已成爲『辭』之俗字。

〔六〕也，刊本無。

〔七〕也，刊本無。

〔八〕『陽』下底卷原有『勝』字，涉上句而衍，兹據刊本删。

〔九〕『积聚』下刊本有『也』字。

〔一〇〕也，刊本無。

〔一一〕也，刊本無。

〔一二〕鼇，刊本作『嫠』。黄侃《字通》云：『按嫠婦字正應作「嫠」，書傳皆通作「鼇」，「嫠」乃俗字。』（黄焯編次《説文箋識四種》九六頁，上海古籍出版社一九八三）注中『鼇』字同。

〔一三〕也，刊本無。

〔一四〕狠，刊本作『貌』。案『狠』爲『貌』之俗訛字。

春秋左氏經傳集解（一七）（昭公二十七—二十九年）

伯二五四〇（底一）　　伯二九八一（底二）

【題解】

底一編號爲伯二五四〇，起《昭公二十七年》傳「以興謗讟」之「興」，至《昭公二十八年》傳「毋墮乃力」之「墮」，共一百二十五行，首行殘下截，末行僅存「毋墮」二字之殘畫，經、傳單行大字，集解雙行小字。《伯目》定名爲《春秋左傳》，《索引》定爲《春秋經傳集解》，《寶藏》、《索引新編》、《法藏》均從之。今依例定爲《春秋左氏經傳集解（昭公二十七—二十八年）》。羅振玉《敦煌本春秋經傳集解殘卷跋》（《鳴沙石室古籍叢殘》，一九一七）據卷中「丙」字缺筆而不諱「民」，認爲是武德初年寫本。

底一卷背有注音二十條，多與《經典釋文》同，應是後閱者據《釋文》等録於卷背者。但影本大多模糊而不易辨識，此爲余欣於二〇〇一年十月去巴黎時代爲迻録者。今將此注音録於正面經、傳對應之字下，並置於圓括號内，以與傳文區别。

底二編號爲伯二九八一，起《昭公二十八年》傳「分祁氏之田以爲七縣」注「七縣，鄔、祁、平陵、梗陽、塗水、馬首、盂也」，至《昭公二十九年》傳「衛侯來獻其乘馬曰啓服」集解「啓服馬名」之「馬」，共六十九行，首行下截殘破，後十四行殘去下截，其中末行之上端亦殘去。經、傳單行大字，集解雙行小字。《伯目》定名《春秋左傳》，《索引》定爲《春秋左氏傳集解》，《寶藏》、《索引新編》、《法藏》均從之。今依例定爲《春秋左氏經傳集解（昭公二十八—二十九年）》。寫卷不避唐諱，伯希和認爲其抄寫時代不晚於七世紀，傅振倫認爲是六朝寫本（《續修四庫全書總目提要》，下册六七六頁，北京中華書局一九九三）。

劉師培《敦煌新出唐寫本提要·左傳杜預集解昭公殘卷》（載《劉申叔遺書》下册二〇〇六至二〇〇七頁，

江蘇古籍出版社一九九七年。簡稱『劉師培』)、饒宗頤『春秋左傳昭公二十七年至二十八年』提要(《法藏敦煌書苑精華》第三册《經史(二)》,廣東人民出版社一九九三年。簡稱『饒宗頤』)對底一作過校勘。傅振倫所撰『敦煌六朝寫本春秋經傳集解一卷』提要(簡稱『傅振倫』)對底二有數條校札。李索《敦煌寫卷〈春秋經傳集解〉校證》(中國社會科學出版社二〇〇五)有録文及校記,然無可取者。

底卷每年之經、傳文均提行抄寫,而經、傳二字皆高出一格書寫,今録文中在經、傳二字下各空一格以別之。

本篇先以底一爲底本,自《二十八年》傳『吾是以舉汝』集解『言人不可無能也』起以底二爲底本。底一據《寶藏》一三九册之《欣賞篇》録文,底二據縮微膠卷録文,以中華書局影印阮元刻《十三經注疏·春秋左傳正義》爲對校本(簡稱『刊本』),校録於後。

(前缺)

興謗讟,至于今不已。□[一]鄢尹□[二]或[三]之,仁者煞[四]人以掩謗,猶弗爲也。今吾子煞人以興謗,而弗圖,不亦異乎? 夫無極,楚之讒人[五],民莫不知。去朝吴,在十五年。出蔡侯朱[六],在廿[七]一年。喪太子建,煞連尹奢,在廿年也[八]。屏王之耳目,使不聰明。不然,平王之温惠恭[九]儉,有過成、莊,無不及焉。所以不獲諸侯,邇無極[一〇]也。邇,近也。今又煞三不辜,以興大謗,三不辜,郤[一一]氏、陽氏[一二]、晉陳氏也[一三]。幾及子矣。子而弗[一四]圖,將焉用之? 夫鄢將師矯子之命,以滅三族。三族[一五],國之良也,而不愆位。在位無愆過也[一六]。吴新有君,光新立也。彊[一七]埸日駭,楚國若有大事,子其危哉! 知者除讒以自安也,今子愛讒以自危也,甚矣,其或[一八]也!』子常曰:『是瓦之罪也[一九],敢不良圖!』九月己未,子常煞費無極與鄢將師,盡滅其族以説于國[二〇],謗言乃止。

冬,公如齊,齊侯請饗之。設享礼也[二一]。子家子曰:『朝夕立於其朝,又何饗焉? 其飲酒也。』

乃飲酒，使宰獻，而請安。比公於大夫也。礼，君不敵臣，宴大夫，使宰爲主。獻，獻爵〔二二〕。請安，齊侯請自安，不在坐〔二三〕。子仲之子曰重，爲齊侯夫人，曰：『請使重見。』子仲，魯公子慭（魚覲）〔二四〕也。十二年，謀逐季氏，不能而奔齊。今行飲酒礼，而欲使重見，從宴媟〔二五〕也。子家子乃以君出。避〔二六〕齊夫人。

十二月，晉藉〔二七〕秦致諸侯之戍于周，魯人辞〔二八〕以難。經所以不書戍〔二九〕周。藉秦，藉談子也〔三〇〕。

經　廿有八年，春，王三月，葬〔三一〕曹悼公。無傳。六月而葬，緩也〔三二〕。

公如晉，次于乾侯。乾侯，在魏郡斥（尺）〔三三〕丘縣，晉境〔三四〕內邑。

夏，四月，丙〔三五〕戌，鄭伯寧卒。無傳。未同盟而赴以名也〔三六〕。

六月，葬鄭定公。無傳。三月而葬，速也〔三七〕。

秋，七月，癸巳，滕子寧卒。無傳。未同盟而赴以名。

冬，葬滕悼公。無傳。

傳　廿八年，春，公如晉，將如乾侯。齊侯卑公，故適晉也〔三八〕。子家子曰：『有求於人，而即其安，人孰矜〔三九〕之？其造（七報）〔四〇〕於境。』欲使次於境以待命。弗聽，使請逆於晉。晉人曰：『天禍魯國，君淹恤在外，君亦不使一介〔四一〕辱在寡人，一介，單使者也〔四二〕。而即安於甥舅，其亦使逆君？』言自使齊逆君。使公復于境，而後逆之。逆著（中略）〔四三〕乾侯也。言公不能用子家，所以見辱。

晉祁勝與鄔（於庶）〔四四〕臧通室。二子，祁盈家臣〔四五〕。通室，易妻。祁盈將執之，盈，祁午之子也〔四六〕。訪於司馬叔游。叔游，司馬叔侯子也〔四七〕。叔游曰：『《鄭書》有之：「惡直醜正，實蕃有徒。」《鄭書》，古書名也。言害直正〔四八〕者，實多徒衆也〔四九〕。無道立矣，子懼不免。言世亂讒勝也〔五〇〕。《詩》曰：「民之多辟〔五一〕，無自立辟。」《詩·大雅》也〔五二〕。姑已，若何？』姑，且〔五三〕。已，止者〔五四〕也。盈曰：『祁氏私有討，國何有焉？』言討家臣，無與國事也〔五五〕。遂執之。祁勝賂荀躒，荀躒爲之言於晉侯。晉侯執祁盈。以其專戮者也〔五六〕。祁盈之臣曰：『鈞將皆死，鈞，同也。憖使吾君聞勝（再全）〔五七〕與臧之死也以爲快。』憖，發語之音也〔五八〕。乃殺之。夏六月，晉殺祁盈及楊食我。楊，叔向邑也〔五九〕。食我，叔向（許丈）〔六〇〕子伯石也。食我，祁盈之黨也，而助亂，故殺之，遂滅祁氏、羊舌氏。

初，叔向欲娶於申公巫臣氏，夏姬〔六一〕女也。其母欲娶其黨。叔向曰：『吾母多而庶鮮，吾懲舅氏矣。』言父多妾媵，而庶子鮮少。嫌母氏性不曠。其母曰：『子靈之妻殺三夫，子靈，巫臣。妻，夏（户雅）〔六二〕姬也。三夫，陳御叔、楚襄老及巫臣也。時巫臣以死也〔六三〕。一君、陳靈公也〔六四〕。一子，夏徵舒也〔六五〕。而亡一國、陳也。兩卿矣，孔寧、儀行父也〔六六〕。可無懲乎？吾聞之：「甚美必有甚惡。」是鄭穆公〔六七〕少妃姚子之子，子貉〔六八〕之妹也。子貉（亡白）〔六九〕，鄭靈公夷。子貉早死，無後，而天鍾美於是，是，夏姬也。鍾，聚也。子貉死在宣四年。將必以是大有敗也。昔有仍氏生女，黰（之忍）〔七〇〕黑，有仍氏〔七一〕，古諸侯也。美髮爲黰也〔七二〕。而甚美，光可以鑑，髮膚光色也〔七三〕，可以照人也〔七四〕。名曰玄妻。以髮黑故也〔七五〕。樂正后夔〔七六〕取之，夔，舜典樂之君長也〔七七〕。生伯封，實有豕心，貪惏（力南）〔七八〕無饜，忿纇（力對）〔七九〕無期，謂之封豕。纇，戾〔八〇〕。封，大〔八一〕。有窮后羿（詣）〔八二〕滅之，夔是以不祀。羿，篡夏后也〔八三〕。且三代之亡、恭子之廢〔八四〕，皆是物也。夏以末喜〔八五〕，殷以妲己，周以褒姒，三代所由亡也。恭子，晉申生，以驪姬廢也〔八六〕。汝〔八七〕何以爲哉？夫有尤物，足以移人。苟非德義，則必有禍。』尤，異也。叔向懼，不敢娶〔八八〕。平公強使娶之，生伯石。伯石始生，子容之母走謁諸姑，子容母，叔向嫂〔八九〕，伯華妻也。姑，叔向母者也〔九〇〕。曰：『長叔姒生男。』兄弟之妻相謂姒也〔九一〕。姑視之。及堂，聞其聲而還，曰：『是豺狼〔九二〕之聲也，狼子野心。非是，莫喪羊舌氏矣。』遂弗視。

秋，晉韓宣子卒，魏獻子爲政（寘）〔九三〕，獻子，魏舒。分祁氏之田以爲七縣，七縣〔九四〕，鄔〔九五〕、祁、平陵、梗陽、塗水、馬首、盂（于）〔九六〕也。分羊氏〔九七〕之田以爲三縣。銅鞮、平陽、陽氏也〔九八〕。司馬彌牟爲鄔大夫，太原鄔縣也〔九九〕。賈辛爲祁大夫，太原祁縣。司馬烏爲平陵大夫，魏戊爲梗陽大夫，戊（茂）〔一〇〇〕，魏舒庶子〔一〇一〕。梗〔一〇二〕陽，在太原晉陽縣［南］〔一〇三〕。知徐吾爲塗水大夫〔一〇四〕，徐吾，知盈孫也〔一〇五〕。塗水，太原榆次縣也〔一〇六〕。韓固爲馬首大夫，固，韓起孫。孟丙〔一〇七〕爲盂大夫，太原盂縣。樂霄〔一〇八〕爲銅鞮大夫，上黨銅鞮縣也〔一〇九〕。趙朝爲平陽大夫，朝，趙勝曾孫也〔一一〇〕。平陽，平陽縣也〔一一一〕。僚安爲揚〔一一二〕氏大夫。平陽揚氏縣也〔一一三〕。謂賈辛、司馬烏爲有力於王室，廿二年，辛、烏帥師納敬王。故舉之；謂知徐吾、趙朝、韓固、魏戊，餘子之不失職〔一一四〕、能守業者也；卿之庶子爲餘子也〔一一五〕。其四人者，皆受縣而後見於魏子，以賢舉也。四人，司馬弥〔一一六〕牟、孟丙〔一一七〕、樂霄、僚安也。受縣而後見，言采〔一一八〕衆而舉，不以私也〔一一九〕。

魏子謂成鱄：鱄（專又布轉）〔一二〇〕，晉大夫也〔一二一〕。『吾與戊也縣，人其以我爲黨乎？』對曰：『何也？戊之爲人也，遠不忘君，遠，疏遠也。近不偪同；不迫〔一二二〕同位。居利思義，不苟得也〔一二三〕。在約思純，無濫心也〔一二四〕。有守心而無淫行，雖與之縣，不亦可乎？昔（▨）〔一二五〕武王克商，光有天下，光，大〔一二六〕。其兄弟之國者十有五人，姬姓之國者卌〔一二七〕人，皆舉親也。夫舉無他，唯善所在，親疏一也。《詩》曰：「惟〔一二八〕此文王，帝度其心。莫其德音，其德克〔一二九〕明。克明克類，克長克君。王（于況）〔一三〇〕此大邦〔一三一〕，克順克比。比于文王，其德靡悔。既受帝祉，施于孫子。」《詩·大雅》。美文王能王大國，受天福，施及子孫也〔一三二〕。心能制義曰度，帝度其心。德正應和曰莫，莫然清靜。昭臨四方曰明〔一三三〕，勤施無私曰類，施而無私，物得其所，無失類者也〔一三四〕。教誨不倦曰長，教誨長人之道。賞慶刑威曰君，作威作福，君之職也。慈和徧服曰順，唯順，故天下徧（遍）服也〔一三五〕。擇善而從曰〔一三六〕比，比方善事，使相從也。經緯天地曰文。經緯相錯，故織成文。九德不愆，作事無悔，九德，上九曰也。皆無愆過，則動無悔吝也〔一三七〕。故襲天禄，子孫賴之。襲，受〔一三八〕。主之舉也，近文德矣，所及其遠哉！』舉魏戊等，勤施無私也。其四人者，擇善而從〔一三九〕，故曰近文德，所及遠〔一四〇〕。

賈辛將適其縣，見於魏子。魏子曰：『辛來。昔叔向適鄭，鬷蔑惡，惡，皃醜也〔一四一〕。欲觀叔向，從使之收器者，從，隨也。隨使人應斂俎豆也〔一四二〕。而往，立於堂下，一言而善。叔向將飲酒，聞之，曰：「必鬷明也。」素聞其賢，故聞其言而知之也〔一四三〕。下，執其手以上（時掌）〔一四四〕，曰：「昔賈大夫惡，賈國之大夫也〔一四五〕。惡亦醜也。取〔一四六〕妻而美，三年不言［不笑］〔一四七〕，御以如臯〔一四八〕，爲妻御之臯澤也〔一四九〕。射雉，獲之，其妻始笑而言。賈大夫曰：『才之不可以已。我不能射，汝遂不言［不笑］〔一五〇〕？』今子少不颺，顔貌不揚顯也〔一五一〕。子若無言，吾幾失子矣。言之〔一五二〕不可以已也如是！」遂如故知。今汝〔一五三〕有力於王室，吾是以舉汝。因賈辛有功而後舉之，言人不可無能也〔一五四〕。行乎！敬之哉！毋墮〔一五五〕乃力！』墮，損〔一五六〕。仲尼聞魏子之舉也，以爲義，曰：『近不失親，謂舉魏戊。遠不失舉，以賢舉也〔一五七〕。可謂義矣。』又聞命〔一五八〕賈辛也，以爲忠，先賞王室之功，故爲忠也〔一五九〕。『《詩》曰：「永言配命，自求多福。」忠也。《詩·大雅》。永，長〔一六〇〕。言能長配天命，致多福者，唯忠也〔一六一〕。魏子之舉也義，其命也忠，其長有後於晉國乎？』

冬，梗陽人有獄，魏戊不能斷〔一六二〕，以獄上。上魏子也〔一六三〕。其大宗賂以女樂，訟者之大宗也〔一六四〕。魏子將受之。魏戊謂閻没、女寬二人，魏子之屬大夫。曰：『主以不賄聞於諸侯，若受梗陽人，賄莫甚焉。吾子必諫！』皆許諾。退朝〔一六五〕，待於庭。魏子朝君退，而待於魏子之庭。饋入，召之。召二大夫食也〔一六六〕。比置，三歎。既食，使坐。更命之令坐也〔一六七〕。魏子曰：『吾聞諸伯叔，諺曰：「唯食忘憂。」吾子置食之閒〔一六八〕三歎，何也？』同辭〔一六九〕而對曰：『或賜二小人酒，不夕食。或，他人也。言飢甚也〔一七〇〕。饋之始至，恐其不足，是以歎。中置，自咎曰：「豈將軍食之而有不足？」是以再歎。魏子，中軍率〔一七一〕，故謂之將軍。及饋之畢，願以小人之腹爲君子之心，屬猒〔一七二〕而已。』屬，足也。言小人之腹飽，猶知猒足。君子〔一七三〕之心亦宜然。獻子辤〔一七四〕梗陽人。傳言魏氏所以興也。

經　廿有九年，春，公至自乾侯，居于▨（鄆）〔一七五〕。以□□（乾侯）致〔一七六〕，不□□□▨（得見晉侯）〔一七七〕故。齊侯使高張來唁公。唁公至晉不見受也〔一七八〕。高張，高偃子。

□□□□□□（公如晉，次于乾）侯。復不見受，往乾侯也〔一七九〕。

夏，四月，庚子，叔▭〔一八〇〕月，鄆潰。無傳。民逃其上曰潰。潰散叛公也〔一八一〕。

傳　廿九年，春，公至自乾侯，處▭〔一八二〕張來唁公，稱主君。比公於大夫也〔一八三〕。子▨（家）▭〔一八四〕君祗〔一八五〕辱焉。』言往事齊，適取辱也〔一八六〕。公如▨（乾）▭〔一八七〕京師煞召伯盈、尹氏固▨（及）▭〔一八八〕□（子），終不說學也〔一八九〕。尹固之復也，廿六〔一九〇〕年，尹固▭〔一九一〕俱奔楚而▭〔一九二〕周郊，尤之，曰：『處則勸人爲▭〔一九三〕夫也，其過三歲▭〔一九四〕于鄻以叛，陰不佞〔一九五〕敗之。▭〔一九六〕煞伯▭〔一九七〕每歲賈馬，賈，買〔一九八〕。具從者之▭〔一九九〕□（公）▨（執）〔二〇〇〕歸馬者，賣之。賣其馬。▭▨（服）〔二〇一〕，啓服，▨（馬）〔二〇二〕▭

（後缺）

【校記】

〔一〕『不已』下底一殘泐，刊本作『左尹郤宛也中』。

〔二〕『廄尹』下底一殘泐，刊本作『陽令終戌也』。

〔三〕或，刊本作『惑』，『或』『惑』古今字。

〔四〕煞，刊本作「殺」。《干禄字書・入聲》：「煞、殺，上俗下正。」下凡「煞」字均不復出校。
〔五〕「讒人」下刊本有「也」字。
〔六〕朱，刊本誤作「宋」，阮氏失校。
〔七〕廿，刊本作「二十」。「廿」爲「二十」之合文。下凡「廿」字同此，不復出校。
〔八〕也，刊本無。
〔九〕恭，刊本作「共」，「共」「恭」古今字。
〔一〇〕極，刊本作「及」。饒宗頤云：「阮刻本作「邇無及也」，誤。案此「無極」爲人名，即上文「夫無極楚之讒人」之「無極」。是本劉師培曾細校，惟此條未之改。」楊伯峻《春秋左傳注》據金澤文庫本改爲「極」。
〔一一〕郄，刊本作「郤」。《晉書音義・帝紀第六》：「郤，本或作郄，俗。」則郤、郄正俗字。「郄」應是「郄」之俗訛。下「郄」字皆同此。
〔一二〕陽氏，刊本作「陳氏」。阮元《春秋左氏傳校勘記》（以下簡稱「阮校」）：「宋本、淳熙本、岳本、《纂圖》本、監本、毛本「陳氏」作「陽氏」，是也。」
〔一三〕也，刊本無。
〔一四〕弗，刊本作「不」。二字義同。
〔一五〕三族，刊本無。饒宗頤云：「比各本多「三族」二字。同於日本金澤文庫本及石山寺本，文氣更佳。」楊伯峻《春秋左傳注》據金澤文庫本、日本石山寺藏本及寫卷增。
〔一六〕也，刊本無。
〔一七〕彊，刊本作「疆」。劉師培以「彊」爲誤字。案「彊」爲「疆」之俗字，説詳《敦煌俗字研究》下編四一六頁。
〔一八〕或，刊本作「惑」，「或」「惑」古今字。
〔一九〕也，刊本無。

〔二〇〕國，底一先寫作「圖」，後用朱筆在上改爲「國」。此余欣目驗。

〔二一〕亨礼也，刊本作「饗禮」。案「享」爲「饗」之音借字。「礼」爲古文「禮」字，敦煌寫本多用此字，後世刊本則多用「禮」字。下凡「礼」字均不復出校。

〔二二〕「獻爵」下刊本有「也」字。

〔二三〕「在坐」下刊本有「也」字。

〔二四〕魚覿，卷背注音。

〔二五〕媟，刊本作「媟」。案刊本承襲諱改字也。

〔二六〕避，刊本作「辟」，「辟」「避」古今字。

〔二七〕藉，刊本作「籍」。案作「籍」是，「藉」乃是因艹、⺮混用而成。注中「藉」字同。注同。

〔二八〕辞，刊本作「辭」。《干禄字書·平聲》：「辞、辤、辭，上中竝辝讓；下辭説，今作辞，俗。」是在唐時，「辞」已成爲「辭」之俗字。此作「辞」，又爲「辞」的訛變俗字（説見《敦煌俗字研究》下編六〇三頁）。

〔二九〕成，刊本作「成」。阮校：「宋本、淳熙本、岳本、閩本「成」作「成」，是也。」

〔三〇〕也，刊本無。

〔三一〕塟，刊本作「葬」。「塟」應是「葬」之俗字「塟」的訛變，下皆同。

〔三二〕也，刊本無。

〔三三〕厈，刊本作「斥」。《説文·言部》「𧦝」篆下段注：「凡從㡿之字隸變爲厈，俗又譌斥。」據此，「厈」爲隸變字，「斥」爲俗字。「尺」爲卷背注音。

〔三四〕境，刊本作「竟」，「竟」「境」古今字。下凡「境」字同。

〔三五〕丙，底卷原缺末筆，避諱缺筆字，兹據刊本録正。

〔三六〕也，刊本無。

〔三七〕也，刊本無。

〔三八〕也，刊本無。

〔三九〕熟矜，刊本『熟』作『孰』，『矜』作『矜』。劉師培認爲『熟』爲誤字。案：『熟』爲『孰』之音借字。凡經典『矜』字皆『矜』之訛，説詳《説文·矛部》『矜』篆下段注、臧庸《拜經日記》卷五『矜』字條。

〔四〇〕七報，卷背注音。

〔四一〕介，刊本作『个』。案當作『介』，説見臧庸《拜經日記》卷二、竹添光鴻《左氏會箋》第十四卷《襄公八年》『亦不使一介行李告于寡君』之箋。注中『介』字同。

〔四二〕者也，刊本無。案：『者』蓋爲雙行對齊而添。

〔四三〕著，刊本作『者』。陸德明《經典釋文·春秋左氏音義》（以下簡稱『釋文』）出『逆著』，阮校：『宋本、淳熙本、岳本、《纂圖》本、毛本「者」作「著」。』案金澤文庫本（據竹添光鴻《左氏會箋》，下皆同）亦作『著』。

〔四四〕『中略』爲底一卷背注音。

〔四五〕於庶，底一卷背注音。

〔四六〕『家臣』下刊本有『也』字。

〔四七〕也，刊本無。

〔四八〕子也，刊本作『之子』。案金澤文庫本亦作『之子』。

〔四九〕直正，刊本作『正直』。案金澤文庫本亦作『直正』。

〔五〇〕也，刊本無。

〔五一〕也，刊本無。

〔五二〕僻，刊本作『辟』，『辟』『僻』古今字。

〔五三〕也，刊本無。此當爲雙行對齊而添。

〔五三〕『且』下刊本有『也』字。
〔五四〕者，刊本無。
〔五五〕也，刊本無。
〔五六〕者也，刊本無。『者』字當爲雙行對齊而添。
〔五七〕爯全，底一卷背注音。案此音可疑。
〔五八〕也，刊本無。
〔五九〕也，刊本無。
〔六〇〕許丈，底一卷背注音。
〔六一〕姫，底一原誤作『姖』，兹據刊本改正。下凡『姫』字皆同，不復出校。
〔六二〕户雅，底一卷背注音。
〔六三〕以死也，刊本『以』作『已』，無『也』字。『以』、『已』古通用。
〔六四〕也，刊本無。
〔六五〕也，刊本無。
〔六六〕也，刊本無。
〔六七〕鄭穆公，刊本無『公』字。
〔六八〕貊，刊本作『貉』。『貊』爲『貉』之俗字，説見《敦煌俗字研究》下編五八八頁。下『貊』字同。
〔六九〕亡白，底一卷背注音。
〔七〇〕之忍，底一卷背注音。
〔七一〕氏，刊本無。
〔七二〕也，刊本無。

〔七三〕也，刊本無。
〔七四〕也，刊本無。
〔七五〕也，刊本無。
〔七六〕夒，刊本作『夔』。『夒』爲『夔』之俗字，説詳《敦煌俗字研究》下編一七六頁。下凡『夒』字皆同。
〔七七〕也，刊本無。
〔七八〕力南，底一卷背注音。
〔七九〕力對，底一卷背注音。
〔八〇〕『戾』下刊本有『也』字。
〔八一〕『大』下刊本有『也』字。
〔八二〕詣，底一卷背注音。
〔八三〕也，刊本作『者』。案作『者』義長。金澤文庫本亦作『者』。
〔八四〕恭子之癈，刊本『恭』作『共』，『癈』作『廢』。『共』『恭』古今字，『癈』爲『廢』之俗字。注中『恭』、『癈』二字同。
〔八五〕末喜，刊本作『妹喜』。案『末』、『妹』古多通用，《釋文》出『末喜』，賈昌朝《群經音辨》云：『末喜，桀后也，音嬉。《春秋傳》「夏以末喜」。』皆與寫卷同。金澤文庫本亦作『末喜』。
〔八六〕也，刊本無。
〔八七〕汝，刊本作『女』，『女』『汝』古今字。
〔八八〕娶，底一原寫作『取』，後以朱筆在下添『女』旁。『取』『娶』古今字，《左傳》本當是『取』字，刊本即作『取』。下句『娶』字與此同。
〔八九〕娌，刊本作『嫂』。《干禄字書·上聲》：『娌嫂㛮，上俗中通下正。』

〔九〇〕者也，刊本無。『者』當是爲雙行對齊而添。

〔九一〕也，刊本無。

〔九二〕貇，刊本作『狼』。蔡主賓《敦煌寫本儒家經籍異文考》云：『貇爲字書所無，當是俗訛。』案：此當是因上『豺』而成之類化字。下『貇』字同。

〔九三〕寘，底一卷背注音。

〔九四〕七縣，底二起於此。

〔九五〕鄔，刊本同，底二作『鄡』。案前『晉祁勝與鄔臧通室』句阮校云：『《石經》初刻作「鄔」，改刻「鄡」字，下「司馬彌牟爲鄔大夫」鄔字並同。按依《釋文》則作「鄔」是，改刻「鄡」非也。』下『鄔』字底二均作『鄡』，不復出校。

〔九六〕于，底一卷背注音。

〔九七〕羊氏，刊本作『羊舌氏』。底二『羊』下殘泐，然據行款，知其應作『羊舌氏』。劉師培認爲底一挩『舌』字。案：金澤文庫本亦作『羊舌氏』。

〔九八〕陽氏也，刊本『陽』作『楊』，無『也』字。案下云『僚安爲揚氏大夫』，則作『陽』者，音借字也。『楊』、『揚』古多混用。

〔九九〕也，底二、刊本無。

〔一〇〇〕茂，底一卷背注音。

〔一〇一〕庶子，刊本同，底二下有『也』字。

〔一〇二〕『夫戊魏舒庶子梗』七字底一後補於行末『大』字下。

〔一〇三〕南，底一原脱，茲據底二、刊本補。

〔一〇四〕『大夫』下底二有『也』字。

〔一〇五〕也，底二同，刊本無。

〔一〇六〕也，底二、刊本無。

〔一〇七〕盂丙，底一『盂』原作『孟』，後在上改作『盂』，底二、刊本作『孟』。顧炎武《左傳杜解補正》云：『今本作「孟丙」者非。《漢書·地理志》云：「盂，晉大夫盂丙邑。」以其爲盂大夫，而謂之盂丙，猶魏大夫之爲魏壽餘，閻大夫之爲閻嘉，邯鄲大夫之爲邯鄲午也。』洪亮吉《春秋左傳詁》據以改作『盂』。劉師培云：『盂丙爲盂大夫，上「盂」字不作「孟」。』並注云：『初書作「孟」，後改「盂」，與《漢書》合，顧炎武所説，與此暗符。』饒宗頤云：『今細察此本，劉説可從。』李富孫《春秋左傳異文釋》引梁氏曰：『丙初受縣，不當即偁盂丙，餘九大夫各著名氏可見。』則認爲作『孟』者是。竹添光鴻《左氏會箋》云：『《地理志》作盂丙者，盂、孟字相近而譌耳。丙新爲盂大夫，若作盂丙，是未爲盂大夫既以邑氏也，有此理乎？』其説與梁氏同。楊伯峻《春秋左傳注》云：『《漢書·古今人表》及《水經·汾水注》皆作「孟丙」，唯《漢書·地理志》作「盂丙」，字形相似，易誤。』亦不以作『盂』爲然。底一『丙』原缺末筆，避諱缺筆字，兹據刊本録正。

〔一〇八〕宵，底二、刊本作『霄』。二字古通用。下『樂宵』之『宵』並同此，不復出校。

〔一〇九〕也，底二同，刊本無。

〔一一〇〕也，底二同，刊本無。

〔一一一〕也，底二同，刊本無。

〔一一二〕揚，底二、刊本作『楊』。『楊』、『揚』二字古常混用。注中『揚』字同。

〔一一三〕也，底二同，刊本無。

〔一一四〕軄，底二同，刊本作『職』。《玉篇·身部》云：『軄，俗職字。』下『軄』字同。

〔一一五〕也，底二同，刊本無。

〔一一六〕弥，底二同，刊本作『彌』。『弥』爲『彌』之俗字，説見《敦煌俗字研究》下編二〇八頁。

〔一一七〕丙，底一原缺筆，避諱字，兹據底二、刊本録正。

〔一一八〕采，刊本同，底二作「採」。「采」、「採」古今字。

〔一一九〕也，刊本同，底二無。

〔一二〇〕專又布轉，底一卷背注音。案：《釋文》：「鱄，音鄟，又市轉反，又音附。」《襄公二十七年》經「衛侯之弟鱄出奔晉」《釋文》：「鱄，市轉反，又音專。」《公羊傳》釋文云：「鱄，市轉反，又音專，一音直轉反。」則「布」當爲「市」之形誤。

〔一二一〕也，底二、刊本無。

〔一二二〕迫，底二同，刊本作「偪」。偪、迫義同。然杜預在注中仍用「偪」字，無用「迫」代「偪」者，如《庄二十三年》傳「晉桓、莊之族偪」注：「桓叔、莊伯之子孫强盛，偪迫公室。」《僖二十四年》傳「吕、郤畏偪」注：「吕甥、郤芮，惠公舊臣，故畏爲文公所偪害。」《文七年》傳「宣子與諸大夫皆患穆嬴，且畏偪」注：「畏國人以大義來偪己。」皆是也。此作「迫」者，當非原貌。

〔一二三〕也，底二同，刊本無。

〔一二四〕也，底二同，刊本無。

〔一二五〕▨，底一卷背注音，此字模糊難辨。

〔一二六〕大，底二同，刊本下有「也」字。

〔一二七〕卌，底二同，刊本作「四十」。「卌」爲「四十」之合文。

〔一二八〕惟，底二同，刊本作「唯」。陳樹華《春秋經傳集解考正》云：「《左傳》本凡發語詞「唯」字俱从口，其引《詩》、《書》本句則从心，前後一例，此「唯」字應从心。」案：陳説是，二寫卷正作「惟」，可爲其證。

〔一二九〕尅，底二、刊本作「克」。《説文·克部》「克」篆下段注：「俗作尅。」下「尅」字同。

〔一三〇〕于况，底一卷背注音。

〔三一〕邦，底二、刊本作「國」。劉師培云：「邽乃古字也。」「邽」爲「邦」字隸變之異。《禮記・樂記》引詩作「邦」，今本《毛詩》亦作「邦」。或作「國」者，避漢諱改也。

〔三二〕也，底二同，刊本無。

〔三三〕昭臨四方曰明，底二、刊本「昭」作「照」，「明」作「明」。「昭」爲「照」之音借字；明、明異體。

〔三四〕者也，底二無，刊本無「者」字。

〔三五〕徧（遍）服也，「遍」爲底一卷背注音。刊本無「也」字。

〔三六〕「曰」前底一原有「之」字，陳樹華《春秋經傳集解考正》所據本亦有「之」字，陳氏云：「『之』字衍，《周書》及《毛傳》皆無『之』字。」茲據底二、刊本刪。

〔三七〕也，底二、刊本無。

〔三八〕「受」下刊本有「也」字。

〔三九〕「從」下底一原有「之」字，衍文，茲據底二、刊本刪。

〔四〇〕「遠」下底二、刊本有「也」字。

〔四一〕皃醜也，底二、刊本「皃」作「貌」，刊本無「也」字。案據《説文》，「皃」小篆隸定字，「貌」籀文隸定字。

〔四二〕也，底二無，刊本作「者」。

〔四三〕也，底二同，刊本無。

〔四四〕時掌，底一卷背注音。

〔四五〕也，底二同，刊本無。

〔四六〕取，刊本同，底二作「娶」。「取」、「娶」古今字。

〔四七〕不笑，底一原無。案底二有，斯七九《失名類書》第五五行「賈大夫」條引《左傳》亦有。金澤文庫本亦有「不笑」二字。且傳中下有言「其妻始笑而言」，是當有「不笑」二字，底一當是脱漏，茲據刊本補。下「不笑』二字亦據補。

〔一四八〕睾，底二同，刊本作『臯』。『睾』爲俗『臯』字。注中『睾』字同。

〔一四九〕也，底二、刊本無。

〔一五〇〕汝遂不言不笑，底一原無『不笑』二字，兹據底二、金澤文庫本、刊本補，説已見校記〔一四七〕。『汝』，底二同，刊本作『女』。女、汝古今字。底二末有『矣夫』二字，且小字旁注；刊本有『夫』字。阮校：『《石經》初刻無「夫」字，重刊補。』案：底二『矣夫』爲旁注後添，疑本無『夫』字。

〔一五一〕顔貇不揚顯也，『貇』，底二作『皃』，刊本作『貌』；刊本無『也』字。案『貇』爲『貌』之俗字。據《説文》，『皃』小篆隸定字，『貌』籀文隸定字。

〔一五二〕之，底二同，刊本無。阮校：『宋本、淳熙本、岳本、足利本「言」下有「之」字，與《石經》合。』劉師培認爲寫卷是。

〔一五三〕汝，底二同，刊本作『女』。『女』『汝』古今字。下句『汝』字同。

〔一五四〕言人不可無能也，底一僅存一『言』字，刊本無『也』字。自此句起，底一殘損嚴重，故以底二爲底本。

〔一五五〕『毋墮』二字底一僅存右邊殘畫，底一止於此。

〔一五六〕『損』下刊本有『也』字。

〔一五七〕也，刊本無。

〔一五八〕『命』前刊本有『其』字。

〔一五九〕也，刊本無。

〔一六〇〕『長』下刊本有『也』字。

〔一六一〕也，刊本無。

〔一六二〕斷，刊本作『斷』。《干禄字書·上聲》：『断、斷，上俗下正。』

〔一六三〕也，刊本無。

〔一六四〕也，刊本無。

〔一六五〕『退朝』前底二原有旁注小字『受』。案此言閻没、女寬退朝後，待於庭，欲諫諍魏子，此時魏子尚未受梗陽人之賄，『受』字不當有。金澤文庫本無此字，兹據刊本删之。

〔一六六〕也，刊本無。

〔一六七〕也，刊本無。

〔一六八〕閒，刊本作『間』。『閒』『間』古今字。

〔一六九〕辤，刊本作『辭』。『辭』爲正字，『辤』爲借字。

〔一七〇〕也，刊本無。

〔一七一〕率，刊本作『帥』。『帥』『率』二字古多通用，將帥之『帥』《説文》作『衛』，『帥』、『率』均借字也，説詳《説文》『衛』篆下段注。

〔一七二〕猒，刊本作『厭』，『猒』『厭』古今字。注中『猒』字同。

〔一七三〕『君子』前底二有旁注小字『歎』，此處不應有此字，蓋手民輒加也，金澤文庫本亦無，兹據刊本删之。

〔一七四〕辤，刊本作『辭』。『辤』爲正字，『辭』爲借字。

〔一七五〕鄆，底二存右邊『阝』。

〔一七六〕致，刊本作『至』。陳樹華《春秋經傳集解考正》云：『「致」字从淳化本改正，岳本亦誤作「至」。』阮校：『宋本、岳本、足利本「至」作「致」。按《正義》云：「以乾侯致告於廟者。」作「致」是也。』

〔一七七〕侯，底二殘存右下角殘畫，兹據刊本擬補。

〔一七八〕也，刊本無。

〔一七九〕往乾侯也，底二『往』原誤作『住』，兹據刊本改正。刊本無『也』字。

〔一八〇〕『叔』下底二殘泐，刊本作『詣卒無傳秋七月冬十』。

〔一八一〕也，刊本無。

〔一八二〕『處』下底二殘泐，刊本作『于鄆齊侯使高』。

〔一八三〕也，刊本無。

〔一八四〕家，底二殘存上半，兹據刊本擬補。『家』下底二殘泐，刊本作『子曰齊卑君矣』。

〔一八五〕祇，底二原作『秖』，乃俗書偏旁禾、礻不分之故，兹據刊本改正。

〔一八六〕也，刊本無。

〔一八七〕乾，底二存上半，兹據刊本擬補。『乾』下底二殘泐，刊本作『侯爲齊所卑故復適晉冀見恤三月己卯』。

〔一八八〕及，底二存上半，兹據刊本擬補。『及』下底二殘泐，刊本作『原伯魯之子皆子朝黨也稱伯魯』。

〔一八九〕也，刊本無。

〔一九〇〕六，刊本作『八』。阮校：『宋本、淳熙本、岳本、《纂圖》本、足利本「八」作「六」，是也。』傅振倫云：『按《昭二十六年》傳「召伯盈逐王子朝，王子朝及召子之族、毛伯得、尹氏固、南宫嚚奉周之典籍以奔楚」，則今本之作「二十八年」者誤矣。』

〔一九一〕『固』下底二殘泐，刊本作『與子朝』。

〔一九二〕『而』下底二殘泐，刊本作『道還有婦人遇之』。

〔一九三〕『爲』下底二殘泐，刊本作『禍行則數日而反是』。

〔一九四〕『歲』下底二殘泐，刊本作『乎夏五月庚寅王子趙車入』。

〔一九五〕倭，刊本作『佞』。《干禄字書·去聲》：『倭、佞，上俗下正。』

〔一九六〕『之』下底二殘泐，刊本作『趙車子朝之餘也見王』。

〔一九七〕『伯』下底二殘泐，刊本作『盈等故叛鄻周邑平子』。

〔一九八〕『買』下刊本有『也』字。

〔一九九〕『之』下底二殘泐，刊本作『衣屨而歸之于乾侯』。

〔二〇〇〕執，底二存右邊『丸』，兹據刊本擬補。

〔二〇一〕服，底二存右半，兹據刊本擬補。自前行『馬』至此行『服』間底二殘泐，刊本作『乃不歸馬衛侯來獻其乘馬曰啓』。

〔二〇二〕馬，底二存右半，兹據刊本擬補。

春秋左氏經傳集解（一八）（定公四—六年）

斯五六二五（底一）

伯二五二三（底二）

伯二五二三碎一（底三）

【題解】

底一編號爲斯五六二五，起《定公四年》傳『夫槩王欲攻之』之『之』，至『入于雲中』之『于』，共八行，存上半截。《翟目》首先比定其爲杜預注《左傳》，諸家皆同。

底二編號爲伯二五二三，起《定公四年》傳『王寢，盜攻之』（底二『寢』作『寑』），至《定公六年》傳『陽虎若不能居魯』之『陽』，共一百三十二行。《伯目》定名爲《春秋左傳》，《索引》定名爲《春秋左氏傳集解》，《寶藏》、《索引新編》從之。

底三編號爲伯二五二三碎一，三殘行，第一行上下端均有殘損，二、三兩行殘去上截，《索引》没有著録，《寶藏》定名《左傳集解殘塊》，得之。縮微膠卷編號爲伯二五二三碎一，爲附於伯二五二三之殘片，起《定公六年》傳『陽虎又盟公及三桓於周社』之『三桓』，至『辟儋翩之亂也』之『之』。《索引新編》已據膠卷定其編號爲伯二五二三碎，然未作定名，泛名之曰『碎片』。《法藏》編號爲伯二五二三碎一，定名爲《春秋經傳集解》，是也。

底二正接底一之後，兩卷字體相同，行款亦同，而且其中用以雙行對齊之字亦同，如多加一『之』字。底三與底二亦當爲一卷之裂，只是兩者中間約殘缺三十行，考詳許建平《殘卷定名正補》（敦煌研究院編

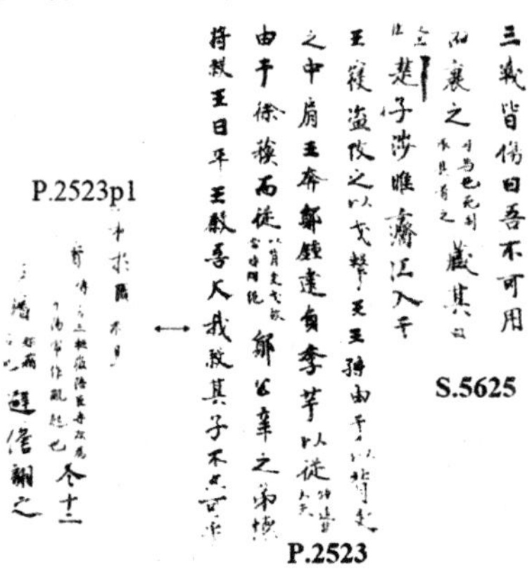

底一至底三綴合圖（局部）

《二〇〇〇年敦煌學國際學術討論會文集・歷史文化卷》三〇一頁，甘肅民族出版社二〇〇三）。

三卷綴合後，共一百四十三行，經、傳單行大字，集解雙行小字，行有界欄，涉及定公四、五、六年三年的内容。

羅振玉《敦煌本春秋經傳集解殘卷跋》以爲底二不避唐諱，因而認爲是六朝寫本（《雪堂校勘羣書敘録》卷下《敦煌本春秋經傳集解殘卷跋》，收入黄永武主編《敦煌叢刊初集》第八册二一七頁，臺北新文豐出版公司一九八五），姜亮夫《海外敦煌卷子經眼録》（《敦煌學論文集》二八頁，上海古籍出版社一九八七）、王素與李方所著《魏晋南北朝敦煌文獻編年》（二七八頁，臺北新文豐出版公司一九九七）從之。寫卷於『虎』、『丙』、『世』、『泄』諸字均無缺筆，但底二第七三、七五行『葉』字的構件『世』，第七五、一二七行中『棄』字的中部（『棄』字中部俗寫作『世』），均缺筆，可知寫卷的抄寫時間不可能早於高宗朝。而其於『虎』、『丙』、『世』、『泄』諸字不缺筆，底二第二〇行之『棄』字亦未缺筆，如此避諱極不嚴格之寫卷，疑非高宗朝之寫本，應該更遲於此時。

劉師培《敦煌新出唐寫本提要・左傳杜預集解定公殘卷》（載《劉申叔遺書》下册二〇〇七頁，江蘇古籍出版社一九九七年。簡稱『劉師培』）對底二有校記。李索《敦煌寫卷〈春秋經傳集解〉校證》（中國社會科學出版社二〇〇五）有録文及校記，然無可取者。

底卷經、傳文均提行抄寫，而經、傳二字皆高出一格書寫，今録文中在經、傳二字下各空一格以別之。

底一據《英藏》録文，底二、底三皆據縮微膠卷録文，以中華書局影印阮元刻《十三經注疏・春秋左傳正義》爲對校本（簡稱『刊本』），校録於後。

（前缺）

之，懼而去▨（之）[一]，夫槩王入▨（之）□[二]馬戍及息而還，息，汝南新息也。聞楚敗，故還。▨（敗）□[三]先敗吴師而身被創。初，司馬臣闔廬，□[四]吴爲闔廬臣，是以今恥於見禽也[五]。謂其臣[六]：

『誰〔七〕□曰：『臣賤，可乎？』司馬曰：『我□〔八〕三戰皆傷，曰：『吾不可用□〔九〕而裹之，司馬已死，剄取其首之〔一〇〕。藏其▨（身）□〔一一〕之忠壯。

楚子涉雎，濟江，入于□〔一二〕王寢〔一三〕，盜攻之，以戈擊王，王孫由于以背受之，中肩。王奔鄖。鍾建負季芉〔一四〕以從。鍾建，楚大夫。由于徐蘇而從。以背受戈，故當時悶絶。鄖公辛之弟懷將殺〔一五〕王，曰：『平王殺吾父，我殺其子，不亦可乎？』辛，蔓成然之子鬭辛也。照十四年楚平王殺成然之〔一六〕。辛曰：『君討臣，誰敢讎之？君命，天也。若死天命，將誰讎？《詩》曰：「柔亦不茹，剛亦不吐。不侮矜〔一七〕寡，不畏彊禦。」唯仁者能之。《詩·大雅》。言仲山甫不避彊凌弱之〔一八〕。違彊凌弱，非勇也；乘人之約，非仁也；滅宗廢祀，非孝也；殺〔一九〕君罪應滅宗。動無令名，非智〔二〇〕也。必犯是，余將殺汝〔二一〕。』鬭辛與其弟〔二二〕巢以王奔隨。吴人從之，謂隨人曰：『周之子孫在漢川者，楚實盡之。天誘其衷，致罸〔二三〕於楚，而君又竄之，竄，匿〔二四〕。周室何罪？君若顧報周室，施及寡人，以奨〔二五〕天衷，奨，成〔二六〕。君之惠也。漢陽之田，君實有之。』楚子在公宫之北，隨公宫〔二七〕。吴人在其南。子期似王，子期，照王兄公子結〔二八〕。逃王，而己爲王，曰：『以我與之，王必免。』隨人卜與之，不吉，乃辤〔二九〕吴曰：『以隨之僻〔三〇〕小，而密爾〔三一〕於楚，楚實存之。世有盟誓，至于今未改。若難而棄之，何以事君？執事之患，不唯一人。一人，楚王。若鳩楚境〔三二〕，敢不聽命？』吴人乃退。鳩，安集〔三三〕。鑪金初宦〔三四〕於子期氏，實與隨人要言。要〔三五〕無以楚王與吴，并欲脱子期。王使見，王喜其意，欲引見之，以比王臣，且欲使盟隨人。辤〔三六〕曰：『不敢以約爲利。』此約謂要言也。此一時之事，非爲德舉，故辤不敢見，亦不肯爲盟主。王割子期之心，以與隨人盟。當心前割取血以盟，示其至心也〔三七〕。

初，五〔三八〕員與申包胥友。包胥，楚大夫。其亡也，謂申包胥〔三九〕：『我必復楚國。』復，報也。申包胥曰：『勉之！子能復之，我必能興之。』及昭王在隨，申包胥如秦乞師，曰：『吴爲封豕長蛇〔四〇〕，以荐食上國，荐，數也。言吴貪虐〔四一〕如蛇豕。虐始於楚。寡君失〔四二〕社稷，越在草茅〔四三〕，使下臣告急，曰：「夷德無厭，若鄰於君，疆埸之患也。吴有楚，則與秦鄰。逮吴之未定，君其取分焉。與吴共分楚地〔四四〕。若楚之遂亡，君之土也。若以君靈撫之，世以事君。』撫，存恤〔四五〕。秦伯使辭〔四六〕焉，曰：『寡人聞命矣。子姑就館，將圖而告。』對曰：『寡君越在草茅〔四七〕，未獲所伏，伏猶處〔四八〕。下臣何敢即安？』立依於庭牆而哭，日夜不絶聲，勺飲不入口七日。秦哀公爲之賦《無衣》，《詩·秦風》也〔四九〕。取其『王于興師，脩我戈矛。與子同仇，與子偕作，與子偕行』之〔五〇〕。九頓首而坐。《無衣》三章，章三頓首。秦師乃出。爲明年包胥以秦師至張本。

經　五年，春，王三月，辛亥，朔，日有食之。無傳。

夏，歸粟于蔡。蔡爲楚所圍，飢乏，故魯歸之粟。

於越入吴。於，發聲〔五一〕。

六月，丙申，季孫意如卒。

秋，七月，壬子，叔孫不敢卒。無傳。

冬，晉士鞅帥師圍鮮虞。

傳　五年，春，王人殺子朝于楚。因楚亂〔五二〕。終閔馬父之言。

夏，歸粟於蔡，以周亟，矜〔五三〕無資。亟，急〔五四〕。

越入吴，吴在楚也。

六月，季平子行東野。東野，季氏邑。還，未至，丙申，卒于房。陽虎將以璵〔五五〕璠斂，璵璠，美玉名，君所佩。仲梁懷弗與，懷亦季氏家臣。曰：『改步改玉。』昭公之出，季孫行君事，佩璵〔五六〕璠祭宗廟。今定公立，復位〔五七〕，改君步，則亦當去輿佩〔五八〕。陽虎欲逐之，告公山不狃。公山不狃〔五九〕曰：『彼爲君也，子何怨焉？』不狃，季氏臣費宰子泄〔六〇〕也。爲君，不欲使僭。既葬，桓子行東野，桓子，意如子季孫斯。及費。子泄爲費宰，逆勞於郊，桓子敬之。勞仲梁懷，仲梁懷弗敬。懷時從桓子行，輕慢子泄也〔六一〕。子泄怒，謂陽虎：『子行之乎？』行，逐懷〔六二〕。▨（爲）下陽虎囚桓子起之〔六三〕。

申包胥以秦師至。秦子蒲、子虎帥車五百乘以救楚。五百乘，三萬七千五百人。子蒲曰：『吾未知吴道。』道猶法術。使楚［人］〔六四〕先與吴人戰，而自稷會之，大敗夫槩王于沂。稷、沂皆楚地。吴人獲薳射於柏舉，薳射，楚大夫。其子帥奔徒奔徒，楚散卒。以從子西，敗吴師於〔六五〕軍祥。楚地。

秋，七月，子期、子蒲滅唐。從吴伐楚故。

九月，夫槩王師〔六六〕歸，自立也，以與王戰，而敗，自立爲吴王，號夫槩。奔楚，爲唐〔六七〕谿氏。傳終言之。吴師敗楚師于雍澨。秦師又敗吴師。吴師居麇〔六八〕，麇，地名。子期將焚之，子西曰：『父兄親暴骨焉，不能收，又焚之，不可。』前年楚人與吴戰，多死麇中，言不可并焚。子期曰：『國亡矣，死者若有知也，可〔六九〕歆舊祀，言焚吴復楚，則祭祀不廢也〔七〇〕。豈憚焚〔七一〕？』焚之〔七二〕，又戰，吴師敗。又戰于公壻〔七三〕之谿，楚地名。吴師大敗，吴子乃歸。囚闉輿罷。闉輿罷請先，遂逃歸。輿罷，楚大夫也〔七四〕。請先至吴而逃歸。言吴雖〔七五〕得楚一大夫，而〔七六〕復失之，所以不克。葉〔七七〕公諸梁之苐（弟）后臧從其母於吴，不待而歸。諸梁，司馬沈尹戌之子葉公子高也。吴入楚，獲后臧之母。楚定，臧棄〔七八〕母而歸。葉公終不正視。不義之。

乙亥，陽虎囚季桓子及公父文伯，文伯，季桓子從昆弟〔七九〕。陽虎欲爲亂，恐二子不從，故囚之。而逐仲梁懷。冬，十月，丁亥，殺公何藐。藐，季氏族。己丑，盟桓子于稷門之内。魯南城門。庚寅，大詛。逐公父歜及秦遄，皆奔齊。歜即文伯〔八〇〕。秦遄，平子姑壻〔八一〕。傳言季氏之亂。

楚子入于郢。吴師已歸。初，鬬〔八二〕辛聞吴人之争宫也，曰：『吾聞之：「不讓則不和；「不和」〔八三〕不可以遠征。」吴争於楚，必有亂；亂〔八四〕，則必歸，焉能定楚？』楚〔八五〕王之奔隨也，將涉於成臼。江夏竟陵縣西〔八六〕有臼水，出聊屈山，西南入漢。藍尹亹〔八七〕涉其帑，亹，楚大夫。不與王舟。及寧，王欲煞〔八八〕之。寧，安定〔八九〕。子西曰：『子常唯思舊怨以敗，君何効〔九〇〕焉？』王曰：『善。使復其所，吾以志前惡。』惡，過〔九一〕。王賞鬬辛、王孫由于、王孫圉、鍾建、鬬巢、申包胥、王孫賈、宋木、鬬懷。九子皆從王有大功者。子西曰：『請舍懷也。』以初謀殺〔九二〕王也。王曰：『大德滅小怨，道也。』終從其兄，免王大難，是大德也〔九三〕。申包胥曰：『吾爲君〔九四〕，非爲身也。君既定矣，又何求？且吾尤子旗，其又爲諸？』子旗，蔓成然也。以有德於平王，求〔九五〕無厭，平王殺之。在昭十四年。遂逃賞。王將嫁▨（季）芈〔九六〕，季芈辭〔九七〕曰：『所以爲女子，遠丈夫也。鍾建負我矣。』以妻鍾建，以爲樂尹。司樂大夫。

王之在隨也，子西爲王輿服以保路，國□□▨（于脾泄）〔九八〕。□□（脾泄），楚邑也。失王，恐國人潰散，故僞爲王車服，立國脾泄，以保安道路人。聞王所在，而後〔九九〕從王。王使由于城麇，於麇築城。復命，子西問高厚焉，弗知。子西曰：『不能，如辭〔一〇〇〕。言自知不能，當辭勿行。城不知高厚大小〔一〇一〕，何知？』對曰：『固辭〔一〇二〕不能，子使余也。人各有能〔一〇三〕。王遇盜於雲中，余受其戈，其所猶在。』袒而示之〔一〇四〕，曰：『此余所能也。脾泄之事，余亦弗能也。』傳言昭王所以復國，有賢臣〔一〇五〕。

晉士鞅圍鮮虞，報觀虎之敗〔一〇六〕也。三年鮮虞獲晉觀虎也〔一〇七〕。

經　六年，春，王正月，癸亥，鄭游速帥師滅許，以許男斯歸。游速，大叔子也〔一〇八〕。

二月，公侵鄭。

公至自侵鄭。無傳。

夏，季孫斯、仲孫何忌如晉。

秋，晉人執宋行人樂祁犂〔一〇九〕。稱行人，言非其罪。

冬，城中城。無傳。公爲晉〔一一〇〕侵鄭，故懼而城〔一一一〕。

季孫斯、仲孫忌帥師圍鄆。無傳。何忌不言何，闕文也〔一一二〕。鄆貳於齊，故圍之也〔一一三〕。

傳　六年，春，鄭滅許，因楚敗也。

二月，公侵鄭，取匡，爲晉討鄭之伐胥靡也。胥靡，周地〔一一四〕。周▨（儋）〔一一五〕翩因鄭人以作亂，鄭爲之伐胥靡，故晉使魯討之。匡，鄭邑〔一一六〕。取匡不書，歸之晉。往不假道於衛。及還，陽虎使季、孟自南門入，出自東門，陽虎將逐三桓，欲使得罪於鄰國。舍於豚〔一一七〕澤。衛侯怒，使彌子瑕追之。彌子瑕，衛嬖大夫。公叔文子老矣，文子，公叔發。輦而如公，曰：『尤人而効〔一一八〕之，非礼〔一一九〕也。昭公之難，君將以文之▨（舒）〔一二〇〕鼎，衛文公之鼎。成之昭兆，寶龜。定之鞶鑑，鞶帶而以鏡爲餙〔一二一〕也。今西方羌胡猶然，古之遺服。苟可以納之，擇用一焉。公子與二三臣之子，諸侯苟憂之，將以爲之質。爲質，求納魯昭也〔一二二〕。此羣臣之所聞也。今▨▨（將以）〔一二三〕小忿蒙舊德，蒙，覆也。無乃不可乎？大姒之子，大姒，文王妃。▨（唯）〔一二四〕周公、康叔爲相睦〔一二五〕也，而効小人以棄〔一二六〕之，不亦誣乎？天將多陽虎之罪以斃之，君姑待之，若何？』乃止。止不伐魯師。

夏，季桓子如晉，獻俘〔一二七〕也。獻此春取匡之俘也〔一二八〕。陽虎強使孟懿子往報夫人之幣。虎欲困辱三桓，並〔一二九〕求媚於晉，故強使正卿報晉夫人聘〔一三〇〕。晉人兼享之。賤魯，故不復兩設礼，明經所以不備書。孟孫立于房外，謂范獻子曰：『陽〔一三一〕

（中間約缺三十行）

□▨▨（三桓）〔一三二〕於▨▨（周社）〔一三三〕，▨（盟）〔一三四〕□□□▨（衢）〔一三五〕。傳言三桓微，陪臣專政，爲□▨（八年）陽虎作亂起也〔一三六〕。

冬十二□▨（姑）〔一三七〕蕕。姑蕕，▨▨（周地）〔一三八〕。避〔一三九〕儋翩之

（後缺）

【校記】

〔一〕之，底一存左半，兹據刊本擬補。以下底卷中凡殘字、缺字補出者，均據刊本，不復一一注明。

〔二〕之，底一存上部一點。『之』下底一殘泐，刊本作『入令尹宫也言吴無禮所以不能遂克左司』。

〔三〕敗，底一存上部殘畫。『敗』下底一殘泐，刊本作『吴師于雍澨傷司馬』。

〔四〕『廬』下底一殘泐，刊本作『故恥爲禽焉司馬嘗在』。

〔五〕也，刊本無。

〔六〕臣，刊本下有『曰』。案金澤文庫本（據竹添光鴻《左氏會箋》，下皆同）亦有『曰』字。

〔七〕『誰』下底一殘泐，刊本作『能免吾首吴句卑』。

〔八〕『我』下底一殘泐，刊本作『實失子可哉失不知子賢』。

〔九〕不可用，刊本無『可』字。阮元《春秋左氏傳校勘記》（以下簡稱『阮校』）：『宋本、淳熙本、岳本、監本、毛本「不」下有「可」字，是也，《石經》此處殘缺。』底一『用』下殘泐，刊本作『也已句卑布裳剄』。

〔一〇〕之，刊本無。案此爲雙行對齊而添。

〔一一〕身，底一存上半。『身』下底一殘泐，刊本作『而以其首免傳言司馬』。

〔一二〕于，底一止於此，以下殘泐，刊本作『雲中入雲夢澤中所謂江南之夢』。

〔一三〕王寢，底二起於此。底二『寢』原作『寝』，乃『寢』之俗訛字，故改正。刊本作『寑』。案：寢，本字；寑，隸變字。

〔一四〕芉，刊本作『芈』。蔡主賓《敦煌寫本儒家經籍異文考》云：『「芉」作「芊」者，殆涉形近而譌。』案：蔡説

誤。《五經文字·羊部》:『芈、芊,上《説文》,下經典相承隸省。』

〔一五〕殺,刊本作『弑』,『殺』『弑』古今字。

〔一六〕照十四年楚平王殺成然之,刊本『照』作『昭』,無『之』字。案『照』爲『昭』之音借字。『之』爲雙行對齊而添。

〔一七〕矜,底卷旁注小字『鰥』,刊本作『矜』。案陸德明《經典釋文·春秋左氏音義》(以下簡稱『釋文』)作『矜』,與刊本同。此《詩·大雅·烝民》篇中文,今本《毛詩》作『矜』,《釋文》亦作『矜』。《説文·矛部》:『矜,矛柄也。』段氏改『矜』爲『矜』,注:『令聲古音在真部,故古叚「矜」爲「憐」。』魚部:『鰥,魚也。』段注:『「鰥」多叚借爲鰥寡字,鰥寡字蓋古祗作「矜」。「矜」即「憐」之叚借。』是《詩》之本字當作『矜』。『鰥』爲『鰥』之俗字。《敦煌俗字研究》下編六六四頁『鰥』字下云:『俗書「魚」、「角」二旁相亂,故「鰥」字俗書寫從「角」旁。』鰥、矜古通用。底卷旁注『鰥』者,當爲閱者所加。

〔一八〕避彊凌弱之,刊本『避』作『辟』,『凌』作『陵』。案:『辟』『避』古今字。『凌』、『陵』皆爲『夌』之後起字,説見《説文·夊部》『夌』字下段注。『之』字乃爲雙行對齊而添。下句『凌』字同。

〔一九〕殺,刊本作『弑』,『殺』『弑』古今字。

〔二〇〕智,刊本作『知』,『知』『智』古今字。

〔二一〕汝,刊本作『女』,『女』『汝』古今字。

〔二二〕苐,刊本作『弟』。『苐』爲『弟』之俗字。下凡『苐』字同,不復出校。

〔二三〕罸,刊本作『罰』。《五經文字·罒部》:『罰、罸,上《説文》,下《石經》,五經多用上字。』

〔二四〕慝,刊本作『匿』。案作『匿』是。

〔二五〕弊,刊本作『獘』。王叔岷《左傳考校》云:『「弊」乃「獘」之俗變。』注中『弊』字同。

〔二六〕『成』下刊本有『也』字。

〔二七〕『宫』下刊本有『也』字。
〔二八〕照王兄公子結，刊本『照』作『昭』，末有『也』字。『照』爲『昭』之音借字。
〔二九〕辤，刊本作『辭』。『辤』爲正字，『辭』爲借字。
〔三〇〕僻，刊本作『辟』，『辟』『僻』古今字。
〔三一〕爾，刊本作『邇』。『爾』與『邇』同，説詳王引之《經義述聞》卷十九『偪介之關』條。
〔三二〕境，刊本作『竟』，『竟』『境』古今字。
〔三三〕『安集』下刊本有『也』字。
〔三四〕鑢金初窋，刊本『鑢』作『鑪』，『窋』作『官』。阮校：『《石經》、宋本「鑪」作「鑢」，是也，與《釋文》合。案《漢書・古今人表》亦作「鑢」字。宋本、岳本、足利本「官」作「宧」，淳熙本作「窋」，《石經》初刻同，後改「宧」，是也。』案『窋』爲『宧』之俗。
〔三五〕要，刊本下有『言』。案：要，約也。要言者，約言也。『無以楚王與吴』即所約之言，疑本無『言』字。
〔三六〕辤，刊本作『辭』。『辭』爲『辤』之借字。注中『辤』字同。
〔三七〕也，刊本無。
〔三八〕五，刊本作『伍』。『五』『伍』古今字，伍員之『伍』典籍多有作『五』者，如《戰國策・燕策二》『昌國君樂毅爲燕昭王合五國之兵而攻齊章』、《吕氏春秋・孟冬紀・異寶》、《漢書・古今人表》。
〔三九〕『申包胥』下刊本有『曰』字。
〔四〇〕虵，刊本作『蛇』。《新加九經字様・虫部》：『蛇，今俗作虵。』注中『虵』字同。
〔四一〕貪虐，刊本作『貪害』。
〔四二〕失，刊本下有『守』。案《淮南子・脩務》云：『寡君失社稷，越在草茅。』是亦無『守』字。
〔四三〕茅，底二原作『茅』，《釋文》：『草茅，舊作茅，亡交反；今本多作莽，莫蕩反。』《淮南子》亦作『茅』，兹據以改正。刊本作『莽』。李富孫《春秋左傳異文釋》云：『《孟子》「在野曰草莽之臣」，《載師職》注作「草茅」，茅、莽一聲之轉，義竝通。』

〔四四〕楚地，刊本作『其地』。阮校：『宋本、淳熙本、岳本、《纂圖》本、監本、毛本「其」作「楚」，是也。』案：金澤文庫本亦作『楚地』。

〔四五〕『存恤』下刊本有『也』字。

〔四六〕辤，刊本作『辭』。『辭』爲『辤』之借字。

〔四七〕茅，刊本作『莽』。說見校記〔四三〕。

〔四八〕『處』下刊本有『也』字。

〔四九〕也，刊本無。

〔五〇〕之，刊本無，此爲雙行對齊而添。

〔五一〕『發聲』下刊本有『也』字。

〔五二〕『楚亂』下刊本有『也』字。

〔五三〕矜，刊本作『矜』。案當作『矜』，說見校記〔一七〕。

〔五四〕『急』下刊本有『也』字。

〔五五〕輿，刊本作『璵』。《釋文》：『璵，本又作與，音餘。』李富孫《春秋左傳異文釋》云：『璵作與，當是從省。』王引之《經義述聞》云：『「與」字因「璠」字而誤加玉。』蔡主賓《敦煌寫本儒家經籍異文考》云：『《說文》：「璠，璠與。魯之寶玉。」是其字本作與，後人涉璠并加玉旁作璵。又《隸通》載楊純碑作璵，寫本復省作輿。』案：『璵』爲『璠』之類化字也。『輿』、『與』二字古常互混，此當從《說文》作『與』。注中『輿』字同。

〔五六〕輿，刊本作『璵』。『輿』當作『與』，說見上條校記。注下『輿』同。

〔五七〕復位，刊本作『復臣位』。
〔五八〕佩，刊本作『璠』。案『佩』蓋涉前『佩與璠祭宗廟』句而誤。
〔五九〕公山不狃，刊本無『公山』二字。
〔六〇〕泄，刊本作『洩』。案刊本作『洩』者，承襲諱改字也。下凡『泄』刊本均作『洩』，不復出校。
〔六一〕也，刊本無。
〔六二〕懷，底二原存左半，此據國家圖書館藏王重民所攝照片。刊本下有『也』字。
〔六三〕爲下陽虎囚桓子起之，底二『爲』存左半；刊本無『之』字，此乃爲雙行對齊而添。
〔六四〕人，底二原無，蓋因換行而誤脱，兹據刊本補。
〔六五〕於，刊本作『于』。二字古通用。
〔六六〕師，刊本無。案金澤文庫本亦無。
〔六七〕唐，刊本作『堂』。二字古多通用。
〔六八〕麋，刊本作『麇』。《釋文》：『居麇，九倫反，下同。』『麋』當是形誤字。注及下注『麋』字同。
〔六九〕可，刊本下有『以』字。案《釋文》出『以歆』，是亦有『以』字。金澤文庫本亦有『以』字。
〔七〇〕也，刊本無。
〔七一〕『憚焚』下刊本有『之』字。
〔七二〕『焚之』下刊本有『而』字。
〔七三〕聟，刊本作『壻』。《干禄字書·去聲》以『聟』爲『壻』之俗字。
〔七四〕也，刊本無。
〔七五〕雖，刊本作『唯』。
〔七六〕而，刊本無。

〔七七〕葉，其中的「世」旁底二原缺一竪筆，乃避諱缺筆，兹據刊本録正。注及下句「葉」字同。

〔七八〕棄，此字中间的「世」字底二原缺一竪筆，乃避諱缺筆，兹據刊本録正。

〔七九〕從昆弟，刊本作「從父昆弟」。案：《爾雅・釋親》：「兄之子、弟之子，相謂爲從父晜弟。」公父文伯是季平子之弟公父穆伯之子，而季桓子是季平子之子，是文伯爲桓子之從父昆弟也。刊本「弟」下有「也」字。

〔八〇〕「文伯」下刊本有「也」字。

〔八一〕聟，刊本作「壻」，下有「也」字。《干禄字書・去聲》以「聟」爲「壻」之俗字。

〔八二〕鬪，刊本作「鬭」。「鬪」爲「鬭」之俗字。下「鬪」字同。

〔八三〕不和，底二原無，劉師培認爲寫卷挩字，案此當是奪重文符號，金澤文庫本即有二重文符號，兹據刊本補。

〔八四〕「亂」前刊本有「有」字。

〔八五〕楚，刊本無。洪亮吉《春秋左傳詁》云：「《石經》「王」字上旁增「楚」字，非唐刻。」案：底二正有「楚」字，與《石經》合。

〔八六〕西，刊本無。阮校：「宋本、淳熙本、《纂圖》本「有」上有「西」字。」案金澤文庫本亦有「西」字。

〔八七〕斖，底二先寫作「亹」，後又在上加「文」，刊本作「亹」。案「斖」爲「亹」之俗字，見《廣韻・尾韻》；「亹」爲「釁」之俗字，見《廣韻・震韻》。是「亹」爲誤字，故又改作「斖」也。注中「斖」字同。

〔八八〕煞，刊本作「殺」。《干禄字書・入聲》：「煞、殺，上俗下正。」

〔八九〕「安定」下刊本有「也」字。

〔九〇〕効，刊本作「效」。《廣韻・效韻》「效」字下云：「効，俗。」

〔九一〕「過」下刊本有「也」字。

〔九二〕殺，刊本作「弒」，「殺」「弒」古今字。

〔九三〕也，刊本無。

〔九四〕「君」下刊本有「也」字。

〔九五〕「求」下刊本有「欲」字。

〔九六〕季芊，底二「季」字殘存右下角殘畫。刊本「芊」作「芈」，説見校記〔一四〕。

〔九七〕季芊辤，底二原無「季芊」二字，劉師培認爲寫卷挩字，案此當是奪重文符號，金澤文庫本即有二重文符號，兹據以補。刊本「辤」作「辭」，「辭」爲「辤」之借字。

〔九八〕泄，底二殘存左半，刊本作「洩」。「洩」乃承襲諱改字，然底卷「泄」無作「洩」者，故據補「泄」。

〔九九〕徬，刊本作「後」。「徬」爲「後」之俗體。

〔一〇〇〕辤，刊本作「辭」。「辭」爲「辤」之借字。注中「辤」字同。

〔一〇一〕大小，刊本作「小大」。案金澤文庫本亦作「大小」，與寫卷同。

〔一〇二〕辤，刊本作「辭」。「辭」爲「辤」之借字。

〔一〇三〕有能，刊本下有「有不能」三字，劉師培認爲寫卷挩文。

〔一〇四〕示之，刊本「示」作「視」，末有「背」字。阮校：「宋本、岳本、《纂圖》本、監本、毛本「視」作「示」，《石經》此處缺。案「示」，古皆作「視」。」

〔一〇五〕「賢臣」下刊本有「也」字。

〔一〇六〕敗，刊本作「役」。阮校：「《石經》、宋本、淳熙本、足利本「役」作「敗」，是。」李富孫《春秋左傳異文釋》云：「觀虎，晉人，非地名，義當作「敗」。」

〔一〇七〕也，刊本無。

〔一〇八〕也，刊本無。

〔一〇九〕犁，刊本作「犂」。《説文·牛部》有「𤚽」字，「犂」之本字，「犁」則隸變字。

〔一一〇〕晉，刊本誤作「言」，阮氏失校。

〔一一一〕「城」下刊本有「之」字。

〔一一二〕也，刊本無。

〔一一三〕也，刊本無。

〔一一四〕「周地」下刊本有「也」字。

〔一一五〕儈，底二存左上角及右上角殘畫。

〔一一六〕鄭邑，刊本作「鄭地」。

〔一一七〕腞，刊本作「豚」。案「豚」字《説文》正篆作「⿰月⿰豕又」，從「彖」省，從又持肉，「腞」蓋即「⿰月⿰豕又」省「又」而從不省的「彖」旁，實即「豚」字或體。

〔一一八〕効，刊本作「效」。《廣韻・效韻》「效」字下云：「効，俗。」下「効」字同。

〔一一九〕礼，刊本作「禮」。案「礼」爲古文「禮」字，敦煌寫本多用此字，後世刊本則多用「禮」字。

〔一二〇〕舒，底二原存左邊「舍」旁，此據國家圖書館藏王重民所攝照片。

〔一二一〕餝，刊本作「飾」。《玉篇・食部》「飾」條下云：「餝，同上，俗。」

〔一二二〕魯昭也，刊本作「魯昭公」。案金澤文庫本作「魯昭公也」，寫卷蓋脱「公」字。

〔一二三〕將以，底二「將」存右上角，「以」存右下角。

〔一二四〕唯，底二存左邊「口」及右下角殘畫。

〔一二五〕睦，刊本作「睦」。「睦」字不見於字書，應爲「睦」的增筆繁化俗字。

〔一二六〕棄，其中的「世」旁底二原缺一竪筆，乃避諱缺筆，兹據刊本録正。

〔一二七〕俘，刊本作「鄭俘」。

〔一二八〕也，刊本無。

〔一二九〕並，刊本作「并」。二字古多通用。

〔一三〇〕 躳，刊本作『聘』，前有『之』字。案『躳』爲『聘』之俗字，俗書身旁、耳旁常混。

〔一三一〕 陽，底二止於此。

〔一三二〕 三桓，底三『三』存最下一横殘畫，『桓』殘存『木』旁。底三始於此。

〔一三三〕 周社，底三『周』字脱去右邊『亅』，『社』字殘存左邊『礻』。

〔一三四〕 盟，底三殘存左上角『日』字及下部一横之殘畫。

〔一三五〕 衢，底三殘存右邊『亍』。自『盟』至『衢』間底三殘泐，刊本作『國人于亳社詛于五父之』。

〔一三六〕 八年陽虎作亂起也，底三『年』殘存下半，刊本無『也』字。

〔一三七〕 姑，底三存右邊殘畫。『姑』前底三殘泐，刊本作『月天王處于』。

〔一三八〕 周地，底三『周』存右半，『地』存右邊『也』。

〔一三九〕 避，刊本作『辟』，『辟』『避』古今字。

春秋左氏經傳集解（一九）（哀公十四年）

斯一四四三

【題解】

底卷編號爲斯一四四三，起《哀公十四年》傳『仲尼觀之，曰：麟也。然後取之』集解『言魯史所以得書獲麟』之『麟』，至『衆知而東之』集解『知其矯命』之『其』，共三十三行，前十三行下截殘。傳文單行大字，集解雙行小字。《翟目》首先比定爲杜預注《左傳》，《索引》定名《春秋左傳杜注》，《索引新編》、《寶藏》從之。卷背亦爲《左傳》，摘抄僖公十六、二十二、二十三年內容，《索引》、《索引新編》、《寶藏》均統一置於《春秋左傳杜注》的之名下。陳鐵凡認爲正、背面內容並不相同，背面所抄乃是《左傳節本》（說詳陳鐵凡《敦煌本禮記、左、穀考略》，《孔孟學報》第二一期；《〈左傳〉節本考——從英法所藏敦煌兩殘卷之綴合論左傳節本與群書治要之淵源》，《大陸雜誌》第四一卷第七期）。

李索《敦煌寫卷〈春秋經傳集解〉校證》（中國社會科學出版社二〇〇五）有録文及校記，然無可取者。

底卷據《英藏》録文，以中華書局影印阮元刻《十三經注疏·春秋左傳正義》爲對校本（簡稱『刊本』），校録於後。

（前缺）

麟也〔一〕。小邾射□〔二〕盟矣。』子路信誠，▨▨▨（故欲得）□〔三〕魯策以繫於經，□〔四〕事則皆略〔五〕而不傳，故此經無傳者多。使子路，子□〔六〕『千乘之國，不信□〔七〕『魯有事于小▨（邾）□〔八〕而濟其言，是義▨（之）□〔九〕也，闞止有寵〔一〇〕焉。蕑□〔一一〕闞止□〔一二〕陳成子憚之，驟顧諸□〔一三〕公鞅，齊［大］夫也〔一四〕。曰：『陳、闞不［可］〔一五〕並也，君□〔一六〕夕，夕視事也〔一七〕。陳逆殺〔一八〕人，逢之，□〔一九〕陳氏方睦，欲謀齊國，故宗族和。使▨（疾）□〔二〇〕焉，使詐病，因內潘沐，并得內酒肉也〔二一〕。潘，米汁，可以沐頭。饗守□〔二二〕逃。子我盟諸陳於陳宗。失陳□〔二三〕患，故盟終喪也。□〔二四〕爲子我臣，豹亦陳氏［族］〔二五〕。使公孫言己，言己，介達之也〔二六〕。已有喪而止。既而言之，既，曰：『有陳豹者，長而上僂，肩背僂也〔二七〕。望視，目望陽也〔二八〕。事君子必得志。得君子意。欲爲子臣，吾憚其爲人也，恐多詐也〔二九〕。故緩以告。』子我曰：『何害？是其在我也。』使爲臣。他日，與之言政，說，遂有寵。謂之曰：『我盡逐陳氏，而立汝〔三〇〕，若何？』對曰：『我遠於陳氏矣。言己疏遠也〔三一〕。且其違者不過數人，違，不從也。何盡逐焉？』遂告陳氏。子行曰：『彼得君，弗先，必禍子。』子行舍於公宮。子行逃，而隱於陳氏。今又隱於公宮也〔三二〕。夏，五月，壬申，成子兄弟〔三三〕四乘如公。成子之兄弟，昭子莊、簡子齒、宣子夷、穆子安、廩丘子意茲〔三四〕、子芒盈〔三五〕、惠子得，凡八人，二人共一乘也〔三六〕。子我在幄，幄，帳也。聽政之處。出逆之。遂入，閉〔三七〕門。成子入，反閉門，不內子我也〔三八〕。侍人御〔三九〕之，子我侍人。子行殺侍人。素在內，故得殺之也〔四〇〕。公與婦人飲酒于檀臺，成子遷諸寢〔四一〕。徙公使居正寢。公執戈，將擊之。疑其欲作亂也〔四二〕。太〔四三〕史子餘曰：『非不利也，將除害也。』言將爲公除害。成子出舍于庫，以公怒故。聞公猶怒，將出，曰：『何所無君？』子行抽劍曰：『需，事之賊也。言需疑則害事。誰非陳宗？言陳氏宗族衆多。所不殺子者，有如陳宗！』言子若欲出，我必殺子，明如陳宗也〔四四〕。乃止。子我歸，屬徒攻闈與大門，闈，宮中小門。大門，公門也。皆不勝，乃出。陳氏追之，失道於弇中，適豐丘。弇中，狹路也〔四五〕。豐丘，陳氏邑也〔四六〕。豐丘人執之以告，殺諸郭關。齊關名也〔四七〕。成子將殺大陸子方，子方，子我臣也〔四八〕。陳逆請而免之，以公命取車於道。子方取道中行人車也〔四九〕。及耏，衆知而東之。知其

（後缺）

【校記】

〔一〕也，刊本無。

〔二〕『射』下底卷殘泐，刊本作『以句繹來奔曰使季路要我吾無』。

〔三〕『故欲得』三字底卷各存左半，茲據刊本擬補。以下底卷中殘字補出者，均據刊本，不復一一注明。『得』下底卷殘泐，刊本作『與相要誓而不須盟孔子弟子既續書』。

〔四〕『經』下底卷殘泐，刊本作『丘明亦隨而傳之終於哀公以卒前事其異』。

〔五〕略，底卷原誤作『路』，茲據刊本改正。

〔六〕子路子，底卷原作『子=路』，『路』下底卷殘泐，刊本作『路辭季康子使冉有謂之曰』。

〔七〕『信』下底卷殘泐，刊本作『其盟而信子之言子何辱焉對曰』。

〔八〕邾，底卷存左上角殘畫。『邾』下底卷殘泐，刊本作『不敢問故死其城下可也彼不臣』。

〔九〕之，底卷存左上角殘畫。『之』下底卷殘泐，刊本作『也由弗能濟成也齊簡公之在魯』。

〔一〇〕寵，刊本作『寵』。『寵』應是『寵』之俗字，古從宀從穴之字多混，《顏氏家訓·書證》有『寵變成寵』句。下『寵』字同。

〔一一〕蕳，刊本作『簡』。此乃是艹、⺮混用而成之俗體。『蕳』下底卷殘泐，刊本作『公悼公陽生子壬也』。

〔一二〕『止』下底卷殘泐，刊本作『子我也事在六年及即位使爲政』。

〔一三〕『諸』下底卷殘泐，刊本作『朝成子陳常心不安故數顧之諸御鞅言於』。

〔一四〕大夫也，底卷原脱『大』字，茲據刊本補。刊本無『也』字。

〔一五〕可，底卷原脱，茲據刊本補。

〔一六〕『君』下底卷殘泐，刊本作『其擇焉擇用一人弗聽子我』。

〔一七〕也，刊本無。

〔一八〕煞，刊本作『殺』。《干禄字書・入聲》：『煞、殺，上俗下正。』

〔一九〕逄之，刊本『逄』作『逢』。《干禄字書・平聲》：『逄、逢，上俗下正。』『之』下底卷殘泐，刊本作『陳逆子行陳氏宗也子我逢之遂執以入執逆至朝』。

〔二〇〕疾，底卷存上部『亠』。『疾』下底卷殘泐，刊本作『而遺之潘沐備酒肉』。

〔二一〕也，刊本無。

〔二二〕『守』下底卷殘泐，刊本作『囚者醉而殺之而』。

〔二三〕『陳』下底卷殘泐，刊本作『逆懼其反爲』。

〔二四〕『盟』下底卷殘泐，刊本作『之初陳豹欲』。

〔二五〕族，底二原脱，兹據刊本補。

〔二六〕也，刊本無。

〔二七〕也，刊本無。

〔二八〕也，刊本無。

〔二九〕也，刊本無。

〔三〇〕汝，刊本作『女』，『女』『汝』古今字。

〔三一〕也，刊本無。

〔三二〕也，刊本無。

〔三三〕苐，刊本作『弟』。『苐』爲『弟』之俗字，下『苐』字同。

〔三四〕慈，刊本作『兹』。《公羊傳・僖公四年》『公孫慈帥師會齊人、宋人、衛人、鄭人、許人、曹人侵陳』，《左傳》、《穀梁傳》均作『公孫兹』。趙坦《春秋異文箋》云：『慈，古或省作兹，《公羊》不省，故作慈。』

〔三五〕子芒盈，刊本作『芒子盈』。阮元《春秋左氏傳校勘記》云：『宋本、岳本、《纂圖》本、毛本作「芒子盈」。山井鼎云：「或作子芒盈。」非。』

〔三六〕也，刊本無。

〔三七〕閉，底卷原作『閇』，形誤字，兹據刊本改正。注中『閉』字同。

〔三八〕内子我也，刊本『内』作『納』，無『也』字。『内』『納』古今字。

〔三九〕御，刊本作『禦』，『御』『禦』古今字。

〔四〇〕之也，刊本『之』作『人』，無『也』字。案：《史記·齊太公世家》『子行殺宦者』《集解》引服虔曰：『舍於公宫，故得殺之。』杜預本服虔也。金澤文庫本（據竹添光鴻《左氏會箋》）亦作『之』，是刊本作『人』乃形誤也。

〔四一〕寑，底卷原作『𡪢』，乃『寑』之俗訛字，故改正。刊本作『寢』。案：寑，本字；寢，隸變字。注中『寑』字同。

〔四二〕也，刊本無。

〔四三〕太，刊本作『大』，『大』『太』古今字。

〔四四〕也，刊本無。

〔四五〕也，刊本無。

〔四六〕也，刊本無。

〔四七〕也，刊本無。

〔四八〕也，刊本無。

〔四九〕也，刊本無。

羣書治要・左傳（襄公四—二十五年）

魏徵

斯一三三

【題解】

底卷編號爲斯一三三，起《襄公四年》傳『獸有茂草』之『草』，至《襄公二十五年》傳『今吾見其心矣』，共一百二十七行，前二行中間殘缺。僅録傳文及集解，而不録經文。《翟目》認爲是杜預注《左傳》的節選。《索引》定爲《春秋左傳杜注》，《寶藏》、《英藏》、《索引新編》從之。《敘録》認爲是《春秋左氏抄》，郝春文《英藏敦煌社會歷史文獻釋録》據以定名爲《春秋左傳杜注抄》。陳鐵凡《〈左傳〉節本考——從英法所藏敦煌兩殘卷之綴合論〈左傳〉節本與與〈群書治要〉之淵源》（《大陸雜誌》第四一卷第七期）認爲這是《群書治要》的删節本《左傳》而單行者，其各部分之起訖及傳注文字俱同。今從之。

《翟目》定此爲七世紀寫本。《敘録》認爲是六朝寫本，其中『民』字有缺筆者一節是唐人所補。姜亮夫《莫高窟年表》（一六四頁，上海古籍出版社一九八五）、王素與李方所著《魏晉南北朝敦煌文獻編年》（二七八頁，臺北新文豐出版公司一九九七）皆從之。陳鐵凡認爲是唐寫本，《敘録》之説無據。案寫卷雖然『虎』、『世』、『民』、『治』諸字多不諱，但《襄公十四年》『民奉其君，愛之如父母』句之『民』寫作『仁』，則爲『民』之諱改字『人』的音訛字；《襄公二十五年》『君民者，豈以陵民』句，下一『民』字寫作『人』，此皆諱唐太宗李世民之諱，其爲六朝本之説必誤。

今據《英藏》録文，以《四部叢刊》本《群書治要》（上海涵芬樓景印日本天明七年刊本，簡稱『治要』）、中華書局影印阮元刻《十三經注疏・春秋左傳正義》爲對校本（簡稱『刊本』），校録於後。

（前缺）

草，各有攸處，德□〔一〕▨（亂）也〔二〕。▨（在）〔三〕帝夷羿，冒于原獸，冒，貪也。□□□□（忘其國恤），▨（而）〔四〕思其麀牡。言但念獵也〔五〕。武不可重，重猶數也〔六〕。用不恢于夏家。羿以好武，雖有夏家，而不能恢大之〔七〕。獸臣司原，敢告僕夫。」獸臣，虞人也〔八〕。告僕夫，不敢斥尊者〔九〕。《虞箴》〔一〇〕如是，可不懲乎？』於是晉侯好田，故魏絳及之。及后羿事也〔一一〕。公曰：『然則莫如和戎？』〔一二〕對曰：『和戎有五利焉：戎狄荐居，貴貨易土，荐，聚也。易猶輕〔一三〕。土可賈焉，一也。邊鄙不聳，民狎其野，穡人成功，二也。聳，懼也〔一四〕；狎，習也。戎狄事晉，四鄰振動，諸侯威懷，三也。以德綏戎，師徒不勤，甲兵不頓，四也。頓，壞〔一五〕也。鑒于后羿，而用德度，以后羿爲鑒戒也〔一六〕。遠至迩〔一七〕安，五也。君其圖之！』公悅〔一八〕，使魏絳盟諸戎，脩民事，田以時。言晉侯能用善謀也〔一九〕。

九年，秦景公使士雃〔二〇〕乞師于楚，將以伐晉，楚子許之。子囊曰：『不可。當今吾不能與晉爭也〔二一〕。晉君類能而使之，隨所能也〔二二〕。舉不失選，得所選也〔二三〕。官不易方。方猶宜也。其卿讓於善，讓勝己也〔二四〕。其大夫不失守，各任其職也〔二五〕。其士競於教，奉上命也〔二六〕。其庶人力於農穡，種曰農，收曰穡。商工皁隸，不知遷業。四民不雜也〔二七〕。君明〔二八〕臣忠，上讓下競。尊官相讓，勞職力〔二九〕競。當是時也，晉不可敵，事之而後可。君其圖之！』冬，諸侯伐鄭。鄭從楚也。鄭人行〔三〇〕成。与〔三一〕晉成也。

十一年，諸侯復伐鄭〔三二〕。鄭人賂晉侯以師觸〔三三〕、師蠲；觸、蠲，皆樂官〔三四〕名。歌鍾二肆，肆，列也。懸鍾十六爲一肆也〔三五〕。女樂二八。十六人也〔三六〕。晉侯以樂之半賜魏絳，曰：『子教寡人和諸戎狄以正諸華。在四年也〔三七〕。八年之中，九合諸侯，如樂之和，無所不諧。諧亦和〔三八〕也。請與子樂之。』共此樂也〔三九〕。辤〔四〇〕曰：『夫和戎狄，國之福也。八年［之中］〔四一〕九合諸侯，諸侯無慝〔四二〕，君之靈也，二三子之勞也。臣何力之有焉？抑臣願君之〔四三〕安其樂而思其終也。』公曰：『子之教，敢不承命！抑微子，寡人無以待戎，待遇接納之也〔四四〕。不能濟河。度河南服鄭也〔四五〕。夫賞，國之典〔四六〕，不可癈〔四七〕也。子其受之！』魏絳於是乎始有金石之樂，礼〔四八〕也。礼，大夫有功則賜樂也〔四九〕。

十三年，晉侯蒐于綿〔五〇〕上以治兵，爲將命軍帥也。使士丐〔五一〕將中軍，辭曰：『伯游長。伯游，荀偃。昔臣習於智〔五二〕伯，是以佐之，非能賢也。七年，韓厥老，知罃代將中軍，士丐佐之。丐今將讓，故謂介〔五三〕時之舉，不以己賢也〔五四〕。請從伯游。』荀偃將中軍，代荀罃也〔五五〕。士丐佐之。位如故也〔五六〕。使韓起將上軍，辭以趙武。又使欒黶，以武位卑，故不聽，更命黶〔五七〕。辭曰：『臣不如韓起。韓起願上趙武，君其聽之。』使趙武將上軍，武自新軍超四等也〔五八〕。韓起佐之。位如故也〔五九〕。欒黶將下軍，魏絳佐之。黶亦如故。絳自新軍佐超一等也〔六〇〕。晉國之民，是以大和，諸侯遂睦。君子曰：『讓，禮之主也。范宣子讓，其下皆讓。欒黶爲汏，弗敢違也。晉國以平，數世頼之。刑善也夫！刑，法也。一人刑善，百姓休和，可不務乎？世之治也，君子尚能而讓其下，能者在下位，則貴上而讓之也〔六一〕。小人展〔六二〕力以事其上。是以上下有禮，而讒慝〔六三〕黜遠，由不爭也，謂之懿德。及其亂也，君子稱其功以加小人，加，凌〔六四〕也。君子，在位者〔六五〕。小人伐其技以馮〔六六〕君子。馮亦陵也。自稱其能爲伐〔六七〕。是以上下無禮，亂虐並生，由爭善也，爭自善也。謂之昏〔六八〕德。國家之斃〔六九〕，恒必由之。』傳言晉之所〔以〕興也〔七〇〕。

十四年，衛獻公戒孫文子、甯惠子食，勑戒二子，欲共宴食。日旰〔七一〕不召，旰，晏也。而射〔七二〕鴻於囿。二子怒。公使子蟜、子伯〔七三〕、子皮與孫子盟于丘宮，孫子皆殺之。三子，衛羣公子也〔七四〕。公出奔齊。師曠侍於晉侯。師曠，子野。晉侯曰：『衛人出其君，不亦甚乎？』對曰：『或者其君實甚也〔七五〕。良君養民如子，蓋之如天，容之如地。仁〔七六〕奉其君，愛之如父母，仰之如日月，敬之如明神〔七七〕，畏之如雷霆。其可出乎？夫君，神之主而民之望也[七八]。若困民之主，匱神之[七九]祀，百姓絶望，社稷無主，將安用之？弗去何爲？天生民而立之君，使司牧之，勿使失性。有君而爲之貳，貳，卿佐也[八〇]。使師保之，勿使過度。善則賞之，賞，謂宣揚之也[八一]。過則匡之，匡，正之也[八二]。患則救之，救其難也。失則革之。自王以下，各有父兄子弟以補察其政。補其愆過，察其得失。史爲書，謂太史[八三]，君舉則書也[八四]。瞽爲詩，爲詩以風刺也[八五]。工誦箴諫，工，樂人也，誦箴諫之辞也[八六]。大夫規[八七]誨，規正誨諫[八八]其君。士傳言，聞君過失，傳告大夫也[八九]。庶人謗，庶人不與政，聞君過得從而誹謗也[九〇]。商旅于市，旅，陳也，陳其貨物，以示時所貴尚也[九一]。百工獻藝。獻其技[九二]藝，以喻政事[九三]。天之愛民甚矣，豈其使一人肆於民上，肆，放也。以縱其淫[九四]，而棄[九五]天地之性？必不然矣！』傳言師曠能因問盡言也[九六]。

十五年，宋人或得玉，獻諸子罕，子罕弗[九七]受。獻玉者曰：『以示玉人，玉人，能治玉者。玉人以爲寶也，故敢獻之。』子罕曰：『我以不貪爲寶，爾以玉爲寶。若以與我，皆喪寶也。不若人有其寶。』稽首而告曰：『小人懷璧[九八]，不可以越鄉，言必爲盜所害。納此以請死也。』[九九]請免死也[一〇〇]。子罕寘諸其里，使玉人爲之攻之，攻，治[一〇一]也。富而後使復其所。賣玉得富也[一〇二]。

廿[一〇三]一年，邾庶其以漆、閭丘來奔。庶其，邾大夫也[一〇四]。季武子以公姑姊妻之，皆有賜於其從者。於是魯多盜。季孫謂臧武仲曰：『子盍詰盜？』詰，治[一〇五]也。武仲曰：『不可詰也。紇又不能。』季孫曰：『子爲司寇，將盜是務去，若之何不能？』武仲曰：『子召外盜而大禮焉，何以止吾盜？吾[一〇六]，謂國中也[一〇七]。子爲正卿，而來外盜；使紇去之，將何以能？庶其竊邑於邾以來，子以姬氏妻之，而與之邑，使食桼、閭丘也[一〇八]。其從者皆有賜焉。若大盜，禮焉以君之姑姊與其大邑，其次皂[一〇九]牧輿馬，給其賤役[一一〇]，從皁至牧。其小者衣裳劒帶，是賞盜也。賞而去之，其或難焉。紇也聞之，在上位者洒濯其心，壹以待人，軌度其信，可明徵也，徵，驗也。而後可以治人。夫上之所爲，民〔一一一〕之歸也。上所不爲而民或爲之，是以加刑罰〔一一二〕焉，而莫敢不懲。若上之所爲而民亦爲之，乃其所也，又可禁乎？』

晉〔一一三〕欒盈出奔楚。宣子殺羊舌虎，欒盈之黨。囚叔向。樂王鮒見叔向曰：『吾爲子請。』叔向不〔一一四〕應。樂王鮒，樂桓子也〔一一五〕。其人皆咎叔向。叔向〔一一六〕曰：『必祁大夫。』祁大夫，祁奚也〔一一七〕。室老聞之，曰：『樂王鮒言於君，無不行，求赦〔一一八〕吾子，吾子不許。祁大夫所不能也，而曰「必由之」，何也？』叔向曰：『樂王鮒，從君者〔一一九〕，何爲也〔一二〇〕？祁大夫外舉不棄讎〔一二一〕，內舉不失親，其獨遺我乎？《詩》曰：「有覺德行，四國順之。」言德行直，則天下順之〔一二二〕。夫子，覺者也。』覺，較然正直也〔一二三〕。晉侯問叔向之罪於樂王鮒，對曰：『不棄其親，其有焉。』言叔向篤親親，必与叔虎同謀也〔一二四〕。於是祁奚老〔一二五〕，老，去公族大夫也〔一二六〕。聞之，乘馹而見宣子，曰：『《詩》曰：「惠我無疆〔一二七〕，子孫保之。」言文、武有惠訓之德加於百姓，故子孫保賴之。夫謀而鮮過、惠訓不倦者，叔向有焉，社稷之固也。猶將十世宥之，以勸能者。今壹不免其身，壹以弟故。以棄社稷，不亦惑乎？鯀〔一二八〕殛而禹興；言不以父罪廢其子〔一二九〕。管、蔡爲戮，周公宥〔一三〇〕王。言兄弟罪不相及也〔一三一〕。若之何其以虎也棄社稷乎〔一三二〕？子爲善，誰敢不勉？多殺何爲？』宣子悅〔一三三〕，與之乘，以言諸公而免之。共載入見公也〔一三四〕。不見叔向而歸。言爲國，非私叔向也。叔向亦不告免焉而朝。不告謝之，明不爲己也〔一三五〕。

廿三年，孟孫惡臧孫，季孫愛之。孟孫卒，臧孫入，哭，甚哀，多涕。出，其御曰：『孟孫之惡子也，而哀如是！季孫若死，其若之何？』臧孫曰：『季孫之愛我，美疢〔一三六〕也；志相順從〔一三七〕，身之害也〔一三八〕。孟孫之惡我，藥石也。志相違戾〔一三九〕，猶藥石之〔一四〇〕療疾。美疢不如惡石〔一四一〕，夫石猶生我，愈己疾也。疢之美，其毒滋多。孟孫死，吾亡無日矣。』

廿五年，齊棠公之妻，東郭偃之姊也。棠公，齊棠邑大夫也〔一四二〕。棠公死，武子取之。武子，崔杼。莊公通焉，驟如崔氏，崔杼弒莊公。晏子立於崔氏之門外，聞難而來。其人曰：『死乎？』曰：『獨吾君也乎哉？吾死也？』言己與衆臣無異。曰：『行乎？』曰：『吾罪也乎哉？吾亡也？』自謂無罪。曰：『歸乎？』曰：『君死安歸？言安可以歸也〔一四三〕。君民者，豈以淩人〔一四四〕？社稷是主。臣君者，豈爲其口實？社稷是養。言君不徒居民上，臣不徒求禄，皆爲社稷〔一四五〕。故君爲社稷死，則死之；爲社稷亡，則亡之；謂以公義死亡〔一四六〕。若爲己死而爲己亡，非其私暱，誰敢任之？』私暱，所親愛也。非所親愛，無爲當其禍也〔一四七〕。門啓而入，枕尸股而哭，以公尸枕己股。興，三踊而出。

晉程鄭卒，子産始知然明，前年然明謂程鄭將死，今如其言，故知之也〔一四八〕。問政〔一四九〕。對曰：『視民如子。見不仁者誅之，如鷹鸇之逐鳥雀也。』子産喜，以語子太〔一五〇〕叔，且曰：『他日，吾見蔑之面而已，蔑，然明名也〔一五一〕。今吾見其心矣。』

（後缺）

【校記】

〔一〕『德』下底卷殘泐，《治要》、刊本作『用不擾人神各有所歸故德不』。

〔二〕亂也，底卷『亂』存左半，兹據刊本擬補。以下凡底卷中殘字、缺字補出者，均據刊本，不復一一注明。
『也』，《治要》同，刊本無。

〔三〕在，底卷存左邊殘畫。

〔四〕而，底卷存左下角。

〔五〕也，刊本、《治要》無。

〔六〕也，刊本同，《治要》無。

〔七〕大之，刊本同，《治要》下有『也』字。

〔八〕也，《治要》同，刊本無。

〔九〕厈尊者，《治要》、刊本『厈』作『斥』；刊本無『者』字，《治要》作『也』。案：《説文・言部》『訴』篆下段注：『凡從㡿之字隸變爲厈，俗又譌斥。』據此，『厈』爲隸變字，『斥』爲俗字。

〔一〇〕葴，《治要》、刊本作『箴』。案：此乃因艹、竹混用而成之俗體。下『葴』字同。

〔一一〕及后羿事也，底卷『后』原作『舌』，形誤字，郝春文據刊本改，兹從之。『也』，《治要》同，刊本無。

〔一二〕『和戎』下《治要》、刊本有『乎』字。

〔一三〕易猶輕，底卷『猶』原作『雜』，郝春文據刊本改，兹從之。《治要》、刊本末有『也』字。

〔一四〕也，《治要》同，刊本無。

〔一五〕壞，底卷原作『懷』，形誤字，郝春文據刊本改，兹從之。

〔一六〕也，《治要》、刊本無。

〔一七〕迩，《治要》、刊本作『邇』。『迩』爲『邇』之古文『迩』的變體，説詳《敦煌俗字研究》下編五八四頁。

〔一八〕悦，《治要》同，刊本作『説』。『説』『悦』古今字。

〔一九〕言晉侯能用善謀也，刊本『言』前有『傳』字，無『也』字。郝春文據刊本補『傳』字。案此已爲删節本，不必處處皆與刊本同也。《治要》與寫卷同。

〔二〇〕秦景公使士雅，底卷『景』及『士雅』三字旁注。《治要》無『士雅』二字。

〔二一〕也，《治要》同，刊本無。

〔二二〕也，《治要》同，刊本無。

〔二三〕也，《治要》同，刊本無。

〔二四〕也，《治要》作「者」，刊本無。
〔二五〕職也，《治要》、刊本「職」作「職」，《玉篇·身部》云：「職，俗職字。」下「職」字同。「也」，《治要》同，刊本無。
〔二六〕也，《治要》同，刊本無。
〔二七〕也，《治要》同，刊本無。
〔二八〕明，《治要》、刊本作「明」。「明」、「明」異體。下凡「明」字同。
〔二九〕力，底卷原誤作「刀」，兹據《治要》、刊本改正。
〔三〇〕鄭人行成，《治要》同，刊本作「鄭人恐乃行成」。案此乃删削者所爲也。
〔三一〕与，《治要》、刊本作「與」。案「与」、「與」古混用無別，敦煌寫本多用「与」字，後世刊本多改作「與」。下凡刊本作「與」者均不復出。
〔三二〕諸侯復伐鄭，《治要》同，刊本作「諸侯悉師以復伐鄭」。案：此乃删削者所爲也。
〔三三〕師觸，刊本前有「師悝」。案《治要》即無「師悝」二字，因而注中亦無「悝」字。
〔三四〕樂官，《治要》、刊本作「樂師」。
〔三五〕懸鍾十六爲一肆也，刊本「懸」作「縣」，「縣」「懸」古今字。「也」，《治要》同，刊本無。
〔三六〕也，《治要》同，刊本無。
〔三七〕也，《治要》、刊本無。
〔三八〕和，底卷原作「樂」，郝春文據刊本改，兹從之。《治要》亦作「和」。
〔三九〕也，《治要》同，刊本無。
〔四〇〕辝，《治要》、刊本作「辭」。《干禄字書·平聲》：「辝、辤、辭，上中竝辝讓；下辭説，今作辝，俗。」是在唐時，「辝」已成爲「辭」之俗字。下「辝」字同。

〔四一〕之中，底卷原無，兹據《治要》及刊本補。

〔四二〕匿，《治要》、刊本作『慝』。『匿』『慝』古今字，説見《經義述聞》卷二十『野處而不暱』條。

〔四三〕之，《治要》、刊本無。

〔四四〕之也，《治要》、刊本無。案此當爲雙行對齊而添。

〔四五〕度河南服鄭也，刊本『度』作『渡』，無『也』字；《治要》無『也』字。『度』『渡』古今字。

〔四六〕『典』下《治要》、刊本有『也』字。

〔四七〕癈，《治要》、刊本作『廢』。『癈』爲『廢』之俗字。

〔四八〕礼，《治要》、刊本作『禮』。案『礼』爲古文『禮』字，敦煌寫本多用此字，後世刊本則多用『禮』字。下『礼』字同。

〔四九〕也，《治要》、刊本無。

〔五〇〕綿，《治要》同，刊本作『緜』。案《説文》有『緜』無『綿』，『綿』爲後起别體字。

〔五一〕丐，《治要》、刊本作『匄』。案底卷『丐』原作『丏』，蔡主賓《敦煌寫本儒家經籍異文考》云：『丏涉與丐形近而訛。』《説文·亾部》：『匄，气也。』段注：『其字俗作丐。』兹據以改。下『丐』字同。

〔五二〕智，《治要》、刊本作『知』。『知』『智』古今字。

〔五三〕尒，《治要》、刊本作『爾』。《敦煌俗字研究》：『「爾」「尒」古本非一字，後世則合二而一，字多寫作「爾」。』（下編第七頁）

〔五四〕也，《治要》同，刊本無。

〔五五〕也，《治要》、刊本無。

〔五六〕也，《治要》、刊本無。

〔五七〕黶，刊本同，《治要》下有『也』字。

〔五八〕也，《治要》、刊本無。

〔五九〕也，《治要》同，刊本無。

〔六〇〕也，《治要》、刊本無。

〔六一〕則貴上而讓之也，《治要》、刊本『上』作『尚』，無『也』字。案『上』、『尚』古多通用。然此不當作『上』，否則易滋異義。

〔六二〕展，《治要》、刊本作『農』。洪亮吉《春秋左傳詁》云：『宋本作「展力」，《石經》初刻亦作「展」，皆後人臆改，不足據。』蔡主賓《敦煌寫本儒家經籍異文考》云：『「展」殆涉與「莀」形近而誤。』案：沈彤《春秋左傳小疏》曰：『陳少章云：「宋本農作展。」當從之。』陳樹華《春秋經傳集解考正》云：『《石經》本作「展」，後改刻作「農」，非是。』李富孫《春秋左傳異文釋》云：『《唐石經》初刻作「展力」，淳化本同。案：《石經》後改作「農」。魏了翁《讀書雜鈔》云：「農力乃農用八政之農，厚也。」是了翁時已有作「農」。《石經》作「展」，即小人盡力之意。』朱駿聲《春秋左傳識小録》：『陳少章曰：「宋本農作展。《唐石經》初刻作展，後改農。」案作「展」是也。若執誤字，則《書·洪範》「農用八政」，「農」讀爲「襛」，猶厚也，亦可通。』寫卷作『展』，正與《石經》同。

〔六三〕匿，《治要》、刊本作『慝』。郝春文據刊本改作『慝』。案：『匿』『慝』古今字（説見《經義述聞》卷二十『野處而不暱』條），不必改。

〔六四〕淩，《治要》、刊本作『陵』。《説文·夊部》：『夌，越也。』段注：『凡夌越字當作此。今字或作淩，或作凌，而夌廢矣。……今字概作陵矣。』則『淩』、『陵』皆爲『夌』的後起用字。

〔六五〕在位者，刊本同，《治要》末有『也』字。

〔六六〕憑，《治要》、刊本作『馮』。案：《説文·馬部》：『馮，馬行疾也。』徐鉉注：『本音皮冰切，經典通用爲依馮之馮，今別作憑，非是。』『憑』當爲『馮』之後起增旁字。注中『馮』字同。

〔六七〕爲伐，底卷原作『也』，蓋爲手民所改，遂致不可通，兹據《治要》、刊本改正。

〔六八〕昬，刊本同，《治要》作『昏』。『昬』、『昏』異體。

〔六九〕獘，《治要》作『弊』，刊本作『敝』。『弊』爲『敝』之俗字，見《玉篇·㡀部》，『獘』爲『弊』之借字。

〔七〇〕所以興也，底卷原無『以』字，當是抄脱，郝春文據刊本補，兹從之。《治要》亦有『以』字。刊本無『也』字。

〔七一〕旰，底卷原作『肝』，形誤字，郝春文據刊本改，兹從之。《治要》亦作『旰』。注中『旰』字同。

〔七二〕䠶，底卷原作『𨉖』，《治要》、刊本作『射』。據《説文》，『䠶』爲『射』之古文，『𨉖』當是『䠶』之形誤，兹據以改。

〔七三〕佰，《治要》、刊本作『伯』。『佰』當是俗訛字。《干禄字書·入聲》：『栢、柏，上俗下正。』『柏』俗寫作『栢』，故『伯』寫作『佰』，而與『仟佰』之『佰』同形。

〔七四〕也，《治要》同，刊本無。

〔七五〕也，《治要》、刊本無。

〔七六〕仁，《治要》、刊本作『民』。郝春文據刊本改爲『民』。案：『仁』當本作『人』，『仁』、『人』二字古多通用。『人』爲『民』之諱改字。

〔七七〕明神，《治要》、刊本作『神明』。阮元《春秋左氏傳校勘記》（以下簡稱『阮校』）：『《石經》初刻作「明神」，改刻「神明」。』

〔七八〕神之主而民之望也，《治要》同，刊本『而』作『也』。阮校：『宋本、淳熙本、岳本上「也」字作「而」，與《石經》合。』楊伯峻《春秋左傳注》據《唐石經》、宋本、淳熙本、岳本、金澤文庫本改『也』爲『而』。

〔七九〕之，《治要》同，刊本作『乏』。陸德明《經典釋文·春秋左氏音義》（以下簡稱『釋文』）：『乏祀，本或作之祀，誤也。』案：沈彤《春秋左傳小疏》云：『「乏」當作「之」。』朱駿聲《春秋左傳識小録》：『劉向《新序·襍事》引作「困民之性，匱神之祀」，當從「之」。』

〔八〇〕也，《治要》、刊本無。

〔八一〕之也，《治要》同，刊本無。

〔八二〕之也，《治要》無，刊本無『之』字。案金澤文庫本（據竹添光鴻《左氏會箋》，下皆同）亦無『之』字，『之』當是爲雙行對齊而添。

〔八三〕太史，《治要》、刊本作『大史』。『大』『太』古今字。

〔八四〕則書也，《治要》『則』作『必』，無『也』字；刊本無『也』字。案金澤文庫本與寫卷同。

〔八五〕也，《治要》、刊本無。

〔八六〕也，《治要》、刊本無。

〔八七〕䂓，刊本作『規』。《正字通·矢部》：『䂓，規本字。』注中『䂓』字同。

〔八八〕誨諫，《治要》、刊本作『諫誨』。

〔八九〕傳告大夫也，底卷『告』原作『造』，茲據《治要》、刊本改正。《治要》、刊本無『也』字。

〔九〇〕得從而誹謗也，《治要》無『也』字，刊本作『則誹謗』。陳樹華《春秋經傳集解考正》云：『「得」字從淳化本改。玩孔《疏》中「聞君過失，不得諫爭，得在外誹謗之」之文，則諸本作「則」字者譌也。足利本未誤。』

〔九一〕也，《治要》同，刊本無。

〔九二〕技，刊本同，《治要》作『伎』。《說文·手部》：『技，巧也。』人部：『伎，與也。』則『技』爲正字，『伎』爲借字。

〔九三〕政事，刊本同，《治要》下有『也』字。

〔九四〕以縱其淫，底卷『淫』原誤作『傜』，茲據《治要》、刊本改正。《治要》、刊本『縱』作『從』，『從』『縱』古今字。

〔九五〕棄，刊本同，《治要》作『弃』。案：『弃』，《說文》以爲古文『棄』字。唐代因爲避太宗之諱，多從古文寫作

『弃』，說詳《敦煌俗字研究》下編二四〇頁。
〔九六〕傳言師曠能因問盡言也，《治要》同，刊本前『言』字作『善』，無『也』字。
〔九七〕弗，刊本同，《治要》作『不』。二字義同。
〔九八〕璧，底卷原誤作『壁』，兹據《治要》、刊本改正。
〔九九〕也，刊本同，《治要》無。
〔一〇〇〕也，《治要》、刊本無。
〔一〇一〕治，底卷原誤作『冶』，兹據《治要》、刊本改正。
〔一〇二〕也，《治要》、刊本無。
〔一〇三〕廿，刊本作『二十』。『廿』爲『二十』之合文。下『廿』字同。
〔一〇四〕也，《治要》同，刊本無。
〔一〇五〕治，底卷原誤作『冶』，兹據《治要》、刊本改正。
〔一〇六〕吾，底卷下原有『盜』字，衍文，兹據《治要》、刊本删。
〔一〇七〕也，《治要》同，刊本無。
〔一〇八〕柒閭丘也，《治要》、刊本『柒』作『漆』，刊本無『也』字。《干禄字書·入聲》：『柒、漆，上俗下正。』
〔一〇九〕皀，《治要》同，刊本作『阜』。《干禄字書·上聲》：『皀、阜，上通下正。』
〔一一〇〕役，《治要》、刊本作『役』。《説文·殳部》云：『古文役从人。』
〔一一一〕民，底卷缺末筆，當爲避諱缺筆字，兹據《治要》、刊本録正。本節下二『民』字同。
〔一一二〕罸，《治要》、刊本作『罰』。《五經文字·罒部》：『罰、罸，上《説文》，下《石經》，五經多用上字。』
〔一一三〕晉，《治要》同，刊本無。案：此删削者所加。
〔一一四〕不，《治要》同，刊本作『弗』。二字義同。

〔一一五〕欒桓子也，《治要》、刊本前有『晉大夫』三字，無『也』字。

〔一一六〕叔向，刊本同，《治要》無，蓋奪重文符號也。

〔一一七〕也，刊本同，《治要》無。

〔一一八〕赦，《治要》作『救』，刊本作『赦』。據《説文》，『赦』爲『赦』之或體。『救』爲誤字。

〔一一九〕而曰必由之何也叔向曰欒王鮒從君者，《治要》無，刊本末有『也』字。

〔一二〇〕何爲也，《治要》同，刊本作『何能行』。

〔一二一〕棄，刊本同，《治要》作『弃』。説見校記〔九五〕。本節『棄』字皆同。

〔一二二〕之，刊本同，《治要》作『也』。

〔一二三〕也，《治要》、刊本無。

〔一二四〕也，《治要》、刊本無。

〔一二五〕『老』下《治要》、刊本有『矣』字。

〔一二六〕也，《治要》、刊本無。

〔一二七〕彊，《治要》、刊本作『疆』。『彊』爲『疆』之俗字，説詳《敦煌俗字研究》下編四一六頁。

〔一二八〕鮌，《治要》、刊本作『鯀』。《説文》有『鯀』無『鮌』，『鮌』爲後起別體。

〔一二九〕其子，刊本同，《治要》下有『也』字。

〔一三〇〕宥，《治要》、刊本作『右』。二字同音，古多通用。然此處不當作『宥』，免生歧義。

〔一三一〕也，《治要》同，刊本無。

〔一三二〕乎，《治要》同，刊本無。

〔一三三〕悦，《治要》同，刊本作『説』。『説』『悦』古今字。

〔一三四〕也，《治要》同，刊本無。

〔一三五〕也，《治要》、刊本無。

〔一三六〕美疾，《治要》、刊本作『疾疢』。《玉篇·疒部》『疢』下引《左傳》云：『季孫之愛我，如美疢也。』胡吉宣《玉篇引書考異》云：『「「疾疢」之」「疾」當依《玉篇》引正作「美」。《傳》下文云：「美疢不如惡石，疢之美，其毒滋多。」可證上文本爲「美疢」。』（《語言文字研究專輯》上一〇〇頁，上海古籍出版社一九八二）案：季孫愛我，適足以害我，故用『美疢』一詞言之。若作『疾疢』，則似恨季孫之愛也。寫本作『美疾』者，因『疢』爲僻字而改也。

〔一三七〕志相順從，《治要》同，郝春文據刊本於『志』前補『常』字。案此删節本也，不必與刊本同。

〔一三八〕也，《治要》、刊本無。

〔一三九〕志相違戾，《治要》同，郝春文據刊本於『志』前補『常』字。案此删節本也，不必與刊本同。

〔一四〇〕之，刊本同，《治要》無。

〔一四一〕美疾不如惡石，《治要》、刊本『疾』作『疢』。『疾』當作『疢』，説見校記〔一三六〕。下句『疾』字亦同。郝春文據文意改『惡』爲『藥』，誤也。『美疢』與『惡石』對文。

〔一四二〕也，《治要》、刊本無。

〔一四三〕也，《治要》同，刊本無。

〔一四四〕淩人，《治要》作『陵人』，刊本作『陵民』。『淩』、『陵』之别，説見校記〔六四〕。『人』爲『民』之諱改字。

〔一四五〕社稷，刊本同，《治要》下有『也』字。

〔一四六〕死亡，刊本同，《治要》下有『也』字。

〔一四七〕也，《治要》、刊本無。

〔一四八〕也，《治要》、刊本無。

〔一四九〕問政，《治要》作『問爲政』，刊本作『問爲政焉』。

〔一五〇〕太，《治要》、刊本作「大」。「大」「太」古今字。

〔一五一〕也，《治要》、刊本無。

春秋左氏經傳集解節本

杜預

春秋左氏經傳集解節本（一）（僖公十六、二十二、二十三年）

斯一四四三背

【題解】

底卷編號爲斯一四四三背，起《僖公十六年》傳『吉凶焉在』集解『吉凶之先見者』之『先』，至《僖公二十三年》傳『有三士足以上人』之『上』，共三十七行，前十四行上截殘泐。僅録傳文及集解，而不録經文，傳文單行大字，集解雙行小字，行有界欄。其中所抄内容可分三个部分：《僖公十六年》傳『吉凶焉在』集解『吉凶之先見者』之『先』，至『吉凶由人，吾不敢逆君故也』集解『故假他占以對』；《僖公二十二年》傳『平王之東遷也』集解『平王嗣位』之『王』，至『遂逃歸』集解『傳終史蘇之占』；《僖公二十三年》傳『晉公子重耳之及於難也』，至『有三士足以上人』之『上』。《翟目》、《索引》、《寶藏》、《英藏》、《索引新編》皆以之與正面《左傳》寫卷統一命名，蓋均以此爲《左傳》殘卷也。陳鐵凡認爲此乃是《群書治要》所收之《左傳節本》（説詳《敦煌本禮記、左、穀考略》，《孔孟學報》第二一期；《〈左傳〉節本考——從英法所藏敦煌兩殘卷之綴合論左傳節本與群書治要之淵源》，《大陸雜誌》第四一卷第七期）。今存《群書治要》第四卷已佚，而僖公部分正在此卷中，因而没有證據證明寫卷所抄内容即爲《群書治要》的删節本《左傳》而單行者，爲審慎起見，存疑爲是。因寫卷乃節録杜預注《春秋左氏經傳集解》而成，故擬名爲《春秋左氏經傳集解節本》。

底卷據《英藏》録文，以中華書局影印阮元刻《十三經注疏·春秋左傳正義》爲對校本（簡稱『刊本』），校録於後。因寫卷爲删節本，故僅出校異文，而於寫卷删削處則不復出校。

（前缺）

□先見〔一〕。襄公以爲孰〔二〕□退〔三〕，能爲禍［福］〔四〕之始，故問□年〔五〕齊有亂，君將得諸侯□退〔六〕而告人曰：『君失問。是陰陽□▨（逆）〔七〕所爲，非人所生也〔八〕。襄公不知〔九〕陰陽而問□▨（興）自以此對非其實也〔一〇〕，恐爲［有］〔一一〕識□（所）□▨（餘）〔一二〕慶，積惡餘殃，故曰吉凶由□（人）。▨（君）〔一三〕問吉凶，不敢逆之，故假他占□□（以對）。

□王〔一四〕□▨〔一五〕。辛有適伊川，見被□（髮）□▨（及）佰〔一六〕年，此其戎乎？其礼〔一七〕□戎居陸［渾］〔一八〕，在秦、晉西〔一九〕北。二國誘而徙之伊□計此去〔二〇〕辛有過百年，而云不及佰年〔二一〕，傳舉□▨（於）〔二二〕秦，將逃歸，謂嬴〔二三〕氏曰：『与子□▨（太）〔二四〕子，而辱於秦，子之欲歸，不亦□▨（櫛）〔二五〕，婢子，婦人之卑稱也。以固子也。從子而□▨（敢）〔二六〕言。』遂逃歸。傳終史蘇之占。

晉公子重□伐諸蒲成〔二七〕。事在五年。蒲城人欲戰，重耳不▨（可）□〔二八〕▨（命）〔二九〕而享其生禄，享，受也。保猶恃〔三〇〕。於是乎得人。以禄致〔三一〕衆。有人而校，罪莫大焉。教，軓〔三二〕。吾其奔也。』遂奔狄。從者狐偃、趙衰、衰，趙夙〔三三〕弟。顛頡、魏武子、武子，魏犨〔三四〕。司空季子。胥臣臼季〔三五〕。時狐毛、賈他〔三六〕皆從，而獨舉此五賢人〔三七〕。狄人伐廧咎如〔三八〕，廧咎如，赤狄之别種〔三九〕，隗〔四〇〕姓。獲其二女叔隗、季隗，納諸公子。公子取季隗，生伯儵〔四一〕、叔劉；以叔隗妻趙衰，生遁〔四二〕。遁，趙宣子之也〔四三〕。將適齊，謂季隗曰：『待我廿〔四四〕五年，不來而後嫁。』對曰：『我廿五矣〔四五〕，又而是嫁〔四六〕，則就木焉。言將□（死）入木，不復成嫁。請待子。』處狄十二年而行。以五年奔狄，至十六年而去也〔四七〕。過衛，衛文公不礼焉。出於五鹿，五鹿，衛地。今衛［縣］西北有［地］名五鹿〔四八〕，陽［平］元成縣東亦有五［鹿］〔四九〕。乞食於野人，野人與之塊，公子〔五〇〕欲鞭之。子犯曰：『天賜〔五一〕。』得土，有國之已〔五二〕，故［以］爲天賜也〔五三〕。稽首，受而載之。及齊，齊桓〔五四〕公妻之，有馬廿乘，四馬爲乘，八十匹馬〔五五〕。公子安之。從者以爲不可。將行，謀於桑下。齊桓〔五六〕既卒，知孝公不可恃故也〔五七〕。蠶妾在其上，以告姜氏，姜氏煞〔五八〕之。姜氏，重耳妻。恐孝〔公〕〔五九〕怒其去，故煞妾以滅口也〔六〇〕。而謂公子曰：『子有四方之志，其聞之者吾煞之矣。』公子曰：『無之。』姜曰：『行〔六一〕。懷與安，實敗名。』公子曰〔六二〕：『不可。』姜氏與子犯謀，醉而遣之。醒，而以戈逐子犯。無去志，故恐也〔六三〕。及曹，曹共公聞其骿脅，欲觀其倮〔六四〕。欲〔六五〕，薄而觀之。薄，迫〔六六〕。骿脅，合幹〔六七〕。僖負羈之妻曰：『吾觀晉公子之從者，皆足以相國。若以相，若遂以爲傳相。夫子必返〔六八〕其國。反〔六九〕其國，必得志於諸侯〔七〇〕。而誅〔七一〕無礼，曹其首也。子盍蚤自貳焉？』自貳，自別異於曹也〔七二〕。乃饋盤飧〔七三〕，寘璧〔七四〕焉。臣無境〔七五〕外之交，故用盤藏璧飧中〔七六〕，不欲令見也〔七七〕。公子受飧反璧。及宋，宋襄〔七八〕公贈之以馬廿乘。贈，送〔七九〕。及鄭，鄭文公亦不礼焉。叔詹諫曰：『臣聞天之所啓，人不〔八〇〕及也。啓，開〔八一〕。晉公子有三焉，天其或者將建諸乎〔八二〕？君其礼焉。男女同姓，其生〔不〕蕃〔八三〕。蕃，息〔八四〕。晉公子，姬出也，而至於〔八五〕今，一也。犬戎狐姬之子，故曰姬出也〔八六〕。離外之患，出奔在外。而天〔八七〕不靖晉國，殆將啓之，二也。有三士足以上

（後缺）

【校記】

〔一〕『先見』下刊本有『者』字。

〔二〕孰，刊本無。案此字蓋爲衍文。

〔三〕『退』前底卷殘泐，刊本作『石隕鷁』。

〔四〕福，底卷原脱，兹據刊本補。

〔五〕『年』前底卷殘泐，刊本作『其所在對曰今茲魯多大喪今茲此歲明』。

〔六〕『退』前底卷殘泐，刊本作『而不終魯喪齊亂宋襄公不終別以政刑吉凶他占知之』。

〔七〕逆，底卷缺左上角，茲據刊本擬補。以下凡底卷中殘字補出者，均據刊本，不復一一注明。『逆』前底卷殘泐，刊本作『之事非吉凶所生也言石隕鷁退陰陽錯』。

〔八〕也，刊本無。

〔九〕『不知』下底卷原有『而』字，應是衍文，茲據刊本删之。

〔一〇〕興自以此對非其實也，底卷『興』存右下角殘畫。刊本無『此』、『也』二字。底卷『興』前殘泐，刊本作『人事故曰君失問叔』。

〔一一〕有，底卷原脱，茲據刊本補。

〔一二〕餘，底卷存下端殘畫。『餘』前底卷殘泐，刊本作『譏故退而告人吉凶由人吾不敢逆君故也積善』。

〔一三〕君，底卷存左邊殘畫。

〔一四〕『王』前底卷殘泐，刊本作『初平王之東遷也周幽王爲犬戎所滅平』。

〔一五〕▨，此字底卷殘去右上角，不能辨別爲何字，刊本無。其前底卷殘泐，刊本作『嗣位故東遷洛邑』。

〔一六〕及佰，底卷『及』存下半。『及』前底卷殘泐，刊本作『而祭於野者辛有周大夫伊川周地伊水也曰不』。刊本『佰』作『百』，『百』『佰』古今字。

〔一七〕礼，刊本作『禮』。案『礼』爲古文『禮』字，敦煌寫本多用此字，後世刊本則多用『禮』字。

〔一八〕戎居陸渾，底卷『渾』字原脱，茲據刊本補。『戎』前底卷殘泐，刊本作『先亡矣被髪而祭有象夷狄秋秦晉遷陸渾之戎于伊川允姓之』。

〔一九〕西，底卷原誤作『面』，茲據刊本改正。

〔二〇〕計此去，底卷『此去』原誤倒作『去此』，茲據刊本乙正。『計』前底卷殘泐，刊本作『川遂從戎號至今爲陸渾縣也』。

〔二一〕 而云不及佰年，底卷『云』原誤作『去』，茲據刊本改正。底卷『佰』原作『伯』，當是『佰』之形誤，傳文言『佰年』是也。刊本作『百』，正字也。

〔二二〕 於，底卷存下半。『於』前底卷殘泐，刊本作『其事驗不必其年信晉大子圉爲質』。

〔二三〕 嬴，底卷原誤作『嬴』，茲據刊本改正。

〔二四〕 太，底卷存下半截，刊本作『大』。『大』『太』古今字。『太』前底卷殘泐，刊本作『歸乎嬴氏秦所妻子圉懷嬴也對曰子晉』。

〔二五〕 櫛，底卷存下截。『櫛』前底卷殘泐，刊本作『宜乎寡君之使婢子侍執巾』。

〔二六〕 敢，底卷存左下角『耳』。『敢』前底卷殘泐，刊本作『歸弃君命也不敢從亦不』。

〔二七〕 伐諸蒲成，刊本『成』作『城』，『成』爲『城』之同音借字。底卷『伐』前殘泐，刊本作『耳之及於難也晉人』。

〔二八〕 可，底卷殘泐左上角殘畫。『可』下底卷殘泐，刊本作『曰保君父之』。

〔二九〕 命，底卷存左邊殘畫。

〔三〇〕 恃，底卷原誤作『待』，茲據刊本改正。刊本下有『也』字。

〔三一〕 禄致，底卷原誤倒作『致禄』，茲據刊本乙正。

〔三二〕 教軓，刊本作『校報』，下有『也』字。陸德明《經典釋文·春秋左氏音義》（以下簡稱『釋文』）：『而校，音教，報也。』『校』、『教』同音，『教』當是『校』之音誤字。『軓』字無義，蓋爲『報』之形誤。

〔三三〕 夙，底卷原誤作『風』，茲據刊本改正。『風』旁底卷倒書一『良』字，蓋爲騎縫押。

〔三四〕 犨，刊本作『犨』。《說文·牛部》：『犨，牛息聲。从牛雔聲。』段玉裁改爲『犨』，云：『《經典釋文》、《唐石經》作「犨」，《玉篇》、《廣韻》皆作「犨」，云：「犨同。」《五經文字》且云：「犨，作犨訛。」蓋唐以前所據《說文》無不从言者。凡形聲多兼會意，雔从言，故牛息聲之字从之。鍇、鉉本皆誤也。今正。』而王筠《說文釋例》卷二十《存疑》則認爲《五經文字》之説不可信，云：『從雔聲自諧，無取乎加言也。』

〔三五〕『臼季』下刊本有『也』字。

〔三六〕他，刊本作『佗』。『他』爲『佗』之俗字，説見《説文·它部》『它』篆下段玉裁注。

〔三七〕舉此五賢人，底卷『舉』原誤作『學』，兹據刊本改正。刊本無『賢』字，案刊本此句下有『賢而有大功』五字，寫卷改前『此五人』爲『此五賢人』，因而删去下『賢而有大功』五字。

〔三八〕廧罣如，底卷『廧』字原作『属』，形誤字，兹據刊本改正。『罣』爲『臯』之俗字，刊本作『咎』，『臯』、『咎』古通，如『臯陶』或寫作『咎繇』。注中『罣』字同。

〔三九〕『別種』下刊本有『也』字。

〔四〇〕隗，底卷原誤作『愧』，兹據刊本改正。

〔四一〕儵，刊本作『鯈』。《釋文》：『鯈，直由反。本又作儵，音同。』李富孫《春秋左傳異文釋》云：『「鯈」與「儵」音義竝異，《晉世家》、《唐石經》皆作「儵」，《釋文》作「鯈」，以形似而誤。』王叔岷《左傳考校》云：『「鯈」乃「儵」之形誤。』

〔四二〕遁，刊本作『盾』。『遁』爲『盾』之借字。注中『遁』字同。

〔四三〕之也，刊本無。『之』當是爲雙行對齊而添。

〔四四〕廿，刊本作『二十』。『廿』爲『二十』之合文。下凡『廿』字同此，不復出校。

〔四五〕『矣』前刊本有『年』字。

〔四六〕而是嫁，刊本『而』作『如』，『是』下有『而』字。案『而』、『如』同義。

〔四七〕也，刊本無。

〔四八〕今衛縣西北有地名五鹿，底卷原無『縣』、『地』二字。《史記·晉世家》『過五鹿』《集解》引杜預曰：『今衛縣西北有地名五鹿，陽平元城縣東亦有五鹿。』《水經注·河水注》云：『晉文公受塊于野人，即此處矣。』

京相璠曰：「今衛縣西北三十里有五鹿城，今屬頓丘縣。」』洪亮吉《春秋左傳注》認爲杜注即據京相璠之説，是應有『縣』字。『地』字不可缺，此杜注通例也。兹皆據刊本補。

〔四九〕陽平元成縣东亦有五鹿，底卷原無『平』、『鹿』二字，《史記・晉世家》『過五鹿』《集解》引杜預曰：『今衛縣西北有地名五鹿，陽平元城縣東亦有五鹿。』兹據刊本補此二字。『成』爲『城』之借字。

〔五〇〕『公子』下刊本有『怒』字。

〔五一〕『賜』下刊本有『也』字。

〔五二〕已，刊本作『祥』。案『已』字無義，應作『祥』。

〔五三〕以爲天賜也，底卷原脱『以』字，兹據刊本補。刊本無『也』字。

〔五四〕桓，底卷原誤作『恒』，兹據刊本改正。

〔五五〕馬，刊本作『也』。案《國語・晉語四》韋昭注曰：『四匹爲乘，八十匹也。』杜預當取此。上句已言『四馬爲乘』，下不必再言『馬』字，『馬』乃涉前而誤也。

〔五六〕桓，底卷原誤作『恒』，兹據刊本改正。

〔五七〕不可恃故也，底卷『恃』原誤作『博』，兹據刊本改正。刊本無『也』字。

〔五八〕煞，刊本作『殺』。《干禄字書・入聲》：『煞、殺，上俗下正。』下『煞』字同。

〔五九〕孝公，底卷『孝』原誤作『李』，脱『公』字，兹據刊本補正。

〔六〇〕煞妾以滅口也，底卷『妾』原誤作『妻』，『滅口』誤作『威己』，兹皆據刊本改正。刊本無『也』字。

〔六一〕『行』下刊本有『也』字。

〔六二〕曰，刊本無。

〔六三〕恐也，刊本『恐』作『怒』，無『也』字。案作『怒』爲善。『恐』應是形誤字，伯三六三四作『怒』。

〔六四〕倮，刊本作『裸』。《説文》無『倮』，應是後起別體。

〔六五〕欲，刊本作『浴』。『欲』爲『浴』之音誤字。

〔六六〕迫，底卷原作『迪』，形誤字，兹據刊本改正。刊本下有『也』字。

〔六七〕幹，底卷原作『觀』，當是涉正文『觀』字而誤，兹據刊本改正。

〔六八〕返，刊本作『反』，『反』『返』古今字。

〔六九〕反，底卷原誤作『及』，兹據刊本改正。

〔七〇〕得志於諸侯，刊本重，此蓋脱重文符號也。伯三六三四此五字下即有重文符號。

〔七一〕誅，底卷原作『諫』，形誤字，兹據刊本改正。

〔七二〕也，刊本無。

〔七三〕喰，刊本作『飧』。《龍龕·口部》：『喰，俗餐、飧二音。』則『喰』爲『飧』之俗字。下『喰』字同。

〔七四〕璧，底卷原誤作『壁』，兹據刊本改正。下諸『璧』字同此。

〔七五〕境，刊本作『竟』，『竟』『境』古今字。

〔七六〕中，底卷原誤作『申』，兹據刊本改正。

〔七七〕令見也，刊本作『令人見』。

〔七八〕襄，底卷原誤作『哀』，兹據刊本改正。

〔七九〕送，底卷原作『宋』，音誤字，兹據刊本改正。刊本下有『也』字。

〔八〇〕不，刊本作『弗』。二字義同。

〔八一〕『開』下刊本有『也』字。

〔八二〕乎，刊本無。案『諸』爲『之乎』之合音，然『諸』亦可釋爲『之』，故後需綴疑問詞『乎』。《僖公十三年》傳：『秦伯謂子桑：「與諸乎？」』《文公元年》傳：『潘崇曰：「能事諸乎？」』《昭公三年》傳：『吾敢違諸乎？』皆其例。有『乎』者爲長。

〔八三〕不蓄，底卷原脱『不』字，兹據刊本補。

〔八四〕『息』下刊本有『也』字。

〔八五〕於，刊本作『于』。二字古通用。

〔八六〕也，刊本無。

〔八七〕『天』下刊本有『下』字。阮元《春秋左氏傳校勘記》：『《石經》、宋本、淳熙本、岳本、《纂圖本》、閩本、監本、毛本無「下」字，此本誤衍。』

春秋左氏經傳集解節本（二）（僖公十九—三十年）

伯三六三四（底一）　伯三六三五（底二）

【題解】

底一編號爲伯三六三四，起《僖公十九年》傳「使衛討邢乎」，至《僖公二十八年》「晉侯、宋公、齊國歸父、崔夭、秦小子慭次于城濮」之「宋公」。此卷由兩部分組成，第一部分一百二十一行，第二部分三十二行，兩部分間的内容並不直接連接，中間殘缺一大块，兩者合計一百五十三行。前七十四行與後七十九行的字體、行款（前部分行約二十四字，後部分行約二十字）不同，蓋非一人所抄。寫卷僅録傳文及集解，而不録經文。其所删存者爲：《僖公十九年》傳存「使衛討邢乎」五殘字。《僖公二十年》傳「宋襄公欲合諸侯」章，殘存傳文「臧文仲聞之曰以欲從人則可」及集解「屈己、衆人」四字。《僖公二十一年》傳存「夏，大旱，公欲焚巫尫」章。《僖公二十二年》傳存「平王之東遷也」、「晉大子圉爲質於秦」、「楚人伐宋以救鄭」及「鄭文夫人芈氏、姜氏勞楚子於柯澤」章。《僖公二十三年》傳存「九月，晉惠公卒」章、「十一月，杞成公卒」章及「晉公子重耳之及於難也」章。《僖公二十四年》傳存「吕、郤畏偪」、「初晉侯之豎頭須」、「晉侯賞從亡者」章。《僖公二十五年》傳存「晉侯問原守於寺人勃鞮」章。《僖公二十六年》傳存「夏，齊孝公伐我北鄙」章。《僖公二十七年》傳存「冬，楚子及諸侯圍宋」章。《僖公二十八年》存晉楚城濮之戰的部分内容。其中自第一〇四行至一〇八行共五行爲《僖公二十三年》傳的内容，在第三三行至三七行已有，此乃重出。第一二〇行與一二一行爲《僖公十六年》傳「春，隕石于宋五」章，而置於《僖公二十六年》之後，不知何因。

底二編號爲伯三六三五，起《僖公二十八年》傳「思小惠而忘大恥，不如戰也」之「戰」，至《僖公三十年》傳「君之所知也」之「之」，共四十七行，亦僅録傳文及集解，而不録經文。其所删存者爲：《僖公二十八年》傳存晉楚城濮之戰的部分内容及『王狩于河陽』章。《僖公二十九年》傳存『介葛盧聞牛鳴』章。《僖公三十年》傳存『燭之武見秦君』章。

姜亮夫《海外敦煌卷子經眼録》(《敦煌學論文集》三三頁，上海古籍出版社一九八七)、陳鐵凡《敦煌本禮記、左、穀考略》(《孔孟學報》第二一期)疑此兩寫卷爲一卷之裂。今謂底二與底一之第二部分字體、行款一致，應是一卷之裂，只是兩者之間約殘缺七行。

《索引》定名《春秋左氏傳集解》，《寶藏》及《索引新編》從之。陳鐵凡認爲此乃是《群書治要》所收之《左傳節本》(説詳《敦煌本禮記、左、穀考略》，《孔孟學報》第二一期；《〈左傳〉節本考——從英法所藏敦煌兩殘卷之綴合論左傳節本與群書治要之淵源》，《大陸雜誌》第四一卷第七期)。今存《群書治要》第四卷已佚，而僖公部分正在此卷中，因而没有證據證明寫卷所抄内容即爲《群書治要》的删節本《左傳》而單行者，爲審慎起見，存疑爲是。因寫卷乃節録杜預注《春秋左氏經傳集解》而成，故擬名爲《春秋左氏經傳集解節本》。

姜亮夫《海外敦煌卷子經眼録》云：『本卷書寫時代不可考，然以卷中無唐帝諱，中多古字等審之，似六朝寫本。而紙質、墨色，又似五代本，疑不能決也。』(《敦煌學論文集》三三頁)雖然寫卷『民』、『治』無缺筆者，然底一第八二、一一五、一一九行『世』字缺一竪筆；《僖公二十八年》傳『民之情僞』句，底一改『民』爲『人』。知此乃爲『世』、『民』二字諱耳。且寫卷字體不佳，硬筆所書，則其抄寫時代不應早於晚唐，亦有可能是五代時寫本，姜氏謂其紙質、墨色似五代本，庶幾近之。

底一、底二均據縮微膠卷録文，以中華書局影印阮元刻《十三經注疏·春秋左傳正義》爲校本(簡稱『刊本』)，校録於後。因寫卷爲删節本，故僅出校異文，而於寫卷删削處不復出校。

(前缺)

□▨▨▨▨▨(使衛討邢乎)〔一〕？□▨(臧)〔二〕文仲聞之，曰：『以欲從人則可，屈己

□〔三〕衆人□〔四〕

夏，大旱，公欲焚巫尪。巫尪，女巫也，主▨（祈）□〔五〕面上向，俗謂天□〔六〕焚之者也〔七〕。臧文仲曰：『非旱備也。脩城郭，貶食省用，▨（務）穡▨（勸）□〔八〕其務也。巫尪何爲？天欲煞〔九〕之，則汝〔一〇〕勿生。若能爲（旱）□〔一一〕公從之。是歲也，飢〔一二〕而不害。不傷害民者也〔一三〕。

初，平王之東遷也，周幽王爲犬戎所滅，平王嗣立〔一四〕，故東遷洛邑也〔一五〕。辛有適伊川，見□〔一六〕野者，辛有，周大夫也〔一七〕。伊川，周地。伊，水也。曰：『不及百年，此其戎乎？其礼□〔一八〕秦、晉遷陸渾之戎于伊川。允姓之戎居陸渾，在秦、晉西北。□〔一九〕戎号〔二〇〕，至今爲陸渾縣也。計此▨（去）□〔二一〕及百年，傳舉其事驗，不必其年信也〔二二〕。

晉太子〔二三〕圉爲質於秦，將逃歸，謂嬴▨（氏）□〔二四〕秦所妻子圉，懷嬴也。對曰：『子，晉太子，而辱於秦，子之欲歸，不亦▨（宜）□〔二五〕婢子侍執巾櫛，婢子，婦人之卑稱也。以固子也。從子而歸，棄□〔二六〕從，亦不敢言。』遂逃歸。傳終史蘇之占者也〔二七〕。

楚人伐宋［以］〔二八〕救鄭。宋公將戰，大司馬固諫曰：『天之▨（棄）□〔二九〕興之，不可赦〔三〇〕也已。』大司馬固，莊公之孫公孫固也。言君興天所棄，必不可。不如赦楚，勿与戰也〔三一〕。不▨（聽）。□〔三二〕公及楚人戰于泓。宋人既成列，楚人未既濟也。□〔三三〕既濟而未［成］〔三四〕列，又以告。公曰：『未可。』既陳而後▨（擊）□〔三五〕股，門官殲焉。門官，守門者，師行在〔三六〕君左右。殲，盡也。國人皆咎公。公曰：『君□〔三七〕二毛，頭白有二色者也〔三八〕。古之爲軍也，不以阻隘也。不因阻隘以求勝也〔三九〕。寡人▨（雖）□〔四〇〕不鼓〔四一〕不成列。』耻以詐〔四二〕。子魚曰：『君未知戰。勍敵之人隘而▨（不）〔四三〕□□（列，天）贊我也。勍，強也。言楚在險隘，［不］〔四四〕得陳列，天所以佐宋也〔四五〕。阻而鼓之，不亦可乎？猶有懼焉。雖因阻▨□（擊之）〔四六〕，猶恐不勝也〔四七〕。且今之勍者，皆吾敵也，雖及胡苟〔四八〕，獲則取之，何有於二毛？今之勍者，謂与吾▨（競）者也〔四九〕。胡苟，元老之稱。明耻教戰，求煞敵也，明設刑戮，以耻不果也〔五〇〕。傷未及死，如何勿重？言▨□（尚能）〔五一〕害己。若愛重傷，則如勿傷；愛其二毛，則如服焉。言苟不欲傷殺敵人，則本可不須鬬也〔五二〕。三軍▨（以）利用〔五三〕，爲利興也〔五四〕。金鼓以聲氣也，鼓以佐士衆之聲氣也〔五五〕。利而用之，阻隘可也，聲盛致志，鼓儳可也。』儳巖，未整陣也〔五六〕。

丙子晨，鄭文夫人芊〔五七〕氏、姜氏勞楚子於柯澤。楚子還，過鄭。鄭文公夫人芊氏，楚女；姜氏，齊女也。柯澤，鄭地也〔五八〕。楚子使師縉示之俘馘〔五九〕。師縉，楚樂師也。俘，所得囚也〔六〇〕。馘，所截耳也〔六一〕。君子曰：『非礼也。婦人送逆〔六二〕不出門，見兄弟不踰〔六三〕閾，閾，門限也〔六四〕。戎事不爾〔六五〕女器。』爾，近也。女器〔六六〕，物也。言俘馘非近婦人之物也〔六七〕。丁丑，楚子入享〔六八〕于鄭，爲鄭所響也〔六九〕。九獻，用上公之礼也〔七〇〕，九獻酒而礼畢也〔七一〕。庭實旅百，庭中所陳，品數百也。加邊〔七二〕豆六品。食物六品加於邊豆。邊豆，礼食器者也〔七三〕。享〔七四〕畢，夜出，文芊送于軍，取鄭二姬以歸。二姬，文芊女也。叔詹曰：『楚王其不歿〔七五〕乎！不以壽終者也〔七六〕。爲礼卒於無別，無別不可用〔七七〕礼，將何以歿？』諸侯是以知其不遂霸也。言楚子所以師敗城濮，終爲商臣所煞也〔七八〕。

懷公命無從亡人，懷公，子圉也〔七九〕。亡人，重耳也〔八〇〕。期〔八一〕，朞〔八二〕而不至，無赦。狐突之子毛及偃▨（從）〔八三〕重耳在秦，不〔八四〕召。偃，子犯也。冬，懷公執狐突，曰：『子來則免。』未朞而執突，以不召子故也〔八五〕。對曰：『子之能仕，父教之忠，古▨（之）〔八六〕□□（制也）。策名委質，貳乃辟也。名書於所臣之策，屈膝而君事之，則不可以貳也〔八七〕。辟，罪也。今臣之子名在▨（重）〔八八〕□□（耳，有）年數矣。若又召之，「教之貳也」〔八九〕。父教子貳，何以事君？刑之不濫，▨（君）〔九〇〕□□□（之明也），臣之願也。淫刑以逞，誰則無罪？臣聞命矣。』乃煞之。卜偃稱疾□〔九一〕有之：「乃大明服。」《周書》，《康誥》〔九二〕。言君能大明則民服也〔九三〕。己則不明而煞人以逞，不亦難乎？□□□（民不見）德而唯戮是聞，其何後之有？』言懷公必無後於晉也〔九四〕，爲廿〔四〕年煞懷公張本也〔九五〕。

十一月，杞成公卒。書曰『子』，杞，夷也。〔九六〕□以於終身〔九七〕，故於卒貶之也〔九八〕。杞實稱伯，仲尼以文貶稱子，故傳言『〔書〕〔九九〕曰子』以明之。不書名，未同盟也。凡諸侯同盟，死則▨（赴）〔一〇〇〕□□（以名），礼也。隱七年已見，今重發不書名者，疑降爵故也。此凡又爲國使承告而書例也〔一〇一〕。赴以名，則亦書之，謂未同盟也〔一〇二〕。不然□〔一〇三〕盟而不以名告也〔一〇四〕。避〔一〇五〕不敏也。敏猶審也。同盟然後告名，赴者之礼也。承赴，然後書策，史官之制也。内外之宜不同，故傳重詳其義也〔一〇六〕。

晉□□（公子）重耳〔之〕〔一〇七〕及於難也，晉人伐諸蒲〔一〇八〕城。事在五年。蒲城人欲戰，重耳不可，曰：『▨□（保君）〔一〇九〕父之命而享其生禄，享，受也。保猶恃也。於是乎得人。以禄致衆。有人而挍〔一一〇〕，罪▨（莫）〔一一一〕大焉。挍，報〔一一二〕。吾其奔也。』遂出〔一一三〕奔狄。從者狐偃、趙衰、衰，趙夙弟。顛頡、魏武子、武子，魏犨〔一一四〕。司空季子。胥臣臼季也。時狐毛、賈他〔一一五〕皆從，而獨舉此五人，賢而有大功。狄人伐廧〔一一六〕咎如，廧咎如，赤狄之別種〔一一七〕，隗姓也〔一一八〕。獲其二女叔隗、季隗，納諸公子。公子取季隗，生伯儵〔一一九〕、叔劉〔一二〇〕；以叔隗妻趙衰，生盾。盾，趙宣孟〔一二一〕。將適齊，謂季隗曰：『待我廿五年，不來而後嫁。』對曰：『我廿五年矣，又如是而嫁，則就木焉。言將死入木，不復成嫁也〔一二二〕。請待子。』處狄十二年而行。以五年奔狄，至十六年而去也〔一二三〕。過衛，衛文公不礼焉。出於五鹿，五鹿，衛地也〔一二四〕。今衛縣西北有地名五鹿，陽平元城縣東亦有五鹿也〔一二五〕。乞食於野人，野人与之塊，公子〔一二六〕欲鞭之。子犯曰：『天賜也。』得土，有國之祥也〔一二七〕，故以爲天賜也〔一二八〕。稽首，受而載之。及齊，齊桓公妻之，有馬廿乘，四馬爲乘，八十匹也。公子〔一二九〕安之。從者以爲不可。將行，謀於桑下。叁〔一三〇〕桓既卒，知孝公不可恃故也〔一三一〕。蠶妾在上〔一三二〕，以告姜氏，姜氏殺之。姜氏，重耳妻也〔一三三〕。恐孝公怒其去，故煞妾以滅口也〔一三四〕。而謂公子曰：『子有四方之志，其聞之者吾煞之矣。』公子曰：『無之。』姜曰：『行也。懷與安，實敗名。』公子曰〔一三五〕：『不可。』姜与子犯謀，醉而遣之。醒，而以戈逐子犯。無去志，故怒也〔一三六〕。及曹，曹共公聞其駢脅，欲觀其裸。浴，薄而觀之。薄，迫也。駢脅，合幹也〔一三七〕。僖負羈之妻曰：『吾觀晉公子之從者，皆足以相國。若以相，若遂以爲傅相。夫子必反其國。反其國，必得志於諸侯。得志於諸侯而誅無礼，曹其首也。子盍蚤自貳焉？』自貳，自别異於曹也〔一三八〕。乃饋盤飧〔一三九〕，寘璧焉。臣無境〔一四〇〕外之交，故用盤藏璧飧中，不欲令人見也〔一四一〕。公子受飧反璧。及宋，宋襄公贈之以馬廿乘。贈，送〔一四二〕。及鄭，鄭文公亦不礼焉。叔詹諫曰：『臣聞天之所啓，人弗及也。啓，開〔一四三〕。晉公子有三焉，天其或者將建諸，君其礼焉。男女同姓，其生不蕃。蕃，息〔一四四〕。晉公子，姬出也，而至於〔一四五〕今，一也。犬戎狐姬〔一四六〕之子，故曰姬出。離外之患，出奔在外。而天〔一四七〕不靖晉國，殆將啓之，二也。有三事〔一四八〕足以上人，而從之，三也。《國語》：狐偃、趙衰、賈他〔一四九〕，皆卿才也〔一五〇〕。晉鄭同儕，儕，等〔一五一〕。其過子弟（弟），固將礼焉，况天之所啓乎？』不〔一五二〕聽。及楚，楚子饗〔一五三〕之，曰：『公子若反晉國，則何以報不穀？』對曰：『子女玉帛，則君之有。羽毛齒革，則君地生焉。其波及晉國者，君之餘也。其何以報君？』曰：『雖然，其〔一五四〕何以報我？』對曰：『若以君之靈，得反晉國，晉、楚治兵，遇其〔一五五〕中原，其避〔一五六〕君三舍。若不獲命，三退不得楚止命〔一五七〕。其左執鞭〔一五八〕弭，右屬櫜鞬，以与君〔一五九〕周旋。』弭，弓末無緣者也〔一六〇〕。櫜以受箭，鞬以受弓。屬，著也。周旋，相追逐也。子玉請煞之。畏其志大。楚子曰：『晉公子廣而儉，志廣而體儉也〔一六一〕。文而有礼。其從者肅而寬，肅，敬〔一六二〕。忠而能力。晉侯無親，外内惡之。晉侯，惠公〔一六三〕。吾聞姬姓唐叔之後，其後衰者也，其將由晉公子乎？天將興之，誰能廢〔一六四〕之？違天必有大咎。』乃送諸秦。秦伯納女五人，懷嬴與焉，懷嬴，子圉妻也〔一六五〕。子圉謚懷公，故号懷嬴也〔一六六〕。奉匜〔一六七〕沃盥。既而揮之。匜，沃盥器也。揮，湔也。怒曰：『秦、晉匹也，何以卑我！』匹，敵〔一六八〕。公子懼，降服而囚。去上服，自拘囚以謝也〔一六九〕。　他日，公享之。

晉侯之大夫〔一七〇〕　呂、郄〔一七一〕　畏偪，呂甥、郄芮，惠公舊臣，故畏爲文公所逼害之〔一七二〕。　將焚公宮而煞晉侯。　寺人披請見，公使讓之，且辤〔一七三〕　焉。　辞〔一七四〕不見。　曰：『蒲城之役〔一七五〕，在五年。　君命一宿而［即］至〔一七六〕。　即日至。　其後余從狄君以田渭濱，田，▨（獵）〔一七七〕。　汝〔一七八〕　爲惠公來求煞余，命汝三宿，女中宿至。　雖有君命，▭▨（夫）〔一七九〕　袪猶在，披所斬文公衣袂也。［女其行乎］！』〔一八〇〕　對曰：『臣謂君之入也，▨（其）〔一八一〕▭若〔一八二〕　猶未也，又將及難。　君命無二，古之制▭▨（力）〔一八三〕　是視，蒲人、狄人，余何有焉？　當二君世〔一八四〕，君爲▭〔一八五〕，於我有何義？▭▨（其）〔一八六〕　無蒲、狄乎？　齊桓公置射鉤▭管〔一八七〕仲射▭鉤也〔一八八〕。君若易之，何辱命焉？　言若▭〔一八九〕不須▭豈〔一九〇〕　唯刑臣。』披，淹〔一九一〕　人，故稱刑臣也〔一九二〕。　公遽▨（見）▭〔一九三〕▭▨（豎）〔一九四〕　頭須，守藏者〔一九五〕。　頭▭〔一九六〕豎，▭盡〔一九七〕　用以求入〔一九八〕之。　求納文公。　及▭心〔一九九〕　覆，心覆則圖反，▨（宜）〔二〇〇〕▭者〔二〇一〕　爲羈紲之▨（僕）〔二〇二〕，□▨□▨（其亦可也）〔二〇三〕▭匹〔二〇四〕　夫，懼者甚衆矣。』僕人以告，公▨（遽）〔二〇五〕□（見）。

▭▨（晉）〔二〇六〕　侯賞從亡者。　介之推不言禄，禄亦▭曰〔二〇七〕：『獻公之子九人，唯君在矣。　惠、懷無▭絶〔二〇八〕　晉，必將有主。　主晉祀者，非君而誰？　□□（天實）置□（之），▨（而）〔二〇九〕　二三子以爲己力，不亦誣乎？　竊人之財猶謂▨（之）〔二一〇〕　盜，況貪天功以爲己力〔二一一〕？　下義其罪，上賞其姦，上下相蒙，蒙，欺〔二一二〕。　難以〔二一三〕　處矣。』其母曰：『盍亦求之，以死誰懟？』對曰：『尤而效〔二一四〕之，罪又甚焉。且出怨言，不食其食。』怨言，謂上下相蒙，難與處也〔二一五〕。其母曰：『亦〔二一六〕使知之，若何？』既不求之，且欲令推言於文公也〔二一七〕。對曰：『言，身之文也。身將隱，焉用文之？是求顯也。』其母曰：『能如是乎？與汝偕隱。』〔二一八〕偕，俱〔二一九〕。遂隱而死。晉侯求之不獲，以綿〔二二〇〕上爲之田，曰：『以志吾過，且旌善人。』旌，表也。西河介休〔二二一〕縣南有地名綿上。

晉侯問原守於寺人勃〔二二二〕鞮。勃鞮，披〔二二三〕也。對曰：『昔趙衰以壺飧從徑〔二二四〕，餒而不食。』〔二二五〕言其廉仁〔二二六〕，不忘〔二二七〕君也。徑，▨（猶）行〔二二八〕。故使處原。從披言〔二二九〕。衰雖有大功，猶簡〔二三〇〕小善以進之，示不遺小勞者也〔二三一〕。

冬，懷公執狐突，曰：『子來則免。』未朞而執狐突〔二三二〕，以不召子［故］也〔二三三〕。對曰：『子之能仕，父教之忠，古之制也。策名委質，貳乃辟也。名書於所臣之策，屈膝而君事之，則不可以貳。辟〔二三四〕，罪也。今臣之子名在重耳，有年數矣。若［又］〔二三五〕召之，教之貳也。父教子貳，何以事君？刑之不濫，君之明〔二三六〕，臣之願也。淫刑以逞，誰則無罪？臣聞命矣。』乃殺之〔二三七〕。

夏，齊孝公伐我北鄙。衛人伐齊，洮之盟故也。公使展喜犒師，勞齊師也〔二三八〕。使受命于展禽。柳下惠也〔二三九〕。齊侯未入境〔二四〇〕，展喜從之，曰：『寡君聞君親舉玉趾，將辱於弊〔二四一〕邑，敢使下臣犒執事。』〔二四二〕言執事，不敢斥尊也〔二四三〕。［齊侯曰：『魯人恐乎？』對曰：『小人恐矣，君子則否。』］〔二四四〕齊侯曰：『室如縣罄〔二四五〕，野無青草，何恃而不恐？』如，而〔二四六〕。時夏四月，今之二月，野物未成，故言居室而資粮懸盡〔二四七〕，在野則無疏〔二四八〕食之物，所以當恐之者也〔二四九〕。對曰：『恃先王之命，昔周公、太公［股］肱〔二五〇〕周室，夾輔成王。成王勞之而賜之盟，曰：「世世〔二五一〕子孫，無相害也。」載在盟府，載，載書也。太師職之〔二五二〕。職，主也。太公爲大師，兼主司盟之官也〔二五三〕。桓公是以糾〔二五四〕合諸侯而謀其不協，弥縫其闕而匡救其灾〔二五五〕，昭舊職也。及君即位，諸侯之望曰：「其率桓公〔二五六〕之功。」率，循〔二五七〕。我弊〔二五八〕邑用不敢保聚，用此舊盟，故不敢聚衆保守之也〔二五九〕。曰：「豈其嗣世九年而棄〔二六〇〕命廢職，其若先君何？［君］〔二六一〕必不然。」恃此〔二六二〕不恐。』齊侯乃還。

『隕石于宋，五』，隕星也。但〔二六三〕言星，則嫌星使石隕，故重言隕星。『六鷁〔二六四〕退飛，過宋都』，風也。六鷁遇迅風而退〔二六五〕，風高〔二六六〕□

荀林父，中行桓子也〔二六八〕。

（中缺）

卿〔二六七〕，讓於欒枝、先軫。欒枝，貞子也，欒賓之孫。使欒枝將下軍，先軫佐之。荀林父御戎，魏犨爲右。

傳廿八年〔二六九〕，晉侯圍曹，門焉，多死，曹人尸諸城上，磔晉死人於城上也〔二七〇〕。晉侯患之，聽輿人之誦〔二七一〕，稱『舍於墓』。輿，衆也。舍墓，爲將發冢也〔二七二〕。師遷焉，曹人兇懼，遷至曹人墓也〔二七三〕。兇兇，恐懼聲。爲其所得者棺而出之。因其兇而功之〔二七四〕。三月甲午〔二七五〕，入曹。數之，以其不用僖負覊而乘軒者三百人也，且曰：『獻狀。』命〔二七六〕無入僖負覊之宮而免其族，報施也。報飡璧之施也〔二七七〕。魏犨、顛頡怒曰：『勞之不圖，報於何有！』二子各〔二七八〕有從亡之勞。爇僖負覊氏。魏犨傷於胷，公欲煞之而愛其材，材〔二七九〕，力。使問，且視之。病，將煞之。魏犨束胷見使者曰：『以君之靈，不有寧也。』言不以病故自安寧。距躍三百，曲踊三百。距躍，超越也。曲踊，跳踊也。百猶勵也。乃舍之。宋人使門尹般如晉師告急。公曰：『宋人告急，舍之，則絶。告楚，不許。我欲戰矣，齊、秦未可，若之何？』先軫曰：『使宋舍我而賂齊、秦，求救於齊、秦。藉之以〔二八〇〕告楚。假借齊、秦，使爲宋請。我執曹君，而分曹、衛之田以賜宋人。楚愛曹、衛，必不許也。不許齊、秦之請者也〔二八一〕。喜賂怒頑，能無戰乎？』言齊、秦喜得宋賂而怒楚之頑，必自戰也。公悦〔二八二〕，執曹伯，分曹、衛之田以畁〔二八三〕宋人。楚子曰：『無從［晉師］〔二八四〕。晉侯在外十九年矣，而果得晉國。險阻艱難，備常〔二八五〕之矣；人〔二八六〕之情僞，盡知之矣。天假之年，獻公之子九人，唯文公在，故曰天假之年也〔二八七〕。而除其害。［天之所置］〔二八八〕，其可廢乎？《軍志》曰：「允當則歸。」無求過分。又曰：「知難而退。」又曰：「有德不可敵。」此三志者，晉之謂矣。』

子玉使宛春告于〔二八九〕晉師曰：『請復〔二九〇〕衛侯而封曹，臣亦釋宋之圍。』子犯曰：『子玉無礼哉！君取一，臣取二，不可失矣。』言可伐也〔二九一〕。先軫曰：『子与之。定人［之］〔二九二〕謂礼，楚一言而定三國，我一言而亡之，我則無礼，何以戰乎？不許楚言，是弃〔二九三〕宋也。救而棄之，謂〔二九四〕諸侯何？言將爲諸侯所恠也〔二九五〕。楚有三施，我有三怨。怨讎已多，將何以戰？不如私許復曹、衛以攜之，執宛春以怒楚，既戰而後圖之。』公悦〔二九六〕，乃拘〔二九七〕宛春於衛，且使曹、衛告絶於楚〔二九八〕。子玉怒，從晉師。晉師退。軍吏曰：『以君避〔二九九〕臣，辱也。且楚師老矣，何故退？』子犯曰：『師曲爲老〔三〇〇〕，豈在久乎〔三〇一〕？微楚之惠不及此，重耳過楚，楚成王有贈送之惠也〔三〇二〕。退三舍避〔三〇三〕之，所以報也。』楚衆欲止，子玉不可。夏，四月戊辰，晉侯、宋公〔三〇四〕

（中間約缺七行）

□（戰）〔三〇五〕也。』晉▨▨（侯夢）〔三〇六〕□（與）楚□是〔三〇七〕以懼。子犯曰：『吉。我得天，楚伏其罪，吾且柔之矣。』晉侯上嚮〔三〇八〕，故得天。楚子下嚮〔三〇九〕，故伏其罪也〔三一〇〕。腦，所以柔物也〔三一一〕。子犯審見事宜，故權言以荅夢也〔三一二〕。子玉使鬬勃請戰，鬬勃，楚大夫。曰：『請與君之士戲，君馮軾而觀之，得臣與寓目焉。』寓，寄〔三一三〕。晉侯使欒枝〔三一四〕對曰：『寡君聞命矣。楚君之惠，未之敢忘，是以在此。爲大夫退，其敢當君乎？既不獲命矣，不獲止命。敢煩大夫謂二三子，煩鬬勃，命戒勑〔三一五〕子玉、子西之屬。「戒爾車乘，敬爾君事，詰朝將見」。』詰朝，平旦。晉車七百乘，韅、靷、鞅、靽。五万（萬）二千五百人也〔三一六〕。在背〔三一七〕曰韅，在▨（胷）〔三一八〕□（曰）靷，在腹曰鞅，在後〔三一九〕曰靽。言駕乘脩備。晉侯登有莘之虚以觀師，曰：『少長有禮，其▨(可)〔三二〇〕□(用)也。』有莘，故國名也〔三二一〕。少長猶言小大〔三二二〕。　遂伐其▨(木)〔三二三〕以益其兵。伐木以益攻戰之具，輿〔三二四〕曳柴亦是也。　己巳，晉師陳于莘北，胥臣以下軍之佐當陳、蔡。　子玉以若敖之六卒將中軍，曰：『今日必無晉矣。』子西將左〔三二五〕，子上將右。子西，鬭宜申也〔三二六〕。子上，鬭勃。　胥臣蒙馬以虎皮，先犯陳、蔡。　奔〔三二七〕，楚右師潰。陳、蔡屬楚右師。　狐毛設二旆〔三二八〕而退之。旆，大旗也。又建二〔三二九〕旆而退，使若大將稍却也〔三三〇〕。　欒枝使輿曳柴而僞遁，□〔三三一〕衆走。　楚師馳之。　原軫、郤〔三三二〕溱以中軍公族横擊之，公族，□□□(公所率)之□(軍)。　狐毛〔三三三〕、狐偃以上軍夾攻子西，楚左師潰。　楚師敗績。　子玉收其卒而止，故不敗。三軍唯中軍完，是大崩也〔三三四〕。　晉師三日館〔三三五〕穀，館，舍也。食楚軍穀三日之也〔三三六〕。

初，楚子玉自爲瓊玣玉纓〔三三七〕，未之服也。玣以鹿子皮爲之。瓊，玉之别名，次之以飾玣及有〔三三八〕纓。《詩》云『繪弁如星』也〔三三九〕。　先戰，夢河神謂己曰：『卑〔三四〇〕余，余賜女孟諸之麋。』孟諸，宋藪澤也〔三四一〕。水草之交曰麋之也〔三四二〕。　不〔三四三〕致也。　大心與子西使▨(榮)〔三四四〕黄諫，大心，子玉之「子。子西，子玉之」〔三四五〕族。子玉剛愎，故因榮黄。榮黄，榮季〔三四六〕。　不聽。　榮季曰：『死而國利〔三四七〕，猶或爲之，况瓊玉乎？是糞土也，而可以濟師，將何愛焉？』因神之欲，以附百姓之願，濟師之理也〔三四八〕。　不〔三四九〕聽。　出告二子曰：『非神敗令尹，令尹其「不」〔三五〇〕勤民，實自敗也。』盡心〔三五一〕盡力，無「所」〔三五二〕愛惜，爲勤民也〔三五三〕。　既敗，王使謂之曰：『大夫若入，其若申、息之老何？』申、息二邑子弟皆▨(從)〔三五四〕□□(子玉)而死，言何以見□□□(其父老)。　子西、孫伯曰：『得臣將死，二臣止之曰：「君其將以▨(爲)〔三五五〕□(戮)。」』孫伯即大心，子玉子也。二子以此荅〔三五六〕王使，言欲令子玉往就君戮也〔三五七〕。　及連穀〔三五八〕而死。至連穀，王□▨(無赦)〔三五九〕□(命)，故自煞也。文十年傳曰：『城濮之役，王使止子玉曰：「無死。」不及。』子西亦自煞，縊而懸〔三六〇〕絶，故得不死。王時别遣「追前使。連」〔三六一〕穀，楚地也〔三六二〕。煞得臣，經在踐土〔三六三〕盟上，傳在下者，説晉事畢而次及楚，屬文之宜也〔三六四〕。晉侯聞之而後喜可知也，喜見於顏色也〔三六五〕。曰：『莫余毒也已！』是會也，晉侯召王，以諸侯見，且〔三六六〕使王狩。晉侯大合諸〔侯〕〔三六七〕，而欲尊事天子以爲名義。自嫌強大，不敢朝周，喻王出狩，因得盡羣臣之礼，皆譎而不正之事也〔三六八〕。仲尼曰：『以臣召君，不可以訓。』故書曰：『天王狩于河陽。』言非其地也。使若天王自狩以失地，故書者〔三六九〕河陽。實以屬晉，非王狩地也〔三七〇〕。且明〔三七一〕德也。隱其召君之闕，欲以明晉之功德也〔三七二〕。河陽之狩，趙盾之煞〔三七三〕，泄冶〔三七四〕之罪，皆違凡變例，以起大義危疑之理，故□（特）稱仲尼以明。［壬申，公朝于王所。執衛侯，經在朝］〔三七五〕王下，傳在上者，告執晚。介葛盧〔三七六〕聞牛鳴，曰：『是生三犧，皆用之矣，其音云。』問之而信。傳言人聽，或通鳥獸之情也〔三七七〕。

九月，甲午，晉侯、秦伯圍鄭，以其無禮於晉，文公亡過鄭，鄭不礼〔三七八〕。且貳於楚也。晉軍函陵，秦軍氾南。此東氾〔三七九〕，在熒陽中牟縣南。佚之狐言於鄭伯曰：『國危矣。若使燭〔三八〇〕之武見秦君，師必退。』佚之狐、燭之武，皆鄭大夫。公從〔三八一〕。曰〔三八二〕：『臣之壯也，猶不如人。今老矣，無能爲也已。』公曰：『吾不能早用子，今急而求子，是寡〔三八三〕人之過也。然鄭亡，子亦有不利焉。』許之。夜，縋而出。縋，懸〔三八四〕城而下。見秦伯曰：『秦、晉圍鄭，鄭既知亡矣。若亡鄭▨▨▨（而有益）〔三八五〕於君，敢以煩執事。執事，亦謂秦也〔三八六〕。越國以鄙▭〔三八七〕設得鄭以爲秦邊邑，則越晉而難保。焉用亡鄭以陪▨（鄰）？▭〔三八八〕▨（舍）〔三八九〕□□▨（鄭以爲）〔三九〇〕東道主，行李▨（之）〔三九一〕▭▨（君）〔三九二〕嘗爲晉▨（君）〔三九三〕▭▨（之）▭〔三九四〕

（後缺）

【校記】

〔一〕使衛討邢乎，底一「使」存左邊殘畫，「衛」存下端殘畫，「討」殘去右上角，「邢」殘存左半「开」，「乎」殘存上端一撇。陳鐵凡《敦煌本禮記、左、穀考略》云：「首行漶漫，僅殘存二「邢」字，疑爲自十九年傳中摘録之一節。」今據縮微膠卷，可辨者有上五字，的知其爲十九年傳中之一節也。以下底卷中凡殘字補出者，均據刊本，不復一一注明。

〔二〕臧，底一存左邊「爿」。案由此知前行「乎」下底一殘泐之字爲「從之師興而雨宋襄公欲合諸侯」。「從之師興而雨」爲十九年傳中文，「宋襄公欲合諸侯」則爲二十年傳中文。

〔三〕「屈己」下底一殘泐，刊本作「之欲從」。

〔四〕人，刊本無。「人」下底一殘泐，刊本作「之善以人從欲鮮濟爲明年鹿上盟傳」。

〔五〕祈，底一殘存左上角一點。「祈」下底一殘泐，刊本作「禱請雨者或以爲尫非巫也瘠病之人其」。

〔六〕「天」下底一殘泐，刊本作「哀其病恐雨入其鼻故爲之旱是以公欲」。

〔七〕者也，刊本無。

〔八〕務穡勸，底一「務」殘去右上角，「勸」殘存左上角殘畫。「勸」下底一殘泐，刊本作「分穡儉也勸分有無相濟此」。

〔九〕煞，刊本作「殺」。《干禄字書・入聲》以「煞」爲「殺」之俗字。下「煞」字同，不復出校。

〔一〇〕汝，刊本作「如」。「汝」爲音誤字。

〔一一〕旱，底一存左上角殘畫。「旱」下底一殘泐，刊本作「焚之滋甚」。

〔一二〕飢，刊本作「饑」。案《説文・食部》：「飢，餓也。」「饑，穀不孰爲饑。」《爾雅・釋天》：「穀不熟爲饑，蔬不熟爲饉。」則「饑」爲正字，「飢」爲借字。

〔一三〕不傷害民者也，底一「傷」原誤作「復」，玆據刊本改正。刊本無「者也」二字，「者」當爲雙行對齊而添。

〔一四〕立，刊本作『位』。陳樹華《春秋經傳集解考正》云：『立，監本、閩本、毛本竝作「位」，非。』

〔一五〕也，刊本無。

〔一六〕『見』下底一殘泐，刊本作『被髮而祭於』。

〔一七〕也，刊本無。

〔一八〕礼，刊本作『禮』。案『礼』爲古文『禮』字，敦煌寫本多用此字，後世刊本則多用『禮』字。下凡『礼』字同此。『礼』下底一殘泐，刊本作『先亡矣被髮而祭有象夷狄秋』。

〔一九〕『西北』下底一殘泐，刊本作『二國誘而徙之伊川遂從』。

〔二〇〕号，刊本作『號』，『号』『號』古今字。

〔二一〕去，底一存上部殘畫。『去』下底一殘泐，刊本作『辛有過百年而云不』。

〔二二〕也，刊本無。

〔二三〕太子，刊本作『大子』，『大』『太』古今字。下『太子』同此。

〔二四〕氏，底一存右上角殘畫。『氏』下底一殘泐，刊本作『曰與子歸乎嬴氏』。

〔二五〕宜，底一存上部『冖』，乃『冝』之殘，『冝』爲『宜』之俗。『宜』下底一殘泐，刊本作『乎寡君之使』。

〔二六〕棄，刊本作『弃』。二字異體。下凡『弃』、『棄』之別者同此。『棄』下底一殘泐，刊本作『君命也不敢』。

〔二七〕者也，刊本無。案斯一四四三亦無，此當爲雙行對齊而添。

〔二八〕以，底一原脱，茲據刊本補。

〔二九〕棄，底一存上部『亠』，刊本作『弃』。底一注中作『棄』，茲據以補。『棄』下底一殘泐，刊本作『商久矣君將』。

〔三〇〕不可赦，刊本『不』作『弗』，『赦』作『赦』。案：『不』、『弗』同義。據《説文》，『赦』爲『赦』之或體。下『赦』字同。

〔三一〕与戰也，刊本『与』作『與』，無『也』字。案『与』、『與』二字古混用無别，敦煌寫本多用『与』字，後世刊本多改作『與』。下凡此均不復出。

〔三二〕不聽，刊本『不』作『弗』，二字義同。底一『聽』存上截。『聽』下底一殘泐，刊本作『冬十一月己巳朔宋』。

〔三三〕也，刊本無。『也』下底一殘泐，刊本作『未盡渡泓水司馬曰子魚也彼衆我寡及其未既濟也請擊之公曰不可』。案：據前行，知本行殘泐約八、九字，而此處刊本有單行大字二十，雙行小字八，疑寫卷有脱漏，或有删削。

〔三四〕成，底一原無，當是脱漏，兹據刊本補。

〔三五〕擊，底一殘脱下部『手』。『擊』下底一殘泐，刊本作『之宋師敗績公傷』。

〔三六〕『在』前刊本有『則』字。

〔三七〕『君』下底一殘泐，刊本作『子不重傷不禽二毛』。

〔三八〕者也，刊本無。

〔三九〕也，刊本無。

〔四〇〕雖，底一存上端殘畫。『雖』下底一殘泐，刊本作『亡國之餘宋商紂之後』。

〔四一〕皷，刊本作『鼓』。《干禄字書·上聲》：『皷、鼓，上俗下正。』下『皷』字同。

〔四二〕『詐』下刊本有『勝』字。

〔四三〕不，底一存左邊殘畫。

〔四四〕不，底一原脱，兹據刊本補。

〔四五〕也，刊本無。

〔四六〕擊，底一存左上部。

〔四七〕也，刊本無。

〔四八〕及胡苟，底一『及』原誤作『反』，兹據刊本改正。刊本『苟』作『耇』。案此二字《廣韻》同音『古厚切』，

『苟』當是『耉』之音借字。注中『苟』字同。

〔四九〕競者也，底二『競』存右半。刊本無『也』字。

〔五〇〕也，刊本無。

〔五一〕尚，底一右下角殘損。

〔五二〕也，刊本無。

〔五三〕以利用，底二『以』存左半，刊本末有『也』字。

〔五四〕也，刊本無。

〔五五〕也，刊本無。

〔五六〕陣也，刊本『陣』作『陳』，無『也』字。『陣』爲『陳』之俗字。

〔五七〕芉，刊本作『芈』。《五經文字·羊部》：『芈、芉，上《説文》，下經典相承隸省。』下『芉』字同。

〔五八〕也，刊本無。

〔五九〕鹹，刊本作『鹹』。『鹹』應爲『鹹』之俗字。下『鹹』字同。

〔六〇〕也，刊本無。

〔六一〕也，刊本無。

〔六二〕逆，刊本作『迎』。二字同義。

〔六三〕兄苐不踰，刊本『苐』作『弟』，『踰』作『逾』。『苐』爲『弟』之俗字。下凡『苐』字同此。《説文·辵部》：『逾，越進也。』足部：『踰，越也。』段注：『「踰」與「逾」音義略同。』

〔六四〕也，刊本無。

〔六五〕爾，刊本作『邇』。陸德明《經典釋文·春秋左氏音義》（以下簡稱『釋文』）出『爾近』條，是亦作『爾』也。『爾』與『邇』同，説詳王引之《經義述聞》卷十九『偪介之關』條。注中『爾』字同。

〔六六〕女器，刊本無『女』字。案：『女器』者，婦人所用之物也。此釋『器』，不釋『女』，故杜云：『物也。』『女』字當是涉傳文而衍。

〔六七〕也，刊本無。

〔六八〕享，刊本作『饗』。阮元《春秋左氏傳校勘記》（以下簡稱『阮校』）：『宋本、淳熙本、足利本「饗」作「享」，《石經》此處闕，下「饗畢」作「享畢」，此亦當作「享」也。』案：《説文・食部》：『饗，鄉人飲酒也。』《亯部》：『亯，獻也。』『享』爲『亯』之隸定字。是作『享』者正字，作『饗』者則因注中作『饗』而改也。參下條校記。

〔六九〕響也，刊本『響』作『饗』，無『也』字。阮校：『足利本「饗」作「享」。』陳樹華《春秋經傳集解考正》：『注以「饗」字解「享」字非誤也。如《僖廿五年》傳「遇公用享于天子之卦」，注云：「得位而説，故能爲王所宴饗。」傳作「享」，注作「饗」，與此同也。』案：寫卷作『響』，『響』乃『饗』之形誤；足利本作『享』，據傳文改也。

〔七〇〕也，刊本無。

〔七一〕也，刊本無。

〔七二〕邊，刊本作『籩』。《説文・竹部》：『籩，竹豆也。』『邊』應是同音借字。注中『邊』字同。

〔七三〕者也，刊本無。金澤文庫本（據竹添光鴻《左氏會箋》，下皆同）無『者』字，『者』當是爲雙行對齊而添。

〔七四〕享，刊本作『饗』。案：當作『享』，説見校記〔六八〕。

〔七五〕殁，刊本作『没』。《釋文》出『殁』字。『没』『殁』古今字。下『殁』字同。

〔七六〕者也，刊本無。金澤文庫本無『者』字，『者』當是爲雙行對齊而添。

〔七七〕用，刊本作『謂』。案作『謂』義長。

〔七八〕煞也，刊本『煞』作『弑』，無『也』字。『煞』爲『殺』之俗字，《釋文》出『殺』字，是與寫卷同也。殺、弑古今字。

〔七九〕也，刊本無。

〔八〇〕也，刊本無。

〔八一〕期，底一原作『其』，音誤字，兹據刊本改正。

〔八二〕朞，刊本作『期』。《釋文》：『期期，上如字，下音基。下亦作朞。』雷浚《説文外編》云：『《説文》無「朞」字，朞即期之異體。』

〔八三〕從，底一存右上角殘畫。

〔八四〕不，刊本作『弗』。二字義同。

〔八五〕未朞而執突以不召子故也，此十一字及傳文『冬懷公執狐突曰子來則免』底一旁注，故在『未朞』前書手添二『注』字，今均録正，並删『注』字。底一『朞』原誤作『暮』，兹據上傳文『朞而不至』改正。刊本無『也』字。

〔八六〕之，底一存上截。

〔八七〕也，刊本無。

〔八八〕重，底一存上端一撇與一横。

〔八九〕教之貳也，底一原脱，兹據刊本補。

〔九〇〕君，底一存上端殘畫。

〔九一〕『疾』下底一殘泐，刊本作『不出曰周書』。

〔九二〕誥，底一原誤作『詰』，兹據刊本改正。

〔九三〕也，刊本無。

〔九四〕也，刊本無。

〔九五〕爲廿四年煞懷公張本也，底一原無『四』字，《僖二十四年》傳云：『使殺懷公于高梁。』兹據刊本補。刊本

『廿』作『二十』，無『也』字。『廿』爲『二十』之合文。下凡『廿』字同此，不復出校。

〔九六〕『也』下底一殘泐，刊本作『成公始行夷禮』。

〔九七〕以於終身，刊本作『以終其身』。案刊本爲長。

〔九八〕也，刊本無。

〔九九〕書，底一原脱，兹據刊本補。

〔一〇〇〕赴，底一存上端殘畫。

〔一〇一〕國使承告而書例也，刊本『使』作『史』，無『也』字。『使』爲『史』之音借字。

〔一〇二〕也，刊本無。

〔一〇三〕『然』下底一殘泐，刊本作『則否謂同』。

〔一〇四〕也，刊本無。

〔一〇五〕避，刊本作『辟』，『辟』『避』古今字。

〔一〇六〕也，刊本無。

〔一〇七〕之，底一原無。案『之』的語法作用是取消句子獨立性作名詞，不可少，兹據刊本補。

〔一〇八〕蒲，刊本作『蒲』。《干禄字書·平聲》：『蒱、蒲，上俗下正。』下『蒲』字同。

〔一〇九〕保，底一左下角殘損。

〔一一〇〕挍，刊本作『校』。《説文》有『校』無『挍』，『挍』應是後起别體。注中『挍』字同。

〔一一一〕莫，底一殘去下部『大』。

〔一一二〕『報』下刊本有『也』字。

〔一一三〕出，刊本無。案金澤文庫本亦有『出』字。

〔一一四〕犨，刊本作『犨』。《説文·牛部》：『犨，牛息聲。从牛雔聲。』段玉裁改爲『犨』，云：『《經典釋文》、《唐石經》作「犫」，《玉篇》、《廣韻》皆作「犫」，云：「犨同。」《五經文字》且云：「犫，作犨訛。」蓋唐以前所據《說文》無不从言者。凡形聲多兼會意，讎从言，故牛息聲之字从之。鍇、鉉本皆誤也。今正。』而王筠《說文釋例》卷二十《存疑》則認爲《五經文字》之説不可信，云：『從雔聲自諧，無取乎加言也。』

〔二五〕他，刊本作『佗』。『他』爲『佗』之俗字，説見《説文·它部》『它』篆下段玉裁注。

〔二六〕牆，刊本作『廧』。《説文》有『牆』無『廧』，朱珔《説文解字義證》以『廧』爲『牆』之别體。注中『牆』字同。

〔二七〕『别種』下刊本有『也』字。

〔二八〕也，刊本無。

〔二九〕儵，刊本作『儵』。《釋文》：『儵，直由反。本又作儵，音同。』陳樹華《春秋經傳集解考正》云：『《石經》及諸刻本竝作「儵」，《史記》同，《釋文》非是。』李富孫《春秋左傳異文釋》云：『「儵」與「儵」音義竝異，《晉世家》、《唐石經》皆作「儵」，《釋文》作「儵」，以形似而誤。』王叔岷《左傳考校》云：『「儵」乃「儵」之形誤。』

〔三〇〕劉，底一原作『劉』，形誤字，兹據刊本改正。

〔三一〕宣孟，刊本作『宣子』。『宣』爲趙盾謚號，因其爲趙衰長子，故稱宣孟。

〔三二〕也，刊本無。

〔三三〕也，刊本無。

〔三四〕也，刊本無。

〔三五〕也，刊本無。

〔三六〕『公子』下刊本有『怒』字。

〔三七〕也，刊本無。

〔三八〕也，刊本無。

〔一二九〕「公子」右下角底一有旁注小字「欲」，此蓋後人臆加。
〔一三〇〕亝，刊本作「齊」。《玉篇·二部》：「亝，徂兮切，古文齊。」
〔一三一〕也，刊本無。
〔一三二〕蝅妾在上，刊本「蝅」作「蠶」，「上」前有「其」字。《干禄字書·平聲》：「蝅、蠶，上俗下正。」
〔一三三〕也，刊本無。
〔一三四〕口也，底一「口」原作「邑」，當是誤合「口也」二字而成，而又於下添「也」字，兹據刊本改正。刊本無「也」字。
〔一三五〕曰，刊本無。
〔一三六〕也，刊本無。
〔一三七〕也，刊本無。
〔一三八〕也，刊本無。
〔一三九〕饋盤飧，底一「饋」原寫作「饋」，又改作「饋」。刊本「飧」作「飱」。「飧」爲「飱」之俗字，説見段玉裁《説文·食部》「飱」篆下注。下「飧」字同。
〔一四〇〕境，刊本作「竟」，「竟」「境」古今字。
〔一四一〕也，刊本無。
〔一四二〕「送」下刊本有「也」字。
〔一四三〕「開」下刊本有「也」字。
〔一四四〕「息」下刊本有「也」字。
〔一四五〕於，刊本作「于」。二字古通。
〔一四六〕犬戎狐姬，底一原「犬」誤作「大」，「狐」誤作「孤」，兹據刊本改正。

〔一四七〕『天』下刊本有『下』字。阮校：『《石經》、宋本、淳熙本、岳本、《纂圖》本、閩本、監本、毛本無「下」字，此本誤衍。』
〔一四八〕事，刊本作『士』。『事』爲『士』之同音借字。
〔一四九〕他，刊本作『佗』，下有『三人』二字。『他』爲『佗』之俗字，説見《説文·它部》『它』篆下段玉裁注。
〔一五〇〕也，刊本無。
〔一五一〕『等』下刊本有『也』字。
〔一五二〕不，刊本作『弗』。二字義同。
〔一五三〕響，刊本作『饗』。『響』爲『饗』之形誤字。
〔一五四〕其，刊本無。疑涉前『其何以報君』句而衍。
〔一五五〕其，刊本作『於』。『其』應是『於』之誤，蓋涉下句『其』字而誤。
〔一五六〕避，刊本作『辟』，『辟』『避』古今字。
〔一五七〕『止命』下刊本有『也』字。
〔一五八〕鞕，刊本作『鞭』。《隸釋》卷十一《太尉劉寬碑》：『故能去鞕拊，如獲其情；弗用刑，如弭其姦。』『鞕』當是『鞭』之省文，顧藹吉《隸辨》云：『《玉篇》「硬」亦作「鞕」，此則省「鞭」爲「鞕」，非「硬」字也。』
〔一五九〕君，底一其下原有『之』字，當是衍文，兹據刊本删。
〔一六〇〕也，刊本無。
〔一六一〕軆儉也，刊本『軆』作『體』，無『也』字。《玉篇·身部》：『躰、軆，並俗「體」字。』
〔一六二〕『敬』下刊本有『也』字。
〔一六三〕『惠公』下刊本有『也』字。
〔一六四〕癈，刊本作『廢』。『癈』爲『廢』之俗字。

〔一六五〕也，刊本無。

〔一六六〕号懷嬴也，刊本作「號爲懷嬴」。「号」「號」古今字。

〔一六七〕匜，底一原作「迤」，乃是「匜」之俗訛字，茲據刊本改正。注中「匜」字同。

〔一六八〕「敵」下刊本有「也」字。

〔一六九〕自拘囚以謝也，底一「拘」原誤作「物」，茲據刊本改正。刊本「也」作「之」。

〔一七〇〕晉侯之大夫，此五字刊本無，應是删節此文者所爲。

〔一七一〕郄，刊本作「郤」。《晉書音義·帝紀第六》：「郤，本或作郄，俗。」則郤、郄正俗字。下「郄」字同。

〔一七二〕逼害之，刊本「逼」作「偪」，無「之」字。「偪」、「逼」均「畐」之後起字。「之」爲衍文。

〔一七三〕辤，刊本作「辭」。「辤」爲正字，「辭」爲借字。

〔一七四〕辞，刊本作「辭」。「辝」爲「辤」之籀文，「辞」則爲「辝」的訛變俗字（説見《敦煌俗字研究》下編六〇三頁）。

〔一七五〕伇，刊本作「役」。《説文·殳部》：「古文役从人。」下「伇」字同。

〔一七六〕而即至，底一「即」字原無，則與注文「即日至」不合，茲據刊本補。刊本「而」作「女」，女者，汝也。「而」爲「女」之同音借字。

〔一七七〕▨，底一存右半「葛」，當是「獦」之殘，「獦」爲「獵」之俗字，刊本作「獵」。

〔一七八〕汝，刊本作「女」。「女」「汝」古今字。下句「汝」字同。

〔一七九〕夫，底一存左下角殘畫。「夫」前底一殘泐，刊本作「何其速也」。

〔一八〇〕女其行乎，底一原脱，茲據刊本補。

〔一八一〕其，底一存上半。

〔一八二〕若，自前行「其」至此「若」間底一殘泐，刊本作「知之矣知君人之道」。

〔一八三〕力，底一存下半。自前行『制』至此『力』間底一殘泐，刊本作『也除君之惡唯』。

〔一八四〕世，底一缺右邊豎筆，乃避諱缺筆字，兹據刊本録正。

〔一八五〕『爲』下底一殘泐，刊本作『蒲狄之人』。

〔一八六〕其，底一存右下角殘畫。自前行『義』至此『其』間底一殘泐，刊本作『今君即位』。

〔一八七〕管，自前行『鉤』至此『管』間底一殘泐，刊本作『而使管仲相乾時之役』。

〔一八八〕『鉤也』前底一殘泐，刊本作『桓公中帶』。刊本無『也』字。

〔一八九〕『若』下底一殘泐，刊本作『反齊桓己將自去』。

〔一九〇〕豈，自前行『須』至此『豈』間底一殘泐，刊本作『辱君命行者甚衆』。

〔一九一〕淹，刊本作『奄』。『淹』爲『奄』之音借字。

〔一九二〕也，刊本無。

〔一九三〕遽見，刊本無『遽』字，底一『見』存上端殘畫。『見』下底一殘泐，刊本作『之以難告告吕郤欲焚公宫』。

〔一九四〕竪，底一『竪』存下部『立』，刊本作『豎』。『竪』爲『豎』之俗字，見《廣韻·麌韻》，兹據以補。『竪』前底一殘泐，刊本作『初晉侯之』。

〔一九五〕『者』下刊本有『也』字。

〔一九六〕『頭』下底一殘泐，刊本作『須一曰里鳧須』。

〔一九七〕盡，底一殘去上端。自前行『竪』至此『盡』間底一殘泐，刊本作『左右小吏其出也竊藏以逃文公出時』。

〔一九八〕入，刊本作『納』。二字義同。

〔一九九〕心，自前行『及』至此『心』間底一殘泐，刊本作『入求見公辭焉以沐謂僕人曰沐則』。

〔二〇〇〕宜，底一殘存上半。

〔二〇一〕者，自前行『宜』至此『者』間底一殘泐，刊本作『吾不得見也居者爲社稷之守行』。

〔二〇二〕覊紲之僕，刊本「紲」作「絏」，刊本作「絏」乃承襲諱改字。底一「僕」存左半「亻」。

〔二〇三〕其亦可也，底一「亦」與「也」均存左邊殘畫。

〔二〇四〕匹，自前行「也」至此「匹」間底一殘泐，刊本作「何必罪居者國君而讎」。

〔二〇五〕遽，底一存右上角殘畫。

〔二〇六〕晉，底一存下部「日」。「晉」前底一殘泐，當是前行「公遽見」後之文，刊本作「之言弃小怨所以能安衆」。

〔二〇七〕「曰」前底一殘泐，刊本作「弗及介推文公微臣之語助推」。

〔二〇八〕「絕」前底一殘泐，刊本作「親外内弃之天未」。

〔二〇九〕而，底一存左半。

〔二一〇〕之，底一存右半。

〔二一一〕況貪天功以爲己力，刊本「況」作「况」，《干禄字書・去聲》：「况、況，上俗下正。」刊本「功」前有「之」字，末有「乎」字。

〔二一二〕「欺」下刊本有「也」字。

〔二一三〕以，刊本作「與」。二字古多通用。

〔二一四〕効，刊本作「效」。《廣韻・效韻》「效」字下云：「効，俗。」

〔二一五〕難與處也，底一「難」下原有「處」字，當涉下「處」字而衍，兹據刊本删之。刊本無「也」字。

〔二一六〕亦，底一原作「盍」，不合語氣，應是涉前「盍亦求之」句而改，兹據刊本正之。

〔二一七〕言於文公也，刊本「言」前有「達」字，末無「也」字。

〔二一八〕與汝偕隱，刊本「汝」作「女」，「女」「汝」古今字。底一「偕」原作「皆」，而注中仍作「偕」，筆誤也，兹據刊本改正。

〔二一九〕「俱」下刊本有「也」字。

〔三二〇〕綿，刊本作『緜』。《説文》有『緜』無『綿』，『綿』當是後起別字。注中『綿』字同。

〔三二一〕介休，刊本作『界休』。《史記・晉世家》裴駰《集解》引杜注作『介休』。介休縣因介之推而命名，蓋作『介休』者爲善，『界』者，『介』之借字。

〔三二二〕勃，底一原作『孛』，當是『勃』之訛變字，兹據刊本改正。注中『勃』字同。

〔三二三〕披，底一原作『柀』，乃扌、木混用所致，兹據刊本改。下『披』字同。

〔三二四〕侄，刊本作『徑』。敦煌寫卷亻、彳混用所致。注中『侄』字同。

〔三二五〕餒而不食，刊本『餒』作『餧』，『不』作『弗』。《説文・食部》：『餧，飢也。』無『餒』字。段玉裁《説文解字注》改『餧』爲『餒』。《論語・鄉黨》『魚餒而肉敗不食』阮元《校勘記》云：『餒、餧古今字。』高明《説文解字傳本續考》：『前人書所引有字從隸俗而説解用説文之例……説文無「餒」字，乃「魚敗曰餧」之隸俗字，段玉裁注據《釋文》改「餧」爲「餒」，蓋未識此例。』（《高明小學論叢》頁八八）『不』、『弗』義同。

〔三二六〕廉仁，刊本作『廉且仁』。伯四〇五八C與此卷同。

〔三二七〕忘，底一原作『亡』，音誤字，兹據刊本改正。

〔三二八〕猶行，『猶』字模糊難辨，伯四〇五八C 刊本作『猶』，兹據以擬補。刊本末有『也』字。

〔三二九〕言，刊本下有『也』。

〔三三〇〕蕳，刊本作『簡』。俗⺮、艹混用，此『蕳』實爲『簡』之俗寫。

〔三三一〕小勞者也，刊本無『小』、『者也』三字。

〔三三二〕未朞而執狐突，刊本『朞』作『期』，無『狐』字。《説文・月部》：『期，會也。從月其聲。古文從日、丌。』《説文・丌部》：『丌，下基也。』段注：『字亦作「亓」，古多用爲今渠之切之「其」。《墨子》書「其」字多作「亓」，「亓」與「丌」同也。』則『朞』即『期』之古文也。

〔三三三〕故也，底一原無『故』字，第三十四行有，兹據刊本補。刊本無『也』字。

〔二三四〕辟，底一原誤作『辟』，兹據刊本改正。

〔二三五〕又，底一原無，第三十四行有，兹據刊本補。

〔二三六〕『明』下刊本有『也』字。

〔二三七〕乃殺之，自『冬懷公』至此共五行爲《僖公二十三年》内容，第三十三行至三十七行已出此項内容，此乃重出。

〔二三八〕也，刊本無。

〔二三九〕也，刊本無。

〔二四〇〕境，刊本作『竟』，『竟』『境』古今字。

〔二四一〕弊，刊本作『敝』。『弊』爲『敝』之俗字，見《玉篇·㡀部》。

〔二四二〕敢使下臣犒執事，刊本無『敢』字，『犒』作『犒』。段玉裁《周禮漢讀考》卷二：『犒師字古衹作槁耳，漢人作犒。』李富孫《春秋左傳異文釋》云：『犒，古作槀，或作槁，《廣雅》始作犒，俗字。』前『公使展喜犒師』句寫作『犒』，已改『槁』爲『犒』也。伯四〇五八C兩字均作『槁』。

〔二四三〕也，刊本無。

〔二四四〕『齊侯曰魯人恐乎對曰小人恐矣君子則否』十七字底一原無，乃是因看錯『齊侯曰』三字之位置而誤脱，兹據刊本補。

〔二四五〕縣磬，刊本作『懸罄』。伯四〇五八C與底一同。《釋文》：『縣罄，音玄，注同。罄亦作磬，盡也。』《國語·魯語上》作『懸磬』，韋昭注云：『懸磬，言魯府藏空虚如懸磬也。』案：正當作『磬』字，『罄』則爲同音借字，説參于鬯《香草校書》。『縣』『懸』古今字。

〔二四六〕『而』下刊本有『也』字。

〔二四七〕粮懸盡，刊本『粮』作『糧』，『懸』作『縣』。《五經文字·米部》：『糧，作粮訛。』『粮』應是後起别體字。

『縣』『懸』古今字。

〔三四八〕疏，刊本作『蔬』。《説文·食部》：『饉，蔬不孰爲饉。』段注：『許書無「蔬」字，此「蔬」當是本作「疏」，疏之言疋也。凡艸菜可食者皆有根足而生也。』

〔三四九〕之者也，刊本無。伯四〇五八C無『之者』二字，此當是爲雙行對齊而添。

〔三五〇〕太公股肱，底一原脱『股』字，茲據刊本補。刊本『太』作『大』，『大』『太』古今字。

〔三五一〕世世，底一前一『世』字原缺右邊竪筆，乃避諱缺筆字，茲據刊本改；後一『世』字原爲重文符號。

〔三五二〕太師軄之，刊本『太』作『大』，『軄』作『職』。『大』『太』古今字。《玉篇·身部》云：『軄，俗職字。』注中『太』字同，下『軄』字皆同。

〔三五三〕也，刊本無。

〔三五四〕糺，刊本作『糾』。《廣韻·黝韻》：『糾，俗作糺。』

〔三五五〕弥縫其闕而匡救其灾，刊本『弥』作『彌』，『灾』作『災』。『弥』爲『彌』之俗字，説見《敦煌俗字研究》下編二〇八頁。『烖』之或體作『灾』，籀文作『災』，見《説文·火部》『烖』篆下説解。

〔三五六〕公，刊本無。案金澤文庫本亦有『公』字。

〔三五七〕『循』下刊本有『也』字。

〔三五八〕弊，刊本作『敝』。『弊』爲『敝』之俗字。

〔三五九〕不敢聚衆保守之也，底一『聚衆保守』原誤倒作『衆聚守保』，茲據刊本乙正。刊本無『敢』、『之也』三字。金澤文庫本亦有『敢』字。『之也』二字爲雙行對齊而添。

〔三六〇〕嗣世九年而棄，底一『世』字原缺右邊竪筆，乃避諱缺筆字，茲據刊本録正；『棄』字底一中間『世』字原缺一竪筆，乃是『棄』之避諱缺筆字，茲録正。刊本作『弃』，異體字。

〔三六一〕君，底一原脱，茲據刊本補。

〔二六二〕『恃此』下刊本有『以』字。

〔二六三〕但，底一原誤作『傳』，兹據刊本改正。

〔二六四〕鶂，刊本作『鷁』。阮校：『《公羊》、《穀梁》「六鷁」作「六鶂」，《釋文》云：「本或作鶂。」《説文》引傳亦作「鶂」。《史記・宋微子世家》索隱引同。然則三傳經文本皆作「鶂」字。』臧琳《經義雜記》卷二『六鶂』條、段玉裁《春秋左氏古經》、李富孫《春秋左傳異文釋》、朱駿聲《春秋三家異文覈》均以作『鶂』爲正。注中『鶂』字同。

〔二六五〕『退』下刊本有『飛』字。

〔二六六〕風高，底一前片止於此。自『隕石于宋』至此共二行，爲《僖公十六年》傳文，不知寫卷何以置於此。

〔二六七〕卿，底一後片起於此。

〔二六八〕也，刊本無。

〔二六九〕傳廿八年，此四字爲僖二十八年傳起首之文字，乃删節者所爲。

〔二七〇〕也，刊本無。

〔二七一〕聽輿人之誦，底一『輿』原作『與』，形誤字，兹據刊本改正。刊本『誦』作『謀』，下有『曰』字。案：考詳《春秋左氏經傳集解》（六）校記〔六〇〕。

〔二七二〕也，刊本無。

〔二七三〕也，刊本無。

〔二七四〕兇而功之，刊本『兇』下有『也』字，『功』作『攻』。案『功』爲『攻』之音誤字。

〔二七五〕甲午，刊本作『丙午』。案當作『丙午』，魯僖公二十八年三月無甲午。

〔二七六〕命，刊本作『令』。二字同义。

〔二七七〕報飡璧之施也，底一『之』原誤作『立』，兹據刊本改正。刊本『飡』作『飱』，無『也』字。底一第五十九行言『乃饋盤飧，寘璧焉』，『飧』爲『飱』之俗體。《説文・食部》：『餐，或从水。』《廣韻・寒韻》：『湌，俗作湌。』則『湌』爲『餐』之俗字。『湌』應是『飱』之形誤字。

〔二七八〕各，底一原誤作『冬』，玆據刊本改正。

〔二七九〕材，刊本作『才』。案：注文當作『材』，方與傳文合。《説文・木部》：『材，木梃也。』段注：『引伸之義凡可用之具皆曰材。』才部：『才，艸木之初也。』是作『材』者『人才』之本字。伯二五〇九亦作『材』，與此卷同。

〔二八〇〕以，刊本無。案伯二五〇九、金澤文庫本亦無。

〔二八一〕者也，刊本無。此當是爲雙行對齊而添。

〔二八二〕悦，刊本作『説』，『説』『悦』古今字。

〔二八三〕卑，刊本作『畀』。敦煌寫卷『畀』字多寫作『卑』，『卑』應是俗訛字。

〔二八四〕晉師，底一原無，蓋因後『晉侯』二字而誤脱，玆據刊本補。

〔二八五〕常，刊本作『甞』。『甞』正字，『常』借字。

〔二八六〕人，刊本作『民』。『人』爲諱改字。

〔二八七〕也，刊本無。

〔二八八〕天之所置，底一原脱，玆據刊本補。

〔二八九〕于，刊本作『於』。二字古通用。

〔二九〇〕復，底一原作『湯』，形誤字，玆據刊本改正。

〔二九一〕也，刊本無。

〔二九二〕之，底一原脱，玆據刊本補。

〔二九三〕弃，刊本作『棄』。『弃』，《説文》以爲古文『棄』字。唐代因爲避太宗之諱，多從古文寫作『弃』。説詳《敦煌俗字研究》下編二四〇頁。

〔二九四〕『謂』下底一原有『之』，衍文，兹據刊本删。

〔二九五〕恠也，刊本『恠』作『怪』，無『也』字。『恠』與『怪』爲篆文隸變之異，説見《敦煌俗字研究》下編三七六頁。

〔二九六〕悦，刊本作『説』，『説』『悦』古今字。

〔二九七〕拘，刊本作『拘』。《正字通·手部》：『拘，俗拘字。』

〔二九八〕且使曹衛告絶於楚，刊本作『且私許復曹衛曹衛告絶於楚』。案：此删削者所改也。

〔二九九〕避，刊本作『辟』，『辟』『避』古今字。

〔三〇〇〕曲爲老，刊本前有『直爲壯』三字。案伯二五〇九亦無『直爲壯』三字，與此卷同。

〔三〇一〕乎，刊本作『矣』。阮校：『《石經》、宋本、淳熙本、岳本、足利本「矣」作「乎」，是也。』王叔岷《左傳考校》云：『舊鈔卷子本「矣」亦作「乎」。「矣」與「乎」本可通用，惟此作「矣」，蓋涉上文「且楚師老矣」而誤。』案：伯二五〇九、金澤文庫本亦作『乎』。

〔三〇二〕也，刊本無。

〔三〇三〕避，刊本作『辟』。『辟』『避』古今字。

〔三〇四〕宋公，底一止於此。

〔三〇五〕戰，底二存左半『單』。底二起於此。

〔三〇六〕侯夢，底二『侯』存右邊『亻』，『夢』存左上角。

〔三〇七〕『是』前底二殘泐，刊本作『子搏搏手搏楚子伏己而盬其腦盬唼也』。

〔三〇八〕嚮，刊本作『向』。『嚮』爲『向』之後起增旁字。下『嚮』字同。

〔三〇九〕嚮，刊本下有『地』，伯二五〇九亦有『地』字。

〔三一〇〕也，刊本無。

〔三一〕也，刊本無。

〔三二〕荅夢也，底二「荅」原誤作「益」，兹據刊本改正。刊本無「也」字。

〔三三〕「寄」下刊本有「也」字。

〔三四〕枝，底二原作「技」，扌、木混用所成，兹據刊本改。

〔三五〕命戒勑，刊本「命」作「令」，「勑」作「敕」。「命」、「令」二字同義。《五經文字·攴部》：「敕，古勑字，今相承皆作勑。」

〔三六〕也，刊本無。

〔三七〕背，底二原誤作「皆」，兹據刊本改正。

〔三八〕胷，底二存上半「匈」。

〔三九〕後，底二原誤作「腸」，兹據刊本改正。

〔三〇〕可，底二存上半。

〔三一〕也，刊本無。

〔三二〕小大，刊本作「大小」。案伯二五〇九、金澤文庫本亦作「小大」。

〔三三〕木，底二存左邊殘畫。

〔三四〕輿，底二原誤作「與」，兹據刊本改正。

〔三五〕左，底二其上又有「佐」字，乃「左」之誤書而衍者，今不録。

〔三六〕也，刊本無。

〔三七〕奔，刊本前有「陳蔡」二字。案疑底二「陳蔡」二字下脱重文符號。

〔三八〕旆，刊本作「旆」。《五經文字·疒部》：「旆，或從巾者訛。」注中「旆」字並同。

〔三九〕二，底二原誤作「一」，兹據刊本改正。

〔三三〇〕大將稍却也，底二「將」原誤作「時」，兹據刊本改正。刊本無「也」字。

〔三三一〕輿曳柴而僞遁，底二「輿」原誤作「與」，兹據刊本改正。「遁」下底二殘泐，刊本作「曳柴起塵詐爲」。

〔三三二〕郗，刊本作「郤」。《晉書音義·帝紀第六》：「郤，本或作郄，俗。」則郤、郄正俗字。「郗」應是「郄」之俗訛。

〔三三三〕毛，底二原誤作「也」，兹據刊本改正。

〔三三四〕三軍唯中軍完是大崩也，刊本無「中軍」之「軍」及「也」字。

〔三三五〕舘，刊本作「館」。《干禄字書·去聲》：「舘、館，上俗下正。」下凡「舘」字同此。

〔三三六〕之也，刊本無。案伯二五〇九、金澤文庫本無「之」字，此當是爲雙行對齊而添。

〔三三七〕瓊玣玉纓，刊本「玣」作「弁」。《釋文》：「玣，本又作弁，皮彦反。」案：「卞」爲「弁」之隸變字，「玣」又「卞」之增旁字。下「玣」字同。

〔三三八〕有，刊本無。

〔三三九〕繪弁如星也，刊本「繪」作「會」，無「也」字。今本《毛詩》作「會」。「繪」蓋爲音借字。

〔三四〇〕卑，刊本作「畀」。敦煌寫卷「畀」字多寫作「卑」，「卑」應是俗訛字。

〔三四一〕也，刊本無。

〔三四二〕之也，刊本無。此二字爲雙行對齊而添。

〔三四三〕不，刊本作「弗」。案金澤文庫本亦作「弗」。「不」、「弗」義同。下「不聽」之「不」同。

〔三四四〕榮，底二存上端。

〔三四五〕「子子西子玉之」六字底二原無，當是手民看錯一「之」字而誤脱，兹據刊本補。

〔三四六〕「榮季」下刊本有「也」字。

〔三四七〕國利，刊本作「利國」。案伯二五〇九、金澤文庫本与此卷同。

〔三四八〕也，刊本無。
〔三四九〕不，刊本作『弗』。案二字義同。
〔三五〇〕不，底二原脱，兹據金澤文庫本、刊本補。
〔三五一〕心，底二原誤作『必』，兹據刊本改正。
〔三五二〕所，底二原脱，兹據刊本補。
〔三五三〕民也，刊本無。
〔三五四〕從，底二存右半。
〔三五五〕爲，底二存右上角。
〔三五六〕荅，底二原誤作『益』，兹據刊本改正。
〔三五七〕也，刊本無。
〔三五八〕縠，刊本作『轂』。二字古書多混。注中『縠』字同。
〔三五九〕赦，底二存左邊殘畫。
〔三六〇〕懸，刊本作『縣』，『縣』『懸』古今字。
〔三六一〕遣追前使連，底二『遣』原誤作『遺』，『追前使連』四字脱，兹據刊本補正。
〔三六二〕也，刊本無。
〔三六三〕土，底二原誤作『出』，兹據刊本改正。
〔三六四〕也，刊本無。
〔三六五〕也，刊本無。
〔三六六〕且，底二原誤作『宜』，兹據刊本改正。
〔三六七〕侯，底二原脱，兹據刊本補。

〔三六八〕也，刊本無。
〔三六九〕者，刊本無。
〔三七〇〕也，刊本無。
〔三七一〕明，刊本作『明』。『明』、『朙』異體，下『明』字同。
〔三七二〕也，刊本無。
〔三七三〕煞，刊本作『弑』。『煞』爲『殺』之俗字，『殺』『弑』古今字。
〔三七四〕泄冶，底二原作『池治』，案：《宣公九年》經云：『陳殺其大夫洩冶。』《公羊傳》作『泄冶』，『洩』爲『泄』之諱改字。兹據刊本改作『泄冶』。
〔三七五〕『壬申公朝于王所執衛侯經在朝』諸字底二原無，當是手民眼錯，將下『王下』之『王』看作『壬』字，遂致脱漏，兹據伯二五〇九補。刊本『仲尼以明』下有『之』字，底二若有『之』字，則應在『之』下脱漏，今在『明』下脱漏，知其無『之』字也，伯二五〇九亦無『之』字。
〔三七六〕介葛盧，底二在其右下角有旁注字『來朝』二字，此當是閲者所加。刊本無此二字。
〔三七七〕也，刊本無。
〔三七八〕『礼』下刊本有『之』字。
〔三七九〕『東氾』下刊本有『也』字。
〔三八〇〕燭，底二原誤作『燭』，兹據刊本改正。
〔三八一〕『從』下刊本有『之』字。
〔三八二〕曰，刊本作『辭曰』。
〔三八三〕寡，底二原誤作『宣』，兹據刊本改正。
〔三八四〕懸，刊本作『縣』，『縣』『懸』古今字。

〔三八五〕而有益，底二「而有」二字存右半，「益」字脱左上角。
〔三八六〕也，刊本無。
〔三八七〕「鄙」下底二殘泐，刊本作「遠君知其難也」。
〔三八八〕鄰，底二存左上角「米」。「鄰」下底二殘泐，刊本作「陪益也鄰之厚君之薄也若」。
〔三八九〕舍，底二存右半。
〔三九〇〕爲，底二存右半。
〔三九一〕之，底二存上半。
〔三九二〕君，底二存右下角。自前行「之」至此「君」間底二殘泐，刊本作「往來共其乏困行李使人君亦無所害且」。
〔三九三〕君，底二存右上角。
〔三九四〕之，底二存右半。自前行「君」至此「之」間底二殘泐，刊本作「賜矣許君焦瑕朝濟而夕設版焉君」。

春秋左氏經傳集解節本（三）（成公七—九年）

斯一一五六三

【題解】

底卷編號爲斯一一五六三，起《成公七年》傳「鄭共仲侯羽軍楚師」之「楚師」，至《成公九年》傳「文子曰楚囚君子也」之「文」字，一殘片，五殘行，行存四字左右。《榮目》定爲杜預注《春秋左氏傳》成公九年文，並云「第一行注文今本無」。《英藏》從之，定名爲《春秋左傳杜注（成九年）》。殘片第一行當是《成公七年》傳文，其内容與第二行起之《成公九年》傳文相接，考詳校記第一條。其第四與第五行間有大量的刪削。此卷應是節本《左傳》，體例頗似《群書治要》。然《群書治要》成公部分僅有二年、六年、八年及十六年的内容，並無七年與九年的内容，則此本或爲另一種刪節本《左傳》。

今據《英藏》録文，以中華書局影印阮元刻《十三經注疏·春秋左傳正義》爲校本（簡稱「刊本」），校録於後。

（前缺）

▨楚師□鄭大夫也[一]。□

▨（觀）[二]于軍府，□

「▨（鄭）[三]人所獻□

□人[四]也。」伶[五]人，樂官。▨（公）[六]□

文子[七]。文□

（後缺）

【校記】

〔一〕▨楚師□鄭大夫也，《成公九年》杜注不見此語，惟《成公七年》傳有「諸侯救鄭鄭共仲侯羽軍楚師」及杜注「二子鄭大夫」的內容，其「楚師」、「鄭大夫」諸字與此合。然七年傳「楚師」二字爲傳文，而非注文。細審此雙行小注上尚有一字之殘畫，與第二行第三字「軍」之下端極爲相似，疑此爲「軍」字殘存之筆畫。七年傳「楚師」上即爲「軍」字，故疑「楚師」二字乃爲傳文誤羼入注文者。七年傳此段全文爲「諸侯救鄭鄭共仲侯羽軍楚師二子鄭大夫囚鄖公鍾儀獻諸晉」，言鍾儀之被擒，故後接言晉侯見鍾儀，鍾儀奏南音事。

〔二〕觀，底卷殘存下截，茲據刊本擬補。

〔三〕鄭，底卷殘存下截，茲據刊本擬補。 自前行「府」至此「鄭」間底卷殘泐，刊本作「見鍾儀問之曰南冠而縶者誰也南冠楚冠縶拘執有司對曰」。

〔四〕人，自前行「獻」至此「人」間底卷殘泐，刊本作「楚囚也使稅之鄭獻鍾儀在七年稅解也召而弔之再拜稽首問其族對曰泠」。

〔五〕伶，刊本作「泠」。《説文·人部》：「伶，弄也。」水部：「泠，水出丹陽宛陵，西北入江。」陸德明《經典釋文·春秋左氏音義》：「泠人，力丁反，樂官也。依字作伶。」朱珔《説文假借義證》：「泠當爲伶之假借。」竹添光鴻《左氏會箋》云：「伶人之伶，自以從人爲正。其作泠者，假字耳。」皆據《説文》以作「伶」爲正。《五經文字·水部》：「泠，樂官。或作伶，訛。」阮元《春秋左氏傳校勘記》：「作「伶」非也。《五經文字》云：「泠，樂官。或作伶，訛。」」段玉裁於《説文》「伶」篆下注：「徐鍇曰：「伶人者，弄臣也。」《毛詩》「寺人之令」，《釋文》曰：「令，《韓詩》作伶，云：使伶。」古伶人字本作泠人，樂官也。」《詩·邶風·簡兮》小序「衛之賢者仕於伶官」阮元《校勘記》：「小字本同，閩本、明監本、毛本同，《唐石經》「伶」作「泠」，相臺本同。案《釋文》云：「泠官，音零，字從水，樂官也。字亦作伶。」《正義》標起止云：「箋伶官至伶官。」其上下文「伶」字盡同。此箋言泠氏世掌樂官，《正義》引伶倫氏、伶州鳩以爲説。考《左·昭二十年》「泠州鳩」《釋文》云：「泠，字亦作伶。」《漢書》志「泠綸」及《人表》泠淪，又《呂覽》同，皆用從水字。《廣韻》：「泠，又姓。」此序及箋當本作「泠」，其作伶者，俗字耳。《正義》亦當本是「泠」字，或後人改之也。』李富孫《春秋左傳異文釋》云：『泠爲樂官之偁，伶俗通字。』均認爲『泠』字爲正。

〔六〕公，底卷存上半。

〔七〕文子，自前行『公』至此『文子』間底卷殘泐，刊本作『曰能樂乎對曰先父之職官也敢有二事言不敢學他事使與之琴操南音南音楚聲公曰君王何如對曰非小人之所得知也固問之對曰其爲大子也師保奉之以朝于嬰齊而夕于側也嬰齊令尹子重側司馬子反言其尊卿敬老不知其他公語范』。案：第二與第三行、第三與第四行間均殘泐約大字十三字左右，此第四與第五行間殘泐之字亦應相同，而刊本竟有八十多字，寫卷必有删削。

春秋左氏經傳集解節本（四）（襄公十八—十九年）

伯二七六七（底一）　斯三三五四（底二）

【題解】

底一編號爲伯二七六七，起《襄公十八年》傳「齊師其遁矣」之「矣」，至《襄公十九年》傳「士丐請見」之「士」，共三十五行，末行有殘缺。其中所抄内容可分四個部分：《襄公十八年》傳「齊師其遁矣」之「矣」，至「南及沂」集解「至下邳入泗也」；《襄公十八年》傳「鄭子孔欲去諸大夫」，至「在其君之德也」集解「言天時、地利不如人和」；《襄公十九年》經文「經十九漷水」五字及集解「漷水出東海合鄉縣」八字；《襄公十九年》傳「春，諸侯還自沂上」，至「士丐請見」之「士」。

底二編號爲斯三三五四，起《襄公十九年》傳「荀偃癉疽」之「疽」，至「齊侯娶於魯……婦人無刑」集解「無黥、刖之刑」之「刖」，十九行，首行有殘缺，末行僅存注文三字，傳文單行大字，集解雙行小字。其中所抄内容可分三個部分：《襄公十九年》傳「荀偃癉疽」之「疽」，至「吾淺之爲丈夫也」集解「自恨以私待人」；「季武子如晉拜師」至「而昭所獲焉以怒之」之「焉」；「齊侯娶於魯」至「婦人無刑」集解「無黥、刖之刑」之「刖」。

底一、底二本爲一卷之裂，陳鐵凡已將它們綴合爲一（説見《〈左傳〉節本考——從英法所藏敦煌兩殘卷之綴合論〈左傳〉節本與〈群書治要〉之淵源》，《大陸雜誌》第四一卷第七期），兩卷綴合後，共五十三行，經、傳文單

底一與底二綴合圖（局部）

行大字，集解雙行小字。

《索引》定底一爲《春秋左氏傳集解》，《寶藏》、《索引新編》、《法藏》均從之。《翟目》定底二爲杜預注《左傳》，《索引》定爲《春秋左傳杜注》，《寶藏》、《索引新編》從之。陳鐵凡認爲是據杜預注本《左傳》所删之節本，是也。然他懷疑與斯一三三號一樣，亦是《群書治要》的删節本《左傳》而單行者，則證據不足，因爲今所見本《群書治要》中襄公部分僅存十五年、二十一年兩年，並無十八、十九年的内容。

底一據縮微膠卷録文，底二據《英藏》録文，以中華書局影印阮元刻《十三經注疏·春秋左傳正義》爲校本（簡稱『刊本』），校録於後。因寫卷爲删節本，故僅出校異文，而於寫卷删削處則不復出校。

（前缺）

矣。』〔一〕烏烏得空營，故樂也。邢伯告中行伯邢伯，晉大夫邢侯〔二〕。中行伯，獻子。曰：『有班馬之聲，夜遁，馬不相〔三〕見，故鳴。班，別也。齊師其遁。』叔向告晉侯曰：『城上有烏，齊師其遁。』丁卯，入平陰，遂從齊師。夙沙衛連大車以塞〔四〕隧而殿。此衛所欲守險。殖綽、郭最［曰］〔五〕：『子殿國師，齊之辱〔六〕。奄人殿師，故以爲辱。子姑先乎！』乃代之殿。衛煞〔七〕馬於隘以塞道。恨二子，故塞其道，欲使晉得之〔八〕。晉州綽及之，射［殖］綽〔九〕，中肩，兩矢夾脰。脰，頸〔一〇〕。曰：『止，將爲三軍獲；不止，將取其衷丁仲反〔一一〕。』不止，復欲射兩矢［中］央〔一二〕。顧曰：『爲私誓。』州綽曰：『有如日！』言必不煞汝〔一三〕，明如日。乃弛弓而自後縛之。反縛之。其右具丙州綽之右。亦舍兵而縛郭最。皆衿甲面縛，衿甲，不解甲。坐於中軍之鼓〔一四〕下。荀偃、士丐以中軍剋〔一五〕京茲。在平陰城東面〔一六〕。魏絳〔一七〕、欒盈以下軍剋邿。平陰西有邿山。式之反〔一八〕。趙武、韓起以上軍圍盧，弗剋。戊戌〔一九〕，及秦周伐雍門之萩。雍門，齊城門也〔二〇〕。范鞅門于雍門，其御追憙〔二一〕以戈煞犬于門中；煞▨（犬）□□（示間）暇也〔二二〕。孟莊子斬其橁以爲公琴。莊子，孺子速也。椅，木名。己亥，焚雍門□□□□(及西郭、南)郭。劉難、士弱率諸侯之師焚申池之〔二三〕竹木。二子，皆晉大夫〔二四〕。▨(壬)〔二五〕□□□□□(寅，焚東郭、北)郭，范鞅門于揚〔二六〕門。齊西門也〔二七〕。州綽門于東閭，齊東門也〔二八〕。左□〔二九〕枚數闔。枚，馬檛也。闔，門扇〔三〇〕。數其板〔三一〕，示不恐也〔三二〕。齊侯駕，將走郵〔三三〕棠。［郵］棠，齊邑。□〔三四〕太子〔三五〕，光也。榮，齊大夫也〔三六〕。曰：『師速而疾，略〔三七〕。言欲行〔三八〕其地，無久攻意。將退矣，君何▨(懼)□〔三九〕輕則［失］〔四〇〕衆。君必待之！』將犯之。太子抽劍断鞅，乃止。□〔四一〕及沂。維水出東莞〔四二〕東北，至北海都昌縣入海。沂水出東莞蓋縣，至下邳入泗也〔四三〕。

鄭子孔欲去諸□〔四四〕而起楚師以去之。使告子庚，子庚弗許。子庚，楚令尹公子午。楚□〔四五〕宜告子庚曰：『不穀即位，于〔四六〕今五年，師徒不出，大夫□〔四七〕『▨□□▨(諸侯方睦)〔四八〕於晉，臣〔四九〕請嘗之。嘗，試其難易也。若可，君而繼▨(之)〔五〇〕。□□□(不可，收)師而退，可以無害，君亦無辱。』子庚帥師治兵於汾。襄城縣東北有汾丘城。▨(楚)〔五一〕□(師)伐鄭，次於魚陵。魚陵〔五二〕，魚齒山〔五三〕，在南陽犨縣北，鄭地也〔五四〕。右師城上棘，遂涉潁，次于旃然。將涉□(潁)，故〔五五〕水□(邊)權築小城，以爲進退備〔五六〕。旃然水出滎〔五七〕陽城皋縣，東入汴也〔五八〕。蔿子馮、公子格率鋭師侵費滑、胥靡、獻于、▨(雍)〔五九〕梁。胥靡、獻于、雍梁，皆鄭邑。河南陽翟縣東北有雍氏城〔六〇〕。右回〔六一〕梅山，在滎陽密縣東北也〔六二〕。侵鄭東北，至于蟲牢而反。子庚門於純門〔六三〕，信於〔六四〕城下而還。［信，再宿也］〔六五〕。涉於魚齒之下。魚齒山之□(下)有滍水，故言〔六六〕涉。甚雨及之，楚師多凍〔六七〕，役〔六八〕徒幾盡。晉人聞有楚師，師曠曰：『不害。吾驟歌北風，［又歌南風，南］〔六九〕風不競，歌者，吹律以詠八風。南風音微，故曰不競〔七〇〕。師曠唯歌南北風者，聽晉、楚之強弱。多死聲。楚必無功。』董叔曰：『天道多在［西北］〔七一〕。歲在豕韋，月又建亥，故曰多在西北也〔七二〕。南師不時，必無功。』不時，冒〔七三〕觸歲月。叔向曰：『在其君之德〔七四〕。』

言天時、地利不如人和。

經十九〔七五〕，　　　　漷水。漷水出東海合鄉縣。

傳，春，諸侯還自沂上，盟於督楊〔七六〕，曰：『大無〔七七〕侵小。』督楊即祝阿〔七八〕也。遂次於〔七九〕泗上，彊〔八〇〕我田。取邾田，自漷水歸〔八一〕之于我。邾田在漷水北，今更以漷爲界，故曰取邾田。晉侯先歸。公享晉六卿於〔八二〕蒲圃，六卿過魯。賜之三命之服；軍尉、司馬、司空、輿尉、候奄皆受一命之服。賄荀偃束錦、加璧、乘馬，先吴壽夢之鼎。荀偃，中軍元帥，故特賄之。五匹爲束。四馬爲乘。壽夢，吴子乘也。獻鼎於魯，因以爲名。古之獻物，必有以先，今以璧馬爲鼎先也〔八三〕。荀偃癉疽〔八四〕，生瘍於頭。癉疽〔八五〕，▨（惡）瘡〔八六〕。濟河，及著雍，［病］，目［出］〔八七〕。大夫先歸者〔八八〕皆反。士〔八九〕丐請見，弗納〔九〇〕。請後，曰『鄭甥可也』〔九一〕。士丐，中軍佐，故問後〔九二〕。鄭甥，荀［吴。其母鄭女］〔九三〕。甲寅，卒，而視，不可含。目開口［噤］奇錦反〔九四〕。宣〔九五〕子盥而撫之，曰：『事吴敢不如事主！』猶視。大夫稱主。欒懷子曰：『其爲未卒事於齊故也？』〔九六〕懷子，欒盈。乃復撫之曰：『主苟〔九七〕終，所不嗣事于齊〔九八〕，有如河！』乃瞑，受含。嗣，續〔九九〕。

宣子出，曰：『吾淺之爲丈夫。』〔一〇〇〕自▨▨▨（恨以私）〔一〇一〕待人。

季▨（武）〔一〇二〕子如晉拜師，謝討齊。晉侯享之。范宣子爲政〔一〇三〕，賦《黍苗》。《詩·小雅》。美召伯〔一〇四〕勞來諸侯。季武子興，再拜稽首，曰：『小國之仰大國也，如百穀之仰膏雨焉！若常膏之，其天下集〔一〇五〕睦，豈唯弊〔一〇六〕邑？』賦《六月》。《六月》，尹吉甫佐天子〔一〇七〕。季武子以所侵〔一〇八〕得於齊之兵作林鍾而銘魯功焉。林鍾，律名。鑄鍾，聲應林鍾，因以爲名。臧武仲謂季孫曰：『非礼〔一〇九〕也。夫銘，天子令德，天子銘德不銘功。諸侯言時計功，舉得時，動〔一一〇〕有功，則可銘〔一一一〕。大夫稱伐。銘其攻伐〔一一二〕之勞。今稱伐，則下等〔一一三〕；從大夫故。計功，則借人也，借晉力〔一一四〕。言時，則妨民多矣，何以爲銘？且夫大伐小，取其所得以作彝器，彝，常也。胃鍾鼎爲宗廟〔一一五〕之常器。銘其功烈以示子孫，昭明德[而]〔一一六〕懲無礼也。今將借人之力以救其死，若之何銘之？小國幸於大國，以勝大國爲幸。而昭所獲焉[以怒之，亡之道也]〔一一七〕。

齊侯娶於〔一一八〕魯，曰顔懿姬，無子。其姪鬷聲姬生光〔一一九〕，以爲太子。兄子曰姪。顔、鬷皆二姬母姓，因以爲号〔一二〇〕。懿、聲[皆]〔一二一〕謚。諸子仲子、戎子，[戎子]〔一二二〕嬖。諸子，諸妾姓子者。二子皆宋女。仲子生牙，屬諸戎子。屬，託之。戎子請以爲太子，許之。仲子曰：『不可。廢常，不祥。』廢立適〔一二三〕之常。公曰：『在我而已。』遂東太子光。廢而徙[之]〔一二四〕東鄙。使高厚傅牙以爲太子云云〔一二五〕。齊侯疾，崔杼□無〔一二六〕黥、刖□

（後缺）

【校記】

〔一〕矣，刊本無。

〔二〕邢侯，底一『邢』原作『刑』，音誤字，兹據刊本改正。刊本末有『也』字。

〔三〕相，底一原誤作『祖』，兹據刊本改正。

〔四〕塞，底一原作『寔』。蔡主賓《敦煌寫本儒家經籍異文考》云：『塞、寔除義稍近外，音形殊異。或唐人有此版本。』王叔岷《左傳考校》云：『下文「衛殺馬於隘以塞道」，寔、塞互文，寔與實同，《廣雅·釋詁三》：「實，塞也。」』案：雖然『寔』、『塞』義同，但《左傳》『寔』僅出現一次（桓公六年經有『寔來』一詞），且不解作『塞』，下文云『衛煞馬於隘以塞道』，可證此亦當作『塞』，此必底一字誤，兹據刊本改正。

〔五〕曰，底一原脱，兹據刊本補。

〔六〕『辱』下刊本有『也』字。

〔七〕煞，刊本作『殺』。《干禄字書·入聲》：『煞、殺，上俗下正。』下『煞』字竝同。

〔八〕得之，底一原作『得人』，於義不合，金澤文庫本（據竹添光鴻《左氏會箋》，下皆同）亦作『得之』，『人』必爲『之』之形誤，兹據刊本改正。

〔九〕殖綽，底一原無『殖』字，易使人誤以爲指晉之州綽，金澤文庫本亦有『殖』字，兹據刊本補。

〔一〇〕『頸』下刊本有『也』字。

〔一一〕丁仲反，底一『丁仲』原在此下注文『不止』二字前，『反』字原在注文『復』下，當是『衷』之旁注音而誤入注文者。陸德明《經典釋文·春秋左氏音義》（以下簡稱『釋文』）：『衷，音忠。』作平聲讀，與寫卷作去聲讀不同。然《僖公二十八年》傳『今天誘其衷』《釋文》云：『音忠，或丁仲反。』是名詞之『衷』或有讀作去聲者。

〔一二〕兩矢中央，底一原作『兩矣央』，當是誤『矢』爲『矣』，脱『中』字，兹據刊本補正。

〔一三〕汝，刊本作『女』，『女』『汝』古今字。

〔一四〕於中軍之皷，刊本『於』作『于』，『皷』作『鼓』。案『於』、『于』二字古通用。《正字通·皮部》：『皷，俗鼓字。』

〔一五〕士丐以中軍剋，刊本『丐』作『匄』，『剋』作『克』。段玉裁在《説文·亾部》『匄』篆下云：『其字俗作丐。』在克部『克』篆下云：『俗作剋。』下『丐』、『剋』字皆同此。

〔一六〕東面，刊本作『東南』。竹添光鴻《左氏會箋》云：『京兹城在今平陰縣東南。』『面』蓋『南』之形誤。

〔一七〕絳，底卷原作『降』，音誤字，兹據刊本改正。

〔一八〕式之反，刊本無。案杜預注中有擬音，僅有三例，如《僖公七年》經『盟于甯母』注：『高平方與縣東有泥母亭，音如甯。』《成公二年》傳『左輪朱殷』注：『殷音近烟，今人謂赤黑爲殷色。』《哀公四年》傳『諸大夫恐其又遷也，承』注：『承音懲，蓋楚言。』而無以反切注音者，此『式之反』當爲後人所添。《廣韻》『邿』音書之切，與寫卷之音聲韻皆同。

〔一九〕 戌，底一原誤作『戍』，兹據刊本改正。
〔二〇〕 也，刊本無。
〔二一〕 追憙，底一『追』下原有『御』字，衍文，兹據刊本删。刊本『憙』作『喜』，『喜』『憙』古今字。
〔二二〕 犬示閒暇也，底二『犬』存右下角殘畫，兹據刊本擬補。刊本無『也』字。以下凡底卷中殘字、脱字補出者，均據刊本，不復一一注明。
〔二三〕 之，底一原作『水』，蓋熟於『池水』一詞而誤，兹據刊本改正。
〔二四〕 皆晉大夫，刊本無『皆』字，底一『夫』存右上角殘畫。
〔二五〕 壬，底一存右上角殘畫。
〔二六〕 楊，刊本作『揚』。二字古多混用。
〔二七〕 也，刊本無。
〔二八〕 也，刊本無。
〔二九〕 『左』下底一殘泐，刊本作『驂迫還于東門中以』。
〔三〇〕 『門扇』下刊本有『也』字。
〔三一〕 板，刊本作『救』。阮校：『宋本、淳熙本、岳本「枚」作「板」，是也。』
〔三二〕 也，刊本無。
〔三三〕 郰，底一原誤作『卸』，兹據刊本改正。
〔三四〕 郰棠齊邑，底一『齊邑』前僅一重文符號，當有脱漏，兹据刊本補『郰棠』二字。『齊邑』下底一殘泐，刊本作『大子與郭榮扣馬』。
〔三五〕 太子，刊本作『大子』。『大』『太』古今字。下『太子』同。
〔三六〕 也，刊本無。

〔三七〕『略』下刊本有『也』字。

〔三八〕『行』前刊本有『略』字。

〔三九〕懼，底一存上半。『懼』下底一殘泐，刊本作『焉且社稷之主不可以輕』。

〔四〇〕失，底一原脱，兹據刊本補。

〔四一〕『止』下底一殘泐，刊本作『甲辰東侵及濰南』。

〔四二〕維水出東菀，刊本『維』作『濰』，『出』作『在』，『菀』作『莞』。案《釋文》：『濰，本又作維，音同，水名。』『在』字疑誤，下句『沂水出東菀蓋縣』，亦作『出』。『菀』當是『莞』之形誤。注中『菀』字同。

〔四三〕也，刊本無。

〔四四〕『諸』下底一殘泐，刊本作『大夫欲專權將叛晉』。

〔四五〕『楚』下底一殘泐，刊本作『子聞之使楊豚尹』。

〔四六〕于，刊本作『於』。二字古通。

〔四七〕『夫』下底一殘泐，刊本作『圖之其若之何子庚歎曰君王其謂午懷安乎吾以利社稷也見使者稽首而對曰』。『夫』下底一殘泐部分，據行款約五字的位置，而刊本則有此三十二字，底一當是有所删削。

〔四八〕諸侯方睦，底一『諸』存左半『言』，『睦』存下端殘畫。

〔四九〕『臣』下底一原有『諸侯』二字，當是涉上句而衍，兹據刊本删。

〔五〇〕之，底一存右半。

〔五一〕楚，底一存上半『林』。

〔五二〕魚陵，底一原爲重文符號，兹據刊本改爲小字。

〔五三〕『魚齒山』下刊本有『也』字。

〔五四〕也，刊本無。

〔五五〕『故』下刊本有『於』字。
〔五六〕備，刊本作『之備』。
〔五七〕滎，刊本作『熒』。《爾雅・釋地》郭注『今熒陽中牟縣西圃田澤是也』，阮元《校勘記》云：『凡古書「熒陽」字皆從火，有從水者，淺人所改。』下『滎』字同。
〔五八〕也，刊本無。
〔五九〕雍，底一存上部『亠』。
〔六〇〕城，底一原作『縣』，涉上『縣』字而誤，兹據刊本改正。
〔六一〕回，底一原作『囙』，此乃『因』之俗字，兹據刊本改正。
〔六二〕也，刊本無。
〔六三〕門於純門，底一『純』原作『城』，王叔岷《左傳考校》云：『涉下「信于城下」而誤。』兹據刊本改正。刊本『於』作『于』，二字古多通用。
〔六四〕於，刊本作『于』。二字古多通用。
〔六五〕信再宿也，底一殘泐，兹據刊本補。
〔六六〕言，底一原作『之』，刊本作『言』，是也。『言』之草體與『之』形近，故據以改正。
〔六七〕涷，底一原誤作『陳』，兹據刊本改正。
〔六八〕役，刊本作『役』。《説文・殳部》：『古文役從人。』
〔六九〕『又歌南風南』五字底一脱，兹據刊本補。
〔七〇〕『不競』下刊本有『也』字。
〔七一〕西北，底一原脱，兹據刊本補。
〔七二〕也，刊本無。

〔七三〕胃，刊本作『謂』。『胃』『謂』古今字，馬王堆出土帛書《戰國策》及《老子》凡『謂』字均寫作『胃』。下『胃』字同。

〔七四〕『德』下刊本有『也』字。

〔七五〕十九，刊本作『十有九年』，且爲單行大字。

〔七六〕盟於督楊，刊本『於』作『于』，『楊』作『揚』。『於』、『于』古多通用。阮元《春秋左氏傳校勘記》（以下簡稱『阮校』）云：『淳熙本「揚」作「楊」，非也。』案：二字古多混，此蓋以作『揚』爲是。注中『楊』字同。

〔七七〕無，刊本作『毋』。《説文》：『毋，止之詞也。』段注：『古通用無。』

〔七八〕祝阿，刊本作『祝柯』。案：經『諸侯盟于祝柯』《釋文》：『祝柯，古多反。』《穀梁傳》亦作『祝柯』，《釋文》云：『祝柯，古何反。』而《公羊傳》則作『祝阿』，《釋文》云：『祝阿，二傳作祝柯。』底一已删去此句，然此注中言『祝阿』，蓋經文亦作『祝阿』也。《水經注・濟水二》云：『《春秋・襄公十九年》「諸侯盟于祝柯」，《左傳》所謂督陽者也，漢興，改之曰阿矣。』侯康《春秋古經説》云：『據此知明是《公羊》漢世始著竹帛，習于當時之偁，因以阿易柯，而不知非聖經本文也。』

〔七九〕於，刊本作『于』。二字古多通用。

〔八〇〕彊，刊本作『疆』。『彊』爲『疆』之俗字，説詳《敦煌俗字研究》下編四一六頁。

〔八一〕帰，刊本作『歸』。據《説文》，『帰』爲籀文隸定字，『歸』爲小篆隸定字。下『帰』字同。

〔八二〕於，刊本作『于』。二字古多通用。

〔八三〕先也，刊本作『之先』。

〔八四〕疽，底一存右半，底二存左半。底二起於此。

〔八五〕『癉疽』二字爲底一中文。

〔八六〕惡瘡，底二『惡』存左半。刊本『瘡』作『創』，『創』『瘡』古今字。

〔八七〕病目出，底卷原無『病』、『出』二字，當是脱漏，兹據刊本補。

〔八八〕者，底一存右半，底二存左半。

〔八九〕『皆反土』三字爲底一中文，底一止於此。底一『反』原誤作『及』，兹據刊本改正。

〔九〇〕納，刊本作『内』，『内』『納』古今字。

〔九一〕甥可也，底卷『甥』原作『生』，音誤字，注中仍作『甥』，是也，兹據刊本改正。刊本末有『也』字。

〔九二〕『後』下刊本有『也』字。

〔九三〕『吴其母鄭女』五字底二原無，兹據刊本補。

〔九四〕噤奇錦反，底二原無『噤』字，以『奇錦反』三字作爲杜注文。案：此三字應是旁注音而誤入注文者，而手民又抄脱『噤』字，兹據刊本補『噤』字，並依例將『奇錦反』三字作爲『噤』之旁注音而附於後。《廣韻》『噤』有渠飲切、巨禁切二音，《釋文》『噤』音其蔭反，同《廣韻》之『巨禁切』；寫卷之『奇錦反』則同《廣韻》之『渠飲切』。

〔九五〕宣，底二原作『寅』，當是涉上『甲寅』而誤，兹據刊本改正。

〔九六〕也，刊本下有『乎』。王念孫據《後漢書》李賢注、《太平御覽》所引認爲『乎』爲後人所加（説見《經義述聞》卷十八『也乎』條），《左氏會箋》、《左傳考校》則認爲『也乎』連文，『乎』字非衍。今寫卷無『乎』字，正合王念孫之説。

〔九七〕苟，底二原誤作『苟』，兹據刊本改正。

〔九八〕『齊』下刊本有『者』字。

〔九九〕『續』下刊本有『也』字。

〔一〇〇〕丈夫，底二原誤『丈』爲『大』，兹據刊本改正。刊本末有『也』字。

〔一〇一〕恨以私，底二『恨』、『私』殘存右半，『以』殘存左半。

〔一〇二〕武，底二存左半。
〔一〇三〕范宣子爲政，底二下空兩格，刊本有注文『代荀偃將中軍』六字。
〔一〇四〕伯，底二原誤作『侚』，兹據刊本改正。
〔一〇五〕集，刊本作『輯』。《釋文》：『輯睦，音集，本又作集。』阮校：『李注《文選·王元長永明十一年策秀才文》引傳作「集睦」，案：集、輯古字通。』
〔一〇六〕弊，刊本作『敝』。『弊』爲『敝』之俗字，見《玉篇·㡀部》。
〔一〇七〕尹吉甫佐天子，刊本下有『征伐之詩以晉侯比吉甫出征以匡王國』諸字。案：僅『尹吉甫佐天子』六字難以解釋《六月》一詩，此蓋爲手民删削所致。
〔一〇八〕侵，刊本無。疑爲衍文。
〔一〇九〕礼，刊本作『禮』。案『礼』爲古文『禮』字，敦煌寫本多用此字，後世刊本則多用『禮』字。
〔一一〇〕動，底二原誤置於『舉』下，兹據刊本正。
〔一一一〕銘，刊本下有『也』。
〔一一二〕攻伐，刊本作『功伐』。
〔一一三〕『下等』下刊本有『也』字。
〔一一四〕『晉力』下刊本有『也』字。
〔一一五〕廟，底二原作『庿』，乃爲『庿』之訛字，『庿』爲『廟』之古文，刊本作『廟』，兹改正。
〔一一六〕而，底二原無，此與上句『以』字對文，當有，兹據刊本補。
〔一一七〕『以怒之亡之道也』七字底二原無，底二抄至『焉』字止，下空二格，然句未完，當是手民删削，兹據刊本補。
〔一一八〕於，刊本作『于』。二字古多通用。
〔一一九〕光，底二原誤作『先』，兹據刊本改正。

〔一二〇〕号，底二原作『兄』，刊本作『號』。案『兄』當是『号』之形誤，『号』『號』古今字。

〔一二一〕皆，底二原無，句不通，兹據刊本補。

〔一二二〕戌子，底二原無，此當是底二脱重文符號，兹據刊本補。

〔一二三〕適，刊本作『嫡』。《説文·女部》『嫡』篆下段注：『嫡庶字古衹作適。』是適、嫡古今字。

〔一二四〕之，底二原無，此字不可無，兹據刊本補。

〔一二五〕云云，刊本無。刊本下有『夙沙衛爲少傅』句，此當是手民所爲。

〔一二六〕『無』前底二殘泐，刊本作『微逆光疾病而立之光殺戌子終言之尸諸朝非禮也婦人無刑』。案：依行款，此處殘去八字左右，底二當有删節。从注文有『黥刖』二字看，删存者蓋爲『微逆光』及『婦人無刑』七字。

春秋左傳正義（哀公十二—十四年）

孔穎達

伯三六三四背（底一）　伯三六三五背（底二）

【題解】

底一編號爲伯三六三四背，起《哀公十二年》傳『昭公娶于吴故不書姓』集解『諱娶同姓故謂之孟子若宋女』之孔穎達《正義》『傳言昭公娶于吴』，至《哀公十三年》傳『秋七月』章《正義》『董褐，司馬寅也』之『董褐』。此卷由兩部分组成，第一部分五十八行，第二部分三十七行，中間殘缺約二十行。

底二編號爲伯三六三五背，起《哀公十三年》傳『秋七月』章《正義》『何得以二臣爲吴晉之臣』之『二臣』，至《哀公十四年》經『十有四年，春，西狩獲麟』《正義》『象有武而不用』之『象』，共五十一行。

經、注標起止而不出全文，經、注之起止用朱書，《正義》用墨書。陳鐵凡《敦煌本禮記、左、穀考略》（《孔孟學報》第二一期）疑兩卷本爲一卷之裂。案此兩卷之字體、行款均一致，應是一卷之裂，只是兩者之間約殘去六行，不能直接綴合。《索引》此兩卷均定名《春秋左傳正義》，諸家從之。財木美樹《敦煌本〈春秋正義〉について——伯三六三四、三六三五》（廣島學會《哲學》第四五期，一九九三）據底一中有三處『民』字缺筆，定爲唐寫本。

財木美樹撰有校勘記，然多爲異文校録，故不取。

底一、底二均據縮微膠卷録文，以中華書局影印阮元刻《十三經注疏·春秋左傳正義》爲對校本（簡稱『刊本』），校録於後。

（前缺）

傳言〔一〕「昭公娶于吴，故不書姓」。此爲昭公故〔二〕諱，不復繫吴，改其姓号〔三〕，傳因而弗革也。《論語》謂之吴孟子，蓋時人常言，非經、傳正文也。而賈氏以爲言孟子，若言吴之長女也。稱吴長女，既不異於同姓，且娶同姓，長之与[四]少，未聞其異，無所爲别也。』

〔注『反哭』至『人喪』〕[五]。　正義曰：礼[六]，既葬，日中自墓反，虞▨（于）[七]正寢，所謂反哭于[八]寢。反□（哭）[九]者，是夫人之正禮也。季氏以同姓之故，不□□□□□（成其夫人之喪），▨（不）[一〇]爲反哭，故不書葬，所以懲臣子之過□□□□□□（也。《釋例》曰：『若昭）之孟子者，以同姓爲闕。生革其姓，過而▨（知）[一一]□□□□（悔也。然）吴之太[一二]伯，下及魯昭，於親遠矣，所諱在乎▨（名）[一三]□□□□（義而已。居）夫人之位，藉[一四]小君之尊，已三世矣。▨（季）[一五]□□□□□□（氏當國而不爲之服），至令仲尼釋己之絰[一六]，國朝不成其□□□□□□□□▨（喪，以世適夫人不書於策）[一七]，此季氏之咎也。』杜言不書□□□□□□□□□（於策，謂不以夫人之禮書於）經也。

注『孔子』至『▨□（節制）』[一八]。　□已[一九]去臣位。若在臣□已[二〇]，故云『孔子始老』。□炫[二一]云：『案[二二]十六年，「仲▨（尼）[二三]□則[二四]是公不用□[二五]▨（及）[二六]諸書無云仲尼仕於哀公，杜焉得□[二七]今知不然者，以上十一年傳稱仲尼□[二八]召之。是召之而來，當以任用，故冉有□[二九]待子而行』，後乃致仕[三〇]，故孟子之▨（喪）□[三一]全不能用，何須以幣召之？但哀公不□[三二]能用』。於傳文上下，理甚苻[三三]同。　劉以爲不仕哀▨▨▨▨（朝以規杜）[三四]過，非也。《喪服》『齊[三五]衰三月』章曰『爲舊君、君之母妻。傳曰：爲舊君者，孰謂[三六]？仕焉而已者[三七]。何以服齊衰三月？言与民[三八]同也。君之母妻則小君[三九]也。』鄭玄云：『仕焉而已[四〇]，謂老若有癈疾〔四一〕而致仕者也。爲小君服者，恩深於民〔四二〕也。』是其服与民〔四三〕同，不服臣爲小君之服，故与〔四四〕弔也。礼，齋衰之喪，始死而絻，以至於成服。絻代〔四五〕吉冠，故以絻爲喪冠也。孔子以季孫當服臣爲小君之礼，故以小君礼往弔季氏。傳言『適季氏』，謂適季氏哭位；故杜言往弔，謂就其位〔四六〕也。季孫既不服喪冠〔四七〕，孔子不得復〔四八〕服弔服，故去絰，從主節〔四九〕也。大夫之弔，服弁經。鄭玄云：『弁經者，如爵弁而素，而加環經。』『經〔五〇〕大如緦之絰』，緾〔五一〕而不糾也。《曲礼》云：『凡非弔喪，非見國君，無不荅拜。』〔五二〕鄭玄云：『喪，賓不荅拜，不自賓客也。』礼，弔無拜法，而此言孔子放絰而拜者，記言喪賓不荅拜者〔五三〕，謂喪主既拜賓，賓不荅拜耳。其初見主人，或卑〔五四〕者先拜。據此傳文，必有拜法。記無其事，記不具耳。

注『尋重寒歇』〔五五〕。正義曰：《少牢·有司徹》云『乃尋尸俎』，鄭玄云：『尋，温也。』引此『若可尋，亦可寒』〔五六〕。則諸言『尋盟』者，皆以前盟已寒，更温之使熱。温舊即是重義，故以尋爲重。傳意言若可重温使熱，亦可歇之使寒，故言寒歇，不訓寒爲歇也。

『長木』至『嗌』。正義曰：長木，喻吴國大也。狗瘈，喻吴失道也。國狗猶家狗。言家畜狂〔五七〕，必齧人〔五八〕。

注『盟不書，畏吴竊盟』。正義曰：畏吴竊盟，恐吴知之，故不敢書于〔五九〕策也。成二年公及楚人、秦人云云盟于〔六〇〕蜀。傳曰：『卿不書，匱盟也。於是乎畏晉而竊与楚盟，故曰匱盟。』彼以畏晉竊盟，故諸侯之卿皆貶而稱『人』。此亦畏吴竊盟，宜應貶此三國。經遂没而不書者，彼以晉是盟主，諸侯不應背晉，故貶諸侯之卿，以成晉爲霸主。此吴[以]〔六一〕夷礼自處，不合主諸侯之盟，故与吴盟者悉皆不書，是不与吴爲盟主也。既不与吴，則三國私盟，於義可許，不合貶責。但魯自不書，仲尼亦從而不書之耳。《釋例》曰：『諸侯畏晉而竊与楚盟，而貶其卿，所以成晉爲盟

主也。吴之強〔六二〕大，始於會繒〔六三〕，終於黄池。凡三會三伐三盟，唯書會〔六四〕

（中間約缺二十行）

也〔六五〕。今以《長曆》〔六六〕推《春秋》，此十二月乃夏之九月，實周之十一月也。此年當有閏，而今不置閏，此爲失一閏月耳。十二月不應螽，故季孫恠〔六七〕之。仲尼以斗建在戌，火星尚未盡没，據今猶見，故言『猶西流』，明〔六八〕夏之九月尚可有螽也。季孫雖聞仲尼此言，猶不即改。明年十二月復螽，於是始寤〔六九〕，十四年春乃置閏，欲以補正時曆〔七〇〕也。傳於十五年書閏月，蓋置閏正之〔七一〕，欲明十四年之閏，於法當在十二年也。

注『此事』至『同也』〔七二〕。 正義曰：杜以此与經別，故言丘明不爲〔七三〕義例，故使文不齊同。劉炫以爲傳説當時事耳，更到本隟地〔七四〕之事，載其日月，使与明年相接。今知不然者，案宣二年『壬申，朝于武宫』，是十月五日，下乃云『冬，趙盾爲旄車之族』。彼注云『壬申是十月五日〔七五〕。既有日而無月，冬又在壬申下，明傳文無較例』。彼既無到本其事，与後年相接，足知此亦不爲到本其事，使九月在十二月之下，明傳因簡牘舊文，或日月前後不以爲例。若以到敘其事爲後年張本，案傳之上下，凡到敘事爲後年張本者，唯道事之所由，不具載其日月。劉以此而規〔七六〕杜過，非也。

▨『陳留』〔七七〕至『書之』 正義曰〔七八〕：七年會吴于繒〔七九〕，十二年會吴于槖睪〔八〇〕，皆不稱子。此稱『吴子』，故解之。夫差欲霸中國，尊事〔八一〕天子，而自号爲王，則諸侯不服，故去其〔八二〕僭号，自稱吴子，以告令諸侯，故諸侯之策承而書曰『吴子』。《吴語》説此事云，晉侯命董褐告吴王曰：『今君掩〔八三〕王東海，以淫名〔聞〕於天子〔八四〕，君有短垣而自踰之，况蠻楚其何有於周室〔八五〕？夫命圭有命，固曰吴霸〔八六〕，不曰吴王。諸侯是以敢辝〔八七〕。夫諸侯無二君，周〔八八〕無二王，君若無卑天子，而曰吴公，孤敢不順從君命！』吴王許諾。是其去僭号也。於此會去王号耳，其於吴國猶稱王不改也。

［注『平旦』至『之次』］［八九］。　正義曰：《公羊傳》曰：『孛者何？彗星也。其言于東方何？見乎旦。』［九〇］杜用彼説。衆星皆没，故不言所在之次。

□□□□馬寅云云［九一］。　正義曰：如此傳文，則趙鞅先欲与吴戰也。《吴語》云：吴晉爭長未成，邊遽仍至，以越亂告。吴王懼，乃會［九二］大夫而謀曰：『無會而歸与會而先晉，孰利？』王孫雄先對曰：『二者莫利。必會而先之。』乃爲吴王設計布陳，鷄鳴乃定。去晉軍一里。未明［九三］，王乃秉枹［九四］，鳴鼓，三軍皆譁，聲動天地。於是晉軍大駭，乃令董褐請事。賈逵等皆云，董褐［九五］

（中間約缺六行）

二臣爲吴晉之臣［九六］？劉以□［九七］

［建鼓］［九八］　正義曰：建，立也。立鼓，擊之与戰也。《大射礼》云『建鼓［九九］在阼階西』，鄭玄云：『建猶樹也。木［一〇〇］貫而載之，樹之跗也。』彼謂立之於地，所謂殷人楹鼓，与此別也。

▨曰宍食者▨▨▨［一〇一］。　正義曰：《吴語》説此事云：『董褐既致命，乃告趙鞅曰：臣觀吴王之色，類有大憂。小則嬖子［一〇二］死，否［一〇三］則國有難；大則越入吴也［一〇四］。將毒，不可与戰，主其許之先。』［一〇五］与此傳小異也［一〇六］。

『乃［先晉人］』［一〇七］。　正義曰：《吴語》説此事云：『吴公先歃，晉公次之。［一〇八］』与此異者，經□（書）『公會晉侯及吴子』，傳稱『公會單平公、晉定□□（公、吴）夫差』，吴皆在下，晉實先矣。經據魯史策書，傳採［一〇九］魯之簡牘，魯之所書，必是依實。《國語》之書，當國所記，或可曲筆直己，辞有抑揚，故与《左傳》異者多矣。鄭玄云：不可以《國語》亂周公所定法。傅玄云：《國語》非丘明所作。凡有共説一事而二文不同，必《國語》虚而《左傳》實，其言相反，不可▨（強）合之[一一〇]也。

『王合』至『於[一一一]伯』。　正義曰：《曲礼》云：『五官之長曰伯，是職方[一一二]。九州之長，入天子之國曰牧，於外，曰侯。』職方者，二伯各主一方，州長者，州牧各主一州。《周礼》所謂『八命作牧、九命作伯』是也。『王合諸侯，則伯帥侯牧』，當如康王之誥，太保帥西方諸侯，畢公帥東方諸侯，以見於王也。計當盡帥諸侯，獨言帥侯牧者，舉尊爲[一一三]言，其實盡帥之也。『伯合諸侯，則侯帥子男』。侯，謂牧也。牧帥諸國之君見於伯也，亦當盡帥在會諸侯，獨云子男，舉小爲言，其實見[一一四]在會者，盡帥以見伯也。

『故［敝］』[一一五]至『伯也』。　正義曰：言魯供[一一六]職貢於吳，有豐於晉，無有不及晉時，以吳爲伯故也。

『魯賦』至『事晉』。　正義曰：七年傳茅夷鴻請救於吳云『邾賦六百乘君之私也。魯賦八百乘，君之敵也』[一一七]。今魯賦八百乘以貢於吳，□▨（以吳）[一一八]爲伯故也。吳今帥魯以見於晉，則吳爲州牧，魯□□（爲子）男，晉成伯矣。邾是子爵，以六百乘貢吳，邾以吳爲伯故也。魯既以晉爲伯，吳爲牧，牧卑於伯，則將半邾三百乘以屬於吳，而如邾六百乘以事於晉也。

［『魯將』至『而畢』］[一一九]　正義曰：七月，辛丑，盟，因景伯以還。今景伯稱十月，當謂周十月也[一二〇]。周之十月，非祭上帝先公之時，且祭[一二一]終朝而畢，無上辛盡於季辛之事。景伯以吳信鬼，皆虚言以恐吳耳。

注『一盛』至『飲之』　正義曰：酒盛於器，故謂一器爲一盛。《説文》云：『睆，邪[一二二]視也。』《詩》云：『無衣無褐，何以卒歲！』鄭玄云：『褐，毛布也。人之貴者無衣，賤者無褐。』是褐者寒時〔一二三〕賤人之衣服也。言我与披〔一二四〕褐之父，但得共邪視之，不得飲之。告己之乏食〔一二五〕也。

〔『對曰』至『則〔諸〕』〕〔一二六〕。　正義曰：食以稻粱〔一二七〕爲貴，故以粱表精。若求粱米之飯，則無矣；麁〔一二八〕者，則有之。若我登首山以叫呼庚癸乎，汝〔一二九〕則諾。軍中不得出粮〔一三〇〕与人，故作隱語，爲私期也。庚在西方，穀以秋熟，故以庚主穀。癸在北方，居水之位，故以癸主水。言欲致飯〔一三一〕并致飲也。土地名首山，闕，不知其處。當在吳所營軍之旁也〔一三二〕。

□▨（義）〔一三三〕曰：言吳不能報越，求与之平。伍員〔一三四〕所□

□正義曰〔一三五〕：《公羊傳》曰：『麟者，仁□宂〔一三六〕，設武備而不爲害，▨

（所）〔一三七〕□之〔一三八〕末有宂，象□〔一三九〕

（後缺）

【校記】

〔一〕言，《春秋釋例》卷二《内女夫人卒葬例第十一》作『曰』。

〔二〕故，刊本作『加』。案《春秋釋例》卷二《内女夫人卒葬例第十一》作『加』。

〔三〕号，刊本作『號』。案《春秋釋例》卷二《内女夫人卒葬例第十一》亦作『號』。案『号』『號』古今字。下『号』字同。

〔四〕与，刊本作『與』。案『与』、『與』二字古混用無别，敦煌寫本多用『与』字，後世刊本多改作『與』。

〔五〕注反哭至人喪，底一此處空白，蓋爲朱筆，而縮微膠卷不能顯示，兹據刊本補。

〔六〕礼，刊本作『禮』。案『礼』爲古文『禮』字，敦煌寫本多用此字，後世刊本則多用『禮』字。下『礼』字皆同。

〔七〕于，底一「于」殘存兩横之殘筆，當是「于」之殘存者，下句作「于」，而刊本皆作「於」，「于」「於」古多通用，故知此亦當爲「于」字，兹據以補。
〔八〕于，刊本作「於」。二字古通用。
〔九〕哭，底一殘缺，兹據刊本擬補。以下底卷中凡殘字、缺字補出者，均據刊本，不復一一注明。
〔一〇〕不，底一殘脱上部一横。
〔一一〕知，底一存上端殘畫。
〔一二〕太，刊本作「大」。「大」「太」古今字。
〔一三〕乎名，刊本「乎」作「於」。案《春秋釋例》卷二《内女夫人卒葬例第十一》作「于」。案「乎」、「於」、「于」三字古多通用。底一「名」存上端殘畫。
〔一四〕藉，刊本作「籍」。阮元《春秋左氏傳校勘記》（以下簡稱「阮校」）：「浦鏜《正誤》『籍』作『藉』。」北京大學出版社之標點本《十三經注疏·春秋左傳正義》認爲依文意當作「藉」，故據而改作「藉」，是也。
〔一五〕季，底一存左上角。
〔一六〕經，底一原誤作「經」，兹據刊本改正。
〔一七〕策，底一存下半「宋」，「策」俗寫作「筞」。
〔一八〕節，底一存上端殘畫。
〔一九〕已，自前行「節」至此底一殘泐，刊本作「制正義曰杜以孔子與弔明其」。爲不至於混淆《正義》之標起止與《正義》之内容，故據刊本將「制」字補出。
〔二〇〕已，自前行「臣」至此底一殘泐，刊本作「位則服小君之喪不得云與弔而」。
〔二一〕炫，自前行「老」至此底一殘泐，刊本作「始老者謂始致事也劉」。
〔二二〕案，刊本作「按」。二字古多通用。

〔二三〕尼，底一存上半。

〔二四〕則，自前行『尼』至此底一殘泐，刊本作『卒哀公誄之子貢譏云生不能用』。

〔二五〕『用』下底一殘泐，刊本作『仲尼爲臣也又世家』。

〔二六〕及，底一存下半。

〔二七〕『得』下底一殘泐，刊本作『云孔子始老乎』。

〔二八〕『尼』下底一殘泐，刊本作『在衛魯人以幣』。

〔二九〕『有』下底一殘泐，刊本作『云子爲國老』。

〔三〇〕仕，刊本作『事』。『仕』爲『事』之音誤字。

〔三一〕喪，底一存上半。『喪』下底一殘泐，刊本作『而來與弔若哀公』。

〔三二〕『不』下底一殘泐，刊本作『用其言故云生不』。

〔三三〕苻，刊本作『符』。『苻』乃因艹、⺮混用而成之俗字。

〔三四〕朝以規杜，底一均存左半。

〔三五〕齌，刊本作『齊』，『齊』、『齌』古今字。今本《儀禮・喪服》作『齊』。下『齌』字同。

〔三六〕『謂』下刊本有『也』字。案今本《儀禮・喪服》亦有『也』字。

〔三七〕『者』下刊本有『也』字。案今本《儀禮・喪服》亦有『也』字。

〔三八〕民，底一原缺末筆，避諱缺筆字，兹據刊本録正。

〔三九〕小君，刊本作『不名』。阮校：『宋本「不名」作「小君」，與《儀禮・喪服傳》合。』北京大學出版社之標點本《十三經注疏・春秋左傳正義》據以改爲『小君』，是也。

〔四〇〕而已，刊本下有『者』。案：今本《儀禮・喪服》亦有『者』字。

〔四一〕老若有癈疾，刊本『若』作『苦』，『癈』作『廢』。阮校：『宋本「苦」作「若」。案廢疾之「廢」當作「癈」。』

〔四二〕案：北京大學出版社之標點本《十三經注疏·春秋左傳正義》據以改爲『若』、『𤻲』，是也。今本《儀禮·喪服》亦作『若』。
〔四三〕民，底一原缺末筆，避諱缺筆字，兹據刊本改。
〔四四〕民，底一原缺末筆，避諱缺筆字，兹據刊本改。
〔四五〕『与』下刊本有『常』字。
〔四六〕『代』前刊本有『以』字。
〔四七〕『位』前刊本有『哭』字。
〔四八〕冠，刊本無。案有『冠』義長，釋傳文『季孫不絻』也。杜注：『絻，喪冠也。』
〔四九〕復，刊本無。
〔五〇〕節，刊本下有『制』字。案有『制』義長。杜注云：『故去經，從主節制。』此用杜語也。
〔五一〕經，刊本無。北京大學出版社之標點本《十三經注疏·春秋左傳正義》據《周禮·春官·司服》鄭注補，是也。
〔五二〕緾，刊本作『纏』。『緾』爲『纏』之俗字，説見《敦煌俗字研究》下編五三八頁。
〔五三〕荅拜，刊本下有『者』。案今本《禮記·曲禮》亦有『者』字。
〔五四〕者，刊本無。
〔五五〕卑，刊本作『弔』。昭公夫人吴孟子卒，孔子往弔。因是時昭公已死，哀公無權，政歸季氏，故喪禮季氏爲主人，孔子往季氏家弔喪。依喪禮，主人拜賓，而賓不荅拜。而今孔子則放絰而拜，何因？故孔穎達懷疑，可能是喪禮上亦有卑者拜尊者之禮，故孔子亦拜。現在《曲禮》没有記載此禮，乃是《曲禮》記禮不全也。故此字當以作『卑』爲長。
〔五五〕尋重寒歇，底一『重』存右半。刊本作『尋重也寒歇也』。

〔五六〕若可尋亦可寒，刊本「尋」、「寒」下各有一「也」字。

〔五七〕「狂」下刊本有「狗」字。

〔五八〕「醫人」下刊本有「也」字。

〔五九〕于，刊本作「於」。二字古通用。

〔六〇〕于，刊本作「於」。二字古通用。

〔六一〕以，底一原無，蓋因與下「夷」字音近而脱，兹據刊本補。

〔六二〕強，刊本作「彊」。案《春秋釋例》卷一《會盟朝聘禮第二》作「強」。「彊」正字，「強」借字。

〔六三〕繒，刊本作「鄫」。案《春秋釋例》卷一《會盟朝聘禮第二》作「鄫」。焦廷琥《三傳經文辨異》卷二：「《左氏傳》釋文云：「鄫，本或作繒。」《説文》：「鄫，姒姓國，在東海。」是鄫國之「鄫」本當作「鄫」，作「繒」者，聲之同也。」

〔六四〕會，底一第一片止於此。

〔六五〕也，底一第二片起於此。

〔六六〕曆，刊本作「厤」，「厤」「曆」古今字。

〔六七〕恠，刊本作「怪」。「恠」爲「恠」的俗字，而「恠」與「怪」則爲篆文隸變之異，説見《敦煌俗字研究》下編三七六頁。

〔六八〕明，刊本作「明」。「明」、「明」異體。下凡「明」字同此。

〔六九〕寤，刊本作「悟」。「寤」爲「悟」之同音借字。

〔七〇〕曆，刊本作「厤」，「厤」「曆」古今字。

〔七一〕正之，底一原作「之正」，《春秋釋例》卷十五《經傳長歷第四十五之六》作「正之」，此當是誤倒，兹據刊本乙正。

〔七二〕同也，刊本作「齊同」。

〔七三〕「爲」前刊本有「以」字。

〔七四〕更到本隟地，刊本「到」作「倒」，「隟」作「隙」。「到」「倒」古今字，「隙」「隟」正俗字。下「到」字同。

〔七五〕「五日」下刊本有「也」字。案《宣公二年》杜注無「也」字。

〔七六〕䂓，刊本作「規」。《正字通・矢部》：「䂓，規本字。」「䂓」應是「䂓」之誤字。

〔七七〕▨陳留，刊本作「注夫差」。

〔七八〕正義曰，此以下爲十三年之正義。

〔七九〕繒，刊本作「鄫」。説見校記〔六三〕。

〔八〇〕睾，刊本作「皐」。「睾」，俗「皐」字。

〔八一〕事，刊本無。

〔八二〕其，刊本無。

〔八三〕掩，刊本作「奄」。「奄」「掩」古今字，説見徐灝《説文解字注箋》。

〔八四〕聞於天子，底一原無「聞」字，《國語・吴語》云：「以淫名聞於天子。」兹據刊本補。刊本「於」作「于」，「天子」誤作「天下」。「於」、「于」古通用。

〔八五〕況蠻楚其何有於周室，刊本「況」作「况」，「楚」作「荆」，「其」作「則」。案：「况」爲「況」之俗字。《國語・吴語》云：「况蠻荆則何有於周室。」楚國又稱荆國。《僖公十五年》傳「大夫其何有焉」，《昭公九年》傳「雖戎狄，其何有余一人」，句式與此同，作「其」爲是。

〔八六〕霸，刊本作「伯」。案《國語・吴語》亦作「伯」，「伯」本字，「霸」借字。

〔八七〕辝，刊本作「辭」。《干禄字書・平聲》：「辝、辤、辭，上中竝辝讓；下辭説，今作辝，俗。」是在唐時，「辝」已成爲「辭」之俗字。下「辝」字同。

〔八八〕『周』前刊本有『而』字。案《國語・吴語》亦有『而』字。

〔八九〕注平旦至之次，底一此處空白，當是朱筆，而縮微膠卷不能顯示，兹據刊本補。

〔九〇〕見乎旦，刊本『乎』作『于』，末有『也』字。阮校：『宋本同，與《公羊傳》合。』

〔九一〕□□□□馬寅云云，刊本作『趙鞅至知也』。

〔九二〕會，刊本作『合』。案《國語・吴語》作『合』。

〔九三〕未明，刊本作『昧明』。案『未』蓋誤字，『昧明』與《尚書・牧誓》『時甲子昧爽』之『昧爽』、《詩・鄭風・女曰鷄鳴》『士曰昧旦』之『昧旦』同義，謂拂曉時分也。

〔九四〕枹，底一原作『抱』，乃因扌、木不分而成，而與抱持之『抱』同形，爲免生歧義，故據刊本改正。

〔九五〕董褐，底一第二片止於此。

〔九六〕二臣爲吴晉之臣，底二起於此。

〔九七〕『以』下底二殘泐，刊本作『爲吴晉之臣而規杜氏非也』。

〔九八〕建鼓，底二此處空白，當是朱筆，而縮微膠卷不能顯示，兹據刊本補。

〔九九〕皷，刊本作『鼓』。《正字通・皮部》：『皷，俗鼓字。』

〔一〇〇〕木，刊本前有『以』字。案《儀禮・大射》鄭注有『以』字。

〔一〇一〕▨曰宍食者▨▨▨，刊本作『反曰至死乎』。疑底二作『反曰宍食者至死乎』。『宍』爲『肉』之俗字，下『宍』字同。

〔一〇二〕嬖子，刊本作『嬖妾適子』。案《國語・吴語》作『嬖妾嫡子』。

〔一〇三〕否，刊本作『不然』。案《國語・吴語》作『不』。『不』、『否』音義皆同。

〔一〇四〕也，刊本無。案《國語・吴語》無『也』字。

〔一〇五〕先，刊本無，而有『説』字，屬下讀。案《國語・吴語》有『先』字。

〔一〇六〕也，刊本無。

〔一〇七〕乃先晉人，底二僅見一『乃』字，餘皆空白，當是朱筆，而縮微膠卷不能顯示，兹據刊本補。

〔一〇八〕晉公次之，刊本作『晉侯亞之』。案《國語・吴語》亦作『晉侯亞之』。

〔一〇九〕採，刊本作『采』，『采』『採』古今字。

〔一一〇〕強合之，底二『強』存下半，刊本無『之』字。

〔一一一〕於，刊本作『于』。二字古通用。

〔一一二〕軄方，刊本『軄』作『職』，末有『也』字。《玉篇・身部》云：『軄，俗職字。』下『軄』字同。《禮記・曲禮下》無『也』字。

〔一一三〕爲，刊本作『而』。

〔一一四〕『見』前刊本有『亦』字。

〔一一五〕敝，底一此處空白，當是朱筆，而縮微膠卷不能顯示，兹據刊本補。

〔一一六〕魯供，刊本無『魯』字，『供』作『共』。『共』『供』古今字。

〔一一七〕邾賦六百乘君之私也魯賦八百乘君之敵也，刊本作『魯賦八百乘君之貳也邾賦六百乘君之私也』。案《左傳・哀公七年》傳與刊本同。杜注云：『貳，敵也。』寫卷作『敵』，蓋用訓詁字。

〔一一八〕吴，底二存下部『天』之下半。

〔一一九〕魯將至而毕，底一此處空白，當是朱筆，而縮微膠卷不能顯示，兹據刊本補。

〔一二〇〕周十月也，刊本作『周之十月』。

〔一二一〕祭，刊本作『祭禮』。

〔一二二〕邪，《説文・目部》『睍』篆下注作『衺』。『衺』正字，『邪』借字。

〔一二三〕時，刊本無。案有『時』義長。

〔二四〕披，刊本作『彼』。案疑『披』字爲長。此釋傳文『余與褐之父睨之』，褐之父者，楊伯峻《春秋左傳注》釋爲『著褐之老翁』，是也。

〔二五〕乏食，底一『乏』原誤作『之』，兹據刊本改正。刊本『食』作『飲』。案：此言吴申叔儀乞糧於公孫有山氏，乃缺糧而乞貸也。作『食』爲善。

〔二六〕對曰至則諾，『對曰至』及『諾』字底二漫滅不清，兹據刊本補。

〔二七〕粱，底二原作『梁』，形誤字，兹據刊本改正。下諸『粱』字同。

〔二八〕麁，刊本作『麄』。二字皆爲『麤』之俗寫。

〔二九〕汝，刊本作『女』，『女』『汝』古今字。

〔三〇〕粮，刊本作『糧』。《五經文字·米部》：『糧，作粮訛。』『粮』應是後起別體字。

〔三一〕飯，刊本作『餅』。阮校：『宋本「餅」作「飯」。案盧文弨挍云：「餅乃餠之訛，見桓二年。《釋文》餠、飰皆同飯。」』

〔三二〕也，刊本無。

〔三三〕義，底二存右下角。『義』前底二殘泐，刊本作『吴及越平正』。

〔三四〕『伍員』前刊本有『終』字。

〔三五〕『正義曰』前底二殘泐，刊本作『謂三年始弱也注麟者至曰獲』。此以下爲十四年正義。

〔三六〕『宍』前底二殘泐，刊本作『獸也何休云一角而戴』。

〔三七〕所，底二存右上角。

〔三八〕之，自前行『所』至此底二殘泐，刊本作『以爲仁也鄭玄詩箋云麟角』。

〔三九〕『象』字刊本作『示』。

羣經類穀梁傳之屬

春秋穀梁傳集解

范甯

春秋穀梁傳集解（一）（桓公十七、十八年）

北敦一五三四五（北新一五四五）

【題解】

底卷編號北敦一五三四五，原北新號爲一五四五，爲晉范甯所著《春秋穀梁傳集解》，始自《桓公十七年》『紀侯盟于黄』，至《桓公十八年》末，存桓公十七、十八兩年内容，共三十一行，經文單行大字，范甯《集解》雙行小字，行有界欄，行款疏朗，書法端麗。尾題『春秋穀梁傳桓公第二』，《中國國家圖書館藏敦煌遺書精品選》即據尾題定名。題記中記『凡大小字六千五百五十言』（此指卷二的總字數），知其當時所抄者爲《穀梁傳》的『桓公』部分共十八年，今僅存最後部分十七、十八兩年。卷末題記中又言『龍朔三年三月十八日皇甫智岌寫』，可知是唐高宗龍朔三年（六六三年）抄寫的長安宫廷寫本。

今據中國國家圖書館所藏原卷録文，以中華書局影印阮元刻《十三經注疏·春秋穀梁傳注疏》爲對校本（簡稱『刊本』），校録於後。

（前缺）

紀侯，盟于黃。黃，齊地也〔一〕。

二月，丙〔二〕午，公及邾儀父盟于趡。趡，魯地也〔三〕。

夏，五月，丙午，及齊師戰于郎。内諱敗，舉其可道者也。敗恥大，戰恥小也〔四〕。不言其人，以吾敗也。言人敗微者也〔五〕，敗於微者，其恥又甚，故言師也〔六〕。不言及之者，爲内諱也。及當有人，公親帥之，恥大，爲内諱也〔七〕。

六月，丁丑，蔡侯封人卒。

秋，八月，蔡季自陳歸于蔡。蔡季，蔡之貴者也。自陳，陳有捧焉尒〔八〕。陳以力助之也〔九〕。

癸巳，葬〔一〇〕蔡桓侯。徐邈曰：『葬者臣子之事，故書葬皆以公配謚。此稱侯，蓋蔡臣子失禮，故即其所稱以示過乎〔一一〕。』

及宋人、衛人伐邾。

冬，十月，朔，日有食之。言朔不言日，食既朔也。既，盡也。盡朔一日，至明日乃食，是月二日食也。

十有八年，春，王正月，公會齊侯于濼。此年書王，以王法終治桓之事也〔一二〕。公夫人〔一三〕姜氏遂如齊。公本與夫人俱行，至濼，公與齊侯行會禮，故先書會濼，既會而相隨至齊，故曰遂也〔一四〕。遂，繼事之辞也〔一五〕，他皆放此也〔一六〕。

濼之會，不言及夫人，何也？據夫人實在，當言『公及夫人姜氏會齊侯于濼』。夫人〔一七〕之伉，弗稱數也。濼之會，夫人驕伉，不可言及，故舍而弗數。今〔一八〕『遂如齊』，欲録其致變之由，故不可以不書。實驕伉而不制，故不言及也〔一九〕。

夏，四月，丙子，公薨于齊。夫人與齊謀煞之也〔二〇〕，不書，諱也。魯公薨，正與不正皆日，所以别内外也。其地，於外也。薨稱公，舉上也。公，五等之上也〔二一〕。丁酉，公之喪至自齊。

秋，七月。

冬，十有二月，己丑，葬我君桓公。葬我君，接上下也。言我君，舉國上下之辭也〔二二〕。君弑，賊不討，不書葬。此其言葬，何也？據隱公不書葬也〔二三〕。不責踰國而討于是也。禮：君父之讎，不與〔二四〕共戴天。而曰『不責踰國而討于是』〔二五〕，時齊強大，非己所討，君子即而恕之，以申臣子之恩也〔二六〕。桓公葬而後舉謚，謚所以成德也，於卒事乎加之矣。謚者行之迹，所以表德。人之終卒，事畢於葬，故於葬定稱號也。昔武王崩，周公制謚法，大行受大名，小行受小名，所以勸善而懲惡也〔二七〕。禮：天子崩，稱天命以謚之；諸侯薨，天子謚之；卿大夫卒，受謚於其君。知者慮，義者行，仁者守。有此三者備，然後可以會矣。桓無此三者而出會大國，所以見煞也〔二八〕。

春秋穀梁傳桓公第二〔二九〕

凡大小字六千五百五十言三千五百言本三千五百言解

龍朔三年三月十八日　皇甫智岌寫

用　紙　十九　張

【校記】

〔一〕也，刊本無。

〔二〕『丙』字底卷缺末筆，避諱缺筆字，兹據刊本改正。下凡『丙』字皆同，不復出校。

〔三〕也，刊本無。

〔四〕也，刊本無。

〔五〕敗微者也，刊本『敗』作『則』，無『也』字。

〔六〕也，刊本無。

〔七〕恥大爲内諱也，刊本作『恥有不可言』。案：阮元《春秋穀梁傳校勘記》（以下簡稱『阮校』）：『閩、監、毛本「大」作「有」。』鍾文烝《春秋穀梁經傳補注》（下簡稱『補注』）作『大』，北京大學出版社點校本《春秋穀梁傳注疏》據阮校改爲『大』，是也。底卷『爲内諱也』，别本皆作『不可言』，是也。底卷蓋爲抄者因經文『爲内諱也』而筆誤。

〔八〕捧焉尒，刊本作『奉焉爾』。奉、捧古今字。《敦煌俗字研究》：『「爾」「尒」古本非一字，後世則合二而一，字多寫作「爾」。』（下編第七頁）下『尒』字同，不復出校。

〔九〕之也，刊本無。

〔一〇〕塟，刊本作『葬』。『塟』應是『葬』之俗字『塟』的訛變，下皆同。

〔一一〕乎，刊本無。

〔一二〕以王法終治桓之事也，阮校：『嚴傑云：「元本《左傳・桓三年》正義引治字上有始字。」是也。』北京大學出版社點校本《春秋穀梁傳注疏》據以補『始』字。案：《穀梁傳・桓元年》云：『桓無王，其曰王，何也？謹始也。其曰無王，何也？桓弟弑兄，臣弑君，天子不能定，諸侯不能救，百姓不能去。以爲無王之道，遂可以至焉爾。元年有王，所以治桓也。』范甯《集解》云：『若桓初立，便以見治，故詳其即位之始，以明王者之義。』此元年始治桓也。《補注》云：『治，討也。』桓公弑隱公，乃以弟殺兄，以臣殺君，是不奉王法之人。故桓公十八年中，唯元年、二年、十年、十八年有『王』，『二年書王，痛與夷之卒，正宋督之弑，宜加誅也。十年有王，正曹伯之卒，使世子來朝，王法所宜治也』（《左傳・桓公三年》孔穎達《正義》）。《補注》與寫卷同，亦無『始』字，注曰：『此與元年之「治桓」以始終相對。』元年言始，末年言終，其不當有『始』字明矣。底卷『治』字缺末筆，避諱缺筆字，玆據刊本録正。刊本無『也』字。

〔一三〕公夫人，刊本作『公與夫人』。阮校：『《石經》無「與」字。』案：《公羊傳》無『與』字，《左傳》有『與』字。趙坦《春秋異文箋》因《左傳》及《穀梁傳》並有『與』字，故曰：『《公羊》脱「與」字。』然寫本恰無『與』字，正同《公羊傳》。《補注》曰：『「公」下各本衍「與」字，今依《唐石經》刪正。……《春秋》書「及」、書

「暨」，未有書「與」者。』寫卷可爲鍾説佐證。

〔一四〕也，刊本無。

〔一五〕辞也，刊本『辞』作『辭』，無『也』字。《干禄字書・平聲》：『辝、辤、辭，上中並辝讓；下辭説，今作辞，俗。』是在唐時，『辝』已成爲『辭』之俗字。此作『辞』，又爲『辝』的訛變俗字（説見《敦煌俗字研究》下編六〇三頁）。下『辞』字同此，不復出校。

〔一六〕也，刊本無。

〔一七〕『夫人』前刊本有『以』字。案據文意有者爲長，此蓋抄脱。

〔一八〕『今』下刊本有『書』字。

〔一九〕也，刊本無。

〔二〇〕煞之也，刊本『煞』作『殺』，無『也』字。《干禄字書・入聲》：『煞、殺，上俗下正。』下『煞』字同此，不復出校。

〔二一〕也，刊本無。

〔二二〕也，刊本無。

〔二三〕也，刊本無。

〔二四〕与，刊本作『與』。案二字古混用無別，敦煌寫本多用『与』字，後世刊本多改作『與』。

〔二五〕『是』下刊本有『者』字。

〔二六〕也，刊本無。

〔二七〕也，刊本無。

〔二八〕也，刊本無。

〔二九〕『苐』本爲『弟』之俗字，俗書竹頭多寫作草頭，俚俗據『苐』楷正，則成『第』字。

春秋穀梁傳集解(二)（莊公十九—閔公二年）

伯二五九〇（底卷）　伯二五三六（甲卷）

【題解】

底卷編號伯二五九〇，爲晉范甯所著《春秋穀梁傳集解》，始莊公十九年，至閔公二年末，包括『莊公下第三』與『閔公第四』之内容，共二百六十二行，經文單行大字，范甯《集解》雙行小字。行有界欄，行款疏朗，書法精美。首題『春秋穀梁傳莊公下苐　范甯集解』，尾題『春秋穀梁傳卷苐』，『苐』字下均不記卷數。惟於第二百二十七行題『春秋穀梁傳閔公苐四』並『范甯集解』四字。《經典釋文》在《春秋穀梁音義》的莊公『十九年』條下注云：『傳本或分此以下爲莊公與閔公同卷。』其説正與此卷相合。據《隋書·經籍志》記載，范甯集解《春秋穀梁傳》共十二卷，春秋十二公，本當一公一卷，此以莊公十九年至三十二年與閔公合爲一卷，其總卷數仍當十二，此卷依次序當爲第四卷。是底卷首題『第』下未抄者爲『三』字，尾題『第』下未抄者爲『四』字。諸家皆據卷題定名。寫卷不避唐諱，疑爲唐以前寫本。

甲卷編號伯二五三六，爲晉范甯所著《春秋穀梁傳集解》，始自《莊公十九年》『媵淺事也』，至《閔公二年》末，包括『莊公下第三』与『閔公第四』之内容，共二百六十九行，經文單行大字，范甯《集解》雙行小字。行有界欄，行款疏朗，書法精美。尾題『春秋穀梁莊公第三　閔公苐四合爲一卷』，末有題記四行：『龍朔三年三月十九日書吏高義寫　用小紙卅三張　凡大小字一万二千一百四言　五千六百四言本，六千五百言解』。可知是唐高宗龍朔三年（六六三年）抄寫的長安宫廷寫本。此卷與北敦一五三四五、伯二四八六應爲同一書的不同部分，然非一人所抄。劉師培《敦煌新出唐寫本提要·穀梁傳范寧集解殘卷》曰：『云「春秋穀梁莊公第三閔公第四合爲一卷」，與《唐石經》莊公標卷三、僖公標卷四相合，此仍《漢志》十一卷之舊式也。』（《劉申叔遺書》下册二〇〇七頁，江蘇古籍出版社一九九七）案此卷與底卷所抄内容相同，其卷第亦相同，均爲《春秋穀梁傳集解》的第四卷。《唐石經》乃以莊公爲卷三，閔公爲卷四，而僖公則爲卷第五，劉説誤也。此本分卷與《釋文》所言或本同，蓋范氏《集解》傳本分卷有二，一以春秋十二公，每公各爲一卷，如《唐石經》是也；一以莊公十九年至三十二年與閔公合爲一卷，如底卷及甲卷是也。《伯目》定名爲『《春秋穀梁傳范甯集解》卷三卷四』，誤將十二公次第與《集解》卷次混淆。《索引》題作『春秋穀梁傳卷第四（范寧集解）』，是也。

甲卷凡『慶』字皆缺末筆，羅振玉云：『考唐代諸帝無名「慶」者，此或是嗣道王府吏爲嗣道王所書，故避道王元慶諱與？附記于此，以竢考。』（《鳴沙石室古籍叢殘》，收入黄永武主編《敦煌叢刊初集》第八册，四二一頁，臺北・新文豐出版公司一九八五）

劉師培《敦煌新出唐寫本提要・穀梁傳范寧集解殘卷》（簡稱『劉師培』）、羅振玉《鳴沙石室古籍叢殘》（簡稱『羅振玉』）、饒宗頤《春秋穀梁傳集解》提要（《法藏敦煌書苑精華》第三册《經史（二）》，廣東人民出版社一九九三年。簡稱『饒宗頤』）都曾對寫卷作過校勘。

底卷據《寶藏》一三九册之《欣賞篇》録文，以甲卷及中華書局影印阮元刻《十三經注疏・春秋穀梁傳注疏》爲參校本（簡稱『刊本』），校録於後。

春秋穀梁傳莊公下弟〔一〕　　范甯集解

十有九年，春，王正月。

夏，四月。

秋，公子結媵陳人之婦于鄄，遂及齊侯、宋公盟〔二〕。媵，賤事〔三〕，不志。此其志，何〔四〕？辟要盟〔五〕。魯實使公子結要二國〔六〕盟，欲自託于〔七〕大國，未審得盟与〔八〕不，故以媵婦爲名，得盟則盟，否則〔九〕，此行有辞〔一〇〕。何以見其辟〔一一〕要盟也？媵，禮之輕者也；盟，國重〔一二〕也。以輕事遂于〔一三〕國重，無説。以輕遂重，無他異説，故知避要盟故〔一四〕。其曰陳人之婦，略之也。但爲遂事，假録媵〔一五〕事耳，故略言陳人之婦，不處其主名也〔一六〕。其不日，數渝，惡之也。

夫人姜氏如莒。婦人既嫁不踰境〔一七〕，踰境，非正〔一八〕。

冬，齊人、宋人、陳人伐我西鄙。其曰鄙，遠之也。其遠之，何〔一九〕？不以難尒〔二〇〕我國也。

廿〔二一〕年，春，王二月，夫人姜氏如莒。夫人比年如莒，過而不改，無礼〔二二〕尤甚，故謹而月之。婦人既嫁不踰境，踰境，非正也。

夏，齊大災〔二三〕。其志，以甚也。外災不志。甚，胃〔二四〕災及人也。外災也〔二五〕例時。

秋，七月。

冬，齊人伐我〔二六〕。

廿有一年，春，王正月。

夏，五月，辛酉，鄭伯突卒。

秋，七月，戊戌，夫人姜氏薨。婦人弗目也。鄭嗣曰：『弗目，胃不目言其地〔二七〕。婦人無外〔二八〕，居有常所，故薨不書地也〔二九〕。僖元年傳曰「夫人薨，不地」，此言弗目，蓋互辞耳〔三〇〕。定九年「得寶〔三一〕玉、大弓」，傳曰：「不〔三二〕目，羞也。」蓋此類也。』江熙〔三三〕曰：『文姜有煞〔三四〕公之逆，而弗目其罪也。』〔三五〕

冬，十有二月，塟〔三六〕鄭厲公。

廿有二年，春，王正月，肆大眚。肆，失也。眚，災也。《易》稱『赦〔三七〕過宥罪』，《書》稱『眚災肆赦』，經稱『肆大眚』，皆放赦罪人，蕩滌衆故〔三八〕，有時而用之，非經國之常制也〔三九〕。災紀〔四〇〕，失故也。災胃罪惡也〔四一〕。紀，治也〔四二〕，理也。有罪當治理〔四三〕，今失之者，以文姜之故也〔四四〕。爲嫌天子之葬〔四五〕。文姜罪應誅絶，[誅絶]〔四六〕之罪不葬。不〔四七〕赦除衆惡，而書塟者，嫌天子許之，明須赦而後得葬也〔四八〕。

癸丑，塟〔四九〕我小君文姜。小君，非君也。不治民也〔五〇〕。其曰君，何也？以其爲公配，可以言小君也。陳人煞其公子御〔五一〕寇。禦寇，宣公之子。言公子而不言大夫，公子未命爲大夫也。其曰公子，何也？公子之重視大夫，視，比也〔五二〕。命以執公子。大夫既命，得執公子之礼也〔五三〕。一本：大夫命以視公子〔五四〕。

夏，五月。以五月首時，甯所未聞〔五五〕。

秋，七月，丙〔五六〕申，及齊高傒盟于防。不言公，高傒伉也。書日，則公盟〔五七〕。高傒驕伉，与公敵礼〔五八〕，恥之，故不書公也〔五九〕。

冬，公如齊納弊〔六〇〕。納弊，大夫之事也。礼有納采，采擇女之德姓〔六一〕也。其礼用鴈爲贄者，取順〔陰〕陽〔六二〕往來。有問名，問女名〔六三〕而卜之，知吉凶〔六四〕。其礼如納采時也〔六五〕。有納徵，徵，成也。納弊以成昏〔六六〕。有告期，告迎期。四者備，而後娶，礼也。公之親納幣，非礼也，故譏之也〔六七〕。公母喪，未再期而圖婚〔六八〕，傳無譏文，但譏親納幣者。喪婚不待貶絶而罪惡見也〔六九〕。

廿有三年，春，公至自齊。祭叔來聘〔七〇〕。祭〔七一〕，天子寰内諸侯。叔，名也〔七二〕。其不言使，何也？天子之内臣也。不正其外交，故不与使也。何休曰：『南季、宰渠伯糾、家父、宰周公來聘，皆稱使，獨於〔七三〕此奪之，何也？』〔七四〕鄭君釋之曰：『諸稱使者，是奉王命，其人皆無自來之意〔七五〕。今祭叔不一心奉之〔七六〕於王，而欲外交，不得王命來，故去使以見之。』

夏，公如齊觀社。常事曰視也〔七七〕，視朔是也。非常曰觀。觀，無事之辞也，言無朝會之事。以是爲尸女〔七八〕。尸，主也。主爲女往〔七九〕，因以觀社爲辞〔八〇〕。無事不出境。

公至自齊。公如，陳公行例〔八一〕。往時，正〔八二〕。正胃無危懼〔八三〕。他皆放此也〔八四〕。致月，故也。如、往月、致月，有懼焉尒〔八五〕。

荆人來聘。善累而後進之。其曰人，何也？舉道不待再。明聘問之禮，朝宗之道，非夷狄之所能〔八六〕，故一舉而進之。

公及齊侯遇于穀。及者，内爲志焉尒。遇者，志相得也。

蕭叔朝公。微國之君，未爵者〔八七〕。其不言來，於外〔八八〕。言於穀朝公也。朝於廟〔八九〕，［正也］〔九〇〕；於外，非正也。

秋，丹桓宫楹。楹，柱〔九一〕。礼：天子、諸侯黝堊，黝堊，黑色〔九二〕。大夫倉，士黈，黈，黄色也〔九三〕。丹楹，非礼也。

冬，十有一月，曹伯亦姑〔九四〕卒。

十有二月，甲寅，公會齊侯，盟于扈。桓盟不日，此盟日者，前『公如齊觀社』，傳曰：『觀，無事之辞。以是爲尸女也。』公怠棄國政，比〔九五〕行犯礼，憂危甚矣。霸主降心，親与之盟，實有弘濟之功，而魯得免於罪，臣子所慶，莫重於此。時事所重，文亦宜詳，故特謹日以著之〔九六〕。

廿有四年，春，王三月，剋〔九七〕桓宫桷。礼：天子之桷，斲〔九八〕之礱之，加蜜〔九九〕石焉。以細石磨之。諸侯之桷，斲之礱之。大夫斲之。士斲本。刻桷，非正也。夫人，所以崇［宗］廟〔一〇〇〕也，取非礼與非正，而加之於宗廟，以餝〔一〇一〕夫人，非正也。非礼胃娶讎女，非正胃刻桷丹楹也。本非宗廟之宜，故曰加。言將親迎，欲爲夫人餝，又非正也。刻桓宫桷，丹桓宫楹，庠〔一〇二〕言桓宫，以惡莊〔一〇三〕。不言餝新宫而胃之桓宫，以桓見煞於齊。而餝其宗廟〔一〇四〕，以榮讎國之女，惡莊不子也〔一〇五〕。

丞曹莊公。

夏，公如齊逆女。親迎，恒事〔一〇六〕，不志。此其志，何也？不正其迎〔一〇七〕於齊也。

秋，公至自齊。迎者，行見諸，舍見諸。諸，之也。言瞻望夫人乘車〔一〇八〕。先至，非正也。

八月，丁丑，夫人姜氏入。哀姜也〔一〇九〕。入者，内弗受也。日入，惡入者也。何用弗受〔一一〇〕？以宗廟弗受也〔一一一〕。其以宗廟弗受，何也？取〔一一二〕仇人子弟，以廌〔一一三〕舍於前，其義不可受也〔一一四〕。廌，進〔一一五〕。舍，置〔一一六〕。戊寅，大夫宗婦覿，用幣。宗婦，同宗大夫之婦〔一一七〕。覿，見也。礼：大夫不見夫人，不言及，不正其行婦道，故列數之也。男子之贄，羔、鴈、雉、腒也〔一一八〕；贄，所以至者也。上大夫用羔也〔一一九〕，取其從群，帥而不黨〔一二〇〕。下大夫用鴈，取其知時，飛翔有列。士〔一二一〕冬用雉，夏用腒，取分〔一二二〕，交有時，別有倫也。腒，腊也。雉必用死，爲〔一二三〕其不可生服也。夏用腒，備腐臭〔一二四〕。婦人之贄，棗、栗、段〔一二五〕脩。棗，取其早自矜〔一二六〕莊。栗，取其敬栗也〔一二七〕。斷脩，取斷斷自脩勑〔一二八〕。用幣，非礼也。用者，不宜用也〔一二九〕。大夫，國體〔一三〇〕也，國體胃爲君股肱也〔一三一〕。而行婦道，惡之，故謹而日之也。

大水。

冬，戎侵曹。曹羈〔一三二〕出奔陳。

赤歸于曹。郭公。赤蓋郭公也，何爲名也？礼：諸侯無外歸之義，外歸，非正〔一三三〕。徐乾曰：『郭公，郭國之君也，名赤。蓋不能治其國，舍而歸於曹也〔一三四〕。爲社稷之主，承宗廟〔一三五〕之重，不能安之，而外歸他國，故但書名，以罪而徵之〔一三六〕。不直〔一三七〕言赤，復云郭公〔一三八〕，恐不知赤者是誰，將若魯之微者故也。若〔一三九〕以郭公著上者，則〔一四〇〕諸侯失國之例，是無以見微之之義〔一四一〕。』

廿有五年，春，陳侯使女叔來聘。女，氏。叔，字〔一四二〕。其不名，何也？据〔一四三〕成三年『晉侯使荀庚來聘』稱名也〔一四四〕。天子之命大夫〔一四五〕。

夏，五月，癸丑，衛侯朔卒。惠公也。犯逆失德，故不書葬〔一四六〕。

六月，辛未，朔，日有食之。言日〔一四七〕言朔，食正朔〔一四八〕。鼓〔一四九〕，用牲于社。鼓，禮也。用牲，非礼也。天子救日，置五麾，陳五兵、五鼓。麾，旌幡〔一五〇〕。五兵，矛、戟、鉞、楯、弓矢也〔一五一〕。諸侯置三麾，陳三鼓、三兵。大夫擊門。士擊柝〔一五二〕。言充其陽〔一五三〕。凡有聲皆陽事也〔一五四〕，以厭陰炁〔一五五〕。柝，兩木相擊也〔一五六〕。充，實〔一五七〕。

伯姬歸于杞。其不言逆，何也？逆之道微，無足道焉尒。

秋，大水。鼓，用牲于社于門。門，國門〔一五八〕。高下有水灾曰大水。既戒鼓而駭衆，用牲可以已矣。救日以鼓兵，救水以鼓衆。

冬，公子友如陳。

廿有六年，春，公伐戎。

夏，公至自伐戎。

曹煞其大夫。言大夫而不稱名姓，無命大夫也。無命大夫而曰大夫〔一五九〕，賢也。〔爲〕曹羈崇〔一六〇〕。徐邈曰：『于時微國衰陵〔一六一〕，不能及礼。其大夫降班失位，下同於士，故略稱人。而傳冐之「無命大夫」〔一六二〕。莒慶、莒挐、邾庶期〔一六三〕、邾快，皆特以事書，非實能貴，故略名而已。楚雖荆蠻，漸自通於〔一六四〕諸夏，故莊廿三年書「荆人來聘」，文九年又褒而名〔一六五〕，國轉強〔一六六〕大，書之益詳。然當僖公、文公之世，楚猶未能自同於〔一六七〕列國，故得臣及椒並略名也〔一六八〕。唯〔一六九〕屈完來會諸侯，以殊礼成之耳〔一七〇〕。楚王〔一七一〕之興，爲江漢盟主，與諸夏之君權衡伉礼〔一七二〕，其勢強於當年，事〔一七三〕交於内外，故《春秋》書之，遂使爲〔一七四〕中國之例。夫正〔一七五〕俗隆替，存于〔一七六〕其人。三后之姓，日失其序，而諸國乘間，与之代興，因詳略之文，則可以見時事之實矣。秦爵，伯也〔一七七〕。土〔一七八〕據西周，班列〔一七九〕中夏，故得稱師，有大夫。其大夫當名氏，而文十二年秦術略名者〔一八〇〕，蓋于時晉主魯盟，而秦方敵晉，則魯之於秦，情好疏〔一八一〕矣。則〔一八二〕礼以謗情，情疏則禮略，《春秋》所以略文乎？又吴札〔一八三〕不書氏，以成尊於〔一八四〕上也。宋之盟，叔孫豹〔一八五〕不書氏，以著其能恭，此皆因事而爲義。』〔一八六〕

秋，公會宋人、齊人伐徐。

冬，十有二月，癸亥〔一八七〕，朔，日有食之。

廿[有]〔一八八〕七年，春，公會杞伯姬于洮。伯姬，莊公女也〔一八九〕。洮，魯地也〔一九〇〕。

夏，六月，公會齊侯、宋公、陳侯、鄭伯，同盟于幽。同者，有同〔一九一〕，同尊周也。於是而後授之諸侯也。其授之諸侯，何也？齊侯得衆也。桓會不致，安之也。桓盟不日，信之〔一九二〕。信其信，仁其仁。衣裳之會十有一，未嘗有歃〔一九三〕血之盟也，信厚也。十三年會北杏，十四年會鄄，十五年又會鄄，十六年會幽，廿七年又會幽，僖元年會于檉〔一九四〕，二年會于〔一九五〕貫，三年會陽穀，五年會首戴，七年會甯〔一九六〕毋，九年會葵丘也〔一九七〕。兵車之會四，未嘗有大戰也，愛民也。僖八年會洮，十三年會鹹〔一九八〕，十五年會牡丘，十六年會淮，於末年乃言之。不道侵蔡伐楚者，方書其盛，不道兵革〔一九九〕也。此則以兵車會，而不用征伐〔二〇〇〕。

秋，公子友如陳，葬原仲。原仲，陳大夫〔二〇一〕。原，氏。仲，字〔二〇二〕。言葬不言卒，不葬也〔二〇三〕。外大夫例不書卒〔二〇四〕。不葬而曰葬，諱出奔也。言季友避〔二〇五〕内難而出，以葬原仲爲辞〔二〇六〕。

冬，杞伯姬來〔二〇七〕。歸寧也〔二〇八〕。

莒慶來逆叔姬。慶，名也，莒大夫也。叔姬，莊公女也〔二〇九〕。《礼·檀弓》〔二一〇〕記曰：『陳莊子死，赴〔二一一〕於魯。魯人欲勿哭〔二一二〕，穆〔二一三〕公召縣子而問焉。縣子曰：「古之大夫，束脩之問不出境，雖欲哭之，安得而哭之？今之大夫，交正〔二一四〕中國，雖欲勿哭，焉得〔二一五〕勿哭？」』則大夫越境逆女，非礼也。董仲舒曰：『大夫無束脩之餽，無諸侯之交，越彊〔二一六〕逆女，罪絶也〔二一七〕。』諸侯之嫁子於大夫，主大夫以与之。君不敵臣〔二一八〕。來者，接内〔二一九〕。不正其接内，故不与夫婦之稱〔二二〇〕。接内，胃与君爲礼也。夫婦之稱，當言逆女〔二二一〕。

杞伯來朝。杞稱伯，蓋時王所黜也〔二二二〕。

公會齊侯于城濮〔二二三〕。城濮，衛地〔二二四〕。

廿有八年，春，王三月，甲寅，齊人伐衛。衛人及齊人戰，衛人敗績。於伐與〔二二五〕戰，安戰〔二二六〕？問在何處戰也〔二二七〕。戰衛，戰則是師也。其曰人，何也？微之也。何爲微[之]〔二二八〕也？

今授之諸侯，而後有侵伐之事，故微之也。其人衛，何也？以其人齊，不可不人衛也。齊桓始受方伯之任，未能信著隣國，致有侵伐之事。貶師稱人，以微之也。［人］〔二二九〕不可以敵於師，師不可以〔二三〇〕与人戰，故亦以衛師爲人，衛非有罪〔二三一〕。衛小齊大，其以衛及之，何也？以其微之，可以言及也。其稱人以敗，何也？不以師敗於人也。人輕而師重〔二三二〕。

夏，四月，丁未，邾子瑣〔二三三〕卒。

秋，荊伐鄭。荊者，楚也。其曰荊，州舉之也。

公〔二三四〕會齊人、宋人救鄭。善救鄭也。

冬，築微。微，魯邑〔二三五〕。山林藪澤之利，所以〔二三六〕與民共也。虞之，非正〔二三七〕。虞，典禽［獸］之官也〔二三八〕，言規固而築之，又置官司以守之，是不与民共同〔二三九〕利也。築不志，凡志者〔二四〇〕皆譏也。築例時也〔二四一〕。

大無麥、禾。大者，有顧之辞也，於無禾及無麥也。一灾不書，於冬無禾，而後顧録無麥，故言大，明不甚大〔二四二〕。

臧〔二四三〕孫辰告糴于齊。臧孫辰〔二四四〕，魯大夫臧文仲〔二四五〕。國無三年之畜，曰國非其國也。一年不升，告糴諸侯。告，請也。糴，糴也。不正，故舉臧孫辰以爲私行也。爲内諱，故不稱使，使若私行也〔二四六〕。國無九年之畜曰不足，無六年之畜曰急，無三年之畜曰國非其國〔二四七〕。諸侯無粟〔二四八〕，諸侯相歸粟，正也。臧孫辰告糴于齊，告然後与之。言内之無外交也。古者税什一也〔二四九〕，宣十五年注詳〔二五〇〕。豐年補敗，敗胃凶年〔二五一〕。不外求而上下皆足也。雖累凶年，民不〔二五二〕病也。一年不艾而百姓飢〔二五三〕，君子非之。不言如，爲内諱也。

廿有〔二五四〕九年，春，新作〔二五五〕延廄。延廄者，法廄也。《周礼》『天子十二閑，馬［六種，邦國］六閑，馬四種』也〔二五六〕。每廄一閑。言法廄者，六閑之舊制〔二五七〕。其言新，有故也。言改故而新之〔二五八〕。有故則何爲書也？古之君民〔二五九〕者，必時視民之所勤〔二六〇〕。民勤於力，則功築罕〔二六一〕；罕，希也〔二六二〕。民勤於財，則貢賦少；民勤於食，則百事廢〔二六三〕矣。凶荒煞礼〔二六四〕。

冬築微，春新作〔二六五〕延廄，以其用民力爲已悉矣。悉，盡〔二六六〕。

夏，鄭人侵許。

秋，有蜚。《穀梁説》曰：『蜚者，南方臭惡之炁所生〔二六七〕，象君臣淫泆〔二六八〕，有臭惡之行也。』〔二六九〕一有一亡曰有。

冬，十有二月，紀叔姬卒。紀國雖滅，叔姬執節守義，故繫〔二七〇〕之紀，賢〔而〕録之也〔二七一〕。城諸及防。防、諸〔二七二〕，皆魯邑〔二七三〕。可城也，以大及小也。傳例曰：『凡城之志，皆譏。』〔二七四〕今云可〔二七五〕，冐冬〔二七六〕可用城，不防農役耳〔二七七〕，不冐作城無譏也〔二七八〕。

卅〔二七九〕年，春，王正月。

夏，師次于成。次，止也，有畏也。欲救鄣而不能也。不言公，恥不能救鄣也。畏齊〔二八〇〕。

秋，七月，齊人降鄣。降猶下也。鄣，紀之遺邑也。

八月，癸亥，葬紀叔姬。不日卒而日葬，閔紀之亡也。

九月，庚午，朔，日有食之。鼓，用牲于社。救日用牲，既失之矣。非正陽之月，乃有〔二八一〕伐鼓，亦非礼也〔二八二〕。

冬，公及齊侯遇于魯濟。魯濟〔二八三〕，水名。及者，内爲志焉尒。遇者，志相德〔二八四〕也。

齊人伐山戎。齊人者，齊侯也。其曰人，何也？愛齊侯乎山戎〔二八五〕。不以齊侯敵乎山戎，故稱人也〔二八六〕。其愛之何〔二八七〕？桓内無因國，外無從諸侯，而越千里之嶮〔二八八〕，北〔二八九〕伐山戎，危之〔二九〇〕。内無因緣山戎左右之國爲内閒者，外無諸侯者，不煩役遼國也〔二九一〕。則非之乎〔二九二〕？善之〔二九三〕。遠伐山戎雖危，勤王職貢則善〔二九四〕。何善于〔二九五〕尒？燕，周之介子〔二九六〕也，燕，周太〔二九七〕保召康公之後，成王所封也〔二九八〕。介子，謂周之别子孫〔二九九〕。貢職不至，山戎爲之伐矣。言由山戎爲害〔三〇〇〕，伐擊燕，使之隔絶於周室〔三〇一〕。

卅有一年，春，築臺于郎。

夏，四月，薛伯卒。

築臺于薛。薛，魯邑也〔三〇二〕。

六月，齊侯來獻戎捷。獻，下奉上之辞也。《春秋》尊魯，故曰獻〔三〇三〕。齊侯來獻捷者，内齊侯也〔三〇四〕。不言使，内与同，不言使也。泰曰：『齊桓内救中國，外攘夷狄，親倚之情，不以齊爲異國也〔三〇五〕，故不稱使，若同一國然〔三〇六〕也。』獻戎捷，軍得曰捷。戎菽〔三〇七〕。菽，豆〔三〇八〕。

秋，築臺于秦。秦，魯邑〔三〇九〕。不正罷民三時，虞山林藪澤之利。且財盡則怨，力盡則懟〔三一〇〕，懟，恚恨〔三一一〕。君子危之，故謹而志之〔三一二〕。或曰倚諸桓也。桓外無諸侯之變，内無國事，越千里之嶮〔三一三〕，北伐山戎，爲燕辟地。辟，開〔三一四〕。魯外無諸侯之變，内無國事，一年罷民三時，虞山林藪澤之利，惡内〔三一五〕。譏公〔三一六〕依倚齊桓，而与桓行異也〔三一七〕。

冬，不雨。

卅有二年，春，城少穀〔三一八〕。少穀，魯邑〔三一九〕。

夏，宋公、齊侯遇于梁丘。遇者，志相得也。梁丘在曹、邾之間，去齊八百里。非不能從諸侯而往也，辞所遇，遇所不遇，大齊桓〔三二〇〕。辞所遇，胃八百里閒，諸侯必有願從者而辞之〔三二一〕。遇所不遇，謂遠遇宋〔三二二〕。

秋，七月，癸巳，公子牙卒。牙，慶父同母弟也〔三二三〕。何休曰：『傳例：「大夫不日卒，惡也。」〔牙〕与慶父共同〔三二四〕淫哀姜，謀煞子般，而日卒，何〔三二五〕？』鄭君釋〔三二六〕之曰：『牙，莊公母弟，不言弟，其惡已見，不待去日矣。』甯案：傳例：『諸侯之尊，弟兄不得以屬通。』蓋以礼，諸侯絶朞〔三二七〕，而臣諸父昆弟，稱昆弟，則是申其私親也。宣十七年『公弟叔肸卒』，傳曰：『其曰公弟叔肸，賢也〔三二八〕。』然則不稱弟，自其常例耳。鄭君之説，甯所未詳〔三二九〕。

八月，癸亥，公薨於路寢〔三三〇〕。公薨皆書其所，謹凶變〔三三一〕。路寢，正寢也。寢疾居正寢，正也。男子不絶於〔三三二〕婦人之手，以齋終〔三三三〕。齋，潔〔三三四〕。

冬，十月，乙未，子般卒。在喪〔三三五〕，故稱子。般，名〔三三六〕。莊太子也〔三三七〕，不書煞，諱〔三三八〕。子卒日，正也。襄卅一年『秋，九月，癸巳，子野卒』是〔三三九〕。不日，故也。文十八年『冬，十月，子赤卒』是［也］〔三四〇〕。有所見則日。閔公不書即位，是見繼煞者〔三四一〕。故慶父煞子般，［子般］〔三四二〕可以日卒，不待不日而顯之〔三四三〕。

公子慶父如齊。此奔也，其曰如〔三四四〕，何也？據閔二年慶父奔莒，不言如也〔三四五〕。諱莫如深，［深］〔三四六〕則隱。深胃君煞賊奔。隱，痛之至〔三四七〕。故子般日卒，慶父如齊〔三四八〕。苟有所見，莫如深〔三四九〕。閔公不書即位，見子般之煞，慶父出奔也〔三五〇〕。

狄伐邢。

春秋穀梁傳閔公第四

閔公名開〔三五一〕，莊公之子，子般庶弟〔三五二〕。惠王十六年即位〔三五三〕。范甯集解

元年，春，王正月。繼煞君，不言即位，正〔三五四〕也。親之非父也，兄也。尊之非君也，未踰年也。繼之如君父也者，受國焉尒。

齊人救邢。善救邢也。善齊桓得霸者之道〔三五五〕。

夏，六月，辛酉，葬我君莊公。［莊］〔三五六〕公葬而後舉謚。謚，所以成德也，於卒事于〔三五七〕加之矣。

秋，八月，公及齊侯盟于路姑〔三五八〕。路姑，齊地〔三五九〕。盟納季子〔三六〇〕。季子來歸。其曰季子，貴

之也。大夫稱名氏，今曰季子〔三六一〕，是貴〔之〕〔三六二〕也。子，男〔子〕之美稱也〔三六三〕。其曰來歸，喜之〔三六四〕。大夫出使歸不書，執然後致，不言歸。國内之人不曰來，今言來者，明本欲遂去，同他國之人也。言歸者，明實魯人也。『喜之』者，季子賢大夫，以亂故出奔，國人思之，懼其遂去不返〔三六五〕，今得其還，故皆喜曰：『季子來歸。』〔三六六〕

冬，齊仲孫來。其曰齊仲孫，外之也。魯絶之，故繫之於齊〔三六七〕。其不目而曰仲孫，疏之〔三六八〕。不目胃不言公子慶父〔三六九〕。其言齊，以累桓〔三七〇〕。繫〔三七一〕仲孫於齊，言桓公容〔三七二〕，赦有罪〔三七三〕。

二年，春，王正月，齊人遷陽。

夏，五月，乙酉，吉禘于莊公。三年喪畢，致新死者之主於廟〔三七四〕，廟之遠主，當遷入太〔三七五〕祖之廟，因是大〔三七六〕祭，以審昭穆，胃之禘。莊公喪制未闋，時別〔三七七〕立廟，廟成而吉祭，又不於太〔三七八〕廟，故詳書以示譏也〔三七九〕。吉禘者，不吉者〔也〕〔三八〇〕。喪事未畢而舉吉祭，故非之〔三八一〕。莊公薨，至此方廿二月，喪未畢〔三八二〕。

秋，八月，辛丑，公薨。不地，故也。其不書葬，不以討母葬〔子也〕〔三八三〕。凡君煞，賊討則書葬，哀姜實被討而不書葬者，不以討母葬子也〔三八四〕。

九月，夫人姜氏遜〔三八五〕于邾。哀姜与煞閔公，故出奔也〔三八六〕。遜之爲言猶遜也，諱奔也。

公子慶父出奔莒。其曰出，絶之也。慶父不復見矣。慶父煞子般，閔公不書煞〔三八七〕，諱也〔三八八〕。

冬，齊高子來盟。其曰來，喜之也。其曰高子，貴之也。盟立僖公也。不言使，〔何也〕〔三八九〕？据桓十四年『鄭伯使其弟御來盟』稱使之〔三九〇〕。不以齊侯使高子也。齊侯不討慶父，使魯重羅〔三九一〕其禍。今若高子自來，非齊侯所得使也，猶屈桓不稱使〔三九二〕。江熙曰：『魯頻煞君，僖公非正〔三九三〕。桓公遣高子立僖公〔三九四〕以存魯，魯人得〔三九五〕之，不名其使以貴之。貴其使，則其主重也〔三九六〕。』

十有二月，狄入衛。僖二年〔三九七〕，城楚丘以封衛，〔則衛〕〔三九八〕爲狄所滅明矣。不言滅而言入者，《春秋》爲賢者諱，齊桓〔三九九〕不能攘夷狄，救中國，故爲之諱〔四〇〇〕。鄭棄其師。惡其長也。兼不反〔四〇一〕其衆，則是棄師〔四〇二〕。長胄高剋〔四〇三〕也。高剋〔四〇四〕好利，不顧其君。文公惡而遠之不能，使高剋將兵御狄于境〔四〇五〕，陳其師旅，翺翔于〔四〇六〕河上。久而不召，衆將離散。高剋進之〔四〇七〕不以礼，文公退之不以道，危國亡師之本〔四〇八〕。

春秋穀梁傳卷苐〔四〇九〕

【校記】

〔一〕苐，『弟』之俗字，俗書竹頭多寫作草頭，俚俗據『苐』楷正，則成『第』字。下凡此不復出校。『苐』下未抄者當是『三』，説見《題解》。

〔二〕盟，刊本作『盟』。『盟』、『盟』異體。下凡『盟』字同此。

〔三〕媵賤事，甲卷、刊本『賤』作『淺』，『事』下有『也』字。案《成公八年》：『衛人來媵。媵，淺事也，不志，此其志何也？』《成公九年》：『晉人來媵。媵，淺事也，不志，此其志何也？』作『賤』者蓋形誤。甲卷始於『媵』。

〔四〕『何』下甲卷、刊本有『也』字。

〔五〕避要盟，甲卷『避』下殘損三字的位置，刊本『避』作『辟』，末有『也』字。案『辟』『避』古今字。

〔六〕二國，甲卷同，刊本下有『之』字。

〔七〕于，甲卷、刊本作『於』。二字古多通用。

〔八〕与，甲卷、刊本作『與』。案二字古混用無別，敦煌寫本大多用『与』字，後世刊本則多改作『與』。下凡此均不復出。

〔九〕否則，甲卷同，刊本作『不則止』。羅振玉認爲甲卷是而今本誤。案：羅説是。《春秋·莊公十九年》杜預注云：『幽之盟魯使微者會，鄄之盟又使媵臣行。』魯國得罪了齊、宋。因而魯君欲求盟於齊、宋。衛國嫁女於陳，魯、衛爲同姓之國，故衛求媵於魯，魯遣公子結送媵於衛。名義上是送媵，實際此行的真正目的是欲與齊、宋結盟。如果結盟不成功，可以送滕作爲借口來掩飾，以保全面子。此范甯『得盟則盟，否則，此行有辭』之意也。《説文・口部》：『否，不也。』黄侃《説文段注小箋》：『「否」與「不」同字。』『否則』意即盟不成，無需再加『止』字。

〔一〇〕此行有辭，甲卷作『此行也有辭』，刊本作『此行有辭也』。《干禄字書・平聲》：『辝、辤、辭，上、中並辝讓；下辭説，今作辞，俗。』是在唐時，『辞』已成爲『辭』之俗字。此作『辝』，又爲『辞』的訛變俗字（説見《敦煌俗字研究》下編六〇三頁）。下凡『辝』字同此，不復出校。

〔一一〕避，甲卷同，刊本作『辟』。『辟』『避』古今字。注中『避』字同。

〔一二〕國重，甲卷同，刊本作『國之重』。

〔一三〕于，甲卷、刊本作『乎』。二字古通用。

〔一四〕要盟故，甲卷下有『耳』，刊本『故』作『耳』。

〔一五〕滕，底卷原作『膝』，形誤字，兹據甲卷、刊本改正。

〔一六〕也，甲卷同，刊本無。

〔一七〕境，甲卷同，刊本作『竟』。『竟』『境』古今字。下凡『境』字同此，不復出校。

〔一八〕『非正』下甲卷、刊本有『也』字。

〔一九〕『何』下甲卷、刊本有『也』字。

〔二〇〕尒，甲卷作『介』，刊本作『邇』。饒宗頤云：『此本「介」作「尒」，今本作「邇」。案「尒」即「迩（邇）」之省借。此句上文云：「其曰鄙，遠之也，其遠之，何也？」故下接言：「不以難邇我國也。」「邇」正與「遠」對文，當以作「尒（邇）」爲是。《經典釋文》「本又作介」，與高義本同，「介」乃「尒」字形近之訛。』

〔二一〕廿，甲卷同，刊本作『二十』。『廿』爲『二十』之合文。下凡『廿』字同此，不復出校。

〔二二〕礼，甲卷、刊本作『禮』。案『礼』爲古文『禮』字，敦煌寫本多用此字，後世刊本則多用『禮』字。下凡

『礼』、『禮』之别者均不復出。

〔二三〕災，甲卷同，刊本作『災』。『𢦏』之或體作『灾』，籀文作『災』，見《説文·火部》『𢦏』篆下説解。下凡『灾』字同此，不復出校。

〔二四〕胃，甲卷、刊本作『謂』。胃、謂古今字，馬王堆出土帛書《戰國策》及《老子》凡『謂』字均寫作『胃』。底卷之『胃』，甲卷、刊本皆作『謂』，下不復出校。

〔二五〕也，甲卷、刊本無。此蓋衍文。

〔二六〕我，刊本同，甲卷作『戎』。饒宗頤云：『高義本「我」作「戎」，恐非。』案：此説誤。《左傳》、《公羊傳》作『戎』。趙坦《春秋異文箋》曰：『戎、我字相類，《穀梁》作「伐我」，或因十九年「冬齊人宋人陳人伐我西鄙」而譌。』鍾文烝《春秋穀梁經傳補注》（下簡稱『補注』）曰：『「我」當作「戎」。《穀梁》與《左氏》、《公羊》本同字，蓋轉寫誤也。哀以前皆書四鄙，不應此獨直文。』甲卷作『戎』，可爲趙、鍾佐證。

〔二七〕『地』下甲卷、刊本有『也』字。

〔二八〕『外』下甲卷、刊本有『事』字。

〔二九〕也，甲卷同，刊本無。

〔三〇〕耳，甲卷同，刊本作『爾』。『耳』、『爾』皆『尒』之借字。

〔三一〕賔，底卷原誤作『實』，兹據甲卷、刊本改正。

〔三二〕不，甲卷、刊本作『弗』。二字義同。

〔三三〕熙，底卷原誤作『㔻』，兹據甲卷、刊本改正。

〔三四〕煞，甲卷、刊本作『弑』。『煞』爲『殺』之俗字，『殺』『弑』古今字。下凡『煞』字同此，不復出校。

〔三五〕也，甲卷同，刊本無。

〔三六〕塟，刊本作『葬』。『塟』爲『葬』之别體，後皆同，不復出校。

〔三七〕赦，甲卷同，刊本作『赦』。『赦』爲『赦』之或體，説見《説文》『赦』篆下説解。下凡『赦』字同此，不復出校。

〔三八〕蕩滌衆故，底卷原作『蕩滌衆惡也故』，則『故』當屬下讀，其句爲『蕩滌衆惡也，故有時而用之』。然甲卷、刊本並無『惡也』二字。杜預《左傳注》云：『《易》稱「赦過宥罪」，《書》稱「眚災肆赦」，傳稱「肆眚圍鄭」，皆放赦罪人，蕩滌衆故，以新其心。有時而用之，非制所常，故書。』《補注》認爲范甯之注本於杜預，是也。『故』通『辜』，罪也。『衆故』指諸般罪行。『惡也』二字當是手民不解『故』之義而添，茲據甲卷、刊本删之。

〔三九〕也，甲卷同，刊本無。

〔四〇〕『災紀』下甲卷、刊本有『也』字。

〔四一〕也，甲卷同，刊本無。

〔四二〕治也，甲卷『治』字缺末筆，避唐高宗李治之諱。甲卷凡『治』皆缺筆，下不復出。刊本無『也』字。

〔四三〕治理，甲卷同，刊本下有『之』字。

〔四四〕也，甲卷同，刊本無。

〔四五〕『葬』下甲卷、刊本有『也』字。

〔四六〕誅絶，底卷原無，依例當有，否則句不通，茲據甲卷、刊本補。

〔四七〕『不』前甲卷、刊本有『若』字。

〔四八〕明須赦而後得葬也，『明』，甲卷同，刊本作『明』。『明』、『明』異體。下凡『明』字同此，不復出校。『赦』，刊本同，甲卷作『赦』。刊本無『也』字。

〔四九〕塟，甲卷作『莖』，刊本作『葬』。『塟』應是『葬』之俗字『𦵏』的省文，『莖』則爲『𦵏』之訛變。下凡『塟』同此。

〔五〇〕不治民也，甲卷『治民』二字缺末筆，避諱缺筆字。甲卷凡『民』均缺末筆，下不復出校。刊本作『不治其民』。

〔五一〕御，甲卷、刊本作『禦』。陸德明《經典釋文·春秋穀梁音義》（以下簡稱『《釋文》』）：『禦，魚吕反，又作御。』《左傳》作『御』。『御』『禦』古今字。

〔五二〕比也，甲卷同，刊本『比』作『此』，無『也』字。羅振玉云：『今本「比」誤作「此」。』

〔五三〕也，甲卷同，刊本無。

〔五四〕一本大夫命以視公子，底卷原作『一命大夫命以視公子所爲也』，語不通。范甯作《集解》，多有録異本者，如《文公五年》『其不言來，不周事之用也』集解：『用，或作辭。』《成公五年》『伯尊其無績乎』集解：『績，或作續。』《昭公八年》『以葛覆質以爲槷』集解：『葛，或爲褐。』此蓋底卷誤『一本』爲『一命』，遂於後添『所爲也』三字，兹據甲卷、刊本改正。

〔五五〕聞，甲卷、刊本作『詳』，甲卷『詳』下有『也』字。

〔五六〕丙，甲卷缺末筆，避諱缺筆字。

〔五七〕『盟』下甲卷、刊本有『也』字。

〔五八〕礼，甲卷同，刊本作『體』。羅振玉云：『今本「礼」譌「體」。』

〔五九〕也，甲卷同，刊本無。

〔六〇〕弊，甲卷、刊本作『幣』。『弊』爲『幣』之借字。下句『弊』字同此。

〔六一〕姓，甲卷同，刊本作『性』。劉師培云：『「姓」當作「性」。』案：劉説是也。《儀禮·士昬禮》記載有納采之程序：『昬辭曰：「吾子有惠，貺室某也。某有先人之禮，使某也請納采。」對曰：「某之子惷愚，又弗能教。吾子命之，某不敢辭。」致命，曰：「敢納采。」』是納采並無問姓之事，且古人同姓不婚，既行納采之禮，自無問姓之必要。『姓』當爲『性』之音誤字。

〔六二〕慎陰陽，甲卷、刊本「慎」作「順」，「慎」爲「順」之借字。底卷原無「陰」字，《儀禮・士昏禮》「下達，納采用鴈，必先使媒氏下通其言」鄭注：「女氏許之，乃後使人納其采擇之禮。用鴈爲摯者，取其順陰陽往來。」《集解》即采自鄭注，兹據甲卷、刊本補「陰」字。

〔六三〕名，刊本同，甲卷無。劉師培認爲甲卷脱字。

〔六四〕「吉凶」下甲卷、刊本有「也」字。

〔六五〕納采時也，甲卷無「時」字，刊本無「時也」二字。案「其礼如納采」其義已足，無須再加「時」字。

〔六六〕納弊以成昏，甲卷、刊本「弊」作「幣」，「昏」作「婚」。「弊」爲「幣」之借字；「婚」爲「昏」之後起字，「婚」、「婚」異體。

〔六七〕也，甲卷、刊本無。

〔六八〕未再期而啚婚，甲卷、刊本「期」作「朞」。案《説文・禾部》：「稘，復其時也。」段玉裁以「期」爲「稘」之借字，雷浚《説文外編》云：「《説文》無「朞」字，朞即期之異體。……其正字當作稘。」「啚」字甲卷同，刊本作「圖」。《干禄字書・平聲》：「啚、圖，上俗下正。」「婚」，刊本同，甲卷作「婚」，婚、婚異體。下句「婚」字同。

〔六九〕也，甲卷同，刊本無。

〔七〇〕娉，甲卷同，刊本作「聘」。「娉」爲「聘」之俗字。下凡「娉」皆同。

〔七一〕祭，甲卷同，刊本「祭」後有「叔」字。羅振玉以爲有「叔」者誤。

〔七二〕也，甲卷同，刊本無。

〔七三〕於，甲卷同，刊本作「于」。二字古通用。

〔七四〕也，刊本同，甲卷作「耶」。

〔七五〕皆無自來之意，甲卷無「皆」、「之」二字，刊本無「皆」字。

〔七六〕奉之，甲卷、刊本無。

〔七七〕也，甲卷、刊本無。此字疑衍。

〔七八〕尸女，甲卷、刊本下有『也』字。案後『公會齊侯盟于扈』《集解》引傳文有『也』字。

〔七九〕往，底卷原作『住』，形誤字，兹據刊本改正。甲卷亦誤作『住』，劉師培云：『「住」當作「往」。』

〔八〇〕因以觀社爲辭，『因』，甲卷作『耳』；刊本作『爾』，則爲句末助詞，當屬上讀。甲卷末有『也』字。

〔八一〕行例，刊本同，甲卷下有『也』字。

〔八二〕『正』下甲卷、刊本有『也』字。

〔八三〕『危懼』下甲卷、刊本有『也』字。

〔八四〕他皆放此也，甲卷無『也』字，刊本無『他』、『也』二字。羅振玉云：『今本奪「他」字。』

〔八五〕尒，甲卷同，刊本作『爾』。《敦煌俗字研究》：『「爾」「尒」古本非一字，後世則合二而一，字多寫作「爾」。』（下編第七頁）下『尒』字同，不復出校。

〔八六〕之所能，底卷『所』字原重，兹據刊本删之。甲卷誤作『不待再』。

〔八七〕未爵者，甲卷下有『也』字，刊本『爵』後有『命』字。

〔八八〕『於外』下甲卷、刊本有『也』字。

〔八九〕庿，底卷原作『厝』，乃是『庿』之誤字，兹據甲卷改正。刊本作『廟』，『庿』古『廟』字。

〔九〇〕正也，底卷原無此二字，甲卷亦無。劉師培云：『此挩文也。』兹據刊本補。

〔九一〕柱，刊本同，甲卷下有『也』字。

〔九二〕黑色，刊本同，甲卷下有『也』字。陸德明《經典釋文·春秋穀梁音義》（以下簡稱『《釋文》』）云：『堊，烏路反，又烏各反。范云：黝堊，黑色。』是其所據本亦無『也』字。

〔九三〕也，甲卷同，刊本無。

〔九四〕亦姑，甲卷同，刊本作『射姑』。《釋文》：『射，音亦，本或作亦。』

〔九五〕比，刊本作『此』。阮元《春秋穀梁傳校勘記》（以下簡稱『阮校』）云：『閩、監、毛本同。何校本「此」作「比」。』北京大學出版社標點本《春秋穀梁傳注疏》據以改作『比』，是也。

〔九六〕著之，刊本同，甲卷下有『也』。

〔九七〕剋，甲卷、刊本作『刻』。『剋』爲『刻』之同音借字，下傳文及范注『刻桷』仍作『刻』，是也。

〔九八〕斵，甲卷同，刊本作『斲』。『斵』爲『斲』之俗字，説見《敦煌俗字研究》下編三三二頁。下『斵』字同此，不復出校。

〔九九〕蜜，甲卷、刊本作『密』。『蜜』爲『密』之同音借字。

〔一〇〇〕宗廟，底卷原無『宗』字，『廟』寫作『庿』。案『宗』字誤脱，茲據甲卷、刊本補。『庿』爲『廟』之誤文，茲據甲卷改正。刊本作『廟』，廟、廟古今字。下句及注中『廟』字同此。

〔一〇一〕餝，甲卷同，刊本作『飾』。《玉篇·食部》『飾』條下云：『餝，同上，俗。』下凡『餝』字同。

〔一〇二〕庈，甲卷作『厈』，刊本作『斥』。『庈』、厈均『㡿』之隸變，『斥』又爲『厈』之變體。

〔一〇三〕『惡莊』下甲卷、刊本有『也』字。

〔一〇四〕廟，底卷原誤作『庴』，茲據甲卷改正。刊本作『廟』，『廟』『廟』古今字。

〔一〇五〕也，甲卷同，刊本無。

〔一〇六〕『恒事』下甲卷、刊本有『也』字。

〔一〇七〕『迎』前甲卷同，刊本有『親』字。

〔一〇八〕言瞻望夫人乘車，刊本同，甲卷『望』作『見』，末有『也』字。

〔一〇九〕也，甲卷同，刊本無。

〔一一〇〕弗受，甲卷同，刊本『弗』作『不』。案此處前後皆作『弗受』，刊本亦惟此作『不受』，當以作『弗受』爲是。

〔一一〕甲卷、刊本『受』下有『也』字。
〔一二〕宗廟弗受也，刊本同，甲卷『廟』作『庿』，無『也』字。案『庿』『廟』古今字。下句『廟』字同此。
〔一三〕取，甲卷、刊本作『娶』。『取』『娶』古今字。
〔一四〕薦，甲卷同，刊本作『薦』。稱薦之薦，『荐』之借字也。『薦』、『薦』通假，寫卷多有，《説文》『薦』從廌從艸會意，不從廌聲。則『薦』者，『薦』之省形借字也。注中『薦』字同。
〔一五〕也，刊本同，甲卷作『命』，蓋爲妄改。
〔一六〕進，刊本同，甲卷下有『也』字。
〔一七〕舍置，刊本同，甲卷作『受命可』，蓋妄改。
〔一八〕婦，刊本同，甲卷下有『也』字。
〔一九〕也，甲卷、刊本無。
〔二〇〕上大夫用羔也，底卷『大夫』原誤作『夫夫』，兹據甲卷、刊本改正。甲卷、刊本無『也』字。
〔二一〕『黨』下甲卷、刊本有『也』字。
〔二二〕『用鴈取其知時飛翔有列士』十一字底卷原誤作大字正文，兹據甲卷、刊本改正。刊本『列』前有『行』字，甲卷、刊本『列』下有『也』字。
〔二三〕取分，甲卷同，刊本作『取其耿介』。劉師培認爲甲卷脱『其耿』二字。案劉説是也。《儀禮·士相見禮》『摯，冬用雉，夏用腒』鄭注：『士摯用雉者，取其耿介，交有時，别有倫也。』此注即取自鄭注，『介』誤作『分』，又脱『其耿』二字。
〔二三〕爲，甲卷同，刊本作『雉』。《儀禮·士相見禮》『摯，冬用雉，夏用腒』鄭注：『雉必用死者，爲其不可生服也。』刊本誤。
〔二四〕『腐臭』下甲卷、刊本有『也』字。案《儀禮·士相見禮》鄭注亦有『也』字。

〔一二五〕段，甲卷作『睱』，刊本作『鍛』。劉師培云：『通用之字也。』案《公羊傳・莊公二十四年》云：『棗栗云乎？腶脩云乎？』是其本作『腶』也。《釋文》出『斷脩』，云：『本又作腶，音同。鍛脯加薑桂曰脩。』《禮記・昏義》：『婦執笲，棗、栗、段脩以見。』《釋文》：『段脩，丁亂反。本又作腶，或作鍛，同，脩脯也。加薑桂曰腶脩。何休云：「婦執腶脩者，取其斷斷自脩飾也。」』《儀禮・有司》『取糗與腶脩』釋文：『腶，丁亂反，本又作段，音同。加薑桂以脯而鍛之曰腶脩。』《説文・殳部》：『段，椎物也。』黄侃《字通》云：『後出作腶。』是也。《説文・金部》：『鍛，小冶也。』是『鍛』爲『腶』之同音借字。甲卷作『睱』，『腶』之形誤字。寫本作『段』，存其朔也。

〔一二六〕矝，甲卷同，刊本作『矜』。凡經典『矜』字皆『矝』之譌，説詳《説文・矛部》『矝』篆下段注、臧庸《拜經日記》卷五『矝』字條。

〔一二七〕也，甲卷同，刊本無。

〔一二八〕斷脩取斷斷自脩勑，甲卷同，刊本作『鍛脩取斷斷自脩整』。案：此本何休《公羊傳注》也。今本《公羊傳・莊公二十四年》何注云：『棗栗取其早自謹敬，腶脩取其斷斷自脩正。』則作『腶』字。《禮記・昏義》『婦執笲，棗、栗、段脩以見』《釋文》引何休云：『婦執腶脩者，取其斷斷自脩飾也。』與今本何注同。然《公羊傳・莊公二十四年》『腶脩云乎』《釋文》云：『斷脩，注同，本又作腶。』則陸氏所據之底本作『斷』，與此寫卷注所引同。蓋范甯《集解》所據之《公羊》何注作『斷』也。《穀梁》釋文云：『自脩飭，本或作勑，同，恥力反。一本作飾，申職反。或作整，音征領反。』《公羊》何注作『正』，《昏義》釋文引何注作『飾』，是此有作飾、飭、勑、整、正五種異文，諸字之義則一也。甲卷末有『也』字。

〔一二九〕也，甲卷、刊本作『者也』。

〔一三〇〕體，刊本同，甲卷作『軆』。《玉篇・身部》：『躰、軆，並俗「體」字。』

〔一三一〕國軆胃爲君股肱也，『軆』，甲卷同，刊本作『體』。説見上條。下凡『軆』皆同。刊本無『也』字。

〔一三二〕羇，甲卷、刊本作『羈』。『羇』爲『羈』之俗字，説見《敦煌俗字研究》下編四六九頁。下『羇』字同。

〔一三三〕『非正』下甲卷、刊本有『也』字。

〔一三四〕也，甲卷同。案刊本『也』作『君』，屬下讀。

〔一三五〕庿，底卷原誤作『厝』，兹據甲本改正。刊本作『廟』，『庿』『廟』古今字。

〔一三六〕徵之，『徵』，甲卷作『微』，刊本作『懲』。案《莊公十年》集解：『桓十一年「鄭忽出奔衛」，傳曰：「其名，失國也。」十六年「衛侯朔出奔齊」，傳曰：「朔之名，惡也。」然則出奔書名有二義。』是失國及爲惡而出奔者均書名以貶之。郭公出奔，亦書名以貶之，然其非失國及爲惡而出奔，故《公羊傳・莊公二十四年》何注云：『而赤微者，自歸曹也。不言赤奔者，從微者例，不得録出奔。』范注下又云：『是無以見微之之義。』是此當從甲卷作『微』，作『徵』者，『微』之形誤也。《釋文》出『懲』，則又因『徵』而誤也。刊本作『懲』者，蓋據《釋文》改也。甲卷『之』下有『也』字。

〔一三七〕直，底卷原作『宜』，饒宗頤認爲寫本誤失，兹據甲卷、刊本改正。

〔一三八〕『郭公』下甲卷、刊本有『者』字。

〔一三九〕若，刊本同，甲卷無。

〔一四〇〕『則』下甲卷、刊本有『是』字。

〔一四一〕見微之之義，刊本少一『之』字，甲卷末有『也』字。

〔一四二〕女氏叔字，刊本同，甲卷『女』、『叔』下均有『也』字。

〔一四三〕据，甲卷同，刊本作『據』。《説文・手部》『据』篆下段注云：『《公羊注》叚据爲據。』

〔一四四〕也，甲卷同，刊本無。

〔一四五〕『大夫』下甲卷、刊本有『也』字。

〔一四六〕葬，刊本同，甲卷下有『也』字。

〔一四七〕言曰，刊本同，甲卷無。劉師培認爲無者脱文。

〔一四八〕『正朔』下甲卷、刊本有『也』字。

〔一四九〕皷，甲卷作『鼓』，刊本作『鼓』。《正字通・皮部》：『皷，俗鼓字。』『鼓』則『鼓』之訛也。下『皷』字同。

〔一五〇〕旌幡，底卷『旌』字原誤作『社』，兹據甲卷、刊本改正。甲卷、刊本末有『也』字。

〔一五一〕楯弓矢也，底卷『楯』原誤作『循』，兹據甲卷、刊本改正。刊本無『也』字。

〔一五二〕析，甲卷同，刊本作『柝』。『柝』爲『析』之俗變，説參校記〔一〇三〕。注中『析』字同。

〔一五三〕『陽』下甲卷、刊本有『也』字。

〔一五四〕也，甲卷同，刊本無。

〔一五五〕厭陰炁，底卷『陰』原作『陽』，誤，兹據甲卷、刊本改正。『厭』、『炁』，甲卷、刊本作『壓』、『氣』。『厭』『壓』古今字，《玉篇・火部》：『炁，古氣字。』胡吉宣《玉篇校釋》：『此爲道士趙利貞所增入者。《廣韻》：「氣，古文炁，出道書。」今《周禮注》雖亦有炁字，必爲後人認作真古文而妄改也。』（四〇八一頁，上海古籍出版社一九八九）

〔一五六〕也，甲卷同，刊本無。

〔一五七〕『實』下甲卷、刊本有『也』字。

〔一五八〕『國門』下甲卷、刊本有『也』字。

〔一五九〕而曰大夫，刊本同，甲卷無。劉師培認爲甲卷脱文。

〔一六〇〕爲曹羈崇，底卷原脱『爲』字，兹據甲卷、刊本補。甲卷、刊本末有『也』字。

〔一六一〕微國衰陵，底卷『微』原誤作『徵』，兹據甲卷、刊本改正。甲卷『陵』作『淩』。《説文・夊部》：『夌，越也。』段注：『凡夌越字當作此。今字或作淩，或作凌，而夌廢矣。……今字概作陵矣。』則『淩』、『陵』皆爲『夌』的後起用字。

〔一六二〕『大夫』下甲卷、刊本有『也』字。

〔一六三〕期，甲卷、刊本作『其』。案二字古通。《春秋·襄公二十一年》：『邾庶其以漆、閭丘來奔。』《漢書·地理志》師古注引孟康曰：『邾庶期以漆來奔。』

〔一六四〕於，甲卷同，刊本作『于』。二字古通用。

〔一六五〕而名，甲卷同，刊本作『而書名』。

〔一六六〕強，甲卷同，刊本作『彊』。『彊』正字，『強』借字。注中『強』字同此。

〔一六七〕於，甲卷同，刊本作『于』。二字古通用。

〔一六八〕也，甲卷、刊本無。

〔一六九〕唯，甲卷同，刊本作『惟』。二字古多通用。

〔一七〇〕耳，甲卷同，刊本無。

〔一七一〕楚王，甲卷、刊本作『楚莊王』。

〔一七二〕權衡伉礼，甲卷作『推衡杭禮』，刊本作『權行抗禮』。甲卷『推』爲『權』之形誤。『衡』從行聲，《廣韻》二字並户庚切，二字同音，例可通用。《史記·袁盎列傳》：『百金之子不騎衡。』裴駰《集解》引徐廣曰：『一作行。』《説文·人部》：『伉，人名。』手部：『抗，扞也。或從木。』則『抗』爲正字，『杭』爲别體，『伉』爲借字。

〔一七三〕『事』前甲卷、刊本有『而』字。

〔一七四〕使爲，甲卷、刊本『使』作『從』，無『爲』字。

〔一七五〕正，甲卷、刊本作『政』。『正』爲『政』之借字。

〔一七六〕于，甲卷、刊本作『乎』。二字古通用。

〔一七七〕也，刊本同，甲卷無。

〔一七八〕土，甲卷同，刊本作『上』。饒宗頤云：『「土」與「班」爲對文，今本「土」作「上」。』

〔一七九〕列，刊本同，甲卷誤作『例』。

〔一八〇〕者，甲卷、刊本無。

〔一八一〕疏，刊本同，甲卷作『踈』。『踈』爲『疏』之俗字。下句『疏』字同此。

〔一八二〕則，甲卷、刊本無。

〔一八三〕札，底卷原誤作『礼』，兹據甲卷、刊本改正。

〔一八四〕於，甲卷同，刊本作『于』。二字古通用。

〔一八五〕犳，甲卷、刊本作『豹』。案：《龍龕·犬部》收有『犳』字，以爲俗字，音愽教反；又可洪《新集藏經音義隨函録》第肆册《大般涅槃經》第五卷下出『虎犳』條，『犳』字『補皃反，虎屬』；據其音義，可知其爲『豹』之俗字。

〔一八六〕而爲義，刊本同，甲卷誤作『曹羈崇也』四字。

〔一八七〕癸亥，刊本同，甲卷誤作『癸未』。

〔一八八〕有，底卷原無，依例當有，兹據甲卷、刊本補。

〔一八九〕也，甲卷同，刊本無。

〔一九〇〕也，甲卷同，刊本無。

〔一九一〕有同，甲卷、刊本下有『也』字。

〔一九二〕信之，甲卷、刊本下有『也』字。

〔一九三〕⿰口血，甲卷、刊本作『歃』。案：此字不見於字書。《玉篇·口部》『呫』下云：『《穀梁傳》曰「未甞有呫血之盟」，呫，甞也。』《儀禮·士相見禮》鄭注『今云呫甞膳』釋文引《穀梁》云：『未嘗有呫血之盟。』臧琳《經義雜記》卷九『穀梁傳呫血』條云：『知古本《穀梁》作「呫血」矣。呫、歃聲相近。《穀梁傳》當本作餂，訓爲食，與嘗義合。』李富孫《春秋穀梁傳異文釋》云：『《説文》無此字，當爲「畝」之別體。』疑『咀』受下字類化所致。

〔一九四〕會于檉，刊本無『于』字，甲卷『檉』作『朾』。《釋文》：『于朾，他貞反，又勑丁反，本亦作檉。』

〔一九五〕于，甲卷、刊本無。

〔一九六〕甯，甲卷、刊本作『寧』。二字音義皆同，古多通用。

〔一九七〕也，甲卷同，刊本無。

〔一九八〕醎，甲卷、刊本作『鹹』。『醎』爲『鹹』之俗字，見《廣韻·咸韻》。

〔一九九〕兵革，甲卷同，刊本作『兵車』。案作『兵革』義長。兵革者，戰事也，指侵蔡伐楚之事。

〔二〇〇〕而不用征伐，刊本同，甲卷作『而愛民不征伐也』。

〔二〇一〕大夫，刊本同，甲卷下有『也』字。

〔二〇二〕字，刊本同，甲卷下有『也』字。

〔二〇三〕也，甲卷、刊本作『者也』。

〔二〇四〕卒，刊本同，甲卷下有『也』字。

〔二〇五〕避，甲卷同，刊本作『辟』。『辟』『避』古今字。

〔二〇六〕以坙原仲爲辞，甲卷無『以』字，末有『也』字。

〔二〇七〕來，底卷下原有『歸』字。《左傳·莊公二十七年》：『「冬，杞伯姬來」，歸寧也。凡諸侯之女，歸寧曰來，出曰來歸。』《公羊傳·莊公二十七年》：『「冬，杞伯姬來」。其言來何？直來曰來，大歸曰來歸。』何休注：『大歸者，廢棄來歸也。』杞伯姬非因被休而歸，乃省親之歸也，故不當曰『來歸』，底卷『歸』蓋涉注中『歸』字而衍，兹據甲卷、刊本删。

〔二〇八〕也，甲卷同，刊本無。

〔二〇九〕也，甲卷同，刊本無。

〔二一〇〕礼檀弓，「礼」，刊本作「禮」，甲卷無。

〔二一一〕赴，刊本同，甲卷脱。

〔二一二〕哭，刊本同，甲卷下有「也」字。案《禮記・檀弓上》無「也」字。

〔二一三〕穆，甲卷、刊本作「繆」。案《禮記・檀弓上》亦作「繆」。二字古多通用。

〔二一四〕正，甲卷、刊本作「政」，「正」爲「政」之音借字。刊本「政」下有「於」字。《禮記・檀弓上》有「於」字。

〔二一五〕焉得，甲卷同，刊本作「安得而」。案《禮記・檀弓上》作「焉得而」，底卷、甲卷脱「而」字。安、焉通用。

〔二一六〕彊，甲卷同，刊本作「竟」。《釋文》出「越彊」，云：「居良反，本或作竟。」「彊」爲「疆」之俗字，説詳《敦煌俗字研究》下編四一六頁。疆、竟義同。

〔二一七〕罪絶也，甲卷作「紀罪也」，刊本作「紀罪之」。

〔二一八〕臣，刊本同，甲卷下有「也」字。

〔二一九〕接内，甲卷同，刊本下有「也」字。

〔二二〇〕「稱」下甲卷、刊本有「也」字。

〔二二一〕逆女，刊本同，甲卷下有「也」字。

〔二二二〕黜也，甲卷同，刊本「黜」作「絀」，無「也」字。《釋文》出「絀」，云：「本又作黜，勑律反。」《説文・黑部》：「黜，貶下也。」糸部：「絀，絳也。」是「黜」爲正字，「絀」爲借字。

〔二二三〕僕，刊本作「濮」。「僕」爲「僕」之俗寫，敦煌寫卷彳、亻混用。「僕」爲「濮」之借字。下「僕」字同。

〔二二四〕衛地，刊本同，甲卷下有「也」字。

〔二二五〕與，刊本同，甲卷脱。

〔二二六〕安戰，甲卷同，刊本下有「也」字。

〔三二七〕何處戰也，底卷『何』原誤作『河』，兹據甲卷、刊本改正。刊本『戰』下無『也』字。

〔三二八〕『之』字底卷原脱，兹據甲卷、刊本補。

〔三二九〕『人』字底卷原脱，兹據刊本補。

〔三三〇〕自『著隣國』至『不可以』凡二十八字甲卷無，劉師培認爲甲卷脱。

〔三三一〕有罪，刊本同，甲卷下有『者也』二字，蓋爲雙行對齊而添。

〔三三二〕師重，刊本同，甲卷下有『也』字。

〔三三三〕璅，甲卷同，刊本作『瑣』。『璅』爲『瑣』之俗寫。

〔三三四〕公，刊本同，甲卷脱。

〔三三五〕魯邑，刊本同，甲卷下有『也』字。

〔三三六〕所以，刊本同，甲卷脱『以』字。

〔三三七〕非正，甲卷、刊本下有『也』字。

〔三三八〕典禽獸之官也，底卷原脱『獸』字，兹據甲卷、刊本補。刊本無『也』字。

〔三三九〕同，甲卷同，刊本作『何』。阮校：『監、毛本「何」作「同」，是。』

〔三四〇〕者，甲卷、刊本無。

〔三四一〕築例時也，刊本無『也』字，甲卷誤作『築非正』。

〔三四二〕明不甚大，甲卷作『明不收故也』，刊本作『明不收甚』。

〔三四三〕臧，底卷原誤作『藏』，兹據甲卷、刊本改正。藏、臧本通，然下均作『臧』，故知此作『藏』者誤也。

〔三四四〕辰，刊本同，甲卷作『臣』，音誤字。

〔三四五〕臧文仲，刊本同，甲卷下有『也』字。

〔三四六〕也，甲卷同，刊本無。

〔二四七〕國非其國，甲卷同，刊本下有『也』字。

〔二四八〕粟，甲卷、刊本作『粟』。《字彙補·禾部》：『粟，古文粟字。』下『粟』字同。

〔二四九〕也，甲卷、刊本無。

〔二五〇〕『詳』下甲卷、刊本有『矣』字。

〔二五一〕凶年，甲卷同，刊本下有『也』字。

〔二五二〕不，甲卷、刊本作『弗』。二字通用。

〔二五三〕飢，甲卷同，刊本作『饑』。《説文·食部》：『飢，餓也。』『饑，穀不孰爲饑。』《爾雅·釋天》：『穀不熟爲饑，蔬不熟爲饉。』則『飢』爲正字，『饑』爲借字。

〔二五四〕有，甲卷同，刊本無。阮校：『十行、閩、監、毛本並脱「有」字。《石經》有「有」字。』

〔二五五〕作，甲卷、刊本無。楊士勛《疏》云：『不言作者，僖二十年「新作南門」，傳曰：「作，爲也，有加其度也。」彼謂加其度，更增大之，故云作。此直改新，故不言作。』《公羊傳》云：『新延廄者何？脩舊也。』則此『作』爲手民臆加可知。

〔二五六〕馬六種邦國六閑馬四種也，『六種邦國』四字底卷原脱，兹據甲卷、刊本補。甲卷、刊本無『也』字。

〔二五七〕舊制，甲卷脱『制』字；甲卷、刊本末有『也』字。

〔二五八〕之，刊本同，甲卷誤作『也』。

〔二五九〕民，甲卷同，刊本作『人』。案作『人』者承襲諱改字也。

〔二六〇〕懃，甲卷、刊本作『勤』。『勤』本字，『懃』爲後起增旁字。下『懃』字皆同。

〔二六一〕罕，底卷本作『窂』（注文『罕』字原作重文符號），後者通常爲『牢』的俗字，此處則應爲『罕』的訛俗字，兹據甲卷、刊本録正。

〔二六二〕也，甲卷同，刊本無。

〔三六三〕癈，甲卷、刊本作『廢』。『癈』爲『廢』之俗字。

〔三六四〕礼，刊本作『禮』，甲卷下有『也』字。

〔三六五〕作，甲卷、刊本無。案『作』字衍，説見校記〔三五五〕。

〔三六六〕盡，刊本同，甲卷下有『也』字。

〔三六七〕炁所生，甲卷、刊本『炁』作『氣』，末有『也』字。案『氣』、『炁』之别説見校記〔一五五〕。

〔三六八〕泆，刊本同，甲卷作『佚』。《説文·人部》：『佚，佚民也。』水部：『泆，水所蕩泆也。』段注：『凡言淫泆者，皆謂之太過。其引申之義也。』是『泆』爲正字，『佚』爲借字。

〔三六九〕也，甲卷同，刊本無。

〔三七〇〕繫，底卷原誤作『擊』，兹據甲卷、刊本改正。

〔三七一〕賢而録之也，底卷原無『而』字，案此注全本杜預《春秋經傳集解》，杜注亦有『而』字。兹據甲卷、刊本補。刊本無『也』字。

〔三七二〕防諸，甲卷、刊本皆作『諸防』，杜預注亦作『諸防』。作『諸防』與經文所言之次序合。

〔三七三〕魯邑，刊本同，甲卷下有『也』字。

〔三七四〕皆譏，刊本同，甲卷下有『也』字。

〔三七五〕『可』下甲卷、刊本有『者』字。

〔三七六〕冬，刊本同，甲卷下有『大及』二字。

〔三七七〕不防農伇耳，甲卷、刊本『防』作『妨』，是也，『防』爲音訛字。『伇』，甲卷、刊本作『役』，《説文·殳部》：『古文役從人。』

〔三七八〕也，甲卷同，刊本無。

〔三七九〕卅，甲卷同，刊本作『三十』。『卅』爲『三十』之合文。下凡『卅』字同此，不復出校。

〔二八〇〕畏齊，刊本同，甲卷下有「也」字。
〔二八一〕乃有，甲卷、刊本作「而又」。
〔二八二〕也，甲卷同，刊本無。
〔二八三〕魯濟，甲卷、刊本無「魯」字。杜預注《左傳》云：「濟水歷齊魯界，在齊界爲齊濟，在魯界爲魯濟。」魯濟非水名，「魯」蓋手民所添。
〔二八四〕德，甲卷、刊本作「得」。「德」爲「得」之借字。
〔二八五〕「山戎」下甲卷、刊本有「也」字。
〔二八六〕也，甲卷同，刊本無。
〔二八七〕「何」下甲卷、刊本有「也」字。
〔二八八〕嶮，甲卷同，刊本作「險」。《説文·𨸏部》：「險，阻難也。」朱珔《説文假借義證》：「《廣韻》、《集韻》俱作「嶮」，此山部所無。《列子·楊朱篇》「雖山川阻嶮」《釋文》：「嶮與險同。」是一字也。」
〔二八九〕北，刊本同，甲卷脱。
〔二九〇〕「危之」下甲卷、刊本有「也」字。
〔二九一〕役遼國也，甲卷作「役寮國也」，刊本作「役寮國」。《説文·殳部》：「古文役從人。」《説文·辵部》：「遼，遠也。」宀部：「寮，穿也。」是作「遼」者正字。
〔二九二〕乎，刊本同，甲卷作「子」，劉師培云：「「子」當作「乎」。」
〔二九三〕「善之」下甲卷、刊本有「也」字。
〔二九四〕軄貢則善，刊本「軄」作「職」，《玉篇·身部》云：「軄，俗職字。」下凡「軄」字同此。甲卷末有「也」字。
〔二九五〕于，甲卷、刊本作「乎」。二字古通用。
〔二九六〕介子，甲卷、刊本作「分子」。阮校：「閩、監、毛本同。《釋文》：「分，本或作介，注同。」案姚鼐云：「其文蓋本爲周之别子，古别字作兆。故傳本或作分，或作介，皆以古字形近而誤。范甯時傳本未誤，故注云：謂周别子孫也。唐以後，其文舛失，故疏解失之。」』田宗堯《春秋穀梁傳阮氏校勘記補正》云：『别字古作仌，非作兆；段玉裁亦以爲古别字作兆，與姚説誤同。《説文》：「仌，分也，從重八。《孝經説》曰：故上下有别。」《玉篇》：「仌，古文别。」依《説文》及《玉篇》，本文作「分子」亦通。《釋文》云：「或作介。」介字蓋仌字形近之誤。』（《孔孟學報》第八期）注中『介子』同。

〔二九七〕太，甲卷、刊本作『大』。『大』『太』古今字。

〔二九八〕也，甲卷同，刊本無。

〔二九九〕『子孫』下甲卷、刊本有『也』字。

〔三〇〇〕害，底卷原誤作『周』，兹據甲卷、刊本改正。

〔三〇一〕周室，刊本同，甲卷下有『也』字。

〔三〇二〕魯邑也，甲卷同，刊本『邑』作『地』，無『也』字。案杜預注《春秋》：『薛，魯地。』

〔三〇三〕獻，刊本同，甲卷下有『也』字。

〔三〇四〕也，底卷原作『者』，蓋涉上句而誤也，兹據甲卷、刊本改正。

〔三〇五〕也，甲卷同，刊本無。

〔三〇六〕然，甲卷、刊本無。

〔三〇七〕戎菽，刊本同，甲卷作『戎叔』。《説文·又部》：『叔，拾也。』尗部：『尗，豆也。』朱珔《説文假借義證》：『今字作菽，經典皆同。』是『尗』本字，『菽』後起字，『叔』爲借字。甲卷、刊本末有『也』字。注中『菽』字同。

〔三〇八〕『豆』下甲卷、刊本有『也』字。

〔三〇九〕魯邑，甲卷末有『也』字，刊本『邑』作『地』。

〔三一〇〕 懟，底卷原作『勤』，形誤字，兹據甲卷、刊本改正。注中『懟』字原作重文符號。
〔三一一〕 恚恨，底卷『恚』字原誤作『志』，兹據甲卷、刊本改正。甲卷、刊本末有『也』字。
〔三一二〕 『志之』下甲卷、刊本有『也』字。
〔三一三〕 嶮，甲卷、刊本作『險』。説見校記〔二八八〕。
〔三一四〕 開，刊本同，甲卷下有『也』字。
〔三一五〕 『惡内』下甲卷、刊本有『也』字。
〔三一六〕 譏公，刊本同，甲卷涉上而誤作『惡内』。
〔三一七〕 也，甲卷同，刊本無。
〔三一八〕 少穀，甲卷、刊本作『小穀』。案《左傳》、《公羊傳》並作『小穀』，此作『少』者蓋誤字。注中『少穀』同。
〔三一九〕 魯邑，刊本同，甲卷下有『也』字。
〔三二〇〕 『齊桓』下甲卷、刊本有『也』字。
〔三二一〕 而辞之，甲卷作『所辞齐桓』，刊本作『而不之』。案似以底卷爲善。
〔三二二〕 『宋』甲卷下有『也』字，刊本有『公也』二字。
〔三二三〕 也，甲卷同，刊本無。
〔三二四〕 牙与慶父共同，底卷原脱『牙』字，兹據甲卷、刊本補。甲卷、刊本無『同』字，案『同』字疑衍。
〔三二五〕 『何』下甲卷、刊本有『也』字。
〔三二六〕 釋，底卷原誤作『擇』，兹據甲卷、刊本改正。
〔三二七〕 朞，刊本作『朞』。《説文·月部》：『期，會也。從月其聲。古文從日丌。』《説文·丌部》：『丌，下基也。』段注：『字亦作「亓」，古多用爲今渠之切之「其」。《墨子》書「其」字多作「亓」，「亓」與「丌」同也。』則『朞』即『期』之古文也。『朞』與『期』同，僅偏旁位置之異耳。《釋文》即作『期』。

〔三二八〕賢也，甲卷同，刊本作『賢之也』。案今本《穀梁傳·宣公十七年》云：『其曰公弟叔肸，賢之也。』亦有『之』字。

〔三二九〕甯所未詳，甲卷同，刊本作『其所未詳』。阮校：『閩、監、毛本「其」作「某」，是也。』田宗堯《春秋穀梁傳阮氏校勘記補正》云：『依注例，此注當作「甯所未詳」。阮説作「某」，非是。……宋建安本正作「甯所未詳」。』（《孔孟學報》第八期）

〔三三〇〕於路寢，甲卷、刊本『於』作『于』，二字古通用。底卷『寢』原作『𡪢』（甲卷同），乃『寢』之俗訛字，故改正。刊本作『寑』。案：寑，本字；寢，隸變字。下『寢』字皆同。

〔三三一〕凶變，刊本同，甲卷下有『也』字。

〔三三二〕於，甲卷作『乎』，刊本作『于』。三字古通用。

〔三三三〕齋終，甲卷同，刊本『齋』作『齊』。『齊』『齋』古今字。甲卷、刊本『終』下有『也』字。注中『齋』字同。

〔三三四〕潔，甲卷、刊本作『絜』。『絜』『潔』古今字。甲卷『絜』下有『也』字。

〔三三五〕喪，底卷原誤作『表』，茲據甲卷、刊本改正。

〔三三六〕名，甲卷、刊本作『其名也』。

〔三三七〕莊太子也，甲卷作『莊大子也』，刊本作『莊公大子』。

〔三三八〕『諱』下甲卷、刊本有『也』字。

〔三三九〕是，甲卷同，刊本下有『也』字。

〔三四〇〕子赤卒是也，甲卷無『赤』字。案《左》、《公》、《穀》三傳之《春秋》經文皆無『赤』字，《公羊傳》云：『子卒者孰謂？謂子赤也。』《穀梁》范注曰：『子赤也。』以『子赤』釋『子』，可知本無『赤』字。底卷原無『也』字，依例當有，茲據甲卷、刊本補。

〔三四一〕『者』下甲卷、刊本有『也』字。

〔三四二〕『子般』二字底卷原無，蓋脱去重文符號，兹據甲卷、刊本補。

〔三四三〕之，甲卷、刊本作『也』。

〔三四四〕『如』下底卷原有『齊』字，涉上而衍，兹據甲卷、刊本删。

〔三四五〕也，甲卷同，刊本無。

〔三四六〕『深』字底卷原無，蓋脱去重文符號，兹據甲卷、刊本補。

〔三四七〕『至』下甲卷、刊本有『也』字。

〔三四八〕如齊，刊本同，甲卷下有『也』字。

〔三四九〕莫如深，甲卷同，刊本下有『也』字。

〔三五〇〕也，甲卷同，刊本無。

〔三五一〕開，底卷原誤作『閔』，兹據甲卷、《釋文》改正。

〔三五二〕『庶弟』下甲卷有『也』字。

〔三五三〕自『閔公名開』至『即位』凡十九字，今范甯《集解》本無。陳鐵凡《敦煌本禮記、左、穀考略》云：『此卷殆爲范氏《集解》之舊，蓋楊士勛作《疏》既有增損，宋本亦頗有節略也。』（《孔孟學報》第二一期）

〔三五四〕正，刊本同，甲卷脱。

〔三五五〕得霸者之道，甲卷、刊本『霸』作『伯』，無『者』字，末有『也』字。『伯』正字，『霸』假借字，説見裘錫圭《文字學概要》。『者』字應有，《補注》以『得伯之道』不通，而於『伯』前添一『侯』字，不悟乃脱『者』字也。

〔三五六〕『莊』字底卷原無，蓋脱重文符號，兹據甲卷、刊本補。

〔三五七〕于，甲卷、刊本作『乎』。二字古通。

〔三五八〕路姑，甲卷同，刊本作『洛姑』。案《釋文》云：『洛姑，一本作路姑。』注中同。

〔三五九〕齊地，刊本同，甲卷下有『也』字。

〔三六〇〕『季子』下甲卷、刊本有『也』字。

〔三六一〕季子，甲卷、刊本無『季』字。

〔三六二〕之，底卷原無，茲據甲卷、刊本補。

〔三六三〕男子之美稱也，底卷原無『子』字，茲據甲卷、刊本補。刊本無『也』字。

〔三六四〕『喜之』下甲卷、刊本有『也』字。

〔三六五〕返，甲卷、刊本作『反』。『反』『返』古今字。

〔三六六〕歸，刊本同，甲卷下有『者也』二字，爲使雙行對齊而添也。

〔三六七〕繫之於齊，甲卷作『繼之齊也』，刊本『於』作『于』。案：仲孫者，慶父也。莊公三十二年冬，『公子慶父如齊』，何休注云：『如齊者，奔也。』慶父本魯人，因歸齊，故云『齊仲孫』，此繫之於齊之意也。『繫』、『繼』《廣韻》同音古詣切，是作『繼』者，同音借字。

〔三六八〕『疏之』下甲卷、刊本有『也』字。

〔三六九〕慶父，刊本同，甲卷下有『也』字。

〔三七〇〕『桓』下甲卷、刊本有『也』字。

〔三七一〕繫，刊本同，甲卷作『繼』。説見校記〔三六七〕。

〔三七二〕桓公容，甲卷無『公』字；刊本『桓』作『相』，無『公』字。案：《疏》云：『齊桓容，赦有罪，故繫慶父於齊，是惡之也。』慶父出奔齊國，齊桓公收容之。是作『桓公』爲是。刊本作『相』者，『桓』之形誤也。

〔三七三〕有罪，刊本同，甲卷下有『也』字。

〔三七四〕庿，甲卷同，刊本作『廟』。『庿』『廟』古今字。注中『庿』字皆同。

〔三七五〕太，甲卷、刊本作『大』。『大』『太』古今字。

〔三七六〕大，底卷原有兩『大』字，茲據甲卷、刊本刪其一。

〔三七七〕別，刊本同，甲卷無。案：此注全本杜預注，彼云『時別立廟』，甲卷抄脱『別』字。
〔三七八〕太，甲卷、刊本作『大』。『大』『太』古今字。
〔三七九〕也，甲卷同，刊本無。
〔三八〇〕『也』字底卷原無，兹據甲卷、刊本補。
〔三八一〕『非之』下甲卷、刊本有『也』字。
〔三八二〕未畢，刊本同，甲卷下有『也』字。
〔三八三〕『子也』二字底卷原無，兹據甲卷、刊本補。
〔三八四〕也，甲卷同，刊本無。
〔三八五〕遜，甲卷同，刊本作『孫』。『孫』『遜』古今字。《左傳》、《公羊傳》均作『孫』，作『孫』者本字。下句二『遜』字同。
〔三八六〕也，甲卷同，刊本無。
〔三八七〕不書煞，甲卷涉上經文而誤作『不復見矣』。
〔三八八〕諱也，甲卷同，刊本作『諱之』。
〔三八九〕『何也』二字底卷原無，兹據甲卷、刊本補。
〔三九〇〕其弟御來盟稱使之，刊本『御』作『禦』，『御』『禦』古今字。甲卷、刊本『稱使之』作『言使也』。
〔三九一〕羅，甲卷同，刊本作『罷』。《釋文》亦作『罷』。《説文·隹部》：『離，黄離，倉庚也。』附離之離爲『麗』之借，陳玉樹《毛詩異文箋》卷二云：『離爲麗之叚借。』『罷』爲『羅』的俗字（《説文·网部》『羅』篆下段注）。
〔三九二〕屈桓不稱使，甲卷、刊本『桓』作『完』，末有『也』字。案『桓』爲音訛字。
〔三九三〕非正，甲卷同，刊本下有『也』字。

〔三九四〕高子立僖公，甲卷、刊本『高子』作『高傒』，甲卷無『公』字。

〔三九五〕得，甲卷、刊本作『德』。『得』爲『德』之借字。

〔三九六〕也，甲卷、刊本作『矣』。

〔三九七〕僖二年，甲卷同，刊本作『僖公二年』。

〔三九八〕『則衛』二字底卷原無，兹據甲卷、刊本補。

〔三九九〕齊桓，甲卷同，刊本下有『公』字。

〔四〇〇〕諱，刊本同，甲卷下有『也』字。

〔四〇一〕反，刊本同，甲卷誤作『及』。

〔四〇二〕棄師，甲卷、刊本作『棄其師也』。

〔四〇三〕尅，甲卷同，刊本作『克』。『尅』本爲『勊』之俗訛字，後與『克』混用不分。説詳段玉裁《説文・力部》『勊』篆下注、郝懿行《爾雅義疏・釋詁下》『尅，勝也』條。下『尅』字皆同。

〔四〇四〕高尅，刊本作『高克』，甲卷無，蓋脱去重文符號。

〔四〇五〕將兵御狄于境，甲卷作『將衘狄乎境』，刊本作『將兵禦狄于竟』。《龍龕・彳部》以『衘』爲『御』之俗寫，『御』殆『衘』之變體。『御』『禦』古今字，『于』『乎』古通，『竟』『境』古今字。甲卷脱『兵』字。

〔四〇六〕于，甲卷、刊本無。案此注全本《詩・鄭風・清人序》，彼無『于』字。

〔四〇七〕進之，刊本同，《毛詩序》亦同，甲卷誤倒作『之進』。

〔四〇八〕之本，刊本同，甲卷下有『也』字。

〔四〇九〕春秋穀梁傳卷茀，甲卷作『春秋穀梁莊公茀三、閔公茀四合爲一卷』。『茀』下未抄者當是『四』，説見《題解》。

春秋穀梁傳集解（三）（哀公六—十四年）

伯二四八六

【題解】

底卷編號伯二四八六，爲晉范甯所著《春秋穀梁傳集解》，起哀公六年『齊陳乞弑其君荼』之『乞』，至哀公十四年末。共九十二行，經文單行大字，范甯《集解》雙行小字。行有界欄，行款疏朗，書法精美。尾題『春秋穀梁傳哀公第十二』。據卷末題記，知其乃唐高宗龍朔三年（六六三年）抄寫的长安宫廷寫本，與北敦一五三四五、伯二四八六應爲同一書的不同部分，然非一人所抄。諸家皆據卷題定名。

王重民《敘録》（簡稱『王重民』）有簡單的校記。

今據《法藏》録文，以中華書局影印阮元刻《十三經注疏·春秋穀梁傳注疏》爲參校本（簡稱『刊本』），校録於後。

（前缺）

乞弑其□弑〔一〕其君，以陳乞□▨（君）〔二〕荼也。其不以陽生君□□□□□（荼何也陽生）正，荼不正，不正則其曰君，何也？荼▨（雖）不正乎〔三〕，受命矣。已受命於〔四〕景公而立，故可言君也〔五〕。入者，內不受〔六〕也。荼不正，何用不受？以其受命，可以言不受也。先君已命立之，則於義可以距之也〔七〕。陽生其以國氏，何也？取國乎〔八〕荼也。何休曰：『即不使陽生以荼爲君，不當去公子，見當國也。』又《穀梁》以爲以〔九〕國氏者，取國乎荼也〔一〇〕。齊小白又不取國乎子糾也〔一一〕，無乃近自相反乎？鄭君釋之曰：『陽生簒國，故不言公子。』不使君荼，謂書陳乞弑君耳〔一二〕。荼与〔一三〕小白，其事相似，荼殺〔一四〕乃後立，小白立乃後殺。雖然，俱簒國而受國焉耳。傳曰『齊小白入于齊，惡之也』。陽生其以國氏何？取國乎〔一五〕荼也。義適互相足，又何自反〔一六〕？子糾宜立，而小白篡之，非受國乎〔一七〕子糾，將〔一八〕誰乎？

冬，仲孫何忌帥師伐邾。

宋向巢帥師伐曹。

七年，春，宋皇瑗帥師侵鄭。

晉魏曼多帥師侵衛。

夏，公會吴于繒。

秋，公伐邾。八月，己酉，入邾，以邾子益來。以者，不以者也。夫諸侯有罪，伯者雖執，猶以歸于京師，魯非霸主〔一九〕，而擅相執録，故曰『入』以表惡也〔二〇〕。益之名，惡也。惡其不能死社稷也〔二一〕。《春秋》有臨天下之言焉，徐乾曰：『臨者，撫有之也。王者無外，以天下爲家，盡其有也。』有臨一國之言焉，諸侯之臨國，亦得有之，如王於天下也〔二二〕。有臨一家之言焉。大夫臨家，猶諸侯臨國也〔二三〕。其言來〔二四〕者，有外魯之辭〔二五〕焉。非己內有從外來者曰來。今魯侯身自以歸而曰來，是外之也。

宋人圍曹。

冬，鄭駟弘帥〔二六〕師救曹。

八年，春，王正月，宋公入曹，以曹伯陽歸。

吴伐我。

夏，齊人取讙及闡。宣元〔二七〕年傳曰：『內不言取，言取，授之也〔二八〕。以是爲賂齊也。』〔二九〕此言取，蓋亦賂也。魯前年伐邾，以邾子益來。益，齊之甥也，畏〔三〇〕齊，故賂之也〔三一〕。惡內也。

歸邾子益于邾。畏齊故也〔三二〕。益之名，失國也。於王法當絕故〔三三〕。

秋，七月。

冬，十有二月，癸亥，杞伯過卒。

齊人歸讙及闡。凱曰：『歸邾子，故亦還其賂也〔三四〕。』

九年，春，王二月，莝〔三五〕杞僖公。

宋皇瑗帥師取鄭師于雍丘。雍丘，厶〔三六〕地也。取，易辞也。以師而易取，鄭病矣。以師之重，而宋以易得之辞言之，則鄭師將劣矣〔三七〕。

夏，楚人伐陳。

秋，宋公伐鄭。

冬，十月。

十年，春，王二月，邾子益來奔。

公會吴伐齊。

三月，戊戌，齊侯陽生卒。

夏，宋人伐鄭。

晉趙鞅帥師侵齊。

五月，公至自伐齊。傳例曰：『惡事不致。』公會夷狄伐齊〔三八〕喪，而致之何也？莊六年『公至自伐衛』，傳曰『不致，則無以見公惡事之成也』，將宜從此例乎〔三九〕？

莝齊悼公。

衛公孟彄自齊歸于衛。

薛伯夷卒。

秋，塟薛惠公。

冬，楚公子結帥師伐陳，吴救陳。

十有一年，春，齊國書帥師伐我。

夏，陳轅頗出奔鄭。

五月，公會吴伐齊。甲戌，齊國書帥師及吴戰于艾陵，齊師敗績。獲齊國書。与華元同義。艾陵，齊地也〔四〇〕。

秋，七月，辛酉，滕子虞母卒。

冬，十有一月，塟滕隱公。

衛世〔四一〕叔齊出奔宋。

十有二年，春，用田賦。古者九夫爲井，十六井爲丘。丘賦之法，因其田〔四二〕財，通共出馬一匹、牛三頭，今别其田及家財，各出此賦也〔四三〕。言用者，非所宜用也〔四四〕。古者公田什一，用田賦，非正也。古者五口之家，受田百畝，爲官田十畝，是爲私得其十〔四五〕，而官税其一，故曰『十一』。周謂之徹，殷謂之助，夏謂之貢，其實一也〔四六〕，皆通法也。今乃棄中平之法，而田財並賦，言其賦民甚者也〔四七〕。

夏，五月，甲辰，孟子卒。孟子者，何也？昭公夫人也。其不言夫人，何也？諱取同姓也。塟當書姓，諱故亦不書塟也〔四八〕。

公會吴于橐睾〔四九〕。橐睾，厶地也〔五〇〕。

秋，公會衛侯、宋皇瑗于鄖。鄖，厶地也〔五一〕。

宋向巢帥師伐鄭。

冬，十有二月，螽。

十有三年，春，鄭罕達帥師，取宋師于嵒。取，易辭也。以師而易取，宋病矣。

夏，許男成卒。

公會晉侯及吳子于黃池。及者，書尊及卑也。黃池，厶地也〔五二〕。黃池之會，吳子進乎哉！遂子〔五三〕矣。進遂稱子也〔五四〕。吳，夷狄之國也，祝髮文身，祝，断〔五五〕也。文身，刻畫其身以爲文也。必自殘毁者，以避蛟龍之害也〔五六〕。欲因魯之禮，因晉之權，而請冠端而襲，襲，衣冠。端，玄端也〔五七〕。其藉于成周，藉謂貢獻也〔五八〕。以尊天王，吳進矣。吳，東方之大國也，累累致小國以會諸侯，以合于〔五九〕中國。累累，猶數數也。吳能爲之，則不臣乎？言其臣也。吳進矣。王，尊稱也。子，卑稱也。辭尊稱而居卑稱，以會乎諸侯，以尊天王。吳王夫差曰：『好冠來。』孔子曰：『大矣〔六〇〕！夫差未能言冠而欲冠也。』不知冠有差等，唯欲好冠也〔六一〕。

楚公子申帥師伐陳。

於越入吳。

秋，公至自會。吳進稱子，又會晉侯，故致〔六二〕。

晉魏曼多帥師侵衛。

葬許元公。

九月，螽。

冬，十有一月，有星孛于東方。不書所孛之星，而曰東方者，且方見星〔六三〕孛，衆星皆没故也〔六四〕。

盜殺陳夏區夫。傳例曰：『微殺大夫謂之盜。』

十有二月，螽。

十有四年，春，西狩獲麟。杜預曰：『孔子曰：「文王既没，文不在兹乎？」此制作之本旨。又曰：「鳳鳥不至，河不出畾〔六五〕，吾已矣夫！」斯不王之明文也。』〔六六〕夫《關雎》之化，王者之風也〔六七〕；《麟之趾》，《關雎》之應也。然則斯麟之來，歸於王德者矣。《春秋》之文，廣大悉備，義始於隱公，道終於獲麟矣〔六八〕。引取之也。言引取之者〔六九〕，解經〔七〇〕言獲也。傳例『諸獲，皆不与』〔七一〕，今〔七二〕言獲麟，言〔七三〕自爲孔子來，魯引而取之也〔七四〕，亦不与魯之辭也。狩地不地，不狩也。非狩而曰狩，大[獲]〔七五〕麟，故大其適也。適猶如也，之也。非狩而言狩，大得麟，故以大所如者名之也。且實狩當言冬，不得言春也〔七六〕。其不言來，不外麟於中國也。其不言有，不使麟不恒於中國也。雍曰：『中國者，蓋禮義之〔七七〕鄉，聖賢之宅。軌儀表乎〔七八〕遐荒，道風扇乎〔七九〕不朽。故騏驎出郊〔八〇〕，不爲暫〔八一〕有；鸞鳳栖林，非爲權來。雖時道喪，猶若不喪。雖驎〔八二〕一降，猶若其恒〔八三〕。鸜鵒非魯之常禽，[蜚]蜮非祥瑞之嘉虫〔八四〕，故經書其有，以非常有也〔八五〕，此[所]以取貴於中國〔八六〕，《春秋》之意義也。』

春秋穀梁傳哀公第十二〔八七〕

凡大小字四千一百六十言一千九百言大二千二百六十言小

龍朔三年三月　日亭長婁思惲寫

用　紙　十　二　張

【校記】

〔一〕『弑』前底卷殘泐，刊本作『君荼不日荼不正也陽生入而』。

〔二〕君，底卷殘存右下角，兹據刊本擬補。以下底卷中凡殘字、缺字補出而未特別説明者，均據刊本，不復一一注明。『君』前底卷殘泐，刊本作『主之何也不以陽生』。

〔三〕雖不正乎，底卷『雖』殘存左半『虽』。刊本『乎』作『已』。王重民云：『今本「乎」作「已」，則當连下句爲讀。』

〔四〕於，刊本作『于』。二字古通用。

〔五〕也，刊本無。

〔六〕不受，刊本作『弗受』。下二『不受』，刊本皆作『弗受』。王重民云：『今本三「不」字並作「弗」，卷子本作「不」，與《唐石經》同。』鍾文烝《春秋穀梁經傳補注》（後簡稱『補注』）據《唐石經》改『弗』爲『不』。案：『不』、『弗』古多通用。

〔七〕則於義可以距之也，刊本『距』作『拒』，無『則』、『也』二字。『距』『拒』古今字。

〔八〕乎，刊本作『于』。二字古通用。

〔九〕以，刊本無。

〔一〇〕乎荼也，刊本『乎』作『於』，無『也』字。『乎』、『於』古通用。

〔一一〕不取國乎子糾也，刊本『乎』作『于』，無『也』字。『乎』、『于』古通用。

〔一二〕耳，刊本作『爾』。『耳』、『爾』均爲『尒』之借字。注中『耳』字同此。

〔一三〕与，刊本作『與』。案二字古混用無別，敦煌寫本大多用『与』字，後世刊本則多改作『與』。下凡此均不復出。

〔一四〕殺，刊本作『弑』。『殺』『弑』古今字。下凡『殺』字同此，不復出校。

〔一五〕乎，刊本作『于』。二字古通用。

〔一六〕『反』下刊本有『乎』字。

〔一七〕乎，刊本作『于』。二字古通用。

〔一八〕『將』前刊本有『則』字。

〔一九〕主，刊本作『王』。王重民云：『今本「主」作「王」，誤。』

〔二〇〕也，刊本作『之』。

〔二一〕也，刊本無。

〔二二〕也，刊本無。

〔二三〕也，刊本無。

〔二四〕言來，底卷原作『切』。案范甯《集解》曰：『非己内有從外來者曰來。』楊士勛《疏》標起止作『其言』，是其所見本作『言來』也。此《穀梁》釋《春秋》『以邾子益來』句，經無『切』字，寫卷作『切』者誤，兹據刊本改正。

〔二五〕辞，刊本作『辭』。《干禄字書·平聲》：『辝、辤、辭，上中竝辝讓；下辭説，今作辝，俗。』是在唐時，『辞』已成爲『辭』之俗字。

〔二六〕帥，底卷原誤作『師』，兹據刊本改正。

〔二七〕元，刊本作『九』。阮元《春秋穀梁傳校勘記》（以下簡稱『阮校』）：『閩、監、毛本同，何校本「九」作「元」，是也。』

〔二八〕授之也，底卷原作『授讙及闡』。案《穀梁傳·宣公元年》曰：『内不言取，言取，授之也，以是爲賂齊也。』此當是手民據經文『齊人取讙及闡』而改，兹據刊本改正。

〔二九〕也，刊本無。《穀梁傳·宣公元年》有『也』字。

〔三〇〕畏，底卷原誤作『男』，兹據刊本改正。

〔三一〕也，刊本無。

〔三二〕畏齊故也，刊本作『侵齊故也』。案：邾子益爲齊之甥，魯畏齊，故釋放邾子益。作『侵』者誤，《補注》作『畏』。底卷『故也』二字原作『益于』，當涉經文『益于』而誤，兹據刊本改正。

〔三三〕絶故，底卷原作『失國也』。楊《疏》云：『經書「歸邾子益於邾」，則益得國。而云失國者，邾益不能死難，而從執辱，於王法而言，理當絶位。魯歸之，不得無罪，故書益之名，以明失國之故也。』是底卷『失國也』三字乃涉傳文而誤也，兹據刊本改正。

〔三四〕也，刊本無。
〔三五〕塟，刊本作「葬」。「塟」應是「葬」之俗字「𦵏」的訛變，下皆同。
〔三六〕厶，刊本無。王重民云：「今本脱「厶」字。」案：《玉篇·厶部》：「厶，亡后切，厶甲也。」陸游《老學庵筆記》卷六：「今人書某爲厶，皆以爲俗從簡便，其實古某字也。」
〔三七〕「矣」下寫卷原有「病」字，刊本無。此蓋爲雙行對齊而添，故删之。
〔三八〕「齊」下刊本有「之」字。
〔三九〕此例乎，刊本「此」下有「之」字，無「乎」字。
〔四〇〕也，刊本無。
〔四一〕世，底卷原缺右邊竪筆，乃避諱缺筆字，兹據刊本録正。
〔四二〕田，底卷原誤作「用」，兹據刊本改正。
〔四三〕也，刊本無。
〔四四〕也，刊本無。
〔四五〕十，刊本作「什」。「十」「什」古今字。下句「十」字同。
〔四六〕一也，底卷原作「非正」。案：此語出《孟子·滕文公上》：「夏后氏五十而貢，殷人七十而助，周人百畝而徹，其實皆什一也。」「非正」二字蓋涉傳文「非正也」而誤，兹據刊本改正。
〔四七〕民甚者也，底卷「民」缺末筆，乃避諱缺筆字，兹據刊本改。刊本「者也」作「矣」。
〔四八〕也，刊本無。
〔四九〕睪，刊本作「皐」。「睪」爲「皐」之俗字。注中「睪」字同。
〔五〇〕厶地也，刊本「厶」作「某」，無「也」字。案：《穀梁傳·桓公二年》：「蔡侯、鄭伯會于鄧。」《集解》：「鄧，某地。」陸德明《經典釋文·春秋穀梁音義》（以下簡稱「《釋文》」）出「厶地」，云：「本又作某。不知其

〔五一〕國，故云厶地。後皆放此。」是《釋文》所據本與寫卷同。

〔五二〕厶地也，刊本「厶」作「某」，無「也」字。

〔五三〕厶地也，刊本「厶」作「某」，無「也」字。

〔五三〕子，底卷原作「乎」。案：吴本稱王，此稱子，乃辭尊稱而居卑稱，以尊周天子，故《春秋》褒之曰「遂子矣」，「乎」蓋手民妄改所致，兹據刊本改正。注中「子」字本亦誤作「乎」。

〔五四〕也，刊本無。

〔五五〕斷，刊本作「斷」。《干禄字書·上聲》：「断、斷，上俗下正。」

〔五六〕以避蛟龍之害也，刊本「避」作「辟」，無「也」字。「辟」「避」古今字。

〔五七〕也，刊本無。

〔五八〕也，刊本無。

〔五九〕于，刊本作「乎」。二字古通用。

〔六〇〕「矣」下刊本有「哉」字。

〔六一〕也，刊本無。

〔六二〕「致」下刊本有「也」字。

〔六三〕星，刊本無。案：《玉篇·市部》：「孛，彗星也。」《公羊傳·文公十四年》：「孛者何？彗星也。」《爾雅·釋天》「彗星爲欃槍」郭璞注：「亦謂之孛，言其形孛孛似埽彗。」杜預注《春秋》曰：「平旦衆星皆没，而孛乃見。」天明而衆星没，所見唯彗星。若作「星孛」，則仍有星可見也。「星」字蓋爲手民妄加。

〔六四〕也，刊本無。

〔六五〕啚，刊本作「圖」。《干禄字書·平聲》：「啚、圖，上俗下正。」

〔六六〕明文也，刊本「眀」作「明」，「也」作「矣」。「眀」、「明」異體。

〔六七〕也，刊本無。案：今本《詩大序》亦無「也」字，然伯四六三四B則有「也」字。有者爲佳，以與下「關雎之應也」一律。
〔六八〕矣，刊本無。
〔六九〕者，刊本無。
〔七〇〕經，底卷原誤作「結」，茲據刊本改正。
〔七一〕傳例諸獲皆不与，刊本作「傳例曰諸獲者皆不與也」。
〔七二〕今，刊本前有「故」字。阮校：「閩、監、毛本同，余本無「故」字。」寫卷正與余本同。
〔七三〕言，刊本無。
〔七四〕也，刊本無。
〔七五〕「獲」字底卷原脱，茲據刊本補。
〔七六〕不得言春也，刊本「得」作「當」，無「也」字。
〔七七〕義之，底卷原倒作「之義」，茲據刊本乙正。
〔七八〕乎，刊本作「于」。二字古通。
〔七九〕乎，刊本作「於」。二字古通。
〔八〇〕故騏驎出郊，刊本作「麒麟步郊」。案《説文》無「騏驎」二字，當是後出别體。下句作「栖林」，此「出」蓋爲「步」之誤字。
〔八一〕蹔，刊本作「暫」。《説文》有「暫」無「蹔」，「蹔」當是後出别體。
〔八二〕驎，刊本作「麟」。「驎」爲後出别體。
〔八三〕恒，刊本作「常」。「常」爲避宋真宗之諱而改。
〔八四〕蜚蜮非祥瑞之嘉虫，底卷原無「蜚」字，此與上句儷偶，「蜚」字當爲脱文，茲據刊本補。刊本「虫」作「蟲」，

《干禄字書·平聲》:「虫、蟲,上俗下正。」

〔八五〕也,刊本無。

〔八六〕此所以取貴於中國,底卷原無「所」字,當是脱文,兹據刊本補。刊本「取」作「所」,當是涉上「所」字而誤,《補注》即作「取」。「於」,刊本作「于」,二字古多通用。

〔八七〕「苐」本爲「弟」之俗字,俗書竹頭多寫作草頭,俚俗據「苐」楷正,則成「第」字。

春秋穀梁經傳解釋

春秋穀梁經傳解釋僖公上第五

伯四九〇五（底一）　伯二五三五（底二）

【題解】

底一編號伯四九〇五，起僖公八年『言夫人而不以氏姓』之『以』字，至僖公九年『通于四海』注『故其官号通於四海』之『海』，共十七行，首行存下部三殘字，末八行殘存上端。底二編號爲伯二五三五，起僖公八年『壹則外之弗夫人而見正焉』注『言外人以媵妾不合爲夫人』，至僖公十五年末，共一百六十九行，前八行殘存下截，二十一行至五十九行上端殘損，其前八行正可與底一之末八行綴合。縮微膠卷已將兩卷綴合爲一，《寶藏》及《法藏》因之。綴合後共一百七十八行，行款疏朗，字體精美，正文單行大字，注文雙行小字。諸家皆據尾題定名。縮微膠卷將綴合後之寫卷统一置於伯四九〇五號下，《索引》誤將伯四九〇五著録爲《春秋左氏傳集解》（《春秋左氏傳集解》爲伯四九〇四號，已與伯三七二九綴合），《寶藏》誤信《索引》，遂將底一＋底二錯誤地著録爲伯四九〇四號，而没有利用縮微膠卷的正確編號。《索引新編》及《法目（五）》均已糾正其誤。

寫卷尾題『春秋穀梁經傳解釋僖公上第五』，未見作者名號，亦不見於歷代書目。羅振玉據《穀梁傳・僖公十四年》『蔡侯肸卒』楊士勛《疏》引麋信之説與此注有相似之處，遂定爲麋信之注。（《鳴沙石室佚書目録提要・春秋穀梁傳解釋》）劉師培否定羅説，認爲此乃唐人所撰。（《敦煌新出唐寫本提要・春秋穀梁經傳解釋僖公上第五殘卷》，《劉申叔遺書》下册）陳鐵凡不信羅説，然於劉師培唐人所撰之説亦不認可，以爲當從闕疑。（《敦煌本禮記、左、穀考略》，《孔孟學報》第二一期）在没有有力的證據來论定作者的情况下，陳氏的做法是比較審慎的。寫卷改『民』爲『人』，『世子』爲『太子』，『治』爲『理』，避太宗、高宗之諱，其爲唐寫本當無疑義。

劉師培《敦煌新出唐寫本提要》（簡稱『劉師培』）、羅振玉《鳴沙石室佚書目録提要》（簡稱『羅振玉』）都曾對寫卷作過校勘。底卷據縮微膠卷録文。今以中華書局影印阮元刻《十三經注疏・春秋穀梁傳注疏》爲校本（簡稱『刊本』），校録於後。

（前缺）

▭▨▨▨（以氏姓）[一]，▨（非）[二]□□□（夫人也）。□夫人，當言夫人姜氏。今不言其姓，非正夫人也。立妾▨▨（之辞）[三]也，夫人入廟，當言夫人姜氏。今直稱夫人，而去其氏姓，則是妾奪嫡，夫□之□也。非正夫人[四]也。夫人之，我可以不▨（夫）[五]人之乎？言魯既以妾爲夫人，見於太廟，我豈以不夫人之義書乎？雖爲□□□之文□□□氏也。夫人卒葬之，我可以不卒□（葬）之乎？假言之也。凡經言夫人者，則皆當録其卒葬。今經書夫人，而我豈可□（不）[六]以夫人之▨（禮）[七]而葬之乎？壹[八]則以宗廟臨之而後貶▨（焉）[九]，言以夫人致，故臨於太廟，而後可以成其貶也。壹則[以][一〇]外之弗夫人而見正焉。言[一一]外人以媵妾不合爲夫人，而公於太廟致之，見公將之爲正夫人，非禮之正也[一二]。

冬[一三]，十有二月，丁未，天王崩。惠王[一四]。

九年，春，王[一五]三月，丁丑，宋公禦説卒。

夏，公會宰[一六]周公、齊侯、宋子、衛侯、鄭伯、許男、曹[一七]伯于葵丘。周公，天子三公，食采於周；公，爵也。葵丘，齊地也。天子之[一八]宰，通于四海。宰，官也，掌四方賓客之事。此當爲太宰，太宰内[一九]監，六卿之職[二〇]，外統天下之理，故其官号通於四海[二一]。卿有一人，故尊重也。東夷、西戎、南蠻、北狄謂▭。宋[二二]其稱子，何[二三]？未葬之辞[二四]也。未葬，故稱▭不[二五]稱名者，▭尸[二六]柩之前。禮：柩在堂上，孤無外

□(事)。喪事不貳，而出外會諸侯，非禮。堂上謂兩楹之閒也。今背殯而□(出)會，以宋子爲無哀矣。檟塗龍輴謂之殯。三▨(年)〔二七〕之喪，喪之至極。非有大故，不當離殯。今而出會，則無哀慼之容也。

秋，七月，乙酉，伯姬卒。内女也。未適人，不卒，言未適人，不當書其卒也。此何以卒也？許嫁，笄而字之，禮：女子十五許嫁，笄而稱字，明〔二八〕陰繫於陽。笄者，簪，所以繫持髮，象男子之飾〔二九〕也。廿而嫁者，爲男卅而娶，合成五十，法大衍之數，而生萬物，又取『參天兩地』之義。死則以成人之喪理〔三〇〕之。謂成之者，爲服成人之禮，而不爲殤禮降。當時蓋許嫁于諸侯。

九月，戊辰，諸侯盟〔三一〕于葵丘。鄭背楚而服□〔三二〕，脩好且盟。桓盟不日，此何以日？美□(之)也。言自此以前，齊桓之盟而不日者，信之。今有所美善於桓，故復日之，不論□不□也。爲見天子之禁，故備之〔三三〕。天子之禁，即是□□五事，故備□□以美之也。葵丘之盟〔三四〕，陳牲而不□(煞)〔三五〕，言信厚，故陳牲而不煞也。讀書加于牲上，書謂□(載)〔三六〕書，謂戎右之所掌也。加謂□□讀書而臨於牲，不歃血也。壹明天□□(子之)禁，言諸侯皆壹心，明受天子之禁令也。曰：無壅〔三七〕泉，□…□以水鄣□…□利也。無訖糴，訖，止也。止糴貯粟，不通諸侯也。言有□…□。無易樹子，樹子謂所立之嫡子，不可以寵子而□…□。□(無)〔三八〕以妾爲妻，不得以妾爲妻而亂陰教也。無□□▨(使婦人)〔三九〕與國事。政當由君，無使婦人亂於陽事。故牝雞之晨，唯□…□。

□(甲)戌〔四〇〕，晉侯詭諸卒。不書葬者，煞太子失德也。

□□▨(冬晉里)〔四一〕克煞其君之子奚齊。里克，晉大夫。奚□…□▨〔四二〕子□…□也。其君之子云者，云殺其君之子者也。□□□(國人不)子也。言國人不以奚齊爲君之子，故云『其君之子』以明之。國□□(人不)子，何〔四三〕？不正其殺太子〔四四〕申生而□□(立之也)。□國之人不與獻公殺賢太□□(子申)〔四五〕生而立不正之奚齊故也。

□□▨(十年，春)〔四六〕，王正月，公如齊。

狄滅温，温子□□（奔衛）。蘇忿生之邑，後漸強而爲國也。

晉里克弑其□□□（君卓及）其大夫荀息。里克殺奚齊，荀息立卓子，卓子▯母弟，故里克又煞之。▯耳爲君，受申生之寄。以尊及卑▯荀息閑也。荀息立卓子而傳之，以扞衛爲▯。

□（夏），齊侯、許男伐北戎。

晉殺其□□□□（大夫里克）。稱國以殺，罪累上也。里克立惠▯既煞夫二孺子矣，又將寡人之▯，不亦病乎？於是煞之，恐其復煞▯以殺二君▯罪累從於上。里克弑二君□□□□□（與一大夫，其）以累上之辞言之，何〔四七〕？其□□□□（殺之不以）其罪〔四八〕。其殺之不以其罪，□□□□（奈何？里克）所爲殺者，爲重耳〔四九〕。重耳，夷吾▯之庶弟，狐姬之子。言里克欲▯不以弑君而見殺也。夷□□□□（吾曰：『是又）▨（將）煞我〔五〇〕？』故殺之不以其罪□（也）。□▨（其爲）〔五一〕重耳殺奈何？晉獻公伐□□□（虢，得孋）〔五二〕姬，孋姬，孋戎之女。獻公伐於孋戎，孋戎男以孋姬女獻公也。□□□□（獻公私之），有二子，私，寵愛也。長曰奚齊，稺〔五三〕□□□（曰卓子）。孋姬欲爲亂，謂欲作亂於晉，使獻公煞▯。□□（故謂）君曰：『吾夜者夢夫人▨（趍）〔五四〕▯申生▨也。曰：「吾苦畏。」何〔五六〕不使大□□□□□（夫將衛士而）衛冢乎？』公曰：『孰可使？』▯衛▯也。曰：『臣莫尊於太子，□□□□（則太子可）〔五七〕。□（莫）〔五八〕，無也。太□（子）〔五九〕謂申生。』故君謂太子曰：『孋姬夜〔六〇〕夢夫人趍而來曰：「吾苦畏。」汝其將衛士而〔六一〕衛冢乎？』太子曰：『敬諾。』敬而受之，故曰諾也。築宮，宮成。太子往至夫人之冢，築宮而防衛之。孋姬又曰：『吾夜〔六二〕夢夫人趍而來曰：「吾苦飢。」』孋姬又假虚言以爲夢也。太子之宫已成，則何爲不使祠也？』祠，祭也。言築宮已成，又夫人苦飢，何不使往祠祭之也？故獻公謂太子曰：『其祠！』言其當往祠之。故〔六三〕太子祠。往祠夫人。已祠，致福於君。已祭訖，致福胙於君。君田而不在。獻公田獵未還。驪姬以鴆〔六四〕爲酒，鴆，毒鳥也，其羽畫酒飲之，即飲者死。言以鴆羽爲毒酒，酒謂所致福之酒。藥脯以毒。以毒藥置脯中，即所謂置堇于脯也。獻公田來，驪姬曰：『太子已祠，致〔六五〕福於君。』君將食，驪姬跪曰：『食自外來者，不可不試〔六六〕。』覆酒於地，地墳〔六七〕；墳，壤起也。以脯與犬，犬死。驪姬下堂而啼呼曰：『天乎，天乎！國，則〔六八〕子之國也，申生見爲太子，公薨之後，國乃子之國也。子何稈〔六九〕爲君？』何將未得國爲遲，而欲藥於父。君喟然而〔七〇〕嘆曰：『吾與汝未有遇切〔七一〕，言吾與汝父子之情，未有待遇汝以切急。是何與我之深也？言汝此事，何爲與我之深害，而欲殺我也。』使人謂太子曰：『尔〔七二〕其圖之。』遣申生謀自死。太子之傅里克謂太子曰：『入自明！傅謂師傅也。諸侯之子，八歲受小傅，教之小學；十五受太傅，教之以太學。里克，太子之太傅，令申生入見君而自明己也。入自明則可以生，不入自明則不可以生。』太子曰：『吾君已老矣，以昏〔七三〕矣。昏，亂也。言老而用驪姬之言，言昏亂於性矣。吾若此而入自明，若，如也。吾如此以事實而入於君自明己。驪〔七四〕姬必死，驪姬死，則吾君不安。非姬不食，非姬不寢〔七五〕。若姬致死，吾君必不安立。所以使吾君不安者，吾不若〔七六〕死，不如自死。吾寧自殺以安吾君，以重耳爲寄。』〔七七〕知重耳必可爲君，故寄於里克，使輔之也。刎脰而死。脰，頸也。異方而言也。故里克所爲殺者，爲重耳〔七八〕。夷吾曰：『是又將煞我〔七九〕。』夷吾知申生之言，故云又將煞我，而遂殺里克也。

秋，七月。

冬，大雨雹〔八〇〕。書之記異。

十有一年，春，晉殺其大夫邳〔八一〕鄭父。鄭父，晉大夫里克之黨，惠公惡而殺之也。稱國以殺，累上〔八二〕。義與里克同也。

夏，公及夫人姜氏會齊侯于陽穀。夫人者，媵女也。書夫人會齊侯者，刺公夫人與齊侯會，男女無別也。

秋，八月，大雩。雩月，正也。雩者，吁嗟以求雨也。月者，得恤人之正禮。雩，得雨曰雩，不得雨曰旱。

雩而有効，則書雩於經。雩無功，故書旱，不言雩。

冬，楚人伐黄。黄背楚屬齊，又弦子奔黄，故見伐也。

十有二年，春，王三月〔八三〕，庚午，日有食之。

夏，楚人滅黄。去冬伐，今夏滅之也。貫之盟，管仲曰：『江、黄遠齊而近楚。楚，爲利之國也。貫盟在二年。言楚爲利，在於江、黄。言令其出職貢也。若伐而不能救，今既來屬於霸，楚必伐之。道路遼遠，楚若伐之而齊不能救也。則無以宗諸侯〔八四〕。』言齊不復能得諸侯之宗服也。桓公不聽，遂與之盟。管仲死，楚伐江滅黄，桓公不能救，如管仲之言也。管仲以僖十五年死，而此云死者，以齊桓道極衰，故因此以著其死。若言管仲在，則黄不可而滅也。故君子閔之〔八五〕。閔其歸於霸主而便見滅，故書於經。若漢陽諸姬，不歸齊者，雖滅不書也。

秋，七月。

冬，十有二月，丁未〔八六〕，陳侯杵臼卒。

十有三年，春，狄侵衛。

夏，四月，葬陳宣公。

公會齊侯、宋公、陳侯、衛侯、鄭伯、許男、曹伯于鹹〔八七〕。兵車之會〔八八〕。西戎爲王子帶而伐周，故齊桓爲兵車之會以謀王室也。

秋，九月，大雩。

冬，▨（公）〔八九〕子友如齊。聘〔九〇〕於齊也。

十有四年，春，諸侯城緣陵。遷杞也。淮夷病杞，城而遷之。緣陵，杞邑。不言城杞者，義與城楚丘同。其曰諸侯，散辞〔九一〕。散犹略，言略之而不序也。聚而曰散，何〔九二〕？時實諸侯衆聚城緣陵，而略言之者，何也？諸侯城，有散辞〔九三〕，桓德衰矣。言由諸侯於城之時，各有散略於事，不共同心。是由桓公之德衰而諸侯不致力也。

夏，六月，季姬及繒子遇于防，使鄫〔九四〕子來朝。季姬，魯女，本鄫夫人也。季姬來寧，公怒鄫子之不朝也，遂留季姬而不歸。於是季姬及鄫子遇于防，使鄫子來朝魯而便請季姬。此婦人之□□貳。遇者，同謀〔九五〕。言先有謀於防而往遇也。來朝者，▨（來）朝〔九六〕己也。言來朝魯，而因朝請己俱歸也。朝不言使，言使，非正也。爲仁由己，不在於人，故不言使。以病鄫〔九七〕子也。病其不有心朝事於魯，爲婦所召而來朝。

秋，八月，辛卯，沙鹿崩。林屬於山爲鹿。沙，山名〔九八〕。鹿是山之足，言山足崩也。無崩道而崩，故志之〔九九〕。言山足平地，理無崩道，而忽崩之，故記異而書之。聖女後興之應也。其日，重其變〔一〇〇〕。山足有崩，變灾之重，故書辛卯。

狄伐〔一〇一〕鄭。

冬，蔡侯肹卒。哀侯子也。諸侯時卒，惡也〔一〇二〕。日卒，正。時卒，惡也。惡之者，爲其父哀侯爲楚所執，身死於楚，肹仍不從中國而朝於楚。父讎不復而反歸之，惡之尤甚，故不日卒，又不書葬也。

十有五年，春，王正月，公如齊。五年一朝，霸者之義。

楚〔一〇三〕伐徐。徐蓋背楚屬齊，故爲楚伐。

三月，公會齊侯、宋公、陳侯、衛侯、鄭伯、許男、曹伯，盟于牡丘。尋葵丘之盟，且救徐。兵車之會也。遂次于匡。將救徐也。遂，繼事〔一〇四〕。繼前牡丘之盟，而遂次匡。次，止也，有畏也。公畏楚強而不敢速進，故次于匡，待穆伯。

公孫敖帥師及諸侯之大夫救徐。公蓋不行，而公孫敖及諸侯之師以救徐。善救徐〔一〇五〕。善齊侯得霸之道也。

夏，五月，日有食之。

秋，七月，齊師、曹師伐厲。厲，楚之與國，伐之以報伐徐也。蓋于時厲與楚伐徐。

八月，螽。螽，虫灾〔一〇六〕。甚則月，不甚則時。螽不爲災，則當書時。螽，衆也，象公久在外而煩師衆也。

九月，公至自會。桓公德衰，故致會也。

季姬歸于鄫〔一〇七〕。以鄫子來朝，公怒止，而使季姬歸鄫。

己卯，晦，震夷伯之廟。震者，有雷電擊之也。晦，冥〔一〇八〕。謂晝日而無光而冥。震，雷也。夷伯，魯大夫也。因是以見天子至〔一〇九〕士皆有廟。因此夷伯之廟事而見天子至士尊卑不同，皆有廟數。天子、諸侯廟有主，而大夫以下無。天子七廟，諸侯五廟〔一一〇〕，大夫三，士二。王者立宗廟，緣生以事死，敬亡若事存，故立宗廟而事之，所以追孝繼養也。天子七廟，三昭、三穆與太祖。諸侯五廟，二昭、二穆與太祖。大夫三廟，一昭、一穆與太祖。士二廟，祖廟、考廟。天子五廟則月祭之，二祧享嘗乃止。諸侯二昭、二穆月祭之，太祖享嘗乃止。天子、諸侯祭廟用三牲，卿大夫二牲，士用一牲，尊卑之差也。故德厚者流光，言德厚重者，名流光大，謂代享其祀。故天子之德大而祭七廟，諸侯五廟也。德薄者流卑。言不能遠及後代，故士二廟而已也。是以貴始，德之本也，言貴始受命之祖，此取德之本也。謂之本者，人本乎祖也。始封必爲祖。始封有德之君，必立之爲祖。其廟雖歷百代，而廟不毀也。

冬，宋人伐曹。

楚人敗徐于婁林。婁林，徐地。徐以恃屬齊而慢楚，故見敗也。夷狄自〔一一一〕相敗，志〔一一二〕。楚之與徐二國是夷狄，自相敗，告之則書也。

十有一月〔一一三〕，晉侯及秦伯戰于韓。獲晉侯。晉侯，夷吾也。秦伯謂任好也。夷吾背秦之施，愎諫違卜，所以戰於韓而身見獲。不言釋之者，絶之。不名者，秦以諸侯禮接之，異於胡、沈也。韓之戰，晉侯失人〔一一四〕，以爲〔一一五〕其人未敗，而君獲也。有國之君，必結四鄰之好；南面之主，終資兆庶之功。善鄰則兵革不興，得衆則軍師盡命。晉侯中智以下，不思上德之源，輕失臣人，愎諫多忌，所以戰於韓日，人不授命當危，故爲秦伯所拘，文異華元之獲。華元得衆，故師敗而己見擒。明晉侯失人，未敗而身被獲。君臣雖則不一，得失而豈殊乎？

春秋穀梁經傳解釋僖公上第五〔一一六〕

【校記】

〔一〕『以氏姓』三字底一均殘存左邊小半，兹據刊本擬補。以下底卷中凡殘字、缺字補出而未特別説明者，均據刊本，不復一一注明。

〔二〕非，底一殘存左半。

〔三〕之辞，底一『之』殘存右下角，『辞』殘脱左上角。刊本『辞』作『辭』。《干禄字書·平聲》：『辞、辤、辭，上中並辞讓；下辭説，今作辞，俗。』是在唐時，『辞』已成爲『辭』之俗字。

〔四〕夫人，刊本無此二字。范甯《集解》云：『雖尊其母，是卑其父，故曰非正也。』則范所據本無『夫人』二字。

〔五〕夫，底一殘存下截『人』。

〔六〕不，底一殘缺，據傳文，知此當是『不』字，兹擬補。

〔七〕禮，底一右上角『曲』殘損。

〔八〕壹，刊本作『一』。案《漢書·敘傳》：『元元本本，數始於一。』壹者，專壹之義（《説文·壹部》）。則此當以作『一』者爲本字，『壹』則借字也。下句『壹』字同。

〔九〕焉，底一殘脱上部『正』。

〔一〇〕以，底一原無，上句有『以』字，此蓋爲抄脱，兹據刊本補。

〔一一〕言，底二起於此。

〔一二〕從『將』至『也』凡十一字爲底一文。

〔一三〕『冬』爲底一文。

〔一四〕『惠王』二字爲底一文。

〔一五〕『九年春王』四字爲底一文。

〔一六〕『公會宰』三字爲底一文。

〔一七〕『男曹』二字爲底一文。

〔一八〕『子之』二字爲底一文。

〔一九〕『宰內』二字爲底一文。

〔二〇〕軄，刊本作『職』。《玉篇·身部》云：『軄，俗職字。』下凡『軄』字同此。

〔二一〕『四海』二字爲底一文。底一止於此。

〔二二〕『宋』前底二殘泐，殘泐之字蓋爲『之四海也』。

〔二三〕『何』下刊本有『也』字。

〔二四〕辤，刊本作『辭』。説見校記〔三〕。

〔二五〕『不』前底二殘泐。

〔二六〕『尸』前底二殘泐。

〔二七〕年，底二殘存右半，故據文意補。

〔二八〕『眀』爲『明』之異體。下『眀』字同。

〔二九〕『餝』爲『飾』之俗。《玉篇·食部》『飾』條下云：『餝，同上，俗。』後『餝』字同。

〔三〇〕理，刊本作『治』。案『理』为諱改字。

〔三一〕盟，刊本作『盟』。『盟』、『盟』異體。下凡『盟』字同此。

〔三二〕□，底二此字殘缺。《左傳·僖公九年》：『秋，齊侯盟諸侯于葵丘。』則此缺字蓋爲『齊』。

〔三三〕『之』下刊本有『也』字。

〔三四〕盟，刊本作『會』。

〔三五〕煞，刊本作「殺」。注中作「煞」，故據以補。《干禄字書·入聲》：「煞、殺，上俗下正。」

〔三六〕載，底二原脱。《周禮·秋官·司盟》「掌盟載之灋」鄭注：「載，盟辭也。盟者書其辭於策，殺牲取血，坎其牲，加書於上而埋之，謂之載書。」故據以擬補。

〔三七〕無壅，刊本作「毋雍」。案《説文·毋部》：「毋，止之詞也。」段注：「古通用無。」下三「無」字同。「雍」「壅」古今字。

〔三八〕無，底二原無，刊本作「毋」。前後均作「無」，故擬補「無」字。

〔三九〕人，底二殘存下半。

〔四〇〕甲戌，底二「甲」字殘缺，刊本作「甲子」。案：李富孫《春秋左傳異文釋》：「杜注：『甲子，九月十一日。戊辰，十五日也。書在盟後，從赴。』則當從《公羊》爲是。……《公羊》作甲戌，爲九月二十一日，似得其實，《左》、《穀》作甲子，或譌一字。」朱駿聲《春秋三家異文覈》：「是月甲寅朔，甲子爲十一日，經書『戊辰諸侯盟于葵邱』，是十五日。據《左傳》『宰孔先歸，遇晉侯，晉侯乃還』，則獻公實卒于盟後，甲戌爲二十一日，《公羊》得其實而《左》、《穀》誤也。」徐文靖《管城碩記》卷九：「《公羊傳》作甲戌，《左氏》及《穀梁》皆作甲子。不應甲子在戊辰之後，似當從《公羊》作甲戌。」寫卷存「戌」字，知其本作「甲戌」，茲據以補「甲」字。

〔四一〕里，底二殘存下半「土」。

〔四二〕▨，底二殘存捺筆。

〔四三〕「何」下刊本有「也」字。

〔四四〕太子，刊本作「世子」。下同「太子」，刊本均作「世子」。

〔四五〕子申，底二殘缺，依句意擬補。

〔四六〕春，底二殘存下部殘畫。

〔四七〕『何』下刊本有『也』字。

〔四八〕『其罪』下刊本有『也』字。

〔四九〕『重耳』下刊本有『也』字。

〔五〇〕將煞我，底二『將』殘存下半截。刊本『我』下有『乎』字。

〔五一〕爲，底二殘存下半截。

〔五二〕孋，刊本作『麗』，據注中『孋』，知底卷作『孋』，兹据以擬補。『麗』『孋』古今字。

〔五三〕稺，刊本作『稚』。『稺』爲『穉』之俗字。《五經文字·禾部》：『稺、穉，上《説文》，下《字林》。』《説文·禾部》『穉，幼禾也』段注：『引伸爲凡幼之偁，今字作稚。』

〔五四〕趍，底二『趍』字殘損左上角『土』，『趍』爲『趨』之俗字，兹據以補。刊本作『趨』。下『趍』字同。

〔五五〕▨，此字底卷存右邊殘筆。

〔五六〕何，刊本作『胡』。『何』、『胡』同義。

〔五七〕則太子可，底二殘缺，刊本作『則世子可』。寫卷『世子』均作『太子』，兹據以補。

〔五八〕莫，底二殘缺，兹據文意補。

〔五九〕子，底二殘缺，兹據文意補。

〔六〇〕夜，刊本無。

〔六一〕汝其將衛士而，刊本『汝』作『女』，『而』下有『往』字。『女』『汝』古今字。羅振玉認爲無『往』字爲優。

〔六二〕『夜』下刊本有『者』字。

〔六三〕故，刊本無。

〔六四〕鴆，刊本作『酖』。鍾文烝《春秋穀梁經傳補注》（下簡稱『補注』）曰：『酖之正字作鴆。』

〔六五〕『致』前刊本有『故』字。

〔六六〕「試」下刊本有「也」字。

〔六七〕覆酒於地地墳，刊本前一「地」下有「而」字，與後「地墳」連讀。羅振玉認爲無「而」爲是。案：據後「以脯與犬犬死」句，則無「而」者是。刊本「墳」作「賁」。《國語·晉語二》、《列女傳》卷七「晉獻驪姬」均作「墳」。「賁」爲「墳」之借字。

〔六八〕則，刊本無。羅振玉認爲有「則」爲是。案「則」有「乃」義（説詳《經傳釋詞》），注中云「國乃子之國也」，是其所據本有「則」字。

〔六九〕稺，刊本作「遲」，下有「於」字。案：「稺」、「遲」之别，説見校記〔五三〕。羅振玉認爲無「於」爲是。《列女傳》卷七「晉獻驪姬」云：「國，子之國，子何遲爲君？」亦無「於」字。

〔七〇〕而，刊本無。

〔七一〕與汝未有遇切，刊本「汝」作「女」，「遇切」作「過切」。「女」「汝」古今字。羅振玉認爲「遇」爲是。劉師培云：「注云『未有待遇汝以急切』，是『遇』非訛字。」案：范甯《集解》曰：「吾與女未有過差切急。」是兩者所據本不同。然作「遇切」無他證，且亦不合於語法，蓋「遇」爲「過」之訛，此又據誤字作解。

〔七二〕尔，刊本作「爾」。「尔」爲「尒」之變體，説見《敦煌俗字研究》下編第七頁。《經義述聞》卷十二「亦不可以忘」條云：「古者爾汝之『爾』通作『尒』。後人但作『爾』而『尒』字遂廢。」

〔七三〕以昏，刊本作「已昬」。「以」、「已」古通用，「昏」、「昬」異體。

〔七四〕「孋」前刊本有「則」字。羅振玉認爲無「則」爲是。

〔七五〕寑，底卷原作「寝」，乃「寑」之俗字，兹録正。

〔七六〕不若，刊本下有「自」字。羅振玉認爲無「自」爲是。案注中云「不如自死」，則正文定無「自」字；又下句「我寧自殺」，申此句「死」字，故當以底二無「自」爲善。

〔七七〕「寄」下刊本有「矣」字。

〔七八〕『重耳』下刊本有『也』字。

〔七九〕『煞我』下刊本有『也』字。

〔八〇〕雹，刊本作『雪』。案：《公羊》作『雹』，《左傳》作『雪』。李富孫《春秋左傳異文釋》云：『《公羊傳》曰「何以書記異也」。「雹」與「雪」以字形相似而誤，《公羊》言記異，則似當作「雹」，若冬而大雨雪，此常事，可不必書也。』

〔八一〕邳，刊本作『𠀾』。趙坦《春秋異文箋・附録》云：『丕，本字；𠀾，隸之變體；邳，經師增益字。』

〔八二〕累上，刊本作『罪累上也』。案：《疏》云：『重發傳者，此里克同黨，恐異，故發之。』重發傳者，發十年之傳也，十年經云：『晉殺其大夫里克。』傳曰：『稱國以殺，罪累上也。』則此當以刊本爲是。

〔八三〕三月，刊本作『正月』。阮元《春秋穀梁傳校勘記》（以下簡稱『阮校』）云：『閩、監、毛本同，《石經》「正」作「三」。』羅振玉認爲作『三月』爲是。案：《左傳》、《公羊》皆作『三月』。王引之《經義述聞》卷二十五「春王三月」條云：『日食必於朔。杜氏《春秋長厤》是年三月庚午朔，則作「三」者是也。若正月，則《長厤》以爲辛丑朔，非庚午矣。』

〔八四〕『諸侯』下刊本有『矣』字。

〔八五〕『閔之』下刊本有『也』字。

〔八六〕丁未，刊本作『丁丑』。鄒伯奇《春秋經傳日月考》云：『十二月無丁丑，丁丑爲十一月十二日。』案：十二月丁酉朔，則丁未爲十一日。作『丁丑』誤。

〔八七〕醎，刊本作『鹹』。『醎』爲『鹹』之俗字，見《廣韻・咸韻》。

〔八八〕『會』下刊本有『也』字。

〔八九〕公，底二殘存右下角。

〔九〇〕騁，『聘』之俗字。

〔九一〕『散辞』下刊本有『也』字。
〔九二〕『何』下刊本有『也』字。
〔九三〕『散辞』下刊本有『也』字。
〔九四〕鄫，刊本作『繒』。《説文·糸部》：『繒，帛也。』段注：『《春秋傳》叚爲「鄫」字。』
〔九五〕『同謀』下刊本有『也』字。
〔九六〕來朝，底二『來』字存右邊殘畫。刊本『朝』作『請』。劉師培云：『此作「朝己」是也。』案：據注文則『朝』當作『請』。
〔九七〕鄫，刊本作『繒』。『繒』爲『鄫』之借字。
〔九八〕『山名』下刊本有『也』字。
〔九九〕『志之』下刊本有『也』字。
〔一〇〇〕『變』下刊本有『也』字。
〔一〇一〕伐，刊本作『侵』。案《左傳》、《公羊》皆作『侵』。
〔一〇二〕惡也，刊本作『惡之也』。
〔一〇三〕『楚』刊本下有『人』字。案：凡楚國攻伐他國，《春秋》皆作『楚人』、『楚子』或『楚師』，無單作『楚』者，『楚』下蓋脱『人』字。
〔一〇四〕『繼事』下刊本有『也』字。
〔一〇五〕『徐』下刊本有『也』字。
〔一〇六〕虫灾，刊本『虫』作『蟲』，『灾』作『災』，末有『也』字。《干禄字書·平聲》：『虫、蟲，上俗下正。』『烖』之或體作『灾』，籀文作『災』，見《説文·火部》『烖』篆下説解。
〔一〇七〕鄫，刊本作『繒』。『繒』爲『鄫』之借字。

〔一〇八〕『冥』下刊本有『也』字。
〔一〇九〕『至』下刊本有『于』字。
〔一一〇〕廟，刊本無。羅振玉認爲無『廟』爲是。
〔一一一〕自，刊本無。羅振玉認爲有『自』爲是。案：注云：『自相敗，告之則書也。』是當有『自』字。
〔一一二〕『志』下刊本有『也』字。
〔一一三〕十有一月，刊本下有『壬戌』二字。案《左傳》、《公羊》亦有『壬戌』二字。
〔一一四〕人，刊本作『民』，下有『矣』字。案『人』爲諱改字。下句『人』字同。
〔一一五〕爲，刊本無。
〔一一六〕『第』本爲『弟』之俗字，俗書竹頭多寫作草頭，俚俗據『苐』楷正，則成『第』字。

中国古典文学研究述论

唐五代

本册编著　陈友冰

商务印书馆

古典文学研究述论

第二卷

商务印书馆